中华现代学术名著丛书

吴梅词曲论著四种

吴 梅 著
郭英德 编

2016年·北京

图书在版编目(CIP)数据

吴梅词曲论著四种/吴梅著；郭英德编．—北京：商务印书馆，2010(2016.5重印)
(中华现代学术名著丛书)
ISBN 978-7-100-07374-5

Ⅰ.①吴… Ⅱ.①吴…②郭… Ⅲ.①散曲—文学研究—中国—文集 ②词(文学)—文学研究—中国—文集 Ⅳ.①I207.2-53

中国版本图书馆CIP数据核字(2010)第184313号

所有权利保留。
未经许可，不得以任何方式使用。

《顾曲麈谈》、《曲学通论》、《词学通论》分别据
上海商务印书馆1916、1935、1933年版排印
《中国戏曲概论》据上海大东书局1926年版排印

中华现代学术名著丛书
吴梅词曲论著四种
吴 梅 著
郭英德 编

商 务 印 书 馆 出 版
(北京王府井大街36号 邮政编码 100710)
商 务 印 书 馆 发 行
北 京 冠 中 印 刷 厂 印 刷
ISBN 978-7-100-07374-5

2010年12月第1版　　开本 880×1240　1/32
2016年5月北京第2次印刷　印张 15⅜　插页 1
定价：45.00元

吴 梅

(1884—1939)

作者手迹

出版说明

百年前,张之洞尝劝学曰:"世运之明晦,人才之盛衰,其表在政,其里在学。"是时,国势颓危,列强环伺,传统频遭质疑,西学新知亟亟而入。一时间,中西学并立,文史哲分家,经济、政治、社会等新学科勃兴,令国人乱花迷眼。然而,淆乱之中,自有元气淋漓之象。中华现代学术之转型正是完成于这一混沌时期,于切磋琢磨、交锋碰撞中不断前行,涌现了一大批学术名家与经典之作。而学术与思想之新变,亦带动了社会各领域的全面转型,为中华复兴奠定了坚实基础。

时至今日,中华现代学术已走过百余年,其间百家林立、论辩蜂起,沉浮消长瞬息万变,情势之复杂自不待言。温故而知新,述往事而思来者。"中华现代学术名著丛书"之编纂,其意正在于此,冀辨章学术,考镜源流,收纳各学科学派名家名作,以展现中华传统文化之新变,探求中华现代学术之根基。

"中华现代学术名著丛书"收录上自晚清下至20世纪80年代末中国大陆及港澳台地区、海外华人学者的原创学术名著(包括外文著作),以人文社会科学为主体兼及其他,涵盖文学、历史、哲学、政治、经济、法律和社会学等众多学科。

出版说明

出版"中华现代学术名著丛书",为本馆一大夙愿。自1897年始创起,本馆以"昌明教育,开启民智"为己任,有幸首刊了中华现代学术史上诸多开山之著、扛鼎之作;于中华现代学术之建立与变迁而言,既为参与者,也是见证者。作为对前人出版成绩与文化理念的承续,本馆倾力谋划,经学界通人擘画,并得国家出版基金支持,终以此丛书呈现于读者面前。唯望无论多少年,皆能傲立于书架,并希冀其能与"汉译世界学术名著丛书"共相辉映。如此宏愿,难免汲深绠短之忧,诚盼专家学者和广大读者共襄助之。

商务印书馆编辑部
2010年12月

凡 例

一、"中华现代学术名著丛书"收录晚清以迄20世纪80年代末,为中华学人所著,成就斐然、泽被学林之学术著作。入选著作以名著为主,酌量选录名篇合集。

二、入选著作内容、编次一仍其旧,唯各书卷首冠以作者照片、手迹等。卷末附作者学术年表和题解文章,诚邀专家学者撰写而成,意在介绍作者学术成就,著作成书背景、学术价值及版本流变等情况。

三、入选著作率以原刊或作者修订、校阅本为底本,参校他本,正其讹误。前人引书,时有省略更改,倘不失原意,则不以原书文字改动引文;如确需校改,则出脚注说明版本依据,以"编者注"或"校者注"形式说明。

四、作者自有其文字风格,各时代均有其语言习惯,故不按现行用法、写法及表现手法改动原文;原书专名(人名、地名、术语)及译名与今不统一者,亦不作改动。如确系作者笔误、排印舛误、数据计算与外文拼写错误等,则予径改。

五、原书为直(横)排繁体者,除个别特殊情况,均改作横排简体。其中原书无标点或仅有简单断句者,一律改为新式标点,专名号从略。

六、除特殊情况外,原书篇后注移作脚注,双行夹注改为单行夹注。文献著录则从其原貌,稍加统一。

七、原书因年代久远而字迹模糊或纸页残缺者,据所缺字数用"□"表示;字数难以确定者,则用"(下缺)"表示。

目 录

顾曲麈谈

第一章　原曲 …………………………………………… 3
　　第一节　论宫调 ………………………………… 6
　　第二节　论音韵 ………………………………… 19
　　第三节　论南曲作法 …………………………… 58
　　第四节　论北曲作法 …………………………… 67
第二章　制曲 …………………………………………… 88
　　第一节　论作剧法 ……………………………… 88
　　第二节　论作清曲法 …………………………… 106
第三章　度曲 …………………………………………… 107
第四章　谈曲 …………………………………………… 120

曲学通论

自叙 ……………………………………………………… 157
第一章　曲原 …………………………………………… 158
第二章　宫调 …………………………………………… 160
第三章　调名 …………………………………………… 164
第四章　平仄 …………………………………………… 167

目录

第五章　阴阳 ··· 169

第六章　作法上 ··· 171

第七章　作法下 ··· 187

第八章　论韵 ··· 194

第九章　正讹 ··· 200

第十章　务头 ··· 203

第十一章　十知 ··· 205

第十二章　家数 ··· 221

中国戏曲概论

序 ··· 231

卷上 ·· 232

    一　金元总论 ··· 232

    二　诸杂院本 ··· 233

    三　诸宫调 ··· 245

    四　元人杂剧 ··· 248

    五　元人散曲 ··· 257

卷中 ·· 263

    一　明总论 ··· 263

    二　明人杂剧 ··· 264

    三　明人传奇 ··· 272

    四　明人散曲 ··· 288

卷下 ·· 292

    一　清总论 ··· 292

    二　清人杂剧 ··· 294

| 三　清人传奇 | 302 |
| 四　清人散曲 | 316 |

词学通论

第一章　绪论	321
第二章　论平仄四声	328
第三章　论韵	332
第四章　论音律	338
第五章　作法	349
第六章　概论一　唐五代	355
第一　唐人词略	355
第二　五代十国人词略	361
第七章　概论二　两宋	369
第一　北宋人词略	370
第二　南宋人词略	386
第八章　概论三　金元	407
第一　金人词略	407
第二　元人词略	419
第九章　概论四　明清	431
第一　明人词略	431
第二　清人词略	441

| 吴梅先生学术年表 | 郭英德、王瑜瑜　467 |
| 吴梅词曲研究论著述评 | 郭英德、王瑜瑜　475 |

顾曲麈谈

第一章　原曲

　　余十八九岁时,始喜读曲,苦无良师以为教导,心辄怏怏。继思欲明曲理,须先唱曲,《隋书》所谓"弹曲多则能造曲"是也。乃从里老之善此技者,详细问业,往往瞠目不能答一语。或仅就曲中工尺旁谱,教以轻重疾徐之法,及进求其所以然,则曰:"非余之所知也,且唱曲者可不必问此。"余愤甚,遂取古今杂剧传奇,博览而详核之,积四五年,出与里老相问答,咸骇而却走,虽笛师鼓员,亦谓余狂不可近。余乃独行其是,置流俗毁誉于不顾,以迄今日,虽有一知半解,亦扣槃扪烛之谈也,用贡诸世,以饷同嗜者。

　　曲也者,为宋金词调之别体。当南宋词家慢、近盛行之时,即为北调榛莽胚胎之日。王元美《艺苑卮言》云:"金源入主中原,旧词之格,往往于嘈杂缓急之间,不能尽按,乃别创一调以媚之。"观此即为北调之滥觞。沿至末年,世人嫌其粗卤,江左词人,遂以缠绵顿宕之声以易之,而南词以起(如《拜月》、《琵琶》之类是也)。此南北曲之原始也。北主刚劲,南主柔媚。北字多而调促,促处见筋;南字少而调缓,缓处见眼。北宜和歌,南宜独奏。魏良辅所论《曲律》(见后第五章*详论其理),极有见解,宜恪守之。

　　尝疑古今曲家,自金源以迄今日,其间享大名者,不下数百人,所作诸曲,其脍炙人口者,亦不下数十种,而独于填词之道,则缺焉不

---

* 此处疑误,当作"第三章"。——校者注

论,遂使千古才人欲求一成法而不可得。于是宗《西厢》者,以妍媚自喜,宗《琵琶》者,以朴素自高,而于分宫配调、位置角目、安顿排场诸法,悉委诸伶工,而其道益以不彰。虽有《中原音韵》及《九宫曲谱》二书,亦止供案头之用,不足为场上之资。暗室无灯,何怪乎此道之日衰也。余深思其故,乃知有一大病也。其病维何?曰务求自秘而已矣。从来文章之事,就其高深言之,各有见到之处,父不能传诸子,师不能传诸弟,此固难言,不足深责。惟规矩准绳,必须耳提面命,才能有所步趋。今一切不讲,使人暗中扪索,保无有歧误之事。在秘而不宣者,以为填词之法,非尽人所能,且此法无人授我,我岂肯独传于人?宁箝吾舌,使人莫明其妙,而吾略为指点之,则人将以关、马、郑、白尊我矣。此所以迄无成书也。凡存此心者,不外乎鄙吝二字。夫文章,天下之公器,非我之所能独私,何必靳而不与至如是哉!余少时即经过此难,遍问曲家,卒无有详示本末者,故至今日,再不敢缄默以误世人。遂将平生所得,倾筐倒箧而出之,使人知有规矩准绳,而不为诵读所误,虽元人复起,亦且韪吾言也。

　　填词一道,世人皆以为难,顾亦有极乐之处。今请先言其难。诗古文辞,专在气韵风骨,世之治此者,求其工稳,与汉、魏、唐、宋作家争衡,固非易事。若论入手之始,仅在平仄妥协而已。况高论汉魏者,有时平仄亦可不拘,是其难在胎息,不在格律之间也。曲则不然,平仄四声而外,须注意于清浊高下,字之宜阴者,不可填作阳声,字之宜阳者,又不可填作阴声。况曲牌之名,多至数百(见后第一节《论宫调》内),各隶属于各宫调之下,而宫调之性,又有悲欢喜怒之不同,则曲牌之声,亦分苦乐哀悦之致。作者须就剧中之离合忧乐而定诸一宫,然后再取一宫中曲牌,联为一套,是入手之始,分宫配角,已煞费苦心矣。乃套数既定,则须论字格。所谓字格者,一曲中必有一定字数,必有一定阴阳清浊,某句须用上声韵,某句须用去声韵,某字须阴，某字须阳，一毫不可通借。如仙吕调之〔长拍〕，其第六句共四字，而此四字又必须全用上声，故吴石渠用"我有斗酒"，万红友用"只我与尔"，洪昉思用"两载寡侣"，蒋心馀用"睨睆好鸟"，盖不如是则不合也。又如商调之〔集贤宾〕，其第一句必须用平平去上平去平，故陈大声用"西风桂子香正幽"，李玄玉用"三春夜短花睡浓"，袁于令用"愁魔病鬼朝露捐"，吴骏公用"晴窗凭几倾细茶"。诸如此类，谓之字格。至于用韵，尤宜谨严。盖曲中之韵，既非诗韵，又非词韵，其间去取分合，大抵以入声分派三声，而各将一韵分清阴阳，以便初学之检取。如世传之《中原音韵》与《中州音韵》皆是也（详见后第二节《论音韵》）。惟作者必须恪守韵律，不可彼此通借。《琵琶记》之《廊会》合歌罗、家麻为一，《玉簪记》之《琴挑》合真文、庚青、侵寻为一，在古人犹有此失，可不慎诸？是故作曲者为音律所拘缚，左支右绌，求一套之中无支离拙涩之语，已是十分难事，而欲文字之工，足以与古作者相颉颃，不且难之又难哉？今之曲家，往往以典雅凝炼之语，施诸曲中，虽觉易动人目，究非此道之正宗。曲之胜场，在于本色。试遍看元人杂剧，有一种涂金错采，令人不可句读否？惟明之屠赤水所作《昙花》、《彩毫》诸记，喜搬用类书，至今藉为口实，黄韵珊至比为房科墨卷，确是至言。然则配调、填字、协韵而外，尤须出以本色，何其难也！调得平仄成文，又恐阴阳错乱；配得宫调合律，更虞字格难谐；及诸般妥帖，而出语苟有晦涩，又非出色当行之作。黄九烟云"三仄应须分上去，两平还要辨阴阳"，岂知所论犹未尽乎？故论其难，几令人无从下笔。论其乐事，即亦有不可胜言者。自来帝王卿相，神仙鬼怪，皆不可随意而为之；古今富贵寿考，如郭令公者，能有几人？惟填词家能以一身兼之。我欲为帝王，则垂衣端冕，俨然纶绋之音；我欲为神仙，则霞珮云裾，如带朝真之驾。推之万事万物，莫不称心所愿，屠门大嚼，聊且快意。士大夫伏处蓬庐，送穷无术，惟此一种文字，足泄其抑塞磊落不平之气，借彼笔底之烟霞，吐我胸中之云梦，不亦荒唐可乐乎？且词曲之间，亦有较他种文字略宽者，例如作一赋，通篇不能重韵，而曲则不妨。如仙吕〔点绛唇〕、〔混江龙〕一套，其间所用之曲，不过十八支，而前曲所押之韵，后曲不妨重押。又诗古文辞，一篇中总须一意到底，而曲则视全出之关目，以为变化，白中如何说法，则曲亦如何做法，往往前曲与后曲，未必可以连属者，此亦无害。是曲律虽严，亦有可以通融之处也。第就愚见论之，凡作曲切不可畏其难，且愈难愈容易好。余尝为陈佩忍去病题《徐寄尘女史西泠悲秋图》，图为悲秋瑾而作者，余用越调〔小桃红〕一套，其中〔下山虎〕，固举世所谓难作者也。《幽闺记》〔下山虎〕原文云："大家体面，委实多般，有眼何曾见？懒能向前，他那里弄盏传杯，怎般腼腆。这里新人忒煞虔，待推怎地展？主婚人不见怜，配合夫妻事，事非偶然，好恶因缘总在天。"曲中"大"字，及"懒能向前"句，"待推怎地展"句，"事非偶然"句，四声一字不可移易，可谓难矣。余词云："半林夕照，照上峰腰，小冢冬青少。有柳丝数条，记麦饭香醪，清明拜扫。怎三尺孤坟也守不牢？这冤怎样了。土中人血泪抛，满地红心草。断魂可招，你敢也侠气英风在这遭。"以较原文，似乎青出于蓝，可见天下无难事也。

第一节　论宫调

　　宫调之理，词家往往仅守旧谱中分类之体，固未尝不是。但宫调究竟是何物件，举世且莫名其妙，岂非一绝大难解之事？余以一言定之曰：宫调者，所以限定乐器管色之高低也。何也？即以笛论，笛共六孔，计有七音，今人按第一孔作工，第二孔作尺，第三孔作上，第四孔作一,第五孔作四,第六孔作合,而别将第二、第三两孔按住作凡,此世所通行者,曲家谓之小工调。笛色之调有七:曰小工调(即上文所言者),曰凡字调,曰六字调,曰正工调,乙字调,曰尺字调,曰上字调。此七调之分别,以小工调作准。所谓凡字调者,以小工调之凡字作工字也,凡作工字,工作尺字,尺作上字,上作一字,一作四字,四作合字,合作凡字是也。所谓六字调者,以小工调之六字作工字也,六作工,凡作尺,工作上,尺作一,上作四,一作合,四作凡是也。所谓正工调者,以小工调之五字作工字也,五作工,六作尺,凡作上,工作一,尺作四,上作合,一作凡是也。所谓乙字调者,以小工调之乙字作工字也,乙作工,五作尺,六作上,凡作一,工作四,尺作合,上作凡是也。所谓尺字调者,以小工调之尺字作工字也,尺作工,上作尺,一作上,四作一,合作四,凡作合,工作凡是也。所谓上字调者,以小工调之上字作工字也,上作工,一作尺,四作上,合作一,凡作四,工作合,尺作凡是也。笛共六孔,而所用有七调,是每字皆可作工,此即古人还相为宫之遗意。今曲中所言宫调,即限定某曲当用某管色,凡为一曲,必属于某宫或某调,每一套中,又必须同是一宫或一调。若一套中前后曲不是同宫,即谓出宫,亦谓犯调,曲律所不许也(顾亦有所变化,详后)。今且将六宫十一调之名备列之。

(一)六宫　仙吕宫、南吕宫、黄钟宫、中吕宫、正宫、道宫是也。

(二)十一调　大石、小石、般涉、商角、高平、歇指、宫调、商调、角调、越调、双调是也。

今再将笛中管色分配之,则览者可知其运用矣。

(三)小工调　仙吕宫、中吕宫、正宫、道宫、大石调、小石调、高平调、般涉调属之。(中有彼此互见者,即两调可通用也。)

(四)凡调　南吕宫、黄钟宫、商角调、仙吕宫属之。

（五）六调　南吕宫、黄钟宫、商角调、商调、越调（亦可小工）属之。

（六）正工调　双调属之。

（七）乙字调　双调属之。

（八）尺调　仙吕宫、中吕宫、正宫、道宫、大石调、小石调、高平调、般涉调属之。

（九）上调　南吕宫、商调、越调属之。

就上所述论之，则各宫各调之管色，可一览知之矣。或曰：古言律吕，皆指阳律（太簇、姑洗、蕤宾、夷则、无射、黄钟）、阴吕（大吕、应钟、南吕、林钟、中吕、夹钟）而言，如子之说，仅有黄钟、南吕、中吕，其他一概不及者，何也？且仅以笛色分配各宫，而不言隔八相生之理，又何也？曰：子所言者，律学也。余所论者，曲中应用之理，就其所存者言之，不敢以艰深文浅陋也。古今论律者，不知凡几，求一明白晓畅者，十不获一。余于律吕之道，从未问津，苟以一知半解，而谬谓洞明古今之绝学，自欺欺人，吾不能，非不为也。故止就曲中之理言明之。盖曲与律是二事，曲中之律，与吾子所言之律，又是二事，混而为一，此古今论者，文字愈多，而其理愈晦也。

南北曲名，多至千馀，旧谱分隶各宫，亦有出入。词家不明分宫合套之道，出宫犯调，不一而作，曲文虽佳，不能被入管弦者，职是故也。南词自沈宁庵《九宫谱》出，度曲家始有准绳，北曲则直至《大成谱》出，尚无确切之规矩。余为近日词家立一准的，爰取各曲所属之宫调，详列于左。（合套诸法，见后第三、第四两节。）

（一）仙吕宫所属诸曲

北曲则为〔端正好〕（正宫内不同）、〔赏花时〕、〔点绛唇〕、〔混江龙〕、〔油葫芦〕、〔天下乐〕、〔村里迓鼓〕(亦入商调)、〔元和令〕(亦入商调)、〔上马娇〕、〔游四门〕、〔胜葫芦〕、〔后庭花〕(亦入中吕调)、〔河西后庭花〕、〔柳叶儿〕(与黄钟不同)、〔寄生草〕、〔青哥儿〕、〔哪吒令〕、〔鹊踏枝〕、〔六幺序〕、〔醉扶归〕、〔金盏儿〕(与双调〔金盏子〕不同)、〔醉中天〕、〔雁儿〕、〔一半儿〕、〔忆王孙〕、〔玉花秋〕、〔四季花〕(亦入商调)、〔穿窗月〕、〔八声甘州〕、〔大安乐〕、〔双燕子〕(即商调〔双雁儿〕)、〔翠裙腰〕、〔六幺遍〕(亦入中吕)、〔上京马〕、〔绿窗怨〕、〔瑞鹤仙〕、〔忆帝京〕、〔袄神儿〕(与双调不同)、〔六幺令〕、〔锦橙梅〕、〔三番玉楼人〕、〔柳外楼〕、〔太常引〕、〔尾声〕、〔随煞〕、〔赚煞〕、〔赚尾〕、〔上马娇煞〕、〔后庭花煞〕。

南词则引子为〔卜算子〕、〔番卜算〕、〔剑器令〕、〔小蓬莱〕、〔探春令〕、〔醉落魄〕、〔天下乐〕、〔鹊桥仙〕、〔金鸡叫〕、〔奉时春〕、〔紫苏丸〕、〔唐多令〕、〔黄梅雨〕、〔似娘儿〕、〔望远行〕、〔鹧鸪天〕。(引子者,出场时所用之引子,或用笛和,或不用笛和,与曲子大异。)过曲为〔光光乍〕、〔铁骑儿〕、〔碧牡丹〕、〔大斋郎〕、〔胜葫芦〕、〔青歌儿〕、〔胡女怨〕、〔五方鬼〕、〔望梅花〕、〔上马踢〕、〔月儿高〕、〔二犯月儿高〕、〔月云高〕、〔月照山〕、〔月上五更〕、〔蛮江令〕、〔凉草虫〕、〔腊梅花〕、〔感亭秋〕、〔望吾乡〕、〔喜还京〕、〔美中美〕、〔油核桃〕、〔木丫牙〕、〔长拍〕、〔短拍〕、〔醉扶归〕、〔皂罗袍〕、〔皂袍罩黄莺〕、〔醉罗袍〕、〔醉罗歌〕、〔醉花云〕、〔醉归花月渡〕、〔罗袍歌〕、〔排歌〕、〔三叠排歌〕、〔傍妆台〕、〔二犯傍妆台〕、〔八声甘州〕、〔甘州解酲〕、〔甘州歌〕、〔十五郎〕、〔一盆花〕、〔桂枝香〕、〔二犯桂枝香〕、〔天香满罗袖〕、〔河传序〕、〔拗芝麻〕、〔一封书〕、〔一封歌〕、〔一封罗〕、〔安乐神犯〕、〔香归罗袖〕、〔解三酲〕、〔解酲带甘州〕、〔解酲歌〕、〔解袍歌〕、〔解酲望乡〕、〔掉角儿序〕、〔掉角望乡〕、〔番鼓儿〕、〔惜黄花〕、〔西河柳〕、〔春从天上来〕、〔古皂罗袍〕、〔甘州八犯〕、〔尾声〕。

（二）南吕宫所属诸曲

北曲则为〔一枝花〕、〔梁州第七〕、〔隔尾〕、〔牧羊关〕、〔骂玉郎〕（亦名〔瑶华令〕，入中吕）、〔感皇恩〕、〔采茶歌〕、〔玄鹤鸣〕（即〔哭皇天〕）、〔乌夜啼〕、〔贺新郎〕、〔草池春〕、〔红芍药〕（与中吕不同）、〔菩萨梁州〕、〔四块玉〕、〔梧桐树〕、〔玉娇枝〕、〔鹌鹑儿〕、〔干荷叶〕、〔金字经〕、〔尾声〕、〔收尾〕、〔煞尾〕、〔随尾〕、〔随煞〕、〔黄钟尾〕、〔隔尾随煞〕、〔隔尾黄钟煞〕、〔神仗儿煞〕。

外附〔九转货郎儿〕。

南词则引子为〔大胜乐〕、〔金莲子〕、〔恋芳春〕、〔女冠子〕、〔临江仙〕、〔一剪梅〕、〔一枝花〕、〔薄媚〕、〔虞美人〕、〔意难忘〕、〔称人心〕、〔三登乐〕、〔转山子〕、〔薄幸〕、〔生查子〕、〔哭相思〕、〔于飞乐〕、〔步蟾宫〕、〔满江红〕、〔上林春〕、〔满园春〕、〔挂真儿〕。过曲为〔梁州序〕、〔梁州新郎〕、〔贺新郎〕、〔缠枝花〕、〔节节高〕、〔大圣乐〕、〔奈子花〕、〔奈子落琐窗〕、〔奈子宜春〕、〔青衲袄〕、〔红衲袄〕、〔一江风〕、〔单调风云会〕、〔梅花塘〕、〔香柳娘〕、〔孤雁飞〕、〔石竹花〕、〔解连环〕、〔风检才〕、〔呼唤子〕、〔大砑鼓〕、〔引驾行〕、〔薄媚衮〕、〔竹马儿〕、〔番竹马〕、〔绣带儿〕、〔绣太平〕、〔绣带宜春〕、〔宜春乐〕、〔太师引〕、〔醉太师〕、〔太师垂绣带〕、〔琐窗寒〕、〔琐窗郎〕、〔阮郎归〕、〔绣衣郎〕、〔宜春令〕、〔三学士〕、〔学士解醒〕、〔刮鼓令〕、〔罗鼓令〕、〔痴冤家〕、〔金莲子〕、〔金莲带东瓯〕、〔香罗带〕、〔罗带儿〕、〔二犯香罗带〕、〔罗江怨〕、〔五样锦〕、〔三换头〕、〔香遍满〕、〔懒画眉〕、〔浣溪沙〕、〔秋夜月〕、〔东瓯令〕、〔刘泼帽〕、〔金钱花〕、〔五更转〕、〔刘衮〕、〔红衫儿〕、〔本宫赚〕、〔梁州赚〕、〔红芍药〕、〔针线箱〕、〔满园春〕、〔八宝妆〕、〔九嶷山〕、〔木兰花〕、〔乌夜啼〕、〔春色满皇州〕、〔恨萧郎〕。

(三) 黄钟宫所属诸曲

北曲则为〔醉花阴〕、〔喜迁莺〕、〔出队子〕、〔刮地风〕、〔四门子〕、〔古水仙子〕、〔塞雁儿〕、〔神仗儿〕、〔节节高〕、〔者刺古〕、〔柳叶儿〕、〔古寨儿令〕、〔六幺令〕（与仙吕不同）、〔九条龙〕、〔兴隆引〕、〔侍香金童〕、〔降黄龙衮〕、〔文如锦〕、〔女冠子〕（与大石不同）、〔愿成双〕、〔倾杯序〕、〔彩楼春〕、〔昼夜乐〕、〔人月圆〕、〔红衲袄〕、〔贺圣朝〕、〔尾声〕、〔随尾〕、〔随煞〕、〔黄钟尾〕、〔神仗儿煞〕。

南曲则引子为〔绛都春〕、〔疏影〕、〔瑞云浓〕、〔女冠子〕（与南吕异）、〔点绛唇〕（与北曲大异）、〔传言玉女〕、〔玩仙灯〕、〔西地锦〕、〔玉漏迟〕。过曲为〔绛都春序〕、〔出队子〕、〔闹樊楼〕、〔下小楼〕、〔画眉序〕、〔滴滴金〕、〔滴溜子〕、〔神仗儿〕、〔鲍老催〕、〔双声子〕、〔啄木儿〕、〔三段子〕、〔归朝欢〕、〔水仙子〕、〔刮地风〕（与北曲不同）、〔春云怨〕、〔三春柳〕、〔降黄龙〕、〔衮遍〕、〔狮子序〕、〔太平歌〕、〔赏宫序〕、〔玉漏迟序〕、〔恨萧郎〕（与南吕不同）、〔灯月交辉〕、〔恨更长〕、〔侍香金童〕（亦入仙吕）、〔传言玉女〕、〔月里嫦娥〕、〔天仙子〕。（自此宫起，凡南曲中集曲，不录。）

(四) 中吕宫所属诸曲

北曲则为〔粉蝶儿〕、〔醉春风〕、〔迎仙客〕、〔石榴花〕、〔斗鹌鹑〕（与越调不同）、〔上小楼〕、〔快活三〕、〔朝天子〕、〔四边静〕、〔满庭芳〕、

〔贺圣朝〕、〔叫声〕、〔红绣鞋〕、〔鲍老儿〕、〔红芍药〕（与南吕不同）、〔剔银灯〕、〔蔓青菜〕、〔普天乐〕、〔柳青娘〕、〔道和〕、〔醉高歌〕、〔十二月〕、〔尧民歌〕、〔喜春来〕、〔鬼三台〕（与越调不同）、〔播梅令〕、〔古竹马〕（与越调不同）、〔卖花声〕（亦入双调）、〔酥枣儿〕、〔齐天乐〕、〔红衫儿〕（亦入正宫）、〔山坡羊〕、〔四换头〕、〔乔捉蛇〕、〔鹘打兔〕、〔尾声〕、〔煞尾〕、〔卖花声煞〕、〔啄木儿煞〕。

南曲则引子为〔粉蝶儿〕（与北曲异）、〔四园春〕、〔醉中归〕、〔满庭芳〕、〔行香子〕、〔菊花新〕、〔青玉案〕、〔尾犯〕、〔绕红楼〕、〔剔银灯引〕、〔金菊对芙蓉〕。过曲为〔泣颜回〕、〔石榴花〕、〔驻马听〕（与北曲异）、〔马蹄花〕、〔番马舞秋风〕、〔驻云飞〕、〔古轮台〕、〔扑灯蛾〕、〔念佛子〕、〔大和佛〕、〔鹘打兔〕、〔大影戏〕、〔两休休〕、〔好孩儿〕、〔粉孩儿〕、〔红芍药〕（与南吕不同）、〔耍孩儿〕、〔会河阳〕、〔缕缕金〕、〔越恁好〕、〔渔家傲〕、〔剔银灯〕、〔摊破地锦花〕、〔麻婆子〕、〔尾犯序〕、〔丹凤吟〕、〔十破四〕、〔冰车歌〕、〔永团圆〕、〔瓦盆儿〕、〔喜渔灯〕、〔舞霓裳〕、〔山花子〕、〔千秋岁〕、〔红绣鞋〕、〔驮环着〕、〔合生〕、〔风蝉儿〕、〔醉春风〕、〔贺圣朝〕、〔沁园春〕、〔柳梢青〕、〔迎仙客〕、〔杵歌〕、〔阿好闷〕、〔呼唤子〕（与北曲不同）、〔太平令〕、〔德胜序〕、〔宫娥泣〕。

（五）正宫所属诸曲

北曲则为〔端正好〕、〔滚绣球〕、〔叨叨令〕、〔倘秀才〕、〔白鹤子〕、〔塞鸿秋〕、〔脱布衫〕、〔小梁州〕、〔醉太平〕、〔呆骨朵〕、〔货郎儿〕、〔九转货郎儿〕、〔伴读书〕、〔笑和尚〕、〔芙蓉花〕、〔鸳鸯双〕、〔蛮姑儿〕、〔穷河西〕、〔梅梅雨〕、〔菩萨蛮〕、〔月照庭〕、〔六幺遍〕、〔黑漆弩〕、〔甘草子〕、〔汉东山〕、〔金殿喜重重〕、〔怕春归〕、〔普天乐〕、〔锦庭芳〕、〔尾声〕、〔收尾〕、〔啄木儿煞〕。

南曲则引子为〔燕归梁〕、〔七娘子〕、〔梁州令〕、〔破阵子〕、〔瑞鹤仙〕、〔喜迁莺〕、〔猴山月〕、〔新荷叶〕。过曲为〔玉芙蓉〕、〔刷子序〕、〔锦缠道〕、〔朱奴儿〕、〔普天乐〕、〔锦庭乐〕、〔雁过声〕、〔风淘沙〕、〔四边静〕、〔福马郎〕、〔小桃红〕（与越调不同）、〔绿襕衫〕、〔三字令〕、〔一撮棹〕、〔泣秦娥〕、〔倾杯序〕、〔长生道引〕、〔彩旗儿〕、〔白练序〕、〔醉太平〕（亦入南吕）、〔双鸂鶒〕、〔洞仙歌〕、〔雁来红〕、〔花药栏〕、〔本宫赚〕、〔怕春归〕、〔蔷薇花〕、〔丑奴儿近〕、〔安公子〕、〔划锹令〕、〔湘浦云〕。

（六）道宫所属诸曲

北曲则为〔凭栏人〕（与越调不同）、〔美中美〕、〔大圣乐〕、〔解红赚〕、〔尾声〕。

南曲无。

道调宫向无专曲，故旧谱皆付阙如。兹从董解元《西厢记》，有〔凭栏人〕全套，故录补之。惟此套《大成谱》载入黄钟宫内，是亦有异同也。南曲则仍缺之。

（七）大石调所属诸曲

北曲则为〔念奴娇〕、〔百字令〕（与词同，惟仅有散板）、〔六国朝〕、〔卜金钱〕、〔归塞北〕、〔雁过南楼〕、〔喜秋风〕、〔怨别离〕、〔净瓶儿〕、〔好观音〕、〔催花乐〕、〔常相会〕、〔青杏子〕（亦入小石调）、〔憨郭郎〕、

〔还京乐〕、〔催拍子〕、〔荼蘼香〕、〔蓦山溪〕、〔女冠子〕、〔玉翼蝉〕、〔鹧鸪天〕、〔灯月交辉〕、〔喜梧桐〕、〔初生月儿〕、〔随煞〕、〔带赚煞〕、〔雁过南楼煞〕、〔净瓶儿煞〕、〔好观音煞〕、〔玉翼蝉煞〕。

南曲则引子为〔东风第一枝〕、〔碧玉令〕、〔少年游〕、〔念奴娇〕、〔烛影摇红〕。过曲为〔沙塞子〕、〔本宫赚〕、〔念奴娇序〕、〔催拍〕、〔赛观音〕、〔人月圆〕、〔长寿仙〕、〔蓦山溪〕、〔乌夜啼〕、〔插花三台〕、〔丑奴儿令〕。

（八）小石调所属诸曲

北曲则为〔恼杀人〕、〔伊州遍〕、〔青杏儿〕（亦入大石）、〔天上谣〕、〔尾声〕。

南曲则为〔骤雨打新荷〕（与北曲同，即元遗山作）。

（九）般涉调所属诸曲

北曲则为〔哨遍〕（与词不同）、〔脸儿红〕、〔墙头花〕、〔耍孩儿煞〕、〔促拍子〕、〔瑶台月〕、〔三煞〕、〔尾声〕。

南曲则为〔哨遍〕（与词同）。

（十）商角调所属诸曲

北曲则为〔黄莺儿〕（与南曲不同）、〔踏莎行〕、〔盖天旗〕、〔应天长〕、〔垂丝钓〕、〔尾声〕。

南曲则为〔永遇乐〕、〔熙州三台〕、〔解连环〕、〔秋夜雨〕、〔渔父〕。

(十一)高平调所属诸曲

北曲则为〔木兰花〕、〔唐多令〕、〔于飞乐〕、〔青玉案〕、〔尾〕(皆与词不同)。

南曲无。

(十二)歇指调所属诸曲

南北皆无。

(十三)宫调所属诸曲

南北皆无。

(十四)商调所属诸曲

北曲则为〔集贤宾〕、〔逍遥乐〕、〔金菊香〕、〔醋葫芦〕、〔梧叶儿〕、〔浪里来〕、〔贤圣吉〕、〔望远行〕、〔贺圣朝〕、〔凤凰吟〕、〔凉亭乐〕、〔上京马〕、〔酒旗儿〕、〔八宝妆〕、〔二郎神〕、〔水红花〕、〔定风波〕、〔玉胞肚〕、〔秦楼月〕、〔桃花浪〕、〔满堂红〕、〔芭蕉延寿〕、〔水仙子〕、〔尾声〕、〔浪里来煞〕、〔随调煞〕、〔商平煞〕、〔商平随调煞〕。

南曲则引子为〔凤凰阁〕、〔凤马儿〕、〔高阳台〕、〔忆秦娥〕、〔逍遥乐〕、〔绕池游〕、〔三台令〕、〔二郎神慢〕、〔十二时〕。过曲为〔字字锦〕、〔满园春〕、〔高阳台〕、〔山坡羊〕、〔水红花〕、〔梧叶儿〕、〔梧桐花〕、〔金梧桐〕、〔梧桐树〕、〔二郎神〕、〔集贤宾〕、〔莺啼序〕、〔黄莺儿〕、〔簇御林〕、〔摊破簇御林〕、〔琥珀猫儿坠〕、〔五团花〕、〔吴小四〕。

（十五）角调所属诸曲

南北皆无。

（十六）越调所属诸曲

北曲则为〔斗鹌鹑〕、〔紫花儿序〕、〔金蕉叶〕、〔调笑令〕、〔小桃红〕、〔秃厮儿〕、〔圣药王〕、〔麻郎儿〕、〔络丝娘〕、〔小络丝娘〕、〔东原乐〕、〔棉搭絮〕、〔拙鲁速〕、〔天净沙〕、〔鬼三台〕、〔耍三台〕、〔雪里梅〕、〔眉儿弯〕、〔送远行〕、〔柳营曲〕、〔黄蔷薇〕、〔庆元贞〕、〔古竹马〕、〔踏阵马〕、〔青山口〕、〔郓州春〕、〔看花回〕、〔南乡子〕、〔梅花引〕、〔尾声〕、〔随煞〕、〔天净沙煞〕、〔眉儿弯煞〕。

南曲则引子为〔浪淘沙〕、〔霜天晓角〕、〔金蕉叶〕、〔杏花天〕、〔祝英台近〕、〔桃柳争春〕。过曲为〔小桃红〕、〔下山虎〕、〔蛮牌令〕、〔二犯排歌〕、〔五般宜〕、〔本宫赚〕、〔斗虾蟆〕、〔五韵美〕、〔罗帐里坐〕、〔江头送别〕、〔章台柳〕、〔醉娘子〕、〔雁过南楼〕、〔山麻秸〕、〔花儿〕、〔铧锹儿〕、〔系人心〕、〔包子令〕、〔梅花酒〕、〔亭前柳〕、〔一匹布〕、〔梨花儿〕、〔水底鱼儿〕、〔吒精令〕、〔引军旗〕、〔丞相贤〕、〔赵皮鞋〕、〔秃厮儿〕、〔乔八分〕、〔绣停针〕、〔祝英台〕、〔望歌儿〕、〔斗宝蟾〕、〔忆多娇〕、〔江神子〕、〔园林杵歌〕、〔养花天〕、〔入赚〕、〔绵搭絮〕、〔入破〕、〔出破〕。（北曲越调,多用六字调,南曲越调,多用小工调。）

（十七）双调所属诸曲

北曲则为〔新水令〕、〔驻马听〕、〔沉醉东风〕、〔雁儿落〕、〔得胜令〕、〔乔牌儿〕、〔甜水令〕、〔折桂令〕、〔蟾宫曲〕、〔锦上花〕、〔河西锦上花〕、〔碧玉箫〕、〔搅筝琶〕、〔清江引〕、〔步步娇〕、〔落梅风〕、〔乔木查〕、〔庆宣和〕、〔湘妃怨〕、〔庆东原〕、〔沽美酒〕、〔太平令〕、〔夜行船〕、〔挂玉钩〕、〔荆山玉〕、〔竹枝歌〕、〔春闺怨〕、〔牡丹春〕、〔对玉环〕、〔五供养〕、〔月上海棠〕、〔殿前欢〕、〔凤引雏〕、〔月儿弯〕、〔行香子〕、〔天仙子〕、〔蝶恋花〕、〔天娥神曲〕、〔醉春风〕、〔四块玉〕、〔快活年〕、〔朝元乐〕、〔沙子儿〕、〔海天晴〕、〔一机锦〕、〔好精神〕、〔农乐歌〕、〔动相思〕、〔二犯白苎歌〕、〔新时令〕、〔十棒鼓〕、〔秋江送〕、〔祆神急〕、〔楚天遥〕、〔枳郎儿〕、〔川拨棹〕、〔七弟兄〕、〔梅花酒〕、〔收江南〕、〔小将军〕、〔拨不断〕、〔太清歌〕、〔楚江秋〕、〔镇江回〕、〔阿纳忽〕、〔风入松〕、〔一锭银〕、〔胡十八〕、〔乱柳叶〕、〔豆叶黄〕、〔胡捣练〕、〔万花方三叠〕、〔小阳关〕、〔枣乡词〕、〔石竹子〕、〔山石榴〕、〔醉娘子〕、〔醉也摩沙〕、〔相公爱〕、〔小拜门〕、〔金盏子〕、〔大拜门〕、〔也不罗〕、〔喜人心〕、〔风流体〕、〔忽都白〕、〔倘兀歹〕、〔青天歌〕、〔大德歌〕、〔华严赞〕、〔山丹花〕、〔鱼游春水〕、〔庆丰年〕、〔秋莲曲〕、〔尾声〕、〔本调煞〕、〔鸳鸯煞〕、〔离亭宴煞〕、〔歇指煞〕、〔离亭燕带歇指煞〕。

南曲则引子为〔真珠帘〕、〔花心动〕、〔谒金门〕、〔惜奴娇〕、〔宝鼎现〕、〔金珑璁〕、〔捣练子〕、〔海棠春〕、〔夜行船〕、〔四国朝〕、〔玉井莲〕、〔新水令〕、〔贺圣朝〕、〔秋蕊香〕、〔梅花引〕。过曲为〔昼锦堂〕、〔红林檎〕、〔锦堂月〕、〔醉公子〕、〔侥侥令〕、〔孝顺歌〕、〔锁南枝〕、〔柳摇金〕、〔四块金〕、〔淘金令〕、〔金凤曲〕、〔摊破金字令〕、〔夜雨打梧桐〕、〔金水令〕、〔朝天歌〕、〔娇莺儿〕、〔朝元令〕、〔柳梢青〕、〔锦金帐〕、〔锦法经〕、〔灞陵桥〕、〔叠字锦〕、〔山东刘衮〕、〔雌雄画眉〕、〔夜行船序〕、〔晓行序〕。(北曲双调,有多用小工者,南曲双调,则正工乙字多。)

又,南曲中有所谓仙吕入双调者,所属诸曲颇多,此北曲中所无也。余按名为仙吕入双调,实则亦仙吕宫耳。且犯调集曲至夥,是亦不可缺也,因附于后。〔惜奴娇〕、〔黑麻序〕、〔锦衣香〕、〔浆水令〕、〔嘉庆子〕、〔尹令〕、〔品令〕、〔豆叶黄〕、〔六幺令〕、〔福青歌〕、〔窣地锦裆〕、〔哭歧婆〕、〔双劝酒〕、〔字字双〕、〔三棒歌〕、〔破金歌〕、〔柳絮飞〕、〔普贤歌〕、〔雁儿舞〕、〔打球场〕、〔倒拖船〕、〔风入松〕、〔好姐姐〕、〔金娥神曲〕、〔桃红菊〕、〔一机锦〕、〔锦上花〕、〔步步娇〕、〔忒忒令〕、〔沉醉东风〕、〔园林好〕、〔江儿水〕、〔五供养〕、〔玉交枝〕、〔玉胞肚〕、〔川拨棹〕、〔玉雁子〕、〔絮婆婆〕、〔十二娇〕、〔玉札子〕、〔流拍〕、〔松下乐〕、〔武陵花〕。

如上所列,则六宫十一调所属诸曲,粲若列眉,只须就本宫调联络成套,就古人所固有者排列之,则自无出宫犯调之病。惟文人好作狡狯,老于音律者,往往别出心裁,争奇好胜,于是北曲有借宫之法,南曲有集曲之法。所谓借宫者,就本调联络数牌后,不用古人旧套,别就他宫剪取数曲(但必须管色相同者),接续成套是也。如王实甫《西厢记》,用正宫〔端正好〕、〔滚绣球〕、〔叨叨令〕、〔倘秀才〕、〔滚绣球〕后,忽借用般涉调〔耍孩儿〕,以联成套数,此惟神于曲律者能之。元人中似此者正多,但可用其成法,切不可自行联套,致贻画虎之讥也。所谓集曲者,其法亦相似,取一宫中数牌,各截数句而别立一新名是也。南曲中如张伯起之〔九回肠〕、梁伯龙之〔巫山十二峰〕,皆集曲也。〔九回肠〕合〔解三酲〕、〔三学士〕、〔急三枪〕而成,三三成九,故曰〔九回肠〕。〔十二峰〕合〔三仙桥〕、〔白练序〕、〔醉太平〕、〔普天乐〕、

〔犯胡兵〕、〔香遍满〕、〔琐窗寒〕、〔刘泼帽〕、〔三换头〕、〔贺新郎〕、〔节节高〕、〔东瓯令〕而成,故曰〔十二峰〕。诸如此类,不可胜数。余谓但求词工,不在牌名之新旧,惟既有此格,则亦不可不一言之。总之,借宫、集曲,统名犯调,若用别宫别调,总须用管色相同者。例如仙吕宫与中吕宫,同用小工调,则或于仙吕曲中犯中吕,或于中吕曲中犯仙吕,皆无妨也。据此类推,庶无歧误矣(古曲间亦有误者,亦不可从也)。余集曲不备载者,以无甚深意故也。

第二节 论音韵

曲中之要,在于音韵。何谓音?即喉舌唇齿间之清浊是也。何谓韵?即十九部之阴阳是也。音有清浊,韵有阴阳,填词者必须辨别清楚,斯无拗折嗓子之诮,否则纵有佳词,终不入歌者之口也。天下之字,不出五音。五音为宫、商、角、徵、羽,分属人口,为喉、腭、舌、齿、唇。凡喉音皆属宫,腭音皆属商,舌音皆属角,齿音皆属徵,唇音皆属羽,此其大较也。宫音最浊,羽音最清,苟一分晰,异同立见。惟韵之阴阳,在平声入声,至易辨别,所难者,上去二声耳。上声之阳类乎去声,而去声之阴又类乎上声,此周挺斋《中原音韵》但分平声阴阳,不及上去者,盖亦畏其难也。迨后明范善臻撰《中州全韵》,清初王鵕撰《音韵辑要》,始将上去二声分别阴阳,而度曲家乃有所准绳矣。大凡曲韵与词韵相异者,词中支思与齐微合并为一,寒山、桓欢、先天三韵,家麻、车遮二韵,监咸、廉纤二韵,亦合而为一。又词中所用入韵,有协入三声者,有独用入声者,故万不可守入派三声之例。则入声一调断不能缺,此填曲家所以万万不可用词韵也。愚意曲韵之与诗韵，虽截然不同，顾其源即出于诗韵，特以诗韵分合之耳。（所谓诗韵者，指《唐韵》《广韵》《集韵》而言，非近时通行之诗韵也。通行诗韵不足守。）诗韵自南齐永明时，谢朓、王融、刘绘、范云之徒，盛为文章，始分平上去入为四声。汝南周子，乃作《四声切韵》，梁沈约继之为《四声谱》，此四声之始，而其书久已失传。隋仁寿初，陆法言与刘臻、颜之推、魏渊等八人，论定南北是非，古今通塞，撰《切韵》五卷。唐仪凤时，郭知元等又附益之。天宝中，孙愐诸人复加增补，更名曰《唐韵》。宋祥符初，陈彭年、邱雍重修，易名曰《广韵》。景德四年，戚纶等承诏，详定考试声韵，别名曰《韵略》。景祐初，宋祁、郑戬建言，以《广韵》为繁简失当，乞别刊定，即命祁、戬与贾昌朝同修，而丁度、李淑典领之。宝元二年书成，诏名曰《集韵》。是自《切韵》为始，而《唐韵》，而《广韵》，而《韵略》，而《集韵》，名虽屡易，而其书之体例，未尝更易。总分为二百六部，独用通用，所注了然，非特可用之于诗，即就其所通用各韵押之，亦无所不可，况曲韵中之分配，本以此为据乎？（如曲韵中第一部之东同韵，即合《集韵》平声之一东、二冬、三钟，上声之一董、二肿，去声之一送、二宋、三用而成者，馀皆如此。）是故填曲者，苟曲韵一时不能置办，不妨就《集韵》中独用通用之例而谨守之，较愈于杜撰者强多也。若用词韵，则未有不偭规越矩者矣。

曲韵分合，诸家亦各不同，而要以昭文周少霞昂，分"知、如"别作一韵为最谬。知音为展辅，如音为撮唇，二音绝不相类，如何可作一韵？且自来曲韵，从未有如此分配者，此正万万不可从也。今取各家之说，汇集考订，以王鵷《音韵辑要》为主，分别部居，勒成一种曲韵，庶填曲家得有遵守。惟谫陋舛误，终不能免，知音君子，尚祈赐益焉。

第一部　东同韵合《集韵》平声一东、二冬、三钟，上声一董、二肿，去声一送、二宋、三用而成。

（阴平声）○东多翁切、涷、倲、蝀、䚞、冬、苳○鍾之春切、鍾、终、螽、松、中、忠、衷○通拖东切、蓪、涌、侗、恫○松梭宗切、淞、崧、菘、鬆、嵩○冲初春切、冲、忡、翀、种、充、衝、憧○春疏中切、䅤、摏、邕幺凶切、噰、雍○空枯公切、悾、箜、崆、倥○宗兹松切、倧、从又阳平六、㚇、纵纵横之纵、踪、椶、豵○风、枫、封、葑、丰、峰、锋、烽、蜂、豐俱夫翁切○怱粗松切、葱、恩、璁、愡、聪、骢、苁、玜、釠○穹区邕切、芎、倾○公孤翁切、蚣、弓、躬、恭、龚、供、宫、工、功、攻、肱、觥、釭又入江阳、共○烘呼工切、哄、轰、薨、訇○凶虚邕切、兇、讻、匈、胸、兄、恟○翁乌工切、螉、泓○扃居邕切、坰、駉○崩逋翁切、弸、浜、拼、绷、祊○烹泼翁切、漰

（阳平声）同徒红切、桐、筒、铜、峒、童、僮、橦、潼、瞳、曈、艟、筩、𥳑、佟○穷渠容切、邛、䓖、筇、蛩、跫、琼、螢、惸、煢○戎慈红切、茙、駥、絨、茸○龙而容切、隆、癃、窿、笼、眬、栊、珑、砻、聋、咙○农、哝、侬、脓、𪁴○浓泥容切、秾、醲○虫齐容切、重、崇、慵、鳙○冯扶朋切、逢、缝、丛慈容切、琮、淙、悰、深、从、賨○熊鱼容切、雄○容移浓切、溶、蓉、瑢、榕、镕、庸、佣、廯、墉、荣、融、镕、肜○蒙模朋切、濛、朦、矇、艨、盲、氓、甿、甍、䝉、瞢、萌、盹○宏胡红切、纮、红、虹、荭、鸿、𪁴、江、洪、鸿、横、嶸、弘、闳、铋○蓬浦红切、蓬、芃、彭、棚、鹏、朋

（阴上声）○董多瀓切、懂、澘、䗖○种之宠切、踵、煄、瘇、肿、冢○孔枯拱切、恐、空、倥○桶拖董切、统○耸思总切、悚、竦○拱孤瀓切、珙、共向也、巩○总兹耸切、偬○炯居拥切、璟、囧、迥、炯、裘、颖○捧敷瀓切、覂○唪逋捧切、菶○宠初踵切、喠○翁乌拱切、蓊○汹虚拥切○拥纡汹切

（阳上声）陇卢冻切、垄、笼、拢、㑈、胧○勇余陇切、涌、踊、恿、蛹、俑、埇、永、甬、惥○蠓模唪切、懵、猛、艋、蜢、朦○奉扶蠓切○冗苏勇切、氄、茸○挏徒陇切、动○汞胡蠓切、澒○绒双挏切

（阴去声）○冻多痛切、栋、涷○讽孚进切、赗、封○贡孤控切、供、共○宋思粽切、送○控枯瓮切、鞚、恐、空○瓮乌贡切、蕹、𩖑○中之铳切、众、衷、种○纵兹送切、综、粽○铳初众切、赨○哄呼贡切、烘○痛拖冻切○进逋讽切○壅纡勇切

（阳去声）○洞徒弄切、筒、胴、动、恸、峒、绸○仲雏用切、重○凤扶共切、奉、俸、缝○弄卢动切、哢、硁○讼词从切、诵、颂、从○梦模穷切、懜、孟○用、詠、咏、泳俱余讼切○共葵横切○横胡共切○从慈讼切 韵中诸字，略举其例，未全备也。

第二部　江阳韵 合《集韵》平声四江 *、十阳、十一唐，上声三讲、三十六养、三十七荡，去声四绛、四十一漾、四十二宕而成者。

（阴平声）○江鸡央切、釭、茳、肛、蕳、疆、䪄、僵、螀、殭、橿、漫、姜○邦逋滂切、梆、梆、垹、挈○桑思臧切、丧○双疏庄切、艭、霜、孀、鹴、骦、泷○章遮商切、漳、獐、樟、璋、彰、麞、嫜、张、伥○商奢张切、伤、觞、殇、汤○将蠲襄切、浆、螀、蒋○庄挀霜切、妆、装、桩○冈高映切、刚、钢、纲、缸、扛、玒、亢○康区冈切、糠○光孤汪切、胱、洸、侊○当刀映切、珰、筜、裆、铛○荒呼光切、㠵、肓、慌、衁○香希江切、麝、乡○腔溪央切、硿、蜣、羌○镑铺邦切、滂○央衣江切、鸯、殃、泱○方夫汪切、芳、枋、妨、坊、舫、肪○昌痴张切、倡、猖、菖、阊、伥○汤、镗他当切○相西央切、湘、厢、箱、缃、

---

* 底本无"平声"二字，当补。——校者注

襄、驤、瓖、纕○鏹妻央切、䠙、槍、鸧、跄、斨○匡枯汪切、筐、眶、恇、勋○汪乌光切、尫○仓雌臧切、苍、沧、仓○窗初江切、疮、臧兹桑切、赃、牂○咉鏖冈切

（阳平声）○阳移强切、扬、杨、旸、飏、飏、羊、洋、徉、佯○忙麻旁切、茫、邙、芒、铓、厐○穰、良、凉、椋、梁、粱、量○穰饶长切、穰、瀼、瓤○忘无房切、亡○郎牢堂切、榔、廊、螂、粮、浪、琅、狼○杭何昂切、行、顽、航○昂敖杭切、卬○床雏郎切、幢、撞、淙○旁蒲忙切、旁、庞、逢○房扶忘切、防、鲂○长池穰切、苌、肠、场、常、裳、尝、偿○唐桃郎切、榶、塘、糖、堂、棠○详词墙切、祥、翔、庠○墙齐详切、樯、嫱、戕○黄胡王切、璜、簧、艎、蝗、皇、篁、凰、惶、遑、隍○藏慈郎切○强其羊切、娘尼羊切○降霞强切○王吴皇切○狂葵王切○囊饶郎切

（阴上声）○讲基鞅切、港、傋○鞅鸦讲切○蒋嗟想切、奖、桨○想西奖切○爽疏往切、塽、塽、懪○响希讲切、享、敞车赏切、氅、厂、惝、昶、鋹○舫夫榜切、访、昉、纺、髣、仿、倣○枉迂广切、往、徃○磉思脏切、嗓、颡○榜巴往切、榔、膀○倘他党切、帑、傥○党刀倘切、说○掌遮赏切、长、仉○恍呼广切、慌、晃、谎○广孤往切○脏兹磉切○强欺鞅切○赏声掌切、响○益襄慷切○慷科益切、肮○抢妻想切

（阳上声）○养移两切、痒、痒、瀁、仰○两聊养切、裲、魉○莽麻冈切、漭、蟒、漭○壤人上切、攘○冈无莽切、网、辋、魍、蜽、惘、罔○朗牢曩切、榔、俍○上蛇攘切○曩饶朗切○沆豪朗切

（阴去声）○绛鸡快切、降、泽、虹○壮挝盎切、妆、奘、戆○上声唱切、饷、酿○帐知唱切、胀、涨、张、障、璋、瘴○向虾绛切、珦、向、曏○将蘁相切、酱○唱车帐切、倡、畅、怅、玁、鬯○创初壮切、刱○当刀盎切、挡○葬遭丧切、脏○谤巴胖切、榜、搒○炕科冈切、亢、抗、伉○旷枯诳切、扩、纩○况花诳切、贶○诳瓜况切、光、诓○筅妻相切、抢、盪他当切、汤○怆操丧切、迨○相西酱切、怏雅绛切、放敷谤切○丧骚葬切

（阳去声）糨其漾切、强○象斜漾切、像、橡○亮离漾切、谅、凉、量、两、辆、俩、辆、唴○样移强切、漾、瀁、像、慷、养、恙、炀○状雏旺切、撞、幢○让饶丈切○上蛇让切、尚○仗潮让切、杖、仗、长○巷霞强切、项○望无傍切、妄○旺吴幌切、王○幌胡旺切、滉、幌、晃、榥○浪牢荡切、眼、浪、阆○荡桃浪切、砀、荡、盪、宕、趵、炀、炀○傍蒲望切、徬、磅、旁、蚌、棒○行豪浪切、桁○藏曹漾切、脏○匠齐漾切○齹胡旺切○酿宁漾切

第三部　支时韵 合《集韵》平声五支、六脂*、七之，上声四纸、五旨、六止，去声五寘、六至、七志而成者。

（阴平声）○支争诗切、枝、吱、厄、氏、栀、搘、之、芝、脂、胝○髭增思切、赀、觜、兹、孳、孜、滋、资、咨、淄、谘、姿、耔○差撑诗切、眵、䁖○施生之切、诗、师、狮、鲺、尸、鸤、蓍、葹○斯僧兹切、撕、厮、澌、鸶、飔、思、司、私、丝、偲、罳○雌仓私切

（阳平声）○时绳持切、坿、鲥○儿仍时切、而、洏○慈层词切、磁、兹、茨、餈、疵、此、骴、瓷○词、祠、辞、辝俱详慈切

（阴上声）○纸争始切、砥、底、旨、指、止、沚、芷、趾、址、址、徵、咫、枳、轵、只○此仓死切、玼、跐、泚、佌○史生止切、使、驰、施、豕、矢、始、屎○子增死切、仔、秄、紫、訾、姊、滓、梓、第、秭、胏○齿撑史切、茝○死僧子切

（阳上声）○尔仍视切、迩、耳、饵、珥、骊、柅、苶、尔○视绳尔切

（入声作上声）○涩诜只切音史、踀、澁、瑟、虱、璱、槭○塞僧只切音死○则增止切音子

按凡入声作上声者，俱为阴上声，无阳上声，后文仿此。

＊　底本作"支"，当改。——校者注

（阴去声）○至争试切、志、誌、痣、忮○恣增四切、渍、眥、骴、剚○使生至切、驶、试、弒、施、畣○肆僧恣切、四、泗、驷、思、赐○次仓四切、刺、莿、厕○翅撑试切

（阳去声）○事绳二切、示、莳、谥、嗜、致、侍、是、视、氏、筮、噬、諟、市、士、仕、恃、時○寺详自切、食、饲、嗣、耜、似、姒、俟、涘、巳、汜、祀、兕○自层寺切、字、牸○二仍是切、贰、饵、刵

第四部　齐微韵 合《集韵》平声八微*、十二齐，上声七尾、十一荠，去声八未、十二霁、十三祭、二十废而成者。

（阴平声）○机巾伊切、几、矶、玑、讥、肌、饥、筓、期、箕、基、鸡、稽、姬、奇、羁、覉○齍津西切、跻、齑、赍○低丁衣切、羝、胝、堤、隄、碑、鞮、氐○妻亲衣切、凄、萋、淒、栖○西新衣切、栖、粞、嘶、撕、犀、恓、樨○非分篦切、扉、绯、騑、菲、䩗、霏、匪、妃、飞○欷轻伊切、豨、溪、鸂、崎、欹、鹟○希兴衣切、稀、晞、狶、俙、晰、悕、羲、牺、曦、熹、僖、嬉、禧、熙、峨、醯、饩○衣因基切、依、伊、咿、洢、医、鹥、猗、漪、椅、噫、袆、臆○痴真知切、笞、绨、螭、魑、蚩、媸、鸱○纰抨篦切、批、鈚、砒、讻○知真伊切、蜘○篦宾批切○梯汀低切

（阳平声）○微文肥切、溦、惟、薇、维、潍○黎邻啼切、黧、犁、藜、璃、梨、离、籬、萬、璃、醨、漓、缡、篱、丽、鹂、骊、鳌、嫠、蜊、蠡、罹、禺、鲡、狸、斄、灘○尼宁移切、屔、泥、呢、怩、鸍○齐情移切、脐、蛴○肥焚移切、淝、腓、痱○奇勤移切、骑、琦、锜、其、萁、期、旗、棋、麒、琪、淇、骐、祺、綦、祈、祁、圻、蕲、颀、旂、耆、耆、芪、岐、仚、祇○兮形移切、奚、蹊、鼷、
---
* 底本无"平声"二字，当补。——校者注

傒、携、镰、眭、稣〇移寅兮切、麆、迻、麖、鲵、霓、蜺、狋、锐、祝、倪、夷、姨、痍、洟、疑、巍、仪、贻、怡、饴、颐、彝、沂、宜、遗、蛇、迆、涯、匜、迱、酏、宧〇啼亭离切、蹄、蹏、提、题、醍、绨、禔、稊、荑、鹈、禔、锝、缇〇池臣兮切、驰、迟、埂、篪、持、蚳、治、荏〇脾频迷切、罴、皮、疲、比、琵、枇、毗、羆、罢、貔、蚍、笓、坤〇迷民移切、谜、瞇、獮、瀰、弥、婆、麇

（入声作平声）〇及勤移切音奇、笈〇实神移切音池、十、什、拾、射、食、蚀、硕、侄、秩、直、殖、植、掷〇疾秦移切音齐、嫉、蒺、蕺、辑、戢、集、籍、寂〇夕旸移切同上、汐、席、袭、习、隰〇荻亭移切音提、狄、笛、迪、敌、逖、籴、涤〇弼频移切音罴、愎、髀〇辟平迷切音疲、擗、秘、怭

凡入作平声皆为阳平声，后仿此。

（阴上声）〇幾巾倚切、己、纪、几、掎〇倚因几切、埼、椅、庡、旖、觭〇耻瞋倚切、扯、侈、哆、褫〇痞抨比切、否、嚭、圮、仳〇妣宾匪切、比、秕、粃、匕、鄙〇挤津洗切、济、沛、悸〇底丁体切、邸、诋、柢、觚、牴、氐〇洗新倚切、玺、枲、徙、葸、屣、蒽、蹴〇起轻倚切、杞、玘、棨、启、绮、岂、稽、芑、屺〇喜欣几切、嬉、意、嬉〇体汀底切、涕、梯、醍〇匪芬比切、筐、榧、棐、菲、斐、悱、诽、蜚〇徴征倚切

（阳上声）〇迤寅礼切、迆、矣、已、以、苡、蚁、螘、拟、儗、舣〇你宁以切、泥、旎、狔、祢〇尾文米切、亹、娓〇礼邻以切、醴、澧、里、裹、理、娌、俚、鲤、李、履、蠡、逦、逞、豊〇鲊秦以切、荠〇米民尾切、敉、眯、弭、弥

（入声作上声）〇吉巾倚切音纪、拮、佶、急、汲、级、伋、给、姞、击、激、棘、戟、极、亟、殛〇失申倚切、室、湿、识、适、拭、轼、饰、释、奭、杙〇即津倚切音挤、唧、鲫、稷、沘、积、绩、勣、跡、脊、踖、踖、鹡〇质真矢切音侈、鹭、汁、只、执、厔、侄、桎、郅、窒、蛭、锧、蜇〇只征耻切、炙、樴、织、跖、摭、职、陟〇七亲悉切音妻上声、黍、漆、缉、葺、楫、湒、柒、戚、嘁、鏚〇

第一章 原曲

匹抨倚切音匕、僻、劈、癖、霹、澼○必宾倚切音比、毕、跸、笔、逼、愊、煏、革、荜、珌、鷩、碧、壁、璧、躃、辟、襞○悉新挤切音洗、蟋、䜛、膝、昔、惜、息、熄、析、淅、晳、蜥、锡、鸟、媳、裼、晰、飇○尺称几切音耻、赤、吃、敕、瓣、斥、饰、侄、叱○的丁以切音底、靮、嫡、滴、镝、商、倜、䔬○剔汀以切音体、踢、惕、倜、摘○吸欣以切音喜、翕、汔、肸、谿、憘、潝、阋、蠚○乞钦以切音启、讫、泣、诘、绤、隙、郄○一因以切音倚、壹、乙、邑、浥、挹、挹、益、忆、臆、抑、裛、唈、噎

（阴去声）○记巾意切、寄、系、继、洎、计、髻、季、既、骥、冀、蓟、觊、鬩○闭兵屁切、庇、秘、祕、贲、蔽、臂、壁、畁、泌、祕、毖、闷○沸芬闭切、费、肺、芾、废、狒、佛、柹○意因计切、噫、䔬、瞖、瞖、饐、懿、瘗、劋、衣、殪○气轻意切、器、弃、憩、契、企、跂○祭津细切、际、漈、霁、济○替汀帝切、剃、薙○帝丁剃切、谛、缔、螮、蒂、禘○砌亲细切、妻○细新意切、婿○制真世切、製、致、緻、识、帜、炽、质、踬、挚、鸷、置、智、觯、轾、贽、置○饎、瀽瞋世切○世申制切、贳、势○忾欣计切、慑、戏、屃、系、係、禊、稧、墍、炁、徯○譬抨秘切、屁、媲、澼、睥

（阳去声）○未文吷切、味○翡焚未切、茷、荆、吷○异寅技切、裔、义、议、谊、毅、艺、易、栧、羿、曳、诣、乂、刈、晲、劓、肆、呓、垼、泄、廙、施○地亭利切、第、睇、棣、弟、悌、娣、递、杕、遰○帀频谜切、鼻、比、敝、弊、毙、薜、髲、枇、诐、嬶、奰、避、陛、庳、婢、䴏、䫌、痹○治臣誓切、滞、稚、穉、寱、雉、痔、峙、豸、傺○誓神治切、逝、筮、噬、澨○泥宁异切、伲、腻、䵒○技勤异切、妓、伎、芰、棋、忌、悸、偈、骑、坺、跽、暨○稽秦异切、剂、毗○利邻异切、痢、俐、莉、戾、唳、捩、悷、厉、励、砺、蛎、苙、丽、俪、隶、离、吏、詈、荔、例、沴、螯、疠○谜民币切

（入声作去声）○逸寅曳切音异、泆、轶、佾、佚、驿、妷、熠、亿、屹、岌、易、埸、蜴、驿、致、绎、怿、译、峄、液、腋、掖、溢、鹢、镒、翊、翼、翌、

亦、奕、弋、钛、杙、射、域、疫、役、怿、绒、帟○立邻异切音利、苙、粒、笠、栗、篥、慄、溧、溧、历、枥、沥、雳、砾、砾、力、盽、栎○日人治切音治、人○密民异切音谜、宓、蜜、谧、觅、幂○剧擎异切音技、屐、极○匿纴异切音议、慝、惄、嫟、溺、愵、昵○橄形异切音技

凡入声作去声皆阳去声，无阴去声，下仿此。

第五部　归回韵合《集韵》平声八微之半、十五灰之半，上声七尾之半、十四贿之半，去声十四太半、十八队半而成者。

（阴平声）○归孤威切、圭、邽、闺、鲑、龟、规、妫、沩、傀、瑰、皈○灰呼归切、挥、晖、辉、翚、煇、麾、撝、捣、袆○虽斯催切、荽、绥、睢、濉、崴、媁○杯逋丕切、卑、碑、裨、悲、陂、革○追之吹切、锥、雏、萑、椎、雅、佳○威乌圭切、葳、偎、隈、煨、嵔、楲、喂、渨、委、透、萎、倭○吹初追切、炊、推○丕铺杯切、邳、呸、駓、胚、醅、披、铍、啡、坏○魁枯威切、盔、恢、诙、亐、窥、悝、暌、岿、奎、刲、阋○崔、催、陮、榱、缞、衰○堆都推切、追、馈、敦○推吞堆切、煺、菰

（阳平声）○回胡围切、迴、徊、洄、蛔、茴○围吴回切、闱、韦、帏、违、嵬、巍、危、桅、峗、帷、为○垂锤雏回切、陲、鎚、搥、槌、鬐、倕○裴盆枚切、徘、陪、培、毰、赔、頯豚雷切、虺、隤、墥○葵狂围切、馗、夔、逵、蹊、獙○绥戎垂切、甤、蕤○摧慈随切、崔○梅门回切、脢、枚、玫、媒、煤、眉、湄、楣、峒、郿、麋、縻、蘪、糜、莓、禖○雷仑頯切、擂、蘽、礧、累、缧、赢○随词推切、陏○谁时垂切

（入声作平声）○或洪围切音回、惑○劾恒回切音孩、纥、龁、覈、翮○贼层回切又入皆来音才○特腾回切音台

（阴上声）鬼官委切、簋、癸、轨、诡、晷、宄、傀、佹、厬、庋○悔昏鬼

第一章 原曲

切、贿、毁、譭、燬、卉、虺、隳○彼奔委切、俾○猥温鬼切、峗、娓、委、萎、诿、骳○觜臧髓切、嘴○髓丝嘴切、瀡、襊○跣坤委切、傀、煨○捶初水切、箠○水疏捶切、璀村髓切○腿吞委切

（阳上声）○伟完跪切、韪、苇、炜、铧、唯、隗、谀、洧、鲔、痏、玮、旴、芛、颣、瘣、庡○垒鸢伟切、藟、儡、絫、蕾、瘰、磊、耒、诔○蕊戎垒切、餧挪垒切、鳜○跪狂伟切、揆○浼门伟切、美、渼、媄、每、靡

（入声作上声）○国官委切音鬼○笔奔委切音彼○得登委切、德○黑烹伟切读如海、赫、吓○忒汤委切音腿、慝、忑○克阮委切音陨、剋、尅、刻○北奔委切○则兹彼切音宰

（阴去声）贵官畏切、愧、桂、桧、脍、狯、侩、会、郐、浍、刿、浍、鲙○海、讳、晦、悔、噫、馈、喙、刿、颒、唠俱昏贵切○翠仓岁切、淬、焠、啐、倅、脆○背奔配切、贝、狈、辈、飑○醉、最、蕞○畏温贵切、秽、尉、慰、蔚、荟、倭、芛、涉○对敦退切、碓、敦○税疏赘切、说、帨、蜕○岁丝醉切、碎、谇、晬、祟、粹、睟○缀之税切、赘、惴○配喷背切、辔、沛、霈、佩、旆、坡、鞁○毳初税切、吹、出○退吞对切○峀坤畏切、喟

（阳去声）○会胡胃切、绘、惠、蕙、慧、溃、阓、䁋、汇、恚、匯、繐、繢、缋、愤○胃、猬、渭、谓、纬、卫、魏、位、为、慧、汇、伪、遗○珮盆妹切、佩、被、倍、琲、焙、备、俏、悖、誖、邶○匮狂胃切、柜、馈、篑、餽、蒉○萃藏遂切、悴、瘁○瑞时芮切、睡○芮而缀切、蚋、枘、锐、睿、汭、蚋○遂词萃切、隧、樠、燧、邃、穗、坠○泪仓兑切、累、类、颣、砬、擂○妹门被切、昧、魅、寐、沬、媚、袂、瑁、眜、铢、瘒○兑豚类切、剟、队、憝、懟○罪徂位切○内挪位切

（入声作去声）○墨蒙位切音昧、默、缥○勒楞位切音类、肋、泐○字盆位切音佩

第六部　居鱼韵 合《集韵》平声九鱼、十虞，上声八语、九麌，去声九御、十遇而成之者。

（阴平声）〇居君虚切、裾、琚、据、椐、车、驹、拘、俱、鶌、跔〇诸谆书切、猪、潴、藷、朱、株、蛛、诛、珠、邾、铢、侏、硃、咮〇枢春纡切、貙、樞、挎、摅〇虚熏居切、墟、歔、嘘、煦、照、盱、吁、讦、旴〇蛆痊须切、苴、趋〇疽镌须切、沮、趄、苴、狙、雎、媰、且、萢、葅〇迂氲居切、纡、芋、於、淤、蕰〇书商朱切、舒、纾、输、忬〇区圈纡切、躯、驱、岖、祛、胠〇须思疽切、鬚、帬、婗、胥、糈、需

（阳平声）〇鱼云渠切、渔、虞、余、馀、畲、于、竽、雩、与、欤、玙、玗、予、妤、俞、歈、榆、觎、艅、瑜、窬、逾、渝、愉、揄、愚、嵎、隅、䍐、㬰、谀、萸、腴、娱、禺、仔、褕〇庐纶余切、驴、胪、间、桐、芦、镂〇如人除切、茹、驾、洳、儒、嚅、濡、襦、枘、蠕〇殊纯如切、渠、蕖群余切、磲、籧、蘧、瞿、衢、耀、鹦、氍、约、劬、胸〇除船如切、蜍、滁、篨、躇、储、厨、幮、蹰〇徐旬余切、稌

（入声作平声）〇局穷余切音瞿、踘〇俗旬余切音徐、续〇赎谁余切音殊、蜀、蠋、淑、孰、熟、塾、属〇逐虫殊切音如、轴、舳、躅、浊、镯〇术纯如切音殊、述、秫、术〇倔群鱼切音瞿、崛

（阴上声）〇举君伛切、莒、筥、矩、榘、踽、枸、齲、簸、柜、弆〇主谆鼠切、拄、麈、煮、渚、陼〇鼠伤主切、黍、暑、抒〇杵春鼠切、杼、褚、处〇许薰矩切、诩、栩、斝、咻〇咀镌醋切、沮、龃〇渭荀咀切、谞、醑〇去圈举切、诘〇伛氲矩切〇取痊醋切

（阳上声）〇语云吕切、圄、敔、龉、雨、与、愈、瘉、宇、禹、瑀、圉、羽、予、芋、窳、俣、噳、麇〇吕纶宇切、侣、旅、膂、缕、褛、偻、谈〇汝人与

切、女、籹、乳○女浓字切○咀慈吕切

（入声作上声）○菊肩许切音举、踘、匊、掬、鞠、蘜、淗、鞫、挶、橘、谲、憰○曲邱区切、麹、麯、蛐、屈○烛忠许切音主、竹、筑、竺、粥、瞩、祝、斝、筑、属、嘱、瘃○粟松许切音醋、宿、肃、鹔、夙、蓿○朒荀许切叶醋、戌、邮、鵗、鈌、出春许切音杵、黜、绌、怵、畜、触、憷、歜、豕○旭凶去切音许、勖、项、畜、蓄、滀○叔伤处切音暑、菽、俶、缩、蹜、倏、束、觫、澳邕许切音伛、燠、噢、郁、彧、鬱、熨○洫熏羽切音许、侐、殈、魆○促匆羽切音取、鼀、蹴、踧、蹙○足宗羽切音咀、卒○阒困羽切音许

（阴去声）○锯君饫切、倨、踞、句、屦、据○恕伤注切、庶、戍○虡痊絮切、趣、娶、狙○注谆恕切、註、蛀、炷、澍、著、翥、铸、翤、跓○饫氲锯切、菸○足镌絮切、沮○处春饫切○絮荀沮切○去圈饫切○酗熏凶切

（阳去声）○御云具切、驭、遇、妪、裕、谕、喻、豫、预、颙、与、誉、御、雨、寓、语、籞○虑纶裕切、滤、榞、屡○惧群裕切、遽、醵、具、巨、讵、拒、距、炬、苣、秬、粔、簴○树淳御切、署、曙、竖、孺人御切、茹、洳○宁船孺切、苎、贮、竚、伫、纻、柱、住、驻、著○绪旬聚切、序、叙、溆、屿○聚藏遇切

（入声作去声）○玉容豫切音喻、狱、欲、育、鹆、浴、钰、毓、煜、鸞○聿云预切亦音豫、鹬、矞、遹、舼○录珑豫切音虑、绿、菉、箓、醁、逯、陆、戮、勠、碌、碌、律、嵂、率○辱戎宁切音茹、褥、溽、蓐、缛、鄏○入人宁切亦音茹

第七部　苏模韵合《集韵》平声十一模，上声十姥，去声十一暮而成之。与前归回韵皆新分者。

（阴平声）○苏松租切、廯、酥○逋崩铺切、铺、晡○孤公乌切、菰、呱、觚、罛、姑、菇、鸪、沽、酤、辜、蛄○刍撑疏切、荢、初○枯空乌切、骷、刳、

恀○都东乌切、阇○乌翁孤切、呜、芞、汙、洿、圬、恶、於○肤风遍切、夫、铁、玞、硖、趺、鈇、孚、莩、桴、郛、俘、敷、廊、枹、跗○呼烘污切、滹○租宗苏切、菹○粗匆苏切○梳霜初切、蔬、疏○铺烹通切、痡

（阳平声）○模蒙蒲切、谟、摹、膜、嫫、粫、糢○徒同卢切、图、屠、菟、瘏、荼、途、塗、酴、涂、佘、稌、骏○无文扶切、亡、芜、肬、巫、诬、毋、扶、夫、蚨、芙、符、凫、苻○奴农无切、孥、驽、袋○庐龙徒切、芦、颅、鲈、舻、鑪、炉、驴、垆、鸬○吾王胡切、浯、铻、梧、鼯、俉、吴、蜈、鋘○雏虫吾切、锄、鉏○蒲逄胡切、葡、酺、脯、蒲、莆、匍、菩○胡洪吾切、糊、湖、醐、葫、鹕、衚、蹦、瑚、壶、狐、弧、瓠、乎、蝴○殂丛吾切、徂

（入声作平声）○独同胡切音徒、读、牍、渎、犊、匵、椟、黩、毒、纛、婤○突豚胡切音徒、凸○复冯胡切音扶、伏、袱、茯、服、鵩、箙、缚、虙、洑、佛○鹄洪吾切音胡、斛、觲、縠、穀、鹘、核○仆篷胡切音蒲、濮、幞、樸、暴、瀑○朷完胡切音吴、矶、兀、阢○族丛胡切音徂、卒、崪

（阴上声）○所霜阻切、数○阻忠所切、俎、岨、诅○祖宗坞切、组○土通睹切、吐○覩东土切、睹、堵、赌、肚○古公坞切、罟、诂、牯、估、钴、鹽、鼓、瞽、股、贾、羖、蛊○隖翁古切、坞、邬○虎哄坞切、琥、簄、浒、岸○补崩坞切、圃、谱○普烹坞切、浦、溥○甫风隖切、黼、脯、簠、府、腑、俯、拊、柎、父、斧、抚、颊、狪、滏○楚充所切、础○苦空坞切、筶、楛

（阳上声）○武文腐切、鹉、珷、碔、舞、肮、妩、斌、怃、庑、侮、姆○鲁龙弩切、艪、橹、虏、掳、卤、滷、噜○五王户切、伍、午、仵○户侯五切○母蒙五切、牡、某、亩、拇、姆、姥○弩农五切、努、筐○腐逄武切、辅、釜、鬴、父

（入声作上声）○蔌松古切音所、簌、速、觫、餗、楸、洓、谡、肃○谷公古切音罟、縠、榖、告、梏、揯、鹄、骨、擀、汩、牆○福风古切音甫、蓄、幅、蝠、辐、副、复、複、覆、馥、腹、楅、蝮、拂、髴、绋、沸、苇、佛、带、绂、黻、弗、茇、祓、绋○卜崩坞切音补、不、襂○笂哄坞切音虎、忽、惚、總、囫、迡、欻○

哭空坞切音苦、酷、焅、訾、窟、朏、砭〇督东坞切音睹、笃、顿、咄、柮、呐〇
扑烹坞切音普、樸、朴〇触充坞切音楚、蠤、畜〇簇匆祖切音楚、蔟、猝、卒、
促、蹙、蹴、噈〇屋翁古切音坞、沃、剭〇秃通坞切音土

（阴去声）〇素松诅切、愫、縤、诉、愬、塑、溯、遡、泝〇数霜诅切、疏
〇赴凤汗切、仆、讣、付、傅、富、副、赋〇故公汗切、固、锢、痼、顾、雇〇恶
翁故切、汙、垩布崩铺切、怖、佈〇醋匆素切、厝、错、诅宗素切、祖、做〇
兔通妒切、吐、涶〇铺烹布切〇库空汗切、袴、绔、妒东兔切、蠹、射、致

（阳去声）〇暮蒙部切、慕、墓、募〇渡同路切、肚、土、度、镀、荘
〇父冯务切、妇、负、附、腐、祔、驸、赙〇鲎洪误切、户、怙、岵、祜、互、沍、
护、雘、鄂〇务文父切、雾、鹜、鹜、婺、戊〇路龙度切、潞、赂、璐、簵、露、
鹭、辂〇误王户切、悟、寤、晤、忤、迕〇部蓬误切、箁、簿、哺、捕、步、埠〇
祚丛误切、胙、阼、助、耡〇怒农路切、啂

（入声作去声）木蒙部切音暮、沐、睦、穆、牧、目、鹜、楘、苜、霂、繆、
穋、没、殁〇禄龙度切、琭、渌、鹿、漉、簏、簏、辘、麓、陆、甪、蓼〇物文父
切音务、勿、沕〇讷农路切音怒、肭、呐

第八部　皆来韵合《集韵》平声十三佳半、十四皆、十六咍，上声十二蟹、十三骇、
十五海，去声十四太半、十五卦半、十六怪、十七夬、十九代而成之者。

（阴平声）皆艰挨切、阶、堦、喈、偕、街〇揩铿挨切〇该干哀切、垓、荄、
陔〇哉臧腮切、栽、灾、菑〇钗初斋切、差〇台汤哀切、胎、咍、邰、鲐哀阿
该切、埃、唉〇颙桑哉切、腮、毸、鰓〇开康哀切、阋〇斋张筛切〇乖瓜歪切〇
簁疏斋切、筛、挨釐皆切、衰霜歪切、猜仓颙切〇歪乌乖切

（阳平声）来郎孩切、徕、峡、莱、涞〇鞋奚崖切、谐、骸〇排旁埋切、俳、
牌、棑〇怀胡骇切、淮、槐〇埋忙排切、霾、皑昂孩切、獃、骏〇孩寒骇切、咳

○柴池崖切、祡、俤、豺○崖移鞋切、厓、捱、睚、涯○才残骇切、材、财、裁、纔○台唐来切、抬、佁、骀、苔○能奴来切

（入声作平声）白朋孩切音陪、帛、舶○宅橙侪切音柴、择、泽○画胡骇切音怀、划、获

（阴上声）解艰挨切、嶰○海憨改切、醢○宰臧嗳切、载○采餐宰切、彩、採、埰、寀、綵○睬○欸安改切、乃、毐、嗳、枴关乃切、拐○恺看欸切、凯、铠、垲、闿○揣窗欸切、歂○摆班欸切○洒山欸切、跚○楷硁矮切、锴○改干欸切○矮央解切

（阳上声）骇霞买切、獬、蟹○奶难亥切、乃○踹俎买切○买䜈亥切○亥寒买切

（入声作上声）格缁海切音改、骼、挌、鬲、膈、革○拍喷乃切、珀、魄○策撑欸切音揣、册、栅、测、恻、拆、坼、敕○伯崩乃切音摆、百、柏、迫、擘、檗○客阬乃切音楷、搭、喀、刻○责争嗳切音斋上声、帻、簀、啧、摘、谪、侧、昃、厌、窄、迮、舴、蚱、谪、碛、碛、磔○色生嗳切音筛上声、啬、穑、索、涑○掴皷欸切音拐、帼、啯、虢、馘○率山欸切音洒、蟀、摔、帅○䟕烘欸切、劐○厎恩解切音矮、戹、扼、嗌、轭、陀○塞僧乃切音宰

（阴去声）戒艰隘切、诫、解、廨、懈、介、界、芥、疥、价、玠、届、辖、岕、尬○债张晒切、瘵、祭○态滩带切、泰、太、汰、大、贷○盖冈爱切、概、溉、丐○爱安盖切、僾、嗳、霭、蔼○带丹态切、瘅、戴、襶○快匡怪切、夬、浍、哙、块、蒯○再臧赛切、载、派攀太切、湃、晒山债切、铩、杀○帅霜怪切○赛桑再切、塞、菜仓赛切、蔡、縩○怪光快切○慨康盖切、喝、欸、忾、隘央介切、扼、搤、愒○虿昌晒切、囆○拜班派切、扒

（阳去声）赖郎代切、籁、癞、赉、睐、敕、唻、濑○败旁卖切、惫、呗、糒○械闲睚切、薤、瀣、解、邂、骱○寨房芥切、砦、眦○艾昂害切、碍、阂、欸○睚颜械切、悷、捱○奈囊代切、柰、耏、耐、褦○亥寒艾切、害、劾○待唐赖

切、逮、怠、迨、殆、绐、骀、代、袋、岱、黛、岱、靆、埭、大、玳〇在藏赛切、载〇卖忙败切、迈〇坏黄外切〇外王坏切

（入声作去声）麦蒙外切音卖、貊、陌、蓦、脉、墨〇额昂害切音碍、厄〇搦宁害切音奈

第九部　真文韵 合《集韵》平声之十七真、十八谆、十九臻、二十文、二十一欣、二十三魂、二十四痕，上声之十六轸、十七准、十八吻、十九隐、二十一混、二十二很，去声之二十一震、二十二稕、二十三问、二十四焮、二十六慁、二十七恨而成之者。

（阴平声）真知身切、珍、振、甄、砧〇分敷恩切、纷、芬、氛、棻、雰、汾〇昏呼恩切、惛、婚、阍、荤〇因伊恩切、姻、茵、䋈、氤、湮、闉、禋、堙、殷、慇、祵、駰〇申奢真切、绅、伸、呻、珅、身、信、娠〇嗔痴真切、瞋〇春枢氲切、椿、輴〇荀须氲切、询、峋、恂、郇、洵〇吞拖郭切、暾〇谆朱氲切、衡、肫、屯、旽、迍〇逡蛆荀切、皴、竣、踆〇根哥恩切、跟〇欣希巾切、忻、訢、昕、炘〇氲於君切、䪰、煴、缊〇新西恩切、薪、辛、莘〇宾䇷因切、滨、槟、缤、彬、斌、豳〇君居氲切、䏏、军、皸、均、钧〇恩阿根切〇榛支恩切、臻、蓁、溱〇薫虚君切、醺、勳、勋、熏、燻、曛、炘〇坤枯温切、髡、鲲、鹍、昆、崑、琨、锟、裈〇温乌昆切、瘟、煴〇奔逋恩切、贲〇孙苏尊切、飧、荪、狲〇尊祖孙切、遵、樽〇敦都吞切、墩、惇〇巾基恩切、斤、筋〇村粗孙切、噂铺奔切〇津蓝因切、泲〇亲妻因切

（阳平声）文无痕切、纹、蚊、雯、闻、棻、坟、蕡、濆、焚、棼、枌、汾、蚡〇邻离银切、遴、鳞、麟、磷、粼、燐、轔、璘、嶙、潾〇贫疲痕切、频、濒、颦、嚬、嫔〇民迷痕切、珉、缗、岷、旻、闽、玟〇人而陈切、仁、芢〇伦闾云切、纶、抡、轮、沦〇裙渠云切、群〇勤其寅切、懃、芹〇门麻盆切、扪、橏、璊、们〇银移寅切、垠、寅、夤、嚚、䘙、闇、狺、龂、听〇陈驰人切、臣、尘、辰、

晨、宸○盆蒲痕切、湓○秦齐银切、螓○唇殊匀切、漘、莼、纯、淳、醇、焞、犉、鹑、瞤○旬徐云切、巡、驯、紃、循○雲余裙切、蕓、澐、枟、云、芸、纭、耘、沄、员、郧、筼、匀、筠、畇、昀、赟、訟○魂胡浑切、浑、馄○豚徒仑切、屯、饨、臀、鲀、轫○存徂坟切、蹲○痕何坟切○纫尼银切○神蛇陈切

（阴上声）轸知哂切、疹、诊、畛、袗、眕、袗、稹、鬒、缜、赈○垦柯很切、恳、龈、狠、肯○紧基隐切、堇、瑾、槿、谨、卺○隐伊谨切、濦、檃○準朱蠢切、准、纯○忿敷稳切○笋须困切、簨、隼○本逋隐切、畚○阃枯稳切、悃、捆、壶、梱○困区笋切○哂声轸切、矧○撙租损切、僔、鳟○蠢枢准切、惷、踳○忖粗损切、寸○衮孤稳切、滚、鲧、绲、掍、辊○疢痴忍切、蜄○盹都稳切○品批稳切○很呵恳切、狠○盡齑隐切○损苏撙切○粉方本切○稳乌衮切

（阳上声）引移忍切、蚓、听○闵迷牝切、悯、泯、愍、抿、湣、敏○刎无愤切、吻、脗、抆、愤○允余窘切、狁、殒、陨、尹○窘渠允切、箘、菌○盾殊允切、楯○腯徒允切、盾、伅、囤、沌○牝疲敏切、膑○忍穰引切○笨蒲愤切○棍胡笨切

（阴去声）震之衬切、振、赈、镇○信西进切、讯、迅、汛○鬓篦印切、殡、膑、摈、傧○酝纡训切、愠、缊、蕴、煴、韫、恽○进齑信切、琎、晋、缙、溍○奋敷奔切、粪、坌、偾、忿、愤○衬初震切、榇、龀○印伊衅切、傿○峻须俊切、浚、濬、鵕○逊苏寸切、噀、巽、潠○俊疽印切、骏、馂、畯○舜书酝切、蕣、瞬○衅希印切○寸粗逊切○褪拖顿切○趁痴震切○顿都印切○奔逋奋切○训虚酝切○困枯衮切○揾乌傿切○艮哥寸切、硍○亲妻进切

（阳去声）问无分切、闻、紊、汶、文、绕○阵持刃切、眣○刃穰阵切、仞、讱、牣、轫、认、韧○吝离刃切、蔺、蟒、遴、蹸、燐、躏○肾蛇阵切、慎、蜃○韵余郡切、运、晕、郓、恽○尽齐阵切、荩、赆、赉○殉徐韵切、徇、狥○近岐刃切、靳、觐、仅、僅、殣、墐、廑○酳移近切、引、靷、孕、憗○闰如运切、润○钝徒很切、遁、遯、沌○闷麻坌切、懑○郡渠运切○混胡问切、倱、诨、溷、

浑、焜○嫩奴论切○分扶问切○论卢钝切○烬词酳切○恨何问切○垫旁问切○顺殊闰切

第十部　干寒韵 合《集韵》平声之二十五寒、二十七删、二十八山，上声之二十三旱、二十五潸、二十六产，去声之二十八翰、三十谏、三十一涧而成之者。

（阴平声）干歌安切、竿、肝、玕、杆、乾○山尸安切、删、姗、潸○单多干切、殚、郸、箪、瘅、丹、禅○安阿干切、鞍○姦基甄切、奸、间、艰、菅○轩珂安切、刊、看○关孤弯切、鳏、瘝、纶○拴疏弯切、栓、櫋、闩○斑巴干切、班、扳、颁○弯乌关切、湾○滩他单切、摊、瘫、嘽、坍○番夫班切、翻、旙、幡、繙、反○攀铺班切、眅○餐仓珊切○甄衣奸切、殷○跚桑干切○悭溪甄切

（阳平声）寒何颜切、邗、韩、汗、邘○阑罗寒切、兰、栏、斓、拦、澜○还胡顽切、环、鬟、寰、阛、镮○闲携颜切、閒、鹇、痫、娴○坛唐阑切、檀、弹○烦扶寒切、繁、蘩、凡、帆、矾、樊、膰、燔、墦、瑶、蕃、藩、篓、蹯○蛮麻烦切、蠻○潺雏顽切、孱、僝○顽吴还切○残藏颜切○难拏阑切○颜移闲切

（阴上声）赶歌罕切、秆、簳○反方板切、返、坂、饭、阪○板邦绾切、版○简家眼切、柬、拣、襇○产叉盏切、铲、刬、串○坦他绾切、袒、儃○罕呵赶切○侃科罕切、衎、偘○趱咱罕切○绾洼罕切○盏渣产切、㠭、戋○眼衣简切○散桑罕切、伞、繖

（阳上声）晚忘旨切、挽、輓、娩○懒郎偘切○赧拏懒切○憽○僝霞懒切。度曲者收入天田韵，又改为显音，不知何意。○睧麻晚切

（阴去声）幹歌案切、榦、玕、杆、骬○汉呵干切、暵、熯○旦当叹切、疸、瘅○歎他烂切、嘆、炭○案阿干切、按○灿咮赞切、爘、璨○盼葩扮切、襻○惯孤腕切、掼、卝、擐○赞咱散切、讚、鄼○看科汉切、侃○间家晏切、涧、

胴、铜、涷、祠○讪沙篡切、疝、汕、赸○扮巴盼切、绊、靽○泛方扮切、汎、畈、贩、氾○腕乌惯切、惋、绾○晏鸦谏切、鷃○散桑趱切、伞、缴、徼○篡初惯切

（阳去声）旱何患切、悍、汗、闬、扞、捍、翰、瀚○但唐烂切、诞、惮、伹、弹、掸、蜑、亶、澶○撰雏患切、譔、馔○万忘办切、曼○岸峨旱切、犴○栈茶旱切、绽、饯○慢麻办切、嫚、僈、缦○患胡慢切、幻、宦、豢○办琶慢切、瓣○饭房慢切、梵、范、犯○雁移限切、赝、犴○烂郎但切、斓、镧、灡、谰、澜○难囊但切○限奚雁切○瓒藏旱切

第十一部　欢桓韵合《集韵》平声之二十六桓，上声之二十四缓，去声之二十九换而成之者。

（阴平声）欢呵官切、貛、獾、貆○官戈剜切、琯、棺、倌、冠、莞○般波潘切、搬○潘坡般切、番、拌、拚○端多湍切、崅、褍、猯、貒○剜窝官切、捥、豌○酸娑攒切、狻、疫○宽科剜切、湍拖端切○钻挫冠切、攒

（阳平声）桓胡瞒切、垣、峘、洹、皖、莞○丸吴瞒切、纨、芄、完、刓、岏、萑、汍○鸾罗桓切、銮、峦、栾、滦、圝、胬、帘○瞒摩盘切、谩、漫、馒、蔓、镘、鬕、鬘、颟○团驼桓切、抟、汓、传、剸、糰○盘婆瞒切、槃、瘢、磐、辇、般、磻、蟠、胖、瞒○攒醒丸切、欑、巑

（阴上声）管戈碗切、筦、琯、脘、斡又入哥韵、逭、馆○纂怹碗切、鄼○款科碗切、歀○盌窝碗切、椀○碗○短多碗切、断

（阳上声）澣吴缓切、浣○暖囊浣切、餪○满摩浣切○缓和浣切

（阴去声）唤呼贯切、焕、涣、奂、漶○窜蹉算切、撺、爨○断多象切、锻、煅、籪○算娑奂切、蒜○判坡半切、泮、胖、牉、拌○贯戈奂切、毌、冠、观、灌、瓘、鹳、爟、鑵、盥、馆、罐、裸○半波判切○钻怹算切○豢拖断切

（阳去声）换和玩切、逭○靸吴换切、玩、妧、忨○幔摩伴切、蔓、墁、漫、镘、鄤、缦○断鵉乱切、段、骰、缎○伴步换切、畔○叛婆幔切○乱罗段切○懊奴乱切音暖去

第十二部　天田韵 合《集韵》平声之一先、二仙、二十二元，上声之二十七铣、二十八狝、二十阮，去声之三十二霰、三十三线、二十五愿而成之者。

（阴平声）天梯烟切○先思烟切、仙、跹、袨、鲜、廯、秈、祏、佥○煎蕸先切、鬋、戋、笺、戔、籛、湔、鞯○坚基烟切、肩○颠低天切、癫、巅、蹎、傎、滇○鹃居烟切、涓、娟、蠲、蛸、鋗、駽○边蒉篇切、笾、编、鳊、蝙、鞭○喧虚渊切、諠、暄、煊、萱、谖、儇、翾、壎、埍、貆、嬛○毡遮羶切、鸇、鳣、饘、邅、跧、旃、栴、羶奢毡切、搌、挺、颤○专朱川切、鱄、砖、甎、颛○千妻仙切、仟、阡、芊、迁、韆○轩希坚切、掀、謇、讦○烟伊坚切、焉、鄢、嫣、燕、嬿、臙、咽、阏、湮、蔫○牵欺烟切、悭、褰、骞、岍、汧、搴、纤、䁊○篇批烟切、扁、蹁、褊、偏、翩、媥、痯○渊纡绢切、冤、宛、鹓、鸢、蜿、怨、䎝○痊蛆宣切、诠、荃、铨、佺、跧、荎、拴、悛○宣须渊切、瑄、愃、馆○川枢专切、穿○棬区渊切、圈、卷○镌疽宣切、辁车羶切

（阳平声）田题连切、畋、钿、佃、阗、填、磌○连离田切、莲、哇、涟、鲢、维、怜、联、链○绵迷胼切、棉、眠、樠○然而缠切、廛持然切、瀍、缠、禅、婵、蝉、单、澶、澶○前齐涎切、媊、钱○悬雄元切、泫○贤兮言切、絃、㢠、弦、舷、延、筵、䥷、埏、蜒、涎、妍、研、言、焉、汧○乾其言切、虔、犍、鞬○元余悬切、鼋、沅、芫、圂、圆、员、园、捐、袁、辕、原、嫄、源、垣、铅、沿、缘、蠑、鸢、湲、援、猨、猿、杬、蚖、爰○全齐旋切、泉、铨、琼、洤、旋、璇、漩、还○传除元切、船、椽、遄○拳渠元切、鬈、惓、痯、跿、权、颧、卷○胼疲绵切、骈、骿、便、楩、平、鈚、谝○年尼言切○涎斜前切○暽如传

切、壖。

（阴上声）腆梯典切、惄、婰、抰、觍、蜆○宛纡卷切、畹、眢、婉、琬、菀、踠、涴、苑○偃衣蹇切、鰋、郾、蝘、蝘○卷居苑切、菤、甽、捲○鲜西蔫切、藓、癣、籓、跣、洗、毡、铣、筅、狝、燹○蹇基偃切、謇、邍、茧、笕、蘬臧铣切、谫、揃、鬋、伐、戬○转朱苑切、啭、贬笾典切、匾、褊、艑、鍽、编、扁、窆、砭○喘枢苑切、舛、踳○阐昌展切、蕆、辗○典当腆切○显希蹇切、灦、宪、幰、蜆○犬区宛切、绻、展遮阐切、振、辗○遣欺偃切、缱、襣、隽粗选切、吮○选须隽切、渲○浅妻铣切○諐虚苑切、咺、烜。

（阳上声）殄题琏切○远于畹切、苂、阮○演移蚬切、縯、衍、衍、譣、龖、㺲○輋离殄切、琏、搌○闷间远切、娈○免迷谝切、冕、勉、沔、眄、湎、愐、缅、勔、黾○睍兮演切、蚬○奭如远切、䡅、愞、蝡○拈尼演切、碾。

（阴去声）跃梯殿切○券区怨切、劝、綣○见基宴切、建○献希建切、宪、韅○绚虚眷切、晌、鞯○燕伊建切、嚥、咽、讌、嬿、宴、堰、郾、鶠○眷居怨切、卷、绢、睊、罥、悁、獧、箮、餋、睠、獧○变笾片切、遍○片批变切、骗○线西箭切、霰○钏枢怨切、串、骗奢战切、扇、谥、煽○箭蘁线切、溅、荐、洊、饯、牮、煎、箭○选须怨切○战遮扇切、颤○倩妻线切、蒨、绩、茜○殿低宴切○啭朱怨切○怨纡眷切

（阳去声）电题练切、殿、壂、澱、甸、靛、奠、瑱、淀○院余券切、愿、愿、傆、谚、媛、瑗、掾○健其砚切、键、楗、件○县兮健切、縣、见、现、苋○眩雄券切、炫、衒、昡、泫、铉、缳○砚爷健切、彦、谚、唁、唁○券渠院切、傪、圈、面迷卞切、麪、麵、瞑○卞疲面切、忭、汴、抃、便、浘、弁、辨、办、辫、辩、采○善蛇砚切、缮、禅、嬗、擅、膳、膳、鲜、鳝、蟮、鄯、僐、墡、僤、墠、单○贱齐羡切、践、餞、旋、颴○篆除愿切、瑑、传、僎、佪○练离殿切、楝、煉、鍊、蝀、瓨、佡、痖○恋闾院切、挛○碾尼砚切○羡斜贱切

第十三部 萧豪韵

合《集韵》平声三萧、四宵、五爻、六豪，上声二十九篠、三十小、三十一巧、三十二皓，去声三十四啸、三十五笑、三十六效、三十七号而成。

（阴平声）萧西焦切、箫、潇、飍、绡、消、销、宵、霄、痟、魈、蛸、逍、鮹、硝、獢、蟏、翛、焣○刁丁挑切、貂、舩、鵰、雕、琱、彫、刴、凋、碉○梢、捎、弰、艄、鬈、筲、鞘、颵、莦、蛸、艄、稍○娇鸡邀切、骄、交、蛟、咬、郊、茭、鲛、鵁、胶、嘐、浇、僥、憿、尤○哮、枭、鸮、枵、骁、哓、嚣、嚻、嘐、嗃、歊、虓、恷、痑、呺○焦蘁消切、蕉、燋、膲、鷦、噍、嶕、闄、椒、僬○标兵飘切、幖、標、森、飙、飆、麃、瘭、膘、镳、穮、儦、杓、灪、睞○包邦抛切、胞、苞、笣、枹、裦、褒○嘲之梢切、潮、抓、哨○高冈鏖切、髙、篙、膏、謦、櫜、羔、餻、糕、皋、皐、臯、稾、槔○刀当绦切、舠、叨、忉、魛○骚桑遭切、搔、搖、艘、臊、缫、遭、糟○麀映高切、熮、撽、镣○昭张烧切、招、朝、钊、铞○邀衣交切、邀、夭、沃、妖、祆、要、喓、腰、宵、禚、幺、么、凹、坳、熅、嚶、僾、呹○飘娝标切、漂、嫖、僄、鷚、彯、熛、趮、螵、谨○抛披包切、脬、泡○绦汤刀切、饕、慆、慆、謟、掐、滔、縚、殺○趒欺幺切、跷、跻、硗、垚、敲、撬、橇、尻、烋、飘○抄撑梢切、钞、謜○藃呵高切、薅○挑汀刀切、桃、胱、刺、铫、恌○超昌烧切、弨○鏊妻消切、锹、幧○操仓骚切○烧商昭切

（阳平声）豪胡敖切、壕、濠、濠、嚎、毫、嗥、号、嗁、賜、嶐、獴○寮离迢切、辽、僚、鹩、嘹、膋、镣、繚、簝、燎、撩、寮、嫽、璙、醪、憀、寥、聊、料、膋○饶穰韶切、桡、荛、娆、扰○苗明瓢切、描、貓、猫、緍、魍○毛忙袍切、庞、氂、酕、茅、猫、稊、鼇○猱襄牢切、猲、饶、呶、詉、怓、诡、硇○牢郎桃切、劳、捞、痨、涝、唠、醪、潦、哞、峬○迢亭聊切、髫、齠、苕、岧、筶、调、条、鲦、荼、蜩、佻、樤、篳○潮长韶切、朝、嚚、晁○韶绳饶切、轺、珆○遥移乔切、摇、谣、瑶、飘、猺、瞫、媱、踩、徭、傜、窑、窜、尧、垚、陶、徺、峣、姚、

肴、洧、殽、餚、崤、爻、备、鳐、榣、繇、蘨、颻○憔齐遥切、瞧、谯、顦、僬○敖昂豪切、鏊、韇、鏖、嗷、廒、獒、鹜、遨、熬、璈、嶅、磝、鳌、嶅、傲、鏊、翱○乔强遥切、荞、桥、侨、翘、翘、苃、宆○袍旁毛切、炮、跑、钯、匏、咆、庖、炰、刨○桃唐劳切、逃、咷、鼗、洮、陶、萄、绹、醄、淘、啕、掏、涛、梼、颵、駣○曹藏敖切、漕、槽、嘈、螬、艚、蹭、殸○瓢平苗切、藨、阕○巢橙韶切、澡、辒

（入声作平声）鹤杭尊切、嚣、涸、貉、萑○浊壮芍切、镯、雹、濯、擢、泜、篸○铎唐洛切、惰、度、跛、剧、喥、泽○薄旁寞切、馎、铂、箔、泊、亳、雹、爆、暴、扑、礴○学降角切、鸾、岁、坐、来○著长弱切、着、凿藏索切、昨、酢、怍、阼、鏧○酿强约切、膙○嚼墙约切、矍○镬黄郭切、穫、濩、蠖、攉○杓绳若切、汋、勺、芍○缚符镬切○篗王郭切○嚎

（阴上声）小襄剿切、筱、馊○皎姜杳切、铰、狡、姣、绞、缴、搅、矫、挢、蹻、佼○查央皎切、殀、夭、宎、突、窈、拗、晶、渢、婹、嬱、鹥○悄枪小切、愀○宝邦袄切、宾、保、俫、堡、緥、褓、葆、饱、鸨、駂○扫桑早切、埽、嫂○殍薄表切、藨、摽、醥、瞟、缥、瞟、鸟○早臧扫切、澡、藻、蓥、蚤、璪、缲、璪、枣○倒当好切、岛、擣、捣、祷、堉、杲冈袄切、稾、稿、槀、藁、缟、曐○袄映杲切、懊、媪○考康袄切、栲、筹、拷、攷、爀○表兵殍切、裱、婊、俵、磦○巧腔杳切、鸹○晓香皎切、皛○少商沼切、邲○爪争稍切、笊、瑶、找○炒撑爪切、焯、迿○艸仓扫切、草○觓桨小切、勦、湫○沼张少切○讨当好切○好呵杲切○稍生爪切

（阳上声）鸟娘了切、茑、鹝、裹、袅、嫋、嬲、嬺、𡢎○了良鸟切、瞭、憭、蓼○皎阳了切、咬○遶穰绍切、绕、扰、眇明卯切、渺、缈、佽、抄、秒、藐、森○卯忙眇切、夘、昂、泖、茆、妠○老郎皓切、栳、咾、恅、潦、獠○脑囊老切、恼、瑙、磘、蛲、挠、嫩○绍时绕切○晧何老切

（入声作上声）削襄爵切○角姜约切、捔、桷、确、觉、脚、脚、榷、礐、

玃、攫、戄、蹻、屛、珏、縠○捉庄朔切、卓、琢、涿、啄、捔、斲、桌、倬○斫张烁切、酌、灼、妁、勺、衍、缴、礿、焯○烁商酌切、铄、妳、睒、鹊枪削切、碏、趞、皵○飥汤各切、托、侂、箨、飥、袥、袥、跅、拓、魄、槖、杔、跅、驿○索桑作切、缫、镞、摍、𧟰、颾、瘶○郭光廓切、椁、槨、碏、崞○廓匡郭切、扩、嘷、鞟○朔霜捉切、槊、溯、梢、数、塑○剥邦各切、確、博、箔、搏、镈、膊、髆、鎛、驳、駮、玓、薄○爵将削切、雀○作臧索切、柞、迮○错仓索切、縒○各冈恶切、阁、恪○壑呵各切、熇、嗃、郝、膗○绰昌弱切、婥、逴、敠、踔○壳腔约切、愨、悫、确、却、卻、恪、鷟、㩃、埆、潅、躩○约央角切、葯、药、握、渥、幄、喔、偓、齷○恶映各切、垩、噁、谔○谑香角切

（阴去声）笑襄醮切、咲、啸、肖、鞘○眺汀吊切、跳、越、頫、朓、眺、耀、窲○弔丁眺切、吊、钓、窎、豹邦炮切、趵、爆、报○造仓灶切、艁、糙、慥、操○竈臧噪切、懆、灶、躁○照张少切、炤、诏、邵、曌○耗呵告切、好○到当套切、倒○叫姜要切、訆、教、觉、校、较、挍、狡、笅、珓、窖、敎、嗷、徼、醉○醮浆笑切、醀、燋、燋○俏枪笑切、峭、悄、陗、峭○俵兵票切、鳔○孝共叫切、佼、涍○罩争少切、箪、笯○要衣叫切、拗、靿、袎○碗溁豹切、刨、炮、疱、砲○告摒俵切、诰、郜、噪、譟、燥、镍、埽、毸、踃○奥映告切、噢、澳、馔、鷰、嫩、懊○钞撑少切、抄、杪、哨生罩切、艄、稍○靠康奥切、鎬、犒、搞○票摒俵切、剽、勡、彯、缥、漂、驃、骠○套汤到切、套○少伤照切○窔

（阳去声）号杭傲切、狊、皓、皜、镐、浩、昊、颢、灏、皞、皞○调亭廖切、掉、窕、藻○抱旁帽切、鲍、饱、暴、瀑、襮○造藏傲切、皁、皂、槽、漕○廖良调切、嫽、燎、料、疗○傲昂号切、謷、奡、鰲○召长绍切、名、赵、旐、肇、兆、垗○绍绳赵切、邵、卲、劭、佋○道唐涝切、导、焘、翿、幬、琇、悼、蹈、盗、盗、稻、纛○曜移轿切、耀、曜、燿、鸐○轿强曜切、挢、峤○诮齐曜切、噍、谯○效冥轿切、効、傚、敎、校、恔○櫂橙绍切、棹○貌忙抱切、皃、

冒、冐、帽、瞀、渜、毷、眊、芼、耄、晶、瑁〇涝郎道切、憦、劳、偻、嫪、潦〇妙明傲切、钞、庙、缪〇闹囊涝切、淖、橈、猱〇溺尼轿切、尿

（入声作去声）嶽阳学切、岳、乐、药、跃、龠、钥、瀹、櫟、爚、籥、礿、鹫〇诺囊洛切、搿〇莫忙博切、寞、漠、幕、摸、膜、缦、瘼、镆、塻、瞙、邈〇落朗铎切、络、烙、洛、酪、雒、举、乐、珞、蛞、洛、骆、赂、落、硌、泺〇萼昂鹤切、鄂、咢、鹗、谔、崿、箩、锷、愕、遌、堮、鳄、噩、蕚、腭〇弱穰芍切、蒻、箬、箬、若、叒、喏〇略良药切、掠〇虐娘药切、疟、搦〇芍绳弱切

第十四部　歌罗韵合《集韵》平声七歌、八戈，上声三十三哿、三十四果，去声三十八箇、三十九过而成。

（阴平声）歌干阿切、謌、哥、柯、牁、舸、駒、菏〇科宽阿切、蝌、萪、窠、稞、苛〇轲看阿切、珂〇戈官窝切、过、咼、锅、埚、呙、莎、娑、挱、挲、杪、钞、傞、蓑、峻、胺、娑、梭〇磋撍梭切、瑳、蹉、瘥、嵯、搓、殊、差〇他湍多切、佗、它、拖、诧〇阿安哥切、婴、婀、娴、疴、猗、窝剜戈切、涡、倭、唼、狪、矮、莴〇坡潘波切、玻、颇、陂、钷〇波般坡切、菠、番、儝〇呵欢哥切、诃、苛〇多端拖切、株〇娃资袈切、剉、侳

（阳平声）罗鸾驼切、萝、箩、儸、啰、锣、椤、逻、螺、蠃、镙、嬴、骡、镙、鸁、㩃、脶、砚〇摩瞒婆切、磨、魔、劘、蘑、懡、麼〇那农罗切、挪、傩、接、挼〇禾红蛾切、和、龢、盉、咊〇何杭蛾切、河、荷、诃、苛〇驼团罗切、跎、陀、随、拕、酡、沱、䠔、袉、鼍、迱、迡〇矬攒峨切、醝、艖、鹾、痤〇峨昂何切、哦、娥、峨、羕、皒、鹅、鹅、䍨、俄、莪、誐、讹、吪、囮〇婆盘摩切、藦、婆、皤、鄱、瘸、蘼

（入声作平声）合寒尊切、盒、邻、盍、阖、嗑、曷、曷、鹖、褐〇跋盘末切、跂、魃、钹、拔、茇、垻、较、蹄〇勃盆末切、渤、浡、荸、侼、垺、詩、悖、

第一章 原曲

孛、烨、馞、鹁、莝○薄婆末切、鎛、铂、箔、泊○浊除末切、镯、濯、擢、泥、霍、逐、轴、躅、蹢○昨攒活切、酢、怍、泎、凿○佛冯跂切、缚、铎、㥽、活、夺

（阴上声）果官娓切、菓、蜾、裹、猓、馃、猓、悈○锁酸左切、锁、琑、䐀、硝、镶○朵端裸切、垛、䋐、躲、媠、𩪋、癉、鬌、哆、疼、埵○可康果切、坷、岢○笴干娓切、哿○颇潘跂切、叵、叵、婴、猗、跛般娓切、跛、簸○妥湍裸切、绥、婿○颗宽娓切○脞撺琐切○左攒琐切○娓翁果切○火欢果切、夥

（阳上声）愣峦我切、㧍、蠃、倮、猓、瘰、祸、蠡、砢○娜农我切、儺○我昂愣切、騀○懡瞒我切、麽、嬤

（入声作上声）葛干遏切、割、合、鸽、蛤、盖、阁○各北叶果、阁、格○钵搬泼切、拨、袯、鲅○泼潘钵切、钹、酸○璞滂莫切、卟、撲、朴、扑、醭、粕○𢧳官斡切、括、栝、适、䈷、刮、佸○郭光膗切、椁、椁、䃐、廓匡膗切、嘟、鞹、扩○渴看遏切、㾑、磕、搕、榼、瀣、瘊、歁、瘩、润、跕、阔○撮攒掇切、𤾺○掇端脱切、裰、敠、咄○脱湍掇切、说、䂳○霍荒郭切、霍、癨、濯、攉○𢧕剌𢧳切、瀚、揞○喝欢葛切、欲○遏安葛切、竭、淹、始、阏、颋、鹖○缀钴遏切、攥○齩窗捉切、㪍、戳、搽、镞○捉庄龊切、卓、琢、涿、啄、拯○膗汪郭切、䐵○豁欢聒切、涉

（阴去声）过官涴切○佐钴些切、左、作、做○锉撺些切、挫、剉、莝、莝○菠般破切、簸、簸○箇冈涴切、个、個○课康过切、骒、疴、科○唾湍剁切、涶、毻、破潘播切、些酸佐切、涴剜过切、剁端唾切、货欢过切

（阳去声）逻鸾堕切、㑩、㘯○磨瞒贺切、馍、贺杭卧切、荷、和桓卧切、囤、祸、𤞇、䴮○坐攒卧切、座○大团逻切、驮、堕、䜉、惰、袉、舵、柁○稏农逻切、糯、懦○卧完和切○饿昂和切

（入声作去声）落鸾夺切、洛、络、酪、烙、乐、荦、雒○幕瞒跂切、莫、寞、摸、膜、漠、瘼、镆、塻、瞙、缦、邈、末、沫、抹、袜、帓、秣、𥹉、茉○诺

囊落切、搦○弱穰浊切、蒻、篛、若、箬、叒○㯋昂活切、鹗、遌、愕、鄂、谔、崿、箸、锷、堮、咢、鳄、噩、鳄、腭○挬鸢夺切、剥

第十五部　家麻 合《集韵》平声十三佳半、九麻，上声三十五马，去声十五卦半、四十祃而成。

（阴平声）家艰鸦切、加、跏、珈、笳、枷、袈、迦、痂、茄、嘉、枷、葭、豭、瘕、麚、佳○巴邦葩切、疤、笆、芭、犯、靶、钯、妃、豝○蛙弯瓜切、鼃、洼、窪、哇、跬、窊、㳿、搲○沙山楂切、纱、砂、鲨、裟、桬、髿、砂、䖢、莎、鲨、挲、挲○踏支纱切、查、楂、㮂、柤、渣、摣、咤、拕○挓庄洼切、柤、髽○雅衣家切、鸦、呀、丫、桠、哑、娅、㩼、岈、鸦○叉初沙切、权、扠、搓、差、镲、夌○誇匡洼切、姱、骷、夸○葩攀巴切、吧○虾香家切、鰕○华呼瓜切、華、花、苍、哗○瓜孤洼切、抓、䯓、䯲、䯴、䯶、蜗、娲○妺腔家切、肊○咱臧鸦切○嚓仓鸦切○他汤鸦切○妈字典载俗读若马平声○哈呵加切

（阳平声）麻蛮琶切、蔴、蟆、䒷○骅胡麻切、华、划、铧○牙阳伽切、牙、芽、衺、齖、枒、抓、涯、衙、霞闲牙切、遐、瑕、騢○琶旁麻切、杷、爬○茶长牙切、搽、槎、查、垞○䋈囊伽切、㧎、拿、伽强牙切、茄

（入声作平声）达坛辣切、沓、蹋、踏、笪、阇、迲○滑还袜切、猾、磆○狎闲蹅切、匣、柙、峡、侠、狭、陕、硖、洽、祫、焓、辖、镃、點○乏扶拔切、伐、筏、阀、垡、罚○杂残蹅切、囃、礤、䌈、儳、卡、襟、搚○闸长蹅切、鍘、煠、雪、啑、㨖、鹯阳押切○拔旁秣切

（阴上声）贾江雅切、槚、假、椵、嘏、犃、犌、椵○雅央假切、庌、瘂、哑○洒山鲊切、灑、耍、傻、㰽、寡光瓦切、剐、侉○鲊之雅切、苴、㧑匡瓦切、銙○把邦马切、瓦汪寡切○打当雅切

（阳上声）那曩鑫切、鑫○𢶏傍马切○马忙跁切、玛、码、蚂

（入声作上声）甲艰鸭切、胛、钾、夹、郏、袷、袷、扴、秸、戛、憂、恝、蛱、铪○塔滩答切、墖、獭、鞳、榻、塌、闒、骗、萳、逼、偈、拓、闼、挞、达、跶、潆、樾、鞑、幸、牵○杀山札切、煞、窭、箽、猷、霎、婕○箚之杀切、扎、札、紥、盐、眨、吃○帀臧萨切、迊、匝、师、拶○察初杀切、魕、擦、晢、插、挿、锸、刷、剐、刹、臿、扱○法翻忔切、瀎、发、髪○答丹獭切、荅、搭、搭、踏、嗒、褡、笡、砝、妲、镚、怛、哒○飒桑匝切、撒、跤、萨、靸、钑、偃、箨、霉、搔、馼、卅、捼○瞎香甲切、呷、评○恰悭鸭切、掐、帢、劫○圪弯刮切、擭、挖○鸭央甲切、押、轧、压、摁○八班忔切、朳、捌○刮关忔切、刷、拴忔切、哈鼾呷切、榨仓匝切、磔

（阴去声）驾江雅切、嫁、稼、价、架、假、报○卦汪卦切、唶○跨匡化切、胯、骻○亚央驾切、稏、娅、揠○汉昌诈切、咤、吒、姹、诧、袘、差、垄、土○帕攀霸切、怕、吧○诈张亚切、榨、醡○化荒卦切、桅、㖧、叱○霸班怕切、覇、壩、坝、欘、灞、玐、靶○卦化切、挂、掛、绔、罣、诖○沙山诈切、晒、嗄○谹香驾切、吓、罅、唬○骼丘驾切、搭、髂

（阳去声）骂蛮䍀切、祸○乍䢀迓切、蜡、褯、侘、痄○下闲迓切、芐、夏、厦、暇○迓移驾切、讶、砑○蕰胡骂切、画、盡、话、华、崋、桦、姡、踝、攇○罢旁骂切、䰾、稗、粺、耙○那囊大切、大坛那切

（入声作去声）腊阑达切、䐶、腊、蜡、拉、辣、剌、楋、烌、飐、癞、喇、邋、骊、擸、粒○纳难达切、衲、㭈、捺、呐○秫蛮拔切、末、抹、袜、沫、殊、茉、帓、韈亡伐切、鞢、袜

第十六部 车蛇 分家麻中车、蛇、斜、些诸音而成，此为曲中之最细处。

（阴平声）车昌奢切、砗、晖、䋦、蚸○嗟笺些切、罝○奢声遮切、赊、畬○遮毡奢切、嘛、傔○靴虚靴切、靸○些仙嗟切○爹颠奢切○胿迁靴切

（阳平声）蛇绳爷切、虵、阇、铊○爷延蛇切、耶、铘、钘、梛、挪、挪、呆、邪、琊○斜涎爷切、邪、袤○瘸权爷切

（入声作平声）协贤叶切、叶、胁、刕、偲、撷、颉、缬、頰、挟、侠、撷、页○折绳热切、摺、舌、涉、喋○穴悬厥切、袨○辙廛舌切、獥○蛭旋蓙切○傑虔协切、杰、桀、搩、竭、碣、偈、跲○疊田列切、曡、叠、迭、牒、喋、谍、堞、蹀、鞢、蝶、絰、咥、胅、眰、垤、凸、瓞、耋、轶、楪、氎、撎、褶、掘权越切、撅、懕、惙、橜○揲前叶切、捷、谍、遝、截、撒、巉○别胖篾切、蟞○绝全越切、陮

（阴上声）揸、扯、哆○者毡舍切、赭、骑○写仙姐切、寫、苇、泻○捨膻者切、舍○姐笺写切○且千写切

（阳上声）野延惹切、埜、也、冶○惹然野切、喏○乜迷也切、哶○扡涎也切

（入声作上声）掣樞哲切、撤、彻、瞰、澈○屑仙节切、薛、蹩、孽、蹙、绁、泄、媟、屟、疧、渫、枻、契、尚、偰、楔、揳、褺、绁、糏、湝、鞊○窃千屑切、竊、妾、唼、切、洌、绖○结坚谒切、桔、拮、袺、洁、潔、刦、劫、颊、铗、荚、讦、羯、揭、孑、笠、疖、絜○怯牵谒切、挈、篋、匧、愜、客、愒、契、褉○节笺屑切、蛣、帣、茆、拤、枂、佮、疖、接、椄、绫、楫、機、浹、腱、蛱、婕、倢○歇轩结切、蠍、蝎、脅、脇、噎、㸓、憎、滑、歊、血○缺棒越切、缺、阙、阒、屈○玦鹃越切、決、决、诀、谲、憰、厥、蕨、驳、茯、钁、蕨、鵍、玃、剐、蹶、趹、橛、欮、抉、觖、鳜○铁天谒切、饕、帖、贴、怙、跕、沾、呫、驖○瞥偏篾切、嫳、撇○鼈边篾切、鳖、萆、懒、別、茒、瘪○拙专说切、梲、惙、啜、啜、辍、歠、剟、罬、醊、窋、茁、顿、准○哲毡设切、折、浙、淛、蛰、晢、晣、斦、摺、惛、慑、褺、谍、辄、輙、奢、喆○设膻哲切、牒、苁、摄○雪宣絶切、雪○曷烟结切、谒、咽、馇、嘅、腢、屩、凹○蓙镱雪切、箷○跌颠铁切○跕○说书哕切○哕渊决切○沈萱厥切、映、威

（阴去声）偍挺赦切○舍膻柘切、赦、厍、骖○卸仙借切、泻○柘毡舍切、樜、蔗、鹧、这○借笺卸切、唶○跙千卸切、趄

（阳去声）社神夜切、射、麝、偌、躱○谢涎夜切、榭、榭、藉○夜延社切、迨、射

（入声作去声）热然叶切、嘈○爇㖿月切、焫○捏年业切、揑、埕、挃、聂、蹑、镊、臬、臲、嚙、捻、涅、陧、闑、巘、糵、笒、茶、孽、蘖、叶、业、邺、怈、並、眲、眰、饁、拽、聨、额、辥、鍱、栧○灭绵别切、篾、蔑、蠛、幭、懱、巕、搣、薎○裂连叠切、冽、列、烈、颲、剡、咧、猎、躐、巤、嚼、爝、捩、洌、𣃔、椊、擸○月圆厥切、悦、悦、说、阅、轧、越、钺、樾、刖、曰、粤、蠻、玥、戉○劣孛越切、跦、埒、蛚

第十七部　庚亭

合《集韵》平声十二庚、十三畊、十四清、十五青、十六蒸、十七登，上声三十八梗、三十九耿、四十静、四十一迥、四十二拯、四十三等，去声四十三映、四十四诤、四十五劲、四十六径、四十七证、四十八嶝而成者。

（阴平声）庚基英切、鹒、赓、奀、更、羹、羬、耕、畊、秔、梗、京、惊、荆、经、茎、泾、麖、兢、矜○精蕴星切、睛、鶄、菁、蜻、腈、晶、旌○生诗争切、甥、笙、牲、猩、殊○筝之生切、争、狰、睁、砕、铮、崢、㽥○丁低汀切、钉、玎、行、仃、靪、叮、疔、灯、趵○征知声切、正、钲、怔、贞、祯、桢、徵、烝、蒸、症○冰巴蘠切、氷、兵、并、屏、屛、栟○登簦耷切、簦、镫、灯、㽅、璒、瘆、䇯、甑、璒○憎咨僧切、曾、曾、矰、罾、增、橧、鄫○称痴升切、偁、蔿、䞓、蛏、柽、崚○樘蚩争切、撑、撑、铛、琤、峥、瞠○英伊京切、偀、媖、瑛、膺、煐、鍈、霙、韺、嬰、嚶、樱、鹦、纓、瓔、攖、嬰、应、鹰、膺、莺、雁○轻欺英切、姪、卿、倾、顷、挋、阬、坑、硜、轻、铿○馨希京切、兴○青妻星切、清、鲭、圊○聲收征切、声、升、昇、陞、胜○汀梯丁切、圢、厅、听、聼、犎

绖、桯○星西精切、猩、醒、惺、腥、箮、驿、粹○僧私增切、轡○亨觪㡇切、脝○瀞批冰切、娉、砰、闻、怦、砅、抨、伻○膯他登切、㡇鉤亨切、𢏳、捴、㧌

（阳平声）亭题灵切、停、婷、渟、葶、峄、聍、谆、廷、庭、蜓、霆、筳、蜓、䗾、阋○平疲明切、评、萍、枰、苹、坪、呼、屏、瓶、䉵、箳、洴、凭、凴、冯、凭、𢓱、泙○明迷平切、盟、鹏、鸣、名、铭、洺、冥、溟、瞑、螟、莫、瞑、明○霝离亭切、灵、棂、醽、苓、笭、令、零、泠、苓、聆、铃、猝、龄、蛉、瓴、刢、伶、跉、玲、囹、蓁、陵、鲮、淩、凌、䔖、菱、绫、棱、欬、硂、䣋、霊、羚、鸰、舲、䗲、疼、翎○楞楼滕切、棱、棱、骸、崚○层慈恒切、曾、缯、矰○能奴楞切、犴、伫○藤头楞切、滕、縢、籐、腾、謄、䲢、螣、䮪、疼、瘆、鼟、䗴○行沙盈切、桁、珩、衡、衖、蘅、刑、形、邢、铏、珩、硎、陉、荼、横、型○恆侯藤切、恒、姮○盈移行切、迎、蝇、凝、椶、茔、萤、营、紫、莹、荧、濚、㴥、滢、荣、赢、㯏、瀛、嬴、籝、籝○檠其行切、擎、鲸、黥、勍○情齐饧切、晴、婟○澄持绳切、澂、惩、呈、程、醒、裎、成、城、诚、盛、郕、晟、宬、承、丞、埕、塍、乘○橙愁绳切、枨、朾、𢻨、𥌨、㑵○宁尼盈切、狞、鸋○仍而橙切、礽、陑○绳蛇澄切、绳、渑○饧词情切

（阴上声）景基影切、警、儆、璥、颈、到、境、髁、鲠、绠、梗、哽、埂、㹱、耿○顷欺影切、謦○丙箄影切、炳、邴、晒、怲、昺、柄、禀、窠、饼、屏、䶄、秉、拼、鞞○省尸逞切、𠸄、瘖、圊、眚、洗○省西井切、醒、惺○影伊景切、癭、瀴、瘿○整知眚切、拯、癥○逞瘐省切、骋、庱○鼎低艇切、㫈、酊、顶、艼○艇梯鼎切、梃、挺、颋、侹、莛、珽、町○井藘省切、邢、悻希景切、涬、婞、荇○请妻省切○等兜㨳切○肯抠等切○㨳呼梗切○䆫丘颖切

（阳上声）郢移领切、颍、颖、颕○茗迷领切、酩、皿○领离郢切、岭、袊○冷楼等切

（阴去声）敬基映切、憼、径、俓、经、劲、痉、桱、逕、呓、竞、镜、獍、更

○映伊敬切、暎、应、膺、鹰○庆欺映切、廎、謦、磬、罄○磴兜亘切、镫、隥、嶝、凳、䥶、镫○倩妻性切、清、瀞、诤之圣切、挣、净、檠、帧○正知圣切、政、证、妵、證○柄箆聘切、鈵、疒、并、屏、摒、偋、併○圣商正切、胜、蕂○性西倩切、姓○称昌圣切、秤、偵、逞○亘钩蹬切、亘○钉低听切、订、钉、碇、定○听梯钉切、庭○聘批柄切○兴希敬切○甑咨蹭切○蹭雌甑切○揩抠亘切

（阳去声）定题另切、锭、廷○竞其硬切、誩○硬移幸切、賸、媵、迎、孕、婞○邓头棱切、蹬、偤、驗○郑持盛切、瞪○病疲命切、竝、幷、平○令离定切、另○乘神郑切、剩、嵊、賸、晟、盛○佞泥硬切、泞、甯、寗○净齐硬切、瀞、婧、艳、䞀、靖、阱、穽、静、靖、靓○杏兮硬切、幸、倖、涬、荇、脛、踁、行○棱楼邓切、倰、䎟、骏○锃愁郑切、瞪○赠慈棱切○命迷病切、凭

第十八部　鸠由 合《集韵》平声十八尤、十九侯、二十幽，上声四十四有、四十五厚、四十六黝，去声四十九宥、五十候、五十一幼而成者。

（阴平声）鸠京忧切、阄、樛、轨、纠、纠○啾精倄切、揪、湫、揪、鹙、㔒○搜生邹切、摍、颼、鎪、廋、廖、餿、醙、蒐、篍、螋○邹争搜切、掫、跀、驺、緅、諏、陬、緅、媰、㗅、叝○休兴忧切、咻、咻、貅、庥、烋、鵂○讴阿钩切、欧、沤、瓯、区、呕、坸、篂、鸥、袄○钩哥讴切、鈎、蒟、勾、袧、姁、篝、冓、沟、褠、搆、餱○兜登偷切、箉、绹、掜、㡐、殴、剅、恒○秋烁妻欧切、鳅、鞦、鸯、䏚、㑳、绺、鯯、揪○忧衣鸠切、憂、優、嚘、䄻、幽、㗅、蟉、呦、拗、麀、攸、黝、脩星啾切、修、脩、羞、馐○抽偁周切、瘳、惆、酮○周征收切、週、賙、隝、州、洲、舟、輈、䓉、诪、调、侜○丘轻忧切、坵、蚯、邱、汘、龟○偷汤兜切、貐、蝓○笃撑搜切、谄、抇、粌○收声周切○抠珂钩切、刏、弧、眍、晓○彪兵忧切、滮、飈○駒呵讴切、呴○丢丁忧切○不方忧切

（阳平声）由移求切、䋈、油、邮、尤、疣、讹、蚘、优、牛、芋、悠、懋、

游、浒、遊、蝣、猷、楢、輶、犹、莸、栖、庮、邮、蕕、逌、莜、鰷〇侯何由切、矦、猴、喉、餱、篌、銗、嵴〇刘零由切、浏、留、畱、遛、瘤、榴、鹠、骝、瑠、流、鎏、旒、硫、镏、璙、蟉、琉〇柔仍稠切、揉、鍒、瑈、蹂、輮、鰇、葇、鬏〇抔朋谋切、哀、捊、錇〇缪明由切、牟、蛑、眸、侔、矛、鍪、蝥、蜉〇楼楞头切、娄、婁、艛、搂、髅、偻、貗、樓〇酋情由切、逎、蝤、囚、泅〇绌呈柔切、稠、绸、裯、犨、雠、讐、酬、醻、筹、俦、踌、畴、莠、幬、訕〇求擎由切、赇、銶、毬、球、俅、裘、逑、跺、献、绿、馗、虬、虯、仇、璆、厹、釚、捄〇头腾楼切、投、骰〇愁橙由切、滰〇桴房谋切、醉、涪、浮、蜉、罘、罦、苿、怀〇谋蒙捄切

（入声作平声）轴北音俦、逐、浊、躅、镯、躎、舳、妯、柚〇熟绳柔切、埶、塾、蜀、蠾、襡、赎、淑、婌

（阴上声）九京黝切、韭、韮、久、丸、玖、赳〇黝英九切、煹〇丑称首切、醜〇首声肘切、手、守〇叟僧走切、膄、数、擞、籔〇斗登訓切、枓、蚪、岿、抖、陡〇狗哥調切、苟、考、枸、岣、笱、垢〇肘征首切、忖、箒、帚、掫〇朽兴久切、殅、疗〇剖烹否切、蔀、瓿、培〇吼阿苟切、吽、呴、犼〇走增曳切、歪〇否风剖切、不、缶〇口康苟切、叩〇㛮、溲、涭〇呕阿苟切、殴〇讪汤斗切、甡〇酒精黝切、潧

（阳上声）有盈柳切、酉、牖、羑、诱、莠、繇、卣〇柳零有切、桺、罶、飐、铆、珋、辆、绺〇杻宁有切、狃、纽、衵、钮、珨、怩、扭、忸、衵、妞、轵〇滴昂亩切、蕍、藕、偶、耦〇搂楞柳切、嵝、漊、嶁〇阜冯亩切、障、焴、草〇槱仍有切、煣、輮、柔〇亩蒙蕌切、畒、某、牡

（入声作上声）竹北叶肘、竺、筑、烛、祝、嘱、舟、粥〇畜北叶丑、触、柷〇叔北叶手、俶、菽、倏、束、缩、揞

（阴去声）救京幼切、廄、廐、究、疚、奂、灸〇昼征兽切、呪、咒〇兽声昼切、獣、狩、首〇秀星僦切、琇、宿、馏、锈、绣〇嗽僧奏切、漱、籔、嗾、瘶〇皱争瘦切、绉、箍、衯、甃〇扣珂构切、宼、寇、蔻、蔻、叩、彀〇逗登透切

第一章　原曲

鬪、斗〇构哥扣切、遘、媾、购、觏、构、寏、姤、诟、句、雊、鈎、彀、冓〇凑仓嗽切、辏、楼、脥、簇、蔟〇臭俱兽切、溴〇嗅兴救切、齅、臭、糗、殠、馊〇透汤斗切、绣、赳、音〇瘦生皱切、奏增漱切〇簉撑瘦切、遤〇覆风构切、幼英救切〇僦精秀切

（阳去声）又盈咎切、右、祐、佑、宥、囿、褎、侑、酭、柚、油、狖〇肯呈又切、冑、纣、酎、宙、伷、簎〇臼擎又切、舅、朗、旧、舊、柩、柏〇受绳纣切、绶、寿、授、唉、售〇岫盈就切、袖〇溜夌又切、雷、廇〇后何又切、厚、後、逅、候、垕、郈、后〇就情岫切、鹫、僦〇豆腾漏切、荳、逗、饾、梪、窦、毁、脰、窦、读、痘〇漏楞豆切、陋、镂、瘘、缪明又切、谬〇偬橙受切、骤、瀺〇耨囊豆切、鎒、糯、獳〇茂忙复切、懋、督、贸、袤、楸〇复房茂切、瘦〇糘仍冑切

（入声作去声）肉戎竹切、褥、蓐、辱、毡、缛、溽、鄏〇六珑笃切、戮、勠、轹、僇〇朒浓郁切、忸、衂、恧、蚋

第十九部　侵寻 合《集韵》平声二十一侵，上声四十七寝，去声五十二沁而成者。

（阴平声）侵妻心切、祲、綅、浸、祲、骎、梫、堔、寖、磌、疢〇鍼知深切、针、箴、瑊、葴、砧、碪、斟、戡、锥、椹〇金基阴切、釜、今、衿、襟、禁、憛〇簪〇璔〇森诗簪切、参、叁、渗、糁、掺、葠、蔘〇深赊针切、浛、槮〇琛痴森切、賝、郴、綝、参〇音伊今切、瘖、喑、愔、陰、阴、荫、窨〇心思侵切、杺、芯〇钦欺阴切、嶔、瘶、衾〇歆希今切

（阳平声）寻词吟切、浔、燖、鲟、珣、鬵、桙、绔、鄩、镡、鱘、鷣、蟳〇林离吟切、淋、琳、痳、霖、箖、啉、碄、棽、寐、槑、临、灎〇壬而沉切、任、鵀、轩〇吟移琴切、唫、釜、碒、垩、淫、婬、霪、痊、蟫〇琴其吟切、蓁、芩、妗、邻、妗、疢、聆、庰、禽、檎、擒、噙、滝、鐔、潯〇岑鉏任切、鹈、涔、霉、忱、煁、谌、痒、稔、跨〇沈持壬切、沉、霃、钪、枕、湛

53

（阴上声）寑妻饮切、寝、瘆、浸、荵○审伤枕切、宋、婶、瀋、沈、谂、魫、沈○锦基饮切、礇、敿○瘆诗枕切、赆、㙮、䆁、碜、醦○枕张审切、朾、魫、忱、煩○饮伊锦切、您○怎咨饮切

（阳上声）廪离颊切、懔、凛、檩、濂、癛、禀○稔穰朕切、谂、荏、䋾、恁、饪○葚辞颊切○颔渠廪切、噤、濣○朕呈稔切

（阴去声）沁妻浸切、伈、吣、沁、忱、鈊、疢、篊、剽○寝壅荫切、授、浸、锓、○禁基荫切、濜、噤、僸、䫡○廕伊禁切、䕃、阴、饮、稲、窨○渗诗潛切、渗、槑○讖虫渗切○枕知渗切、揕○潛之渗切○闯痴枕切、揬欺荫切、㾕

（阳去声）朕持任切、鸠、沈○甚蛇朕切、嫨、葚○任而朕切、纴、妊、衽、赁、䇃、恁、临、啉○吟宜临切

第二十部　监咸 合《集韵》平声廿二覃、廿三谈、廿七咸、廿八衔、廿九凡，上声四十八感、四十九敢、五十四槛、五十五范，去声五十三勘、五十四阚、五十九览、六十梵而成者。

（阴平声）监鸡庵切、䪖、缄、械、鹻○菴阿甘切、荨、庵、醃、谙、喑、媕、鹌、鹌、韽、媕○担当庵切、儋、甂、耽、忱、酖、珊、聃、媅、妉○堪珂庵切、戡、嵁、龛、领○馣桑簪切、髟、三、叁○甘㺜哥切、柑、疳、泔、苷、钳、忾、竿○杉沙咕切、衫、縿、嵾、掺、瞋、㺎、芟、髟、零○贪他担切、饮、撢○参䍀三切、叅、骖、傪、镵○憨呵甘切、酣、蚶、䑎、䶌、崯、谽、酼、敛○籫咱三切、篸、撍、鏨、喒、挼叉三切、櫼○嵌欺监切、姞楂衫切

（阳平声）咸霞岩切、鹹、醎、诚、函、圅、衔、啣、唧○南拏蓝切、诵、喃、枏、柟、楠、男、郝、蝻○棽郎覃切、蓝、篮、槛、儋、岚、惏、覃唐蓝切、潭、驔、蕈、醰、䩞、锬、痰、郯、惔、倓、谈、谭、澹、昙、坛、墰、㲂、膁○钁

第一章　原曲

藏咸切、蚕、惭、惭○含何岩切、啥、柃、酣、涵、胐、邯○谗鉏咸切、馋、儳、槛、巉、憪、劖、瞨、毚、獑、馋、獅、崭○巖牙咸切、岩、嵒、嵓、嵒、坪

（阴上声）减家黤切、减、蔵、鰔○感哥暗切、噉、礛、敢、橄、匷○胆当毯切、磹、竌、蒼、黯、黕、井○惨嗏穆切、黪、慘、憯、癠○揞阿敢切、阇、罯、俺、唵、葊、晻、埯、棪、罨、晻、埯、盦○喊蝦减切、獥、壏、阚○毯他胆切、菼、餤、黪、绽、甔、谭、澹、喷、志、醓○坎珂阉切、砍、欺、歁、坫、袑、轏、顑、颤、傤○昝咱穆切、攒、嗒、噆、歇○寁速也○穆桑昝切、穇、糁、䅃、额○黯鸦减切、黤、黵、斩、黜

（阳上声）览郎胆切、覽、揽、槛、醂、燣、㰖、壈、爃、镡○醰唐览切、窜、菼、髧○篅孥览切、蒝、捕、腩

（阴去声）鑑饥暗切、鉴、鋻、监、勘珂暗切、磡、磡、瞷溪鉴切、瞰、阚、憨、嵌○绀哥暗切、灨、淦、赣、敢、讣、贼、敛○担当探切、澹○醮楂忏切、站○暗阿绀切、谙○三桑穆切、毵、俅○骚他胆切、㑽、探、悙○参仓穆切、穇、谂○忏叉蘸切、馋○钐纱蘸切、刘○剑

（阳去声）韂奚憾切、槛、舰、陷、胎、臽、铭、晗○憾候韂切、撼、颔、颔、憾、谵、玲、涪、苍、菡○澹唐滥切、憺、淡、唉、啗、瞰、菭、酸、窡○濫郎淡切、酷、赈、尲、愢、燷、缆、滟○湛鉏滥切、赚○暂藏憾切、錾、錾

第廿一部　纤廉合《集韵》平声二十四盐、二十五沾、二十六严，上声五十琰、五十一忝、五十二俨、五十三豏，去声五十五艳、五十六㮇、五十七验、五十八陷而成者。

（阴平声）纤些尖切、霰、孅、襟、掺、撷、话、佥、暹、佥○瞻遮苫切、詹、谵、嶦、劏、占、霑、泙○兼基淹切、缣、鹣、蒹、罺、虇、熑、糠○俺伊兼切、淹、醃、阉、腌、腌、俺、俺、殗、崦、崝、厌、崣、悘○金妻纤切、佥、签、箴、籢、㦒、铦○襝车苦切、裣、噡、䋖、挟、祜、姁、觇、筃○䎱

55

希兼切、忺、梜、扻、欦、埳、敎、醶、癄、妗〇尖薑纤切、歼、瀸、菥、渐、罞、熸〇敁低添切、拈、沾、甛、馸、鮎〇苦奢沾切、痁、娝、笘〇谦欺淹切、韀、膁〇添稀敁切、悉、砧

（阳平声）廉离甜切、簾、镰、䥥、濂、嫌、劙、縑、鰜、秒、㦔、磏、鬑、稴、稴、匲、奁、帘、籢〇鮎泥盐切、黏、粘、秥、拈〇盐移钤切、盐、阎、楒、焰、严、广、岩、檐、簷、炎、冄、阽、鼸、擎斜盐切、挦、歌、㷿、燖、焊〇钤岐盐切、忴、黔、钳、拑、髯、黚〇蟾持髯切、苫題廉切、甜、恬、湉〇髯人蟾切、蚚、蚺、讦、衻〇潜齐盐切、潜、膡、灊、嫌兮钤切、㸔

（阴上声）掩伊检切、奄、弇、窨、埯、晻、魇、屧、厴、抍、弇、湙、捚、嬐、厂〇检基掩切、睑、脸〇闪奢貼切、㶣、烻、陜、诶、晱、觇〇忝梯点切、舔、㗙、悿、婖、㶣〇险希检切、阣、唅、猃、𤢖貼遮诣切、趠〇点爹忝切、刮、砧、慊欺掩切、谦、歉、嗛、蠊〇诣车貼切

（阳上声）剡移镰切、扊、锬、㮇、㫪、婣、偐、夵〇镰离剡切、㶣〇染人剡切、燄、冉、苒、姌、铒〇淰尼剡切

（阴去声）𢜴伊剑切、怏、厌、淹、旃〇苫奢占切、㟎、扔〇欠欺厌切、箫、傔、欿、芡〇玷爹梻切、点、店、坫、垫、趈〇剑基厌切、剑、剶、𠞆〇僭薑礷切、借〇堑妻矸切、椠〇韂车占切、幨、䪜、崾希剑切、胁〇柡梯店切、刮、磹、䀼〇占遮苫切〇礣西僭切

（阳去声）酓移俭切、艳、艳、㴩、焰、熖、㷰、盐、酽、验、骀、𩠴、赊、奋、焱〇𥗬题敛切、簟〇𡘱〇㪸、瀲、殓、贱、燅、愶〇念尼艳切、㕩、䭕〇赡伤染切〇染人瞻切、媣〇渐齐艳切、䙃〇俭其艳切〇芡祈艳切

右为部共廿一，为韵合平上去共百有二十，其分合悉据《集韵》，与周德清氏《中原音韵》略有分合处，为南北曲家必不可少之作。其中分阴分阳，又悉依周高安、范昆白之旧，而补入者亦多。填词者就此韵用之，依谱以填句，守部以选韵，庶不致偭规越矩者矣。元音歇

绝，抱璞自怜，置诸箧衍久矣，公诸世间，以饷同嗜。

统以上诸韵而论之，较诗词韵有宽处，有严处。所为宽者，诗则东与冬不能混，萧与豪又不能相合。词虽略宽，顾如魂、元之类，有时亦稍当区别，此则江、阳一致，庚、亭不分，且合平上去三声而共用之，固诗与词所万万不能者也。至其谨严之处，亦有较诗词缜密者。诗姑勿论，今专论词。词韵如支时、机微、归回三韵，素所不分，而此则各判畛域，不可假借。居鱼、苏模二韵，词家通用，而曲则又不可混。_{居鱼、苏模二韵，曲中向亦不分，分之自李笠翁始。}他若寒山、欢桓之与天田，监咸之与纤廉，词中有时亦并而为一，而曲则更不能稍为通融。凡此之类，皆曲中最细之处，以开口与闭口，出音各殊，鼻音与腭音，吐字宜细。曲中真文为抵腭音，庚亭为鼻音，侵寻为闭口音，此三韵分立至严。盖不分晰则发音不纯，起调毕曲无所归束矣。惟填曲较他种文字为易者，谓一曲中平仄韵间用，无一曲纯是平韵，亦无一曲纯是仄韵，此中选择韵脚，稍觉宽耳。顾古今曲家，往往用韵有不协者，如高深甫（濂）所作之《玉簪记》，举世所称道者也。其中《琴挑》一折，尤为脍炙人口，而〔朝元歌〕四支所用诸韵，竟是荒谬绝伦。其词云："长清短清，那管人离恨。云心水心，有甚闲愁闷。一度春来，一番花褪，怎生上我眉痕？云掩柴门，钟儿磬儿在枕上听。柏子座中焚，梅花帐绝尘。你是个慈悲方寸。长长短短，有谁评论。"词中"清"字韵是庚亭，"恨"字韵是真文，"心"字韵是侵寻，"闷"字、"褪"字、"痕"字、"门"字纯是真文，"听"字韵又是庚亭，"焚"字、"尘"字、"寸"字、"论"字又是真文。一首词中，犯韵若此，令人究不知所押何韵。忽而闭口，忽而抵腭，忽而鼻音，歌者辄宛转叶之，而此曲遂无一人能唱得到家矣。_{此曲唱者虽多，顾无一人佳者。}又如高则诚之《琵琶记》，亦有错误，支时与鱼模不分，歌罗与家麻并用，自谓不屑寻宫数调，其实贻误后学者至巨。在古人犹可推诿也,其时词家,大抵神于音律,且既无曲韵之可遵,又乏曲律之可守,空拳赤手,俨然成此七宝之楼台,即有舛误,亦当平心宽恕。至于今日,则情形不同,《大成宫谱》出,而律度有所准绳矣,《钦定词韵》出,而韵律亦有依据矣。所难者,中秘典签,寒士未必能有,顾如沈宁庵之《南词谱》,范昆白之《中州韵》,尚可访求而得之,乃误以传讹,曾不一为考订,致使云门大乐,既如广陵之琴,韶濩钧天,不入秦王之梦。余故谓当今之世,正黄钟毁弃、瓦釜雷鸣之日也。因订此韵,为文人暗室之灯,览者当知余之苦心,则幸甚矣。

第三节 论南曲作法 宜与前第一节《论宫调》参观之。

南曲自梁、魏创立水磨调后(俗名昆腔),其作法大有变革。良辅仅点《琵琶记》板,而不点《幽闺记》板。(《幽闺》为施君美作,君美名惠,即作《水浒传》之耐庵居士也。)故词家宜恪守《琵琶》。惟东嘉用韵夹杂,不尽可依,取舍从违之际,颇费裁酌,非老于词学者,不无窒碍处。旧谱中最知名者,曰《南音三籁》,曰《骷髅格》,曰《九宫谱》,俱不盛传于世。惟沈宁庵之《南九宫谱》,钮少雅之《南曲范》,藏书家间有储弆者,顾亦不多见矣。余谓诸谱论词句之格式虽详,而于填词时按谱寻声之道,尚未深论,是犹有可议也。康熙时《南词定律》一书,考订最精,且系殿板,购求尚易,填曲者当以此为样本(今人填曲,率取旧本传奇,如《西厢记》、《牡丹亭》、《桃花扇》数部作样本,或取《长生殿》与《倚晴七种》者亦有之。余谓《牡丹亭》衬字太多,《桃花扇》平仄欠合,皆未便效法,必不得已,但学《长生殿》尚无纰缪耳),则有所依据,不误歧途也。惟词家尚有数事为不可不明者,余为备论之。

第一章 原曲

(一) 词牌之体式宜别也

词牌诸名,备载第一节《论宫调》内,兹所谓体式者,盖自来沿误之处,自应辨别而已。每一牌必有一定之声,移动不得些微。往往有标名某宫某牌,而所作句法全非本调者,令人无从制谱,此不得以"不知音"三字诿罪也。(此误《牡丹亭》最多,多一句,少一句,触目皆是,故叶怀庭改作集曲也。)又传奇情节,某处宜悲戚,某处宜欢乐,某处宜用急曲,某处宜用慢曲,皆各视戏情而酌用之。今一切不论,任取一曲填之,以致丑脚或唱〔懒画眉〕,生旦反用〔普贤歌〕,张冠李戴,实为笑柄。故体式不可不知也。余略举数例,以为词家之隅反可乎?如〔点绛唇〕,引子也,南曲中属于黄钟宫者也。《琵琶记·陈情》(俗名《辞朝》)折内云:"月淡星稀,建章宫里千门晓。御炉烟袅,隐隐鸣梢杳。"此真黄钟引子之正格,故"建章宫里"之"里"字并不押韵,显与北曲之仙吕〔点绛唇〕大异也。顾今之歌者,皆用六凡工度之,则南词之黄钟〔点绛唇〕,尽变为北曲之仙吕〔点绛唇〕矣,南词引子,乃少其一,有此理乎?又如正宫〔倾杯序〕,其第一句为四字叶韵者,元人所作,无不如是也。至明景泰时,邱琼山所作之《纲常记》,所用〔倾杯序〕第一句为"步蹑云霄句际圣朝读叨沐恩波浩",此正元调体式。不知何人,妄以此二句改作"步蹑云霄际圣朝句叨沐恩波浩句",既不顾其文理,又不顾其句法,直至今日,牢不可破。即淹雅如杨升庵,亦承其讹。升庵《陶情乐府》内,〔倾杯序〕云"隔墙新月上梅花句绣阁吹灯罢",可知此误由来旧矣。又如〔针线箱〕与〔解三酲〕,其实一牌也。〔针线箱〕八句二十八板,〔解三酲〕亦八句二十八板。其所以名〔针线箱〕者,实始于古曲之《东墙记》。记中云:"为薄情使人萦系,终日把围屏闷倚。恹恹顿觉贪春睡,一日瘦如一日。有时重整残针指,拈起东来忘却西。香闺里,无言空对,针线箱儿。"(旁有点画处为板,"、"为头板,"∟"为腰板,"-"为截板,当细检。)因末句有"针线箱儿"四字,遂以为名,其实与〔解三酲〕有何区别?昧者于是以〔解三酲〕属仙吕,以〔针线箱〕属南吕,殊不知笛色同用六调(见《论宫调》),如何能入仙吕?此大愦愦也。又如《西厢》之《佳期》折,所用〔十二红〕(即"小姐小姐多丰采"一支),系仙吕集曲,非商调集曲,其第一牌名〔醉扶归〕,是仙吕宫也。(凡集曲总以第一牌为标准,第一牌为某宫,则以下诸曲宜均在此宫,若犯别调之曲,亦须取笛色相同者。)既是仙吕,则笛色当用小工,今律以所犯牌名,杂出不伦,纰缪甚多,且笛色又用凡字调,则一若南吕宫矣。叶怀庭云:"《佳期》曲刺谬不少,今骤然订正,恐有郢客寡和之憾,姑仍旧贯,识者无讥。"则此曲之误,怀庭固知之焉。李笠翁讥此曲为鄙俗,犹从文字着想,实则岂仅"鄙俗"二字足以蔽之哉!《南词定律》以此曲属仙吕犯调,确当不易,并分注各牌,以〔醉扶归〕、〔惜黄花〕、〔皂罗袍〕、〔傍妆台〕、〔耍鲍老〕、〔罗帐里坐〕、〔江儿水〕、〔玉娇枝〕、〔山坡羊〕、〔东瓯令〕、〔排歌〕、〔太平歌〕诸名,逐句配合,尤为允惬。)诸如此类,不胜枚举,取其最著者言之,已如此繁赜矣。是故填词者谨守宫谱而外,第一当明体式。

(二) 曲音之卑亢宜调也

南曲之声,最易辨析,而亦最不易辨析。何也?以宫调论,则每宫有每宫之声,至易分辨。以每支论,则同属一宫之曲,其声有不能分辨者,要在句法长短之间,寻其异同之处而已。如〔忒忒令〕之与

〔园林好〕、〔莺啼序〕之与〔集贤宾〕，〔好事近〕之与〔泣颜回〕，乍听其声，几难分别，直至察其板式（详论见后），乃能清晰。故填词家凡遇声音易于混淆之曲，其四声阴阳，宁守定旧谱，或可免舛错耳。大抵字音与曲调鏊然相反。四声中字音，以上声为最高，而在曲调中，则上声诸字，反处极低之度。又去声之音，读之似觉最低，不知在曲调中，则去声最易发调，最易动听。故逢去上两字连用之处（谓一句中相连处），用去上者必佳，用上去者次之，所谓卑亢之间，最难联贯也。凡事自上而下较易，自下而上较难。自去声至上声，由上而下也；自上声至去声，由下而上也。所以去上之声，必优美于上去。总之，就曲调之高低，以律字音之卑亢，调之低者，宜用上声字，调之高者，宜用去声字。而总要一语，必须文字优美，能上声字少用，则所填诸词，无不可被弦管矣。虽然，此特为不知音者填词而发也。若词林宗匠，尽有出奇操胜之妙，局促于短辕之下，有才者反多一束缚，要之此理却是不可不知而已。余今略举一曲为例。如〔皂罗袍〕，仙吕宫曲也，共九句二十五板，古词云："暗想朱门俊女，岂无俊杰，肯配寒儒。漫自无言意踌躇，无情却被多情误。蓝桥何处？梦儿又无。阳台何处？路儿怎疏，朝云暮雨难凭据。"词中所用"暗想"、"俊女"、"暮雨"诸字，皆是极妙之处。凡遇此等处，宜恪守之。又"漫自无言意踌躇"句，必须用仄仄平平仄平平，一字不可更动也。余姑填一曲，以为程式："漫剪银釭细语，此时夜短，好卸珠襦。梦影微茫艳情纡，春纤记取檀霞注。钗头花气，嫩香乍舒。衣䙅芳泽，罗巾尚馀。柔魂待绕梨云去。"此曲于原词妙处，一丝不走，填词家须如此遵谱，方能合律，非敢谓举世皆非，而我独是也。

更有一事当注意者，前曲与后曲联缀之处，不独与别宫曲联络，有卑亢不相入之理,即同宫同调,亦有高低不同者。同一商调也,〔金梧桐〕之高亢,与〔二郎神〕之低抑,相去不可以道里计也。故自来曲家,卒未有以此二曲联为一套者。《牡丹亭·冥誓》折所用诸曲,有仙吕者,有黄钟宫者,强联一处,杂出无序,《纳书楹》节去数曲,始合管弦。以若士之才,而疏于曲律如是,甚矣填词之难也!往在汴京时,见一时贤,示我新曲,其第一折第一支即用〔桂枝香〕,第二支用〔宜春令〕,第三支用〔麻婆子〕,乱次以济,音调怪异。且使笛工每吹一曲,须换一调,唱者吹者,皆属苦事。彼时以初交,未便指点,且反称誉之,遂大喜而去。岂知〔桂枝香〕用小工调,〔宜春令〕用六字调,一高一低,格不相入,况〔麻婆子〕为中吕急曲,有板无腔(俗名干板,又名流水板),如何与〔桂枝香〕、〔宜春令〕等慢曲联得下去?此理不明,并填词亦可免劳矣。故填词家谨守宫谱而外,第二须明曲调之高卑,庶免扣槃扪烛之诮。

(三) 曲中之板式宜检也

板拍所以为曲中之节奏,北曲无定式,视文中衬字之多少以为衡,所谓死腔活板是也。南曲则每宫每支,除引子及〔本宫赚〕、〔不是路〕外,无一不立有定式。如仙吕宫之〔河传序〕共三十二板,〔桂枝香〕二十三板,其下板处,各有一定不可移动之处,谓之板式。(每曲第几字下板,毫无假借。)文人善歌者少,往往不明板式之理,或任意多加衬字(衬字谓曲中不应有之字,如《八阳》第一曲第一句,应用七字韵句,今云"收拾起大地山河一担装",此"收拾起"三字即衬字也。照谱填词,或于句首句中多加二三字者是也),以至上一板与下一板,相隔太远,遂令唱者赶板不及,甚则落腔出调者,皆填词时不检板式之病也。欲免此病,只有在未填词之先,先将欲填之曲检出,细察此曲之板式,其疏密若何。若板式至简,或上句之末一板,与下句之第一板,中间间隔多字者,则下句之首,万不可再加衬字矣。今姑举一例以明之。如仙吕〔桂枝香〕。共十一句廿三板,《琵琶记》原词云:"书生愚见,忒不通变。不肯坦腹东床,漫自去哀求金殿。想他们就里,他们就里,将人轻贱。非爹胡缠,怕被人传。相府公侯女,不能嫁状元。"第一句"书生愚见"与第二句"忒不通变",下板处同在第一字、第四字上,而"见"字一板,与"忒"字一板,恰好相联,故〔桂枝香〕第二句上,不妨加几个衬字,歌时两板相去甚近,尽赶得上板也。"将人轻贱"、"非爹胡缠"二句,亦然。而"被人传"之"被"字一板,与上句"缠"字一板,又是相联,故亦可加入衬字。"相府公侯女,不能嫁状元"二句,其"女"字一板,与"不"字一板,又是相联,亦可加入衬字。再以《红梨记》〔桂枝香〕证之,自然豁然贯通矣。《红梨·亭会》折云:"月圆如镜,好笑我贪杯酩酊。忽听窗外喁喁,似唤我玉人名姓。我魂飞魄惊,魂飞魄惊,便欲私窥动静。争奈我酒魂难省,到今日睡薑腾。只落得细数三更漏,没奈何长吁千百声。"词中所用"好笑我"、"便欲"、"争奈我"、"到今日"、"只落得"、"没奈何"皆衬字也,而皆就板式紧密处加入之,歌者全不费力,且反有疏密清逸之致,此真词林老手也。(《红梨》为明徐复祚笔,颇多俊语。)总之,板式紧密处,皆可加衬字;板式疏宕处,则万万不可。汤临川作《牡丹亭》,不知此理,任意添加衬字,令歌者无从句读,当时凌初成、冯犹龙、臧晋叔诸子,为之改窜,虽入歌场,而文字遂逊原本十倍,此由于不知板也。故填词家谨守宫谱而外,第三当知板式之疏密。

（四）曲牌之套数宜酌也

南曲套数，至无一定，然自梁伯龙《江东白苎》词后，其联络贯串处，又似有一定不可更改之处。大抵小出可以不拘（所谓小出者，为丑净过脉戏，俗谓之饶戏，或用〔驻云飞〕数支，每支换韵者，如《长生殿·看袜》之类；或用〔水底鱼〕数支，有换韵有不换韵，如《长生殿·陷关》之类是也），大出则全套曲牌，各有定次，前后联串，不能倒置。（若用集曲，则亦可不拘。如《独占》之〔十二红〕，散曲之〔巫山十二峰〕，《思乡》之〔雁鱼锦〕是也。）作者顺其次序，按谱填之，不可自作聪明，致有冠履倒易之诮。惟用同牌曲四支，与〔换头〕并用者，则〔尾声〕可以不用矣。《琵琶》中如《规奴》之〔祝英台〕四支，《梳妆》之〔风云会四朝元〕四支，《登程》之〔甘州歌〕四支，及《紫钗》中《插钗》之〔绵搭絮〕四支皆是也。顾间亦有用〔尾声〕者，文人笔墨歌舞之际，一时收束不来，明知破例为之而已。盖南曲套数之收束，全在〔尾声〕之得宜。沈宁庵作《南曲谱》，其于〔尾声〕，再三注意。词人填词时，直至〔尾声〕处，已是强弩之末，其能兴会淋漓，如前所云收束不来者，十中难见一二也。故填词家若欲套数得宜，牌名匀称者，宜取元明以来传奇、散曲效法之。所谓效法者，当择传奇、散曲中之佳者，如《琵琶》、《幽闺》、《浣纱》诸记，皆可效法。先将所填曲中情节，悲欢喜怒之异，辨析清楚，然后择定用某宫某套（如仙吕宫之〔忒忒令〕一套，宜"清新绵邈"，越调之〔小桃红〕一套，宜"淘写冷笑"，皆详《南曲谱》中），再将《南词定律》，检出所用各曲，依谱填之，则自无位置舛错之病矣。虽然，此特为守定旧谱成套而言也，若欲自立新套，则〔尾声〕不可不注重矣。即如仙吕一宫，其旧套所存者尚多，如〔步步娇〕、〔醉扶归〕、

〔皂罗袍〕、〔好姐姐〕、〔尾声〕一套,或〔忒忒令〕一套,或〔叠字锦〕一套,普通所用者,不下六七套,按成例而谱之,只须画依样之葫芦,不必别出心裁,但求四声阴阳之稳惬,文字能造优美之地,则誉之者众矣。至于自联套数,则前后位置颇宜斟酌,而〔尾声〕平仄,尤须因时制宜,不可拘定旧式焉。余今略为联贯数套,以宫调次之,为学者之一助,则事逸而功倍,于词家稍省脑力耳(学者即就旧本套数用之,已是有馀。若于宫调犯换之理不甚明了,正不必标新立异也)。如仙吕宫,若用〔八声甘州〕、(联第二换头)、〔赚〕二支、〔解三酲〕二支,则〔尾声〕应用"仄平平,平平仄,平平仄仄仄平平,仄仄平平平仄平"*。(凡〔尾声〕总用十二板,无论句法若何,统计总不出此数,故又谓〔十二时〕,又谓〔意不尽〕。)若用〔八声甘州〕二曲、〔解三酲〕二曲,或单用〔八声甘州〕四曲,俱不用〔尾声〕。若用〔河传序〕二曲、〔赚〕一曲、〔解三酲〕二曲,则〔尾声〕应用"仄平平,平平仄,平平仄仄仄平平,仄仄平平仄仄平"**。若用〔木丫叉〕一曲、〔美中美〕一曲、〔油核桃〕一曲,不用〔尾声〕。若用〔上马踢〕、〔摊破月儿高〕、〔蛮江令〕、〔凉草虫〕、〔腊梅花〕各一曲,不用〔尾声〕。如正宫,若用〔倾杯序〕二曲、〔赚〕一曲、〔朱奴儿〕二曲,则〔尾声〕应用"平平仄仄平平仄,仄仄仄平平平仄,仄平仄平平去上"。若用〔白练序〕二曲、〔红芍药〕二曲,〔尾声〕同前。若用〔金殿喜重重〕二曲、〔赚〕二曲、〔丑奴儿〕二曲,则〔尾声〕应用"平平仄仄平平仄,平仄平平平仄平,仄仄平平平仄平"。如大石调,若用〔摧拍〕,以〔一撮棹〕收之,或用〔三字令〕,亦以〔一撮棹〕收之,俱不用〔尾声〕。若用〔催拍〕二曲、〔亭前柳〕二曲、犯越调〔下山虎〕二曲,亦

---

* 此处〔尾声〕少一板。——校者注
** 此处〔尾声〕少二板。——校者注

不用〔尾声〕。若用〔赛观音〕二曲、〔人月圆〕二曲,亦不用〔尾声〕。如中吕调,若用〔尾犯序〕四曲、〔鲍老催〕二曲,则〔尾声〕应用"平平仄,平仄平,仄仄平平仄仄,仄仄平平仄平"。若用〔尾犯序〕四曲、〔赚〕一曲、〔玉芙蓉〕二曲、〔刷子序〕二曲,〔尾声〕同前。若用〔山花子〕二曲、〔大和佛〕一曲、〔舞霓裳〕一曲、〔红绣鞋〕一曲,〔尾声〕同前。若用〔驮环着〕一曲、〔合笙〕一曲、〔瓦盆儿〕一曲、〔越恁好〕一曲,〔尾声〕亦同前。若用〔合笙〕二曲、〔包子令〕二曲、〔梅花酒〕二曲,不用〔尾声〕。如南吕调,若用〔琐窗寒〕二曲、〔太师引〕二曲,不用〔尾声〕。若用〔石竹花〕二曲、〔红衫儿〕四曲,亦不用〔尾声〕。如黄钟宫,若用〔渔父第一〕、〔刮地风〕各一曲,不用〔尾声〕。若〔刮地风〕后再用〔滴溜子〕者,则〔尾声〕应用"平平仄仄平平仄,仄平仄,仄仄平平,仄仄平平平仄平"。若用〔灯月交辉〕二曲、〔赚〕一曲、〔鲍老催〕二曲,则〔尾声〕应用"平平仄仄平平仄,仄平仄仄平平仄,仄仄仄平平仄"。略举数宫为例,盖以见〔尾声〕之不可忽也。故填词家谨守宫谱而外,第四当知套数之不宜随意。

以上四条,为南曲家必须留意处,非谓以此范天下之才人也。套式之最不可遵守者,莫如李日华之《南西厢》及汤若士之玉茗"四梦"。何也?《西厢》之所以改为南曲者,以王实甫北词,止便于弦索,而不利于笙笛,止便于弋阳俗腔,而不利于昆调雅奏。日华即以北词之句读,改作南词之音律,可谓煞费苦心。顾以字句之勉强,本宫套中不能联络者,往往借别宫调中与北词原文句法相类之曲(如〔寄生草〕改为〔江儿水〕之类),任填一曲,乃至套式前后,高亢不伦。李笠翁谓日华为功首罪魁,至为允当。若如玉茗"四梦",其文字之佳,直是赵璧随珠,一语一字,皆耐人寻味。惟其宫调舛错,音韵乖方,动辄皆是。一折之中,出宫犯调,至少终有一二处(详论见后第四章)。学者苟照此填词,未有不声律怪异者。在若士家藏元曲至多,但取腕下之文章,不顾场中之点拍。若士自言曰:"吾不顾捩尽天下人嗓子。"噫!是何言也。故读"四梦"者,但当学其文,不可效其法,此为金玉之语。余恐《西厢》、"四梦"之贻误人也(尤西堂目"四梦"为南曲之"野狐禅",洵然),用特表而出之。

第四节　论北曲作法

　　南词重板眼,北词重弦索,此世所通知者也。惟北词调促而辞繁,下词至难稳惬,且衬字无定法,板式无定律,初学填词几于无从入手。又不尚词藻,专重白描,胡元方言,尤须熟悉。(汤若士于胡元方言极熟,故北词直入元人堂奥,诸家皆不能及。)句法字法,别有一种蹊径,与南曲之温柔典雅,大相悬绝。(《西厢》"系春心情短柳丝长,隔花阴人远天涯近",语妙今古。顾在当时,不甚以此等艳语为然,谓之行家生活,即明人谓案头之曲,非场中之曲也。实甫曲如"颠不剌的见了万千,似这般可喜娘罕曾见"及"鹘伶渌老不寻常"等语,却是当行出色。关汉卿续《西厢》,人瑞大肆讥弹,实皆元人本色处,圣叹不之知耳。)故作南曲,词章佳者,尚易动笔,若作北曲,则语语不可夹入词赋话头,以俚俗为文雅,虽词章才子,对此无所措手矣。试遍检明清传奇,南曲佳者至多,北词佳者绝少,皆坐此病。《长生殿》中北曲,间有佳者,顾亦不多。若如《桃花扇》之《寄扇》〔哀江南〕,直是秦柳小词,非北词正格也。)非寝馈于元曲者深,则不能纯任自然也。(元曲有二种,一为杂剧,一为散套,散套尚文雅,杂剧尚本色。)昔洪昉思与吴舒凫论填词之法,舒凫云"须令人无从浓圈密点",时昉思女之则在座曰:"如此则天下能有几人可造此诣?"由此观之,本色之难可知矣。夫不能化俗为雅,而仅以涂泽为工,此《昙花》、《彩毫》诸记之所以盛行于世也。余姑将北词中应知之理,条论如左。

(一) 要识曲谱

北曲之谱,较南曲为难识,何也？南曲衬字不多,且有一定格式,一检《南词定律》,正衬分明,即与他谱小有出入,而以板式较之,自无同异之可疑,虽辨体略难,固犹未甚至也。若北曲则诸家所定之谱,颇有出入,偶一较对,何去何从？清初如《大成宫谱》、《钦定曲谱》之类,虽多所发明,而按诸各家之说,其间尚费斟酌。且《啸馀谱》、《吴骚合编》等书,其于北词,往往不点板式,而以衬作正,以正误衬,不一而足,令人无从遵守,故《啸馀谱》之北曲谱,则断断不可从也。李玄玉之《北词广正谱》征引颇多(今坊间尚易购取),且《大成宫谱》采择此谱者,几如全袭其书,学者苟无《大成谱》,则此书可作范本焉。惟识谱之法,顾亦甚难,于无可遵守之中,而思一法,则取近来时伶所熟悉诸套用之,切忌生套(谓不常见之套数也)。此其间有数便也：腔格既熟,滞齿棘喉之音,自然可免,一便也。若者为衬,若者为正,谱中所聚讼之处,可就脚本中工尺旁谱中决之,二便也(凡衬字,歌者必速速带去,俗谓之抢,此南北曲皆然,惟北曲中间有加一二板者)。板之疏密处,既可检得,而于填词用衬字时,何处可增,何处可减,亦可以自行去取,三便也。工尺旁谱既有成例,将来脱稿填谱,即可将此作对本子,而依字配声,其出入变动处,得所依傍(凡填谱必依曲文之四声清浊阴阳,而后定工尺,详见后第三章),四便也。虽然,此特画依样之葫芦耳。至于自辨谱体,则须多看多较,才有把握。

(二) 要明务头

务头之说，解者纷纷。周德清《中原音韵》简末，附论务头一卷，洋洋数千言，而其理愈晦，究不知于意云何。周氏之言曰："要知某调某句某字是务头，可施俊语于其上。"据此则每一调之务头，皆有一定之字格矣。顾周氏书中所列之定格四十首，则又不尽然，往往注明务头在第几句上，似乎可以随意为之。且既云某调某句是务头，可施俊语，然则凡不是务头处，皆可放笔填词，潦草塞责乎？此必不然者也。李笠翁别解务头曰："凡一曲中最易动听之处，是为务头。"此论尤难辨别。试问以笛管度曲，高低抑扬，焉有不动人听者乎？况北词闪赚抗坠，更较南词易于入耳，则所谓"最易动听"四字，亦殊无据。盖为此务头二字，正不知绞尽多少才人心血，而迄无有涣然冰释之一日，可谓奇矣。余寻绎再三，竭十馀年之功，始有豁然之境，乃为之说曰：务头者，曲中平上去三音联串之处也。如七字句，则第三、第四、第五之三字，不可用同一之音。大抵阳去与阴上相连，阴上与阳平相连，或阴去与阳上相连，阳上与阴平相连亦可。每一曲中，必须有三音相连之一二语，或二音（或去上，或去平，或上平，看牌名以定之。）相连之一二语，此即为务头处。今即以《啸馀谱》中所列定格四十首证之。白仁甫〔寄生草〕云："长醉后方何碍，不醒时有甚思。糟腌两个功名字，醅渰千古朝廷事，曲埋万丈虹霓志。不达时皆笑屈原非，但知音尽说陶潜是。"词中用"醒时"二字为阴上与阳平相连，"古朝"与"屈（作上）原"四字亦然，"有甚"二字为阴上与阳去，"尽说陶"三字为阳去阴上阳平相连，皆是务头也。又白仁甫〔醉中天〕云："疑是杨妃在，怎脱马嵬灾。曾与明皇捧砚来，美脸风流杀。叵奈挥毫李白，觑着娇态,洒松烟点破桃腮。"此词咏佳人黑痣,文极佳妙。"马嵬"、"与明"四字为阴上与阳平相连,"捧砚"为阴上与阳去相连,"点破桃"三字为阴上阳去阳平相连,皆是务头也。又宫大用〔醉扶归〕云:"十指如枯笋,和袖捧金尊。挡杀银筝字不真,揉痒天生钝。纵有相思泪痕,索把拳头揾。"词中"指如"、"杀银"、"把拳"六字,皆为阳上与阴平相连,"字不真"为阳去阴上阴平相连,皆是务头也。《啸馀谱》共有定格四十首,而取其第一、第二、第三三首论之,已明晰如彼矣。以下三十七首,学者可用我说求之,则无所不合也。余故复为之细说曰:《啸馀谱》谓"要知某调某句某字是务头"者,盖填词家宜知某调某句某字是务头也。换言之,谓当先自定以某句某字为务头,而为之定去上,析阴阳也。又谱中谓"可施俊语于其上"者,盖务头上须用俊语实之,不可拘牵四声阴阳之故,遂至文理不顺也,非谓务头上可用俊语,以外可不必用俊语也。自此理不明,学者遂各执一词,以逞其臆说,纷纷议论,几如聚讼,而其理愈不能明晰,洎至今日,暗室久已无灯矣。呜乎!瞽人语日,难以指形;夏虫语冰,焉能征实,此所以卒无启明之人欤?

(三)要联套数

北曲之套数,前后联串之处,最为谨严,较南曲之律为密。南曲长套,其增减之处,苟在同宫,间可自行去取,北词则须有依据。所谓依据,不外元人之词,大抵排场之繁简冷热,悉依曲牌之多寡以为差。元剧中每一种剧,大半以一角色任之,盖北词一套,须以一人独唱,非如南词之不拘何人皆可分唱也。且元剧率以四折为断,而此四折之曲,不可使他角色分劳。如《汉宫秋》四折,生唱到底,《玉箫女》四折,旦唱到底,其馀各种,无不如是者。故牌名之联贯,总宜布置停匀,不致太多太少,否则,少则谓之闪撒,多则谓之絮叨(闪撒、絮叨,元人方言)。一则唱不毂,座客不及细听,而已毕曲矣;一则唱不动,所谓铁喉钢舌,才能崴事是也。二者交讥,则套数要宜留意矣。元人散曲,往往有长至二十支者,此因歌者可以稍事休息,虽长不致费力,若剧中则至多不过十二三支而已。余今为之立一定式,每宫各列二套,第一为最多最长者,第二为至少至短者。学者即就此二套中择用之,而依其句法,顺其四声,自无畸重畸轻之病矣。(务头及四声不可移易之处,皆竖出字旁,俾阅者了然也。)

(1) 黄钟宫　最长者,以明陈大声《秦淮游赏》词。词云:

〔醉花阴〕深浅荷花二三里,仿佛似王维画里。凉雨过、晚风微,小舫轻移,来往垂杨底。好风景、喜追陪,万斛尘襟皆荡洗。〔喜迁莺〕人生佳会,与词林三五相知。忘机,尽都是儒冠布衣。睥睨乾坤更许谁,湖海气。一会家藏阄赌令,一会家射覆分题。〔出队子〕五陵佳气,笑谈间出众奇。一个个子瞻文藻许相齐,司马才华可并推,杜牧疏狂堪共比。〔幺篇〕东吴佳丽,水云乡事事宜。几行沙鸟傍人飞,数点征帆带雨归,一片渔歌花外起。〔刮地风〕多少兴亡残照里,锁苍烟禾黍高低。慨凄凉自古繁华地,物换星移。一处处古台幽砌,一丛丛野花荒荠。梁家争,晋家霸,你兴我废。从前不索题,笑呵呵且自衔杯。〔四门子〕列金钗十二云鬟立。绮罗交,珠翠围,秦淮十里南风醉。问仙姝来不来,金缕歌,象板催,乐陶陶尽拚沉醉归。锦瑟又弹,凤管又吹,一弄儿歌声润美。〔水仙子〕将将将日坠西,见见见雪浪惊涛拍岸回。纷纷纷宿鸟飞还,闪闪闪残霞飘坠。呀呀呀两三家半掩扉,喜喜喜送黄昏远寺钟声碎,看看看灯火见依稀。〔尾〕载酒重来是何日?

重来时切莫相违。常言道闲处光阴能享几?

最短者,以元王伯成《天宝遗事》剧中一套,止有五支。其词云:

〔倾杯序〕蜀道中间,马嵬侧近,讨根讨苗绝地。帅首独专,众心皆悦,军政特听,将令频催。弟兄死别,郎舅绝亲,夫妻生离。偏愁荒是,不知死的太真妃。〔幺篇换头〕何济,宝髻髇松,玉容寂寞,惜芳姿不胜憔悴。似太皞春终,艳阳时过,白帝风摇,青女霜欺。急淹泪眼,忙启樱唇,紧皱蛾眉。似莺吟凤语,悄悄奏帝王知。〔幺篇第三换头〕陛下,着哀告敢为敢做的陈元礼,更不弱如当世当权的郭子仪。又不曾背叛朝廷,篡图天下,又不曾违犯国法,误失军期。平白地处死,无罪遭诛,性命好容易。君王听道罢,屈即便依随。〔幺篇第四换头〕将军,大为天子欣然退,要转吾当不敢违。施些存恤之心,减些雷霆之怒,生些恻隐之心,罢些虎狼之威。唇亡齿寒,龙斗鱼伤,兔死狐悲。将军听道罢,出语忒忠直。〔随尾〕娘娘若依条断遭怕连三妹,陛下若按法施行戾八姨。有句话明白索奏知,免致迁延捱时刻。杨国忠如今若斩讫,更有个亲人不伶俐。万马千军踏践毕,恁时舒心领戈戟,慢慢驱兵灭反贼。说破微臣昧死罪,妃子娘娘问道是谁,远在儿孙近在你。

(2) 正宫　正宫曲中套数之长者至多,如元鲍吉甫《秦少游》剧,用牌至二十支(亦〔端正好〕、〔滚绣球〕一套)。白仁甫《梧桐雨》剧,用牌至十九支,惟其中多用借宫(说见后),并非全属本调,则亦不足依据也。今以元吴昌龄《忆妓词》为长套之正格。其词云:

〔端正好〕墨点柳眉颦,酒晕桃腮嫩,破春娇半颗朱唇,海棠颜色江梅韵,宫额芙蓉印。〔滚绣球〕藕丝裳翡翠裙,芭蕉扇竹叶尊。衬凌波玉钩三寸,露春葱十指如银。秋波两点匀,春山八字分。颤巍巍雾鬓云鬟,搓圆颈玉软香温。轻拈翠靥花生晕,斜插犀梳月破云。误落风尘。〔倘秀才〕是丽春园苏卿后身,敢西厢下莺莺影神,便有丹青也画不真。妆梳诸样巧,语笑暗生春,他有那千般儿的可人。〔脱布衫〕常记得五言诗暗寄回文,千金夜占断青春。厮陪奉娇香腻粉,喜相逢柳营花阵。〔凌波曲〕这些时春寒绣裀,月暗重门。梨花暮雨已黄昏,把香衾自温。金杯不洗心头闷,青鸾不寄云边信。玉容不见意中人,空教人害损。〔随煞尾〕记一宵欢爱成秦晋,早千里关山劳梦魂。漏永更深烛影昏,柳映花遮曙色分。酒酽花浓锦帐新,倚玉偎香翠被温。有一日重会菱花镜里人,将我受过的凄凉正了本。

此曲绝佳,亦本色,亦妍丽,直是元人真相。吴昌龄以《夜月走昭君》一剧得名。《太和正音谱》评其词"如庭草交翠",信然。

最短者,以白无咎《遣兴词》,仅有一支,然非小令。其词云:

〔黑漆弩〕侬家鹦鹉洲边住,是个不识字渔父。浪花中一叶扁舟,睡煞江南烟雨。

此词亦不减"西塞山前"风致也。

(3) 仙吕宫　最长者,以元于伯渊《忆美人》词。词云:

〔点绛唇〕漏尽铜龙,香销金凤。花梢弄,斜月帘栊,唤起无聊梦。〔混江龙〕绣帏春重,趁东风培养出牡丹丛。流苏斗帐,龟甲屏风。七宝妆奁明彩钿,一帘香雾袅薰笼。翠云半軃,朱凤斜松。眉儿扫杨柳双弯浅碧,口儿点樱桃一颗娇红。眼如珠光摇秋水,脸似莲花笑春风。鸾钗插花枝蹀躞,凤翘悬珠翠玲珑。胭脂蜡红腻锦犀盒,蔷薇露滴注玻璃瓮。端详了艳质,出落着春工。〔油葫芦〕弯镜出函百炼铜,端详玉容,似嫦娥出落广寒宫。衬桃腮巧注铅华莹,启朱唇呵暖兰膏冻。傅粉呵则太白,施朱呵则太红。鬓蝉低娇怯香云重,端的是占断了绮罗丛。〔天下乐〕半点儿花钿笑靥中,娇红,酒晕浓。天生下没包弹可意种。翰林才咏不成,丹青手画不同。可知道汉宫中最爱宠。〔那吒令〕露春纤玉葱,扫眉尖翠峰。含清香玉容,整花枝翠丛。插金钗玉虫,褪罗衣翠绒。镂金妆七宝鐶,玉簪挑双珠凤,比西施宜淡宜浓。〔鹊踏枝〕翠玲珑,玉玎珠。一步一金莲,一笑一春风。梳洗罢风流有万种,觑人娇玉软香融。〔寄生草〕倾城貌,绝代容,弄春情漏泄的秋波送。秋波送撒斗的春山纵,春山纵勾拨的芳心动。鬓花腮粉可人怜,翠衾鸳枕和谁共。〔幺〕情尤重,意转浓,恰相逢似晋刘晨误入桃源洞。乍相交似楚巫娥登赴阳台梦,害相思似瘦阑成愁赋香奁咏。你这般玉精神花模样赛过玉天仙,我则待锦缠头珠络索盖一座花胡同。〔金盏儿〕脸霞红,眼波横。见人羞推整钗头凤,柳情花意媚东风。钿窝儿里黏晓翠,腮斗儿上晕春红。包藏着风月约,出落的雨云踪。〔后庭花〕绣床铺绿剪绒,花房深红守宫。豆蔻蕊梢头嫩,绛纱香臂上封。恨匆匆寻些闲空,美甘甘两意浓,喜孜孜一笑中。〔六幺令〕几时得鸳帏里锦帐中,折桂乘龙。鱼水相逢,琴瑟和同,五百年姻眷交通。顺毛儿扑撒上丹山凤,点春罗一抹香浓。莺雏燕乳供欢宠,莺花烂缦,云雨溟濛。〔幺〕云鬟髻松，星眼朦胧。锦被重重，罗袜弓弓，粉汗溶溶。风流受用，孟光合配梁鸿。怎教他齐眉举案劳尊重，俏书生别有家风。金荷烧尽良宵永，怜香惜玉，倚翠偎红。〔赚煞〕花月巧梳妆，脂粉闲调弄，没乱煞看花眼肿。偏是他心有灵犀一点通，恼春光蜂蝶娇慵，莫不是蕊珠宫，天上飞琼，会向瑶台月下逢。投至得隔墙窥宋，停灯款梦，只怕他俊庞儿娇怯海棠风。

此曲摹写闺襜，至为华赡。李中麓评云："妆点饱满，的是元人丰度。"自是知言。大凡仙吕〔点绛唇〕一套，用〔六幺序〕或〔葫芦〕、〔草〕、〔混〕诸牌者，必须长套方可。至若短套，则关汉卿之"雨过山横秀"，亦是佳作，顾犹未若元杨西庵之《春情》词之佳也。其词云：

〔仙吕赏花时〕花点苔钱绣不匀，莺唤杨枝语未真。帘外絮纷纷，日长人困，风暖兽烟温。〔幺〕一自檀郎共锦茵，再不曾暗掷金钱卜远人，香脸笑生春。旧时衣褙，宽放出二三分。〔赚煞〕调养就旧精神，妆点出娇风韵，将息好护春纤的一双玉笋。拂绰了香冷妆奁宝镜尘，舒展开系东风两叶眉颦。晓妆新，高绾起乌云，再不管暖日珠帘鹊噪频。从今后鸦鸣不嗔，灯花休问，一任他子规声啼破海棠魂。

(4) 南吕宫 · 南吕一宫，论其套数之长短，颇难合一，大都以〔隔尾〕联络之。如元无名氏之《货郎旦》杂剧，〔一枝花〕、〔梁州第七〕以后，即接〔九转货郎儿〕九支，而九支又每支换韵，与〔一枝花〕、〔梁州〕无一同韵者，直至〔尾声〕，方与〔一枝花〕、〔梁州〕诸韵，是此九支〔货郎儿〕乃是夹套格局，非南吕宫本格也。南吕本格，止有〔一枝花〕、

〔梁州第七〕、〔尾声〕之一套而已。他若用〔牧羊关〕、〔骂玉郎〕、〔感皇恩〕、〔采茶歌〕、〔玄鹤鸣〕、〔乌夜啼〕诸曲者，无一套不用格尾，是又联套格局，亦非南吕本格也。余故仅列一套，至其长短及牌名多少，令学者自便云。

元张小山《春愁》曲云：

〔一枝花〕莺穿残杨柳枝，虫蠹损蔷薇刺。蝶扇干芍药粉，蜂蠹断海棠丝。怕近花时。白日伤心事，清霄有梦思。间阻了洛浦神仙，没乱煞苏州刺史。〔梁州第七〕俏因缘别来久矣，巧魂灵梦寐求之。一春多少伤心事，着情疼热，痛口嗟咨。往来迢递，终始参差。一简书写就了情词，三般儿寄与娇姿。麝脐熏五花瓣翠羽香钿，猫眼嵌双转轴乌金戒指，獭髓调百和香紫蜡胭脂。念兹在兹，愁和泪频传示，更嘱付两三次。诉不尽心间无限思，倒着了燕子莺儿。〔尾声〕无心学写钟王字，遣兴闲观李杜诗，风月关情随人志。酒不到半卮，饭不到半匙，瘦损了青春少年子。

此曲用韵最严，《中原音韵》以支时音另立一部，至为窄少。李中麓评此词"韵窄而字不重，句高而情更款，通首全对，极尽才人能事。"余谓此词，不让东篱《秋思》也。

(5) 中吕宫 本宫长套至多，余取张小山《春暮》词云：

〔粉蝶儿〕花落春归，怨啼红杜鹃声脆，遍园林景物狼藉。草茸茸，花朵朵，柳摇深翠，开遍荼蘼，近清明困人天气。〔醉春风〕粉暖倩蜂须，泥香衔燕嘴。迟迟月影上帘钩，犹自未起起。为想别离，倦馀梳洗，暗生憔悴。〔迎仙客〕香篆息镜尘迷，绣床几番和闷倚。金钏松,翠鬟委,屈指归期,粉脸流红泪。〔红绣鞋〕花开尽空闲鸳砌,日初长静掩朱扉,系垂杨何处玉骢嘶。落谁家风月馆,知那里燕莺期,话叮咛不记得。〔十二月〕正交颈鸳鸯析离,恰双栖鸾凤分飞。效比翼鹣鹣独宿,乐于飞燕燕孤凄。传芳信归鸿杳杳,盼音书双鲤迟迟。〔尧民歌〕呀,因此上美甘甘风月久相违,冷清清云雨杳无期。静巉巉灯火掩深闺,清耿耿离魂绕孤帏。伤悲,雕鞍去不归,都则为辜负韶华日。〔耍孩儿〕自别来无一纸真消息,日近长安那里。倚危楼险化作望夫石。暮云烟树凄迷。春心几度凭归雁,望眼终朝怨落晖,愁无奈。昏秋水揉红泪眼,淡春山蹙损蛾眉。〔幺〕想当初教吹箫月下欢,笑藏阄花底杯。如今花月成淹滞,月团圆紧把浮云闭。花灿烂频遭骤雨催,成何济。花开须谢,月满须亏。〔尾声〕叹春归人未归,盼佳期未有期。要相逢料得别无计,则除是一枕馀香梦儿里。

短者为陈大声《冬闺怨别》词,即王元美《艺苑卮言》中所称字句流丽者也。词云:

〔粉蝶儿〕三弄梅花,戍楼中角声吹罢,月轮儿斜照窗纱。托香腮,涸泪眼,一簷灯下。展转嗟呀,耳旁厢都做了一场闲话。〔石榴花〕我只从绿窗前断送好年华,许多时脂粉不曾搽。九回肠番倒越窄狭,几乎害杀,鬼病增加。一会价告苍穹问个龟儿卦,不明白甲乙交叉。猛然间提起香罗帕,肯分的绣朵并头花。〔尾声〕俏文君再把香车驾,又恐是琴心调弄争差罢。一任他向垂杨系马,我则是庭院春残数落花。

此套向有两稿,一为南北合套,即《吴骚合编》所选者是也。此见大声集中。

(6) 道宫 此宫向缺,惟北词谱有此名类,所隶之曲止有五支,故无长短套之可分。仅取董解元《弦索西厢》中一套而已:

〔凭栏人〕忆多才,自别来约过一载。何日里却得同谐,萦损愁怀。怕黄昏愁倚朱门,到良宵独立空阶。趁落英遍苍苔,东风摇荡,一帘飞絮,满地香埃。〔换头〕欲问心头闷答孩,太平车儿难载。都是俺今年浮灾,烦恼杀人也猜。闷恹恹心绪如麻,瘦岩岩病体如柴。鬓云乱,慵整金钗。劳劳攘攘,身心一片,没处安排。〔本官赚〕据俺当初,把你冤家命看待。谁知道,到今赢得相思债。相思债,是前生负偿他还着后瞰,你试寻思怪那不怪。都是命乖,争奈心头那不快,好难消解。〔换头〕近来,病的形骸,镜中觑了自涩耐。伤心处,故人与俺彼此天涯客。天涯客,我于伊志诚没倦怠,你于我坚心莫更改。且与他捱,下稍知他看怎奈,闷愁越大。〔美中美〕困把阑干倚,羞折花枝戴。这段闲烦恼,是自家买。劳劳攘攘,不是自家心窄。春色褪花梢,春色侵眉黛。遥望着秦川道,云山隔。〔换头〕白日浑闲夜难熬,独自兀谁睬。闷对西厢月,添香拜。去年此夜,犹自月圆人在。不似去年人,猛把阑干拍。有个长安信,教谁带。〔大圣乐〕花憔玉悴,兰消月瘦,不似旧时标格。闲愁似海,况是暮春天色。落红万点,风儿细细,雨儿微筛。这些光景,与人妆点愁怀。〔换头〕闷抵着牙儿,空守定妆台。眼也倦开,泪漫漫地盈腮。似恁凄凉,何时是了,心头暗暗疑猜。纵芳年未老,应也头白。〔尾声〕红娘怪我缘何害,非关病酒,不是伤春,只为冤家不到来。

(7) 大石调 此调隶曲亦不多。元人用此调,其最著者,以郑德辉《㑳梅香》杂剧为长,而李文蔚《燕青博鱼》剧次之,皆不便钞录,以衬字而按谱难也。今长套取元朱廷玉《惜别》词:

〔青杏子〕游宦又驱驰,意徘徊执手临岐。欲留难恋应无计,昨宵好梦,今朝幽怨,何日归期。〔归塞北〕肠断处,取次作分离。五里短亭人上马,一声长叹泪沾衣。回首各东西。〔初问口〕万叠云山,千重烟水,音书纵有凭谁寄。恨萦牵,愁堆积,天天不管人憔悴。〔怨别离〕感情风物正凄凄,晋山青,汾水碧。谁返扁舟芦花外,归棹急,惊散鸳鸯相背飞。〔擂鼓体〕一鞭行色苦相催,皆因些子,浮名薄利。自叹飘流无定迹,好在阳关图画里。〔催拍带赚煞〕未饮离杯心如醉,须信道送君千里。怨怨哀哀,凑凄苦苦啼啼。唱道分破鸾钗,丁宁嘱咐好将息。不枉了男儿堕志气,消得英雄眼中泪。

短者取廷玉《咏梅》词:

〔青杏子〕客里过黄钟,阿谁道冰落穷冬。玉壶怪得冰澌冻。云低四野,霜催万木,雪老千峰。〔望江南〕寻梅友,联辔控青骢。乘兴不辞溪路远,赏心相约灞桥东。临水见幽丛。〔幺篇〕清兼雅,装就道家风。蕾破嫩黄金的砾,枝横柔碧玉玲珑。不与杏桃同。〔尾〕果为斯花堪珍重,时复暗香浮动。萧然鼻观通,依约罗浮旧时梦。

(8) 小石调 此调隶曲至少,据《正音谱》,止有四支,而小令且在内矣。元明作者,寥寥不可多见,惟白仁甫朴（兰谷）集中,有〔恼杀人〕一套,今取以为式,馀则未见也。

〔恼杀人〕又是红轮西堕,残霞万顷银波。江上晚景寒烟,雾濛濛,雨细细,阻隔离人萧索。〔幺篇〕宋玉悲秋愁闷,江淹梦笔寂寞。人间岂无成与破？想别离情绪,世界里只有俺一个。〔伊州遍〕为忆小卿,牵肠割肚,凄惶悄然无底末。受尽平生苦,天涯海角,身心无个归着。恨冯魁趋恩夺爱,狗行狼心,全然不怕天折挫。到如今划地吃耽搁。禁不过,更那堪晚来,暮云深锁。〔幺篇〕故人杳杳,长江风送,胡笳呖呖声韵聒。一轮浩月朗,几处鸣榔,时复唱和渔歌。转无那,沙汀蓼岸,渔灯相照如梭。古渡停画舸,无语泪珠堕。呼仆隶,指泼水手,在意扶舵。〔尾〕兰舟定把芦花过,橹声省可里高声和。恐惊散宿鸳鸯,两分飞也似我。

（9）般涉调 此调向无独立成套者,大抵皆为别宫所借用居多。今取朱廷玉《情闺》一套,其他则寥寥矣。

〔哨遍〕唤起琐窗离思,闹花深处啼鹃至。独立望郊址,但凝眸尽是宜诗。是则是,年年景物,岁岁风光,一一多高致。偏得东君厚意,绿裁翡翠,红染胭脂。断云微雨养花天,暖日和风困人时。妆点人愁,将近清明,才过上巳。〔急曲子〕好光阴都空过了,美因缘越恁推辞。倒教俺传情寄恨,审问了三回五次。是他司马是伤春,并不是自家如此。〔尾声〕叹此愁,谁传示。看看更有伤心事,敢也要鬼病恹恹为他死。

(10) 商角调 此调所隶之曲,止有五支,庾吉甫《怀古》词最为著名。他作又少,惟元睢景臣有《秋色》一套,其词至佳,特录以为式云:

〔黄莺儿〕秋色,秋色。野火烘霞,孤鸿出塞。俺则见寂寞园林,荷枯柳败。〔踏莎行〕水馆烟中,暮山云外。泊孤舟,古渡侧。息风蘙,净尘埃。宝刹清凉境界,僧相待借眠何碍。〔垂丝钓〕风清月白,有感心酸不耐。更触目凄凉景色,供将愁闷来。月被云埋,风鸣天籁。〔应天长〕僧舍窄,蚊帐矮。独拥单衾,一宵如半载。旧恨新愁深似海。情缘在,人无奈,几般儿可怪。〔随煞〕促织絮,恼情怀,砧杵韵,无聊赖。檐马奢,殿铎鸣,疏雨滴,西风杀。能断送楚台云,会禁持异乡客。

(11) 高平调 此调隶曲,止有〔木兰花〕、〔唐多令〕、〔于飞乐〕、〔青玉案〕四支而已。元明人未有联成套数者,故缺。

(12) 歇指调 缺。

(13) 宫调 缺。

(14) 商调 此调长套最多,名作亦最多,惟短套则甚少。乔梦符之《玉箫女》,金文质之《娇红记》,皆绝妙好词也。今取元汤菊庄长短两套,以为此调之式。其长套云:

〔集贤宾〕莺花寨近来谁战讨,这儿郎悬宝剑佩金貂。燕子楼屯凯甲,鸡儿巷拥枪刀。丽春园万马萧萧,鸣珂巷众口嗷嗷。将一座玩江楼等闲白占了,他道是特钦丹诏。穿花擒凤鸟,跨海斩鲸鳌。〔逍遥乐〕六韬三略,也则待制胜量敌,却做了幽期密约。阵马咆哮，比贩茶船煞是粗豪。将俺这软弱苏卿禁害倒。统领着鸦青神道，冲散了蜂媒蝶使，烘散了燕子莺儿，拆散了凤友鸾交。〔梧叶儿〕虽不是糟糠妇，休猜做花月妖。又不曾谙海岛惯风涛，把舵春纤嫩，扶篙筋力小。您待去征辽，没话说军期误了。〔金菊香〕他将这绛绡衣笼罩着锦征袍，银锁甲缨联着珠络索，铁兜鍪压损了金凤翘。改尽了丰标，全不似海棠娇。〔醋葫芦〕枪来呵玉臂擎，箭来呵罗袜挑。丁香舌吐似剑吹毛，连环炮被儿里聒破脑。知音的都道，我不信建头功先奏个女妖娆。〔幺篇〕绞青丝缠做弩弦，裁香罗衲做战袍。补旗旓绞断翠裙腰，金疮药细将脂粉调。都道是风流功效，他只待五花诰飞下紫宸朝。〔幺篇〕叫喳喳锦缆移，闹垓垓画桨摇。那里取明眸皓齿姆军梢，更做道孙武子教来武艺高，止不过提铃喝号，抵多少碧桃花下坐吹箫。〔幺篇〕他恋着蓬窗下风致佳，舵楼中景物饶。棹歌声里乐陶陶，辱没煞铺红苫绿翡翠巢。怕不道相偎相抱，那里也芙蓉帐暖度春宵。〔幺篇〕晚风凉觱篥鸣，晓星沉鼙鼓敲。热乐似银筝象板紫檀槽，子学得君起早时臣起早。白鸥冷笑，倒惹得漫漫杀气蜃楼高。〔随调煞尾〕您奶奶得了些卖阵钱，你哥哥落了些劳军钞。他向那海神庙多买下些好香烧，但只愿一年一度征海岛。休忘了将军旗号，他是个玉关外旧日的莽班超。

其短套云：

〔集贤宾〕倚龙泉一声长太息，游子在天涯。添一岁长一分白发，治一经饱一世黄齑。风凛凛岁晚江空，雪漫漫天阔云低。梅花笑人犹未归，不尽的严凝景致。玉壶春滟滟，银海夜凄凄。〔逍遥乐〕客窗深闭，止不过香爇龙涎，茶烹凤髓，纸帐低垂。早难道翠倚红偎,冷暖年来只自知。捱不彻凄凉滋味。鸳鸯无梦,鸿雁无音,乌鹊无依。〔金菊香〕看别人吹箫跨凤上瑶池,更有谁乘兴扬舲访剡溪。真乃是平地白云三万里,堪画堪题,水晶宫翻做素琉璃。〔本调随煞〕调琴演楚骚,研朱点周易。风流似党家,终日醉如泥。磨龙墨,拂鸾笺,呵冻笔。挥写出乾坤清气。教人道老袁安犹自说兵机。

(15) 角调　缺。

(16) 越调　长套今取元宋方壶《送别》词:

〔斗鹌鹑〕落日遥岑,淡烟远浦。萧寺疏钟,戍楼暮鼓。一叶扁舟,数声去橹。那惨恻,那凄楚。恰待欢娱,顿成间阻。〔紫花儿序〕瘦岩岩香销玉减,冷清清夜永更长,孤另另枕剩衾馀。羞花闭月,落雁沉鱼。踌躇,谁寄萧娘一纸书。无情无绪,水浒蓝桥,梦断华胥。〔调笑令〕肺腑,恨怎舒,三叠阳关愁万缕。幽期密约欢娱处,动离愁暮云无数。今夜月明何处宿?依依古岸黄芦。〔秃厮儿〕欢笑地不堪举目,回首处景物萧疏。星前月下共谁语,漫嗟吁,何如。〔圣药王〕别太速,情最苦,松金减玉瘦身躯。鬼病添,神思虚,心如刀剜泪如珠,意懒上香车。〔收尾〕眼睁睁怎忍分飞去,痛杀我吹箫伴侣。不甫能恰住了送行客一帆风,又添起助离愁半江雨。

短套取孔东塘《桃花扇·修札》词:

〔斗鹌鹑〕你那里笔下诌文,俺这里胸中画策。舌战群雄,让俺不才。柳毅传书，何妨下海。丢却俺的痴骏，用着俺的诙谐。悄去明来，万人喝采。〔紫花儿序〕书中意不须细解，何用明白，费俺唇腮。一双空手，也去当差，行乖。凭着俺舌尖儿，把他的人马来骂开，仍倒回八百里外。只问他防贼自作贼，该也波该。〔尾声〕一封书信权宜代，仗柳生舌尖口快。阻回那莽元帅万马踏晨霜，保住这好江城三山腾暮霭。

又有〔看花回〕一套，昉于施君美《幽闺记》，汤若士《邯郸记·西谍》折中亦用之，其词聱牙诘屈，至不能分正赠，此亦越调中之别格也，缺此不录，则失却光明大宝珠矣。今取《长生殿·合围》折词，以为程式，盖正赠易于分晰也。

〔看花回〕统貔貅雄镇边关，双眸觑破番和汉。掌儿中握定江山，先把这四周围爪牙迭办。〔绵搭絮〕须要把紫缰轻挽，双手把紫缰轻挽，骗上马将盔缨抵按。闪旗影云殿，没揣的动龙蛇，一直的通霄汉。按奇门布下了这九连环，觑定了这小中原在眼，消不得淹众路强藩。〔幺篇〕这一员身材剽悍，那一员结束牢拴。这一员莽兀剌拳毛高鼻，那一员恶支沙雕目胡颜。这一员会急进格邦的弓开月满，那一员会滴溜扑碌的锤落星寒。这一员会咭吒克察的枪风闪烁，那一员会浙沥飒剌的剑雨澎湃。〔青山口〕端的是人如猛虎离山涧，显英雄天可汗。振军威扑通通鼓声，惊魂破胆。排阵势韵悠悠角声，人疾马闲。抵多少雷轰电转，可正是海沸也那河翻。折末的铜作壁，铁作垒，有什么攻不破也，攻不破也雄关。摆围墙这间，这间。四下里来挤攒，挤攒，马蹄儿泼剌剌旋风赸，不住的把弓来紧弯，弦来急攀。一回呵滚沙场兔鹿儿无头赶，都难动弹，可不是撒顽。〔圣药王〕呀呀呀,疾忙里一壁厢将翅摩霄的玉爪腾空散,一壁厢把足驾雾的金猊逐路拦。霎时间兽积,兽积如山。〔庆元贞〕斟起这酪浆儿满满的浮金盏,满满的浮金盏。更把那连毛带血肉生餐。笑拥着番姬双颊丹,把琵琶忒楞楞弹么弹,唱新声菩萨蛮。〔古竹马〕听罢了令,疾翻身跃登锦鞍。侧着帽摆手轻摵,各自里回还,镇守定疆藩。摆搠些旗竿,装摺着轮辖。听候传番,施逞凶顽。天降摧残,地起波澜。把渔阳凝盼,一飞羽箭,争赴兵坛。专等你抱赤心的将军将军来调拣。〔煞尾〕没照会先去了那掣肘汉家官,有机谋暗添上这助臂番儿汉。等不的宴华清霓裳法曲终,早看俺闹聱鼓渔阳骁将反。

此套纯仿若士《邯郸》,故通篇句字,与旧谱不合者正多。惟时俗相沿,此套反居正格之列。学者须照此填词,始能谐合丝竹耳。

(17) 双调 此调中以〔新水令〕、〔步步娇〕一套为最熟,初学填词者,无不自此入手,似乎尽人知其音律矣。顾亦有必须明白者,如〔新水令〕之末句,必须用平仄去平上,〔步步娇〕首句,必须用去上平平平平去之类,学者恐未尽知也。惟此套作者如林,元明以来,其流传人口者,已不下二千馀套,其间平仄声律,往往颇有异同。学者逞笔所之,置一切于不问,迨脱稿后,苟遍检前贤诸作,亦未尝无暗中相合之处,盖作者至多也。余故不为立式,亦如诗馀中之〔金缕曲〕、〔念奴娇〕,虽欲定律,无从订正焉。兹别取双调中之佳者,列长短二套,以示则云。长套取马东篱致远《秋思》词:

〔夜行船〕百岁光阴一梦蝶,重回首往事堪嗟。昨日春来,今朝花谢,急罚盏夜阑灯灭。〔乔木查〕秦宫汉阙,都做了衰草牛羊野,一恁渔樵无话说。纵荒坟横断碑,不辨龙蛇。〔庆宣和〕投至狐踪与兔穴,多少豪杰。鼎足三分半腰折,知他是魏耶？晋耶？
〔落梅风〕天教富,莫太奢,没多时好天良夜。看财奴硬将心似铁,空辜负锦堂风月。〔风入松〕眼前红日又西斜,疾似下坡车。晓来青镜添白雪,上床与鞋履相别。休笑俺巢鸠计拙,葫芦提一恁妆呆。〔拨不断〕利名竭,是非绝,红尘不向门前惹。绿树偏宜屋角遮,青山正补墙头缺,竹篱茅舍。〔离亭宴带歇拍煞〕蛩吟一觉才宁贴,鸡鸣万事无休歇。争名利何年是彻。密匝匝蚁排兵,乱纷纷蜂酿蜜,急攘攘蝇争血。裴公绿野堂,陶令白莲社。爱秋来那些。和露摘黄花,带霜烹紫蟹,煮酒烧红叶。人生有限杯,几个登高节。分付俺顽童记者："便北海探吾来,道东篱醉了也。"

短套取元乔梦符《忆别》词：

〔乔牌儿〕求凤琴慢弹,幺凤曲休咀。楚阳台更隔着连云栈,桃源蜀道难。〔搅筝琶〕无边岸,黑海似煎煩。愁万结柔肠,泪双垂业眼。愁和泪到更阑,直熬得烛灭香残。望情人必然来梦间,争奈这枕冷衾寒。〔落梅风〕黏金雁,弹翠鬟,想不曾做心儿打扮。近新来为咱情绪懒,不梳妆也自然好看。〔沉醉东风〕风铃响猛猜做佩环,柳烟颦只疑是眉攒。想犀梳似新月芽,忆宫额似芙蓉瓣,见桃花似见容颜。觑得越女吴姬尽等闲,厌听那银筝象板。〔本调煞〕相思成病何时漫,更拚得不茶不饭,直熬过海枯石烂。

以上所列各词,除东塘、昉思二套外,都为元明诸家散曲,有世所不经见者。据此填词,自无挨折嗓子之诮。元乔梦符论作曲之法,以凤头、猪肚、豹尾为喻，盖以词藻言也。而词中阴阳四声，必须守定。右例诸式，足为模范。或谓〔前腔〕、〔幺篇〕中，尽有与上曲四声不同者，何也？曰守法是死，填词是活，前言认定某句为务头，即是变化所在。惟每曲末句之韵，宜上宜去，允宜斟酌耳。所谓守定四声者，谓一句中四声，须认定守之，非必定第几字须某声，第几字须某声也。其间挪移之处，总须有古人成作可援，此余所以备列之也。

第二章 制 曲

制曲者,文人自填词曲,以陶写性情也。音律之道,前章已论之详矣。兹分作剧法、作清曲法二种,为学者之先导焉。

第一节 论作剧法

传奇之名,虽昉于金源,顾宋赵德麟《会真记》连厢词,以七言韵语,加入微之原文,而按节弹唱,则已启传奇串演之法,惟其名乃成于金耳。自是以后,有院本,有杂剧,有爨弄,名称滋多,皆见陶宗仪《辍耕录》。明人南曲盛行,所作院本,有多至数十折者,于是以篇幅长者为传奇,以短者为杂剧。或又以南词为传奇,北曲为杂剧,相沿至今,其名未改,虽违本意,顾亦可从也。余今所论,为总言作剧之理,故不分传奇、杂剧、南词、北曲之名。大抵剧之妙处,在一"真"字。真也者,切实不浮,感人心脾之谓也。风俗之靡,日甚一日,究其所以日甚之故,皆由于人心之喜新尚异。剧之作用,本在规正风俗,顾庄论道德,取语录格言之糟粕,以求补救社会,此固势有所不能也。就人心之所向,而为之无形之规导,则不妨就末流之习,渐返于正始之音,故新异但祈不诡于法而已。新之有道,异之有方,总期不失情理之真,俾观者知所惩劝,而无敢于为恶,斯亦可矣。以索隐行怪之俗,而责其全反中庸,此必不可得之数也。不若以有道之新,易无道之新,以有方之异,易无方之异,则庶几人皆乐于从事,而案头场上,交相为美。此真之说也。其次须有风趣。近日人情,喜读闲书,畏听庄论。太史公谓"谈言微中,亦可以解纷",此言于传奇中最合。宋人说部中载钱惟演、杨亿好为玉豀体诗,创为西昆体,一时台馆诸公,悉为效法,翕然成风。时有一伶人,饰李玉豀上场,衣服破碎,形容憔悴,曰:"我被馆阁诸公,挦撦殆尽矣。"满座哄然。又史弥远用事时,奔竞日甚,岁时宴集,伶人有饰颜渊者,搔首踌躇曰:"夫子之道,可谓仰之弥高,钻之弥远。"一人问曰:"钻之弥坚,何云弥远?"答曰:"现在那个不钻弥远。"众为敛容。诸如此类,最为有裨风教,设置身当日,亦未有不掩口胡卢者,此即谈言微中也。若掇拾市井谑语,或秽亵不文,则又一无足取。盖风趣虽不可少,而惩劝要有所归,设遇未便明言之处,正不妨假草木昆虫之微,以寓扶偏救弊之旨,所谓正告之不足,旁引曲喻之则有馀也。此风趣之说也。曰真,曰趣,作剧者不可不知。真所以补风化,趣所以动观听。而其唯一之宗旨,则尤在于"美"之一字。此其大概也。至其紧要,则条论之。

(一) 结构宜谨严

填词之道,如行文然,必须规矩局度,整齐不紊,则一部大文,始终洁净,读之者虽觉山重水复,而冈峦起伏,自有回顾纡徐之致。数十出中,一出不能删,一出不可加,关目虽多,线索自晰,斯为美也。故填词者,在引商刻羽之先,拈韵抽毫之始,须将全部纲领,布置妥帖,何处可加饶折,何处可设节目,角色分配如何可以匀称,排场冷热如何可以调剂,通盘筹算,总以脉络分明,事实离奇为要。譬如造物之赋形,当其精血初凝,胞胎未就,先为制定全形,使点血而具五官百骸之势。倘先无成局,而由顶及踵,逐段滋生,则人之一身,当有无数断续之痕,而血气为之中阻矣。工师之建宅亦然,基址初平,间架未立,先筹何处建厅,何方开户,栋须何木,梁用何材,必俟成局了然,始可挥斤运斧。倘使造成一架,而后再筹一架,则便于前者,或不便于后,势必改而就之,未成先毁,犹之筑舍道旁,兼数宅之资料,不足供一厅一堂之用也。是故作传奇者,不可急急拈毫,袖手于始,方可振笔疾书于后。有奇事方有奇文,未有命题不佳而能出其锦心,扬为绣口者也。尝读近人传奇,惜其惨澹经营,用心良苦,而终不能被管弦、副优孟者,非审音协律之难,而结构全部规模之未尽善耳。今就鄙见所及者,略述如下。

（甲）**戒讽刺** 传奇之作,用之代木铎。因世间愚夫愚妇,识字知书者少,劝之为善,诫之为恶,其道无由,乃设此种文字,借优人说法,与大众齐听,意谓善者如此,恶者如彼。而文人才士,亦各出其心思才力,以成此锦绣之文,是药人寿世之方,救苦弥灾之具也。自世之刻薄者流,以此意倒行逆施,借此文为报仇泄恨之具,心所喜者,施以生旦之名,心所恶者,变以净丑之面,且举千百年未闻之丑形怪状,加于一人之身,使梨园习而传之,几为定案,虽有孝子慈孙,不能改也。噫！岂千古文章,止为诬人而设,一生诵读,徒备行凶造孽之需乎？余闻故老言,明王九思附刘瑾,得调吏部文选司。瑾败,勒令致仕,后复永锢终身。时李东阳柄国,不为之缓颊,九思遂深恨东阳。盛年屏弃,无所发怒,作《杜子美沽酒游春》杂剧,力诋西涯,流转腾涌,一时关陇之士,翕然和之。嘉靖初,有议起九思者,或言于朝曰："《游春》一剧,李林甫为西涯相国,杨国忠得非石斋,贾婆婆得非南坞耶？"吏部闻之,缩舌而止。可见以文字诬蔑人者,不能害人,行且自害耳。又康对山,弘治中状元也。当正德初,李梦阳忤刘瑾,系诏狱。梦阳求救于对山,对山曰:"吾何惜一官,不救李死乎?"乃往谒瑾,为之排解,李遂得免。瑾败,康落职,梦阳不一援手,对山恨焉,乃作《东郭先生误救中山狼》杂剧,而马中锡又为中山狼立传,于是天下无不知梦阳之负对山也。夫康救李于危急之中,李曾不一思图报,其曲固在李不在康,而康必欲借中山狼以比梦阳,非特文人轻薄,抑且无容人之度,悻悻然见于其面,亦何为哉!在梦阳以怨报德,殊失君子之行,而对山播之词场,使后人交相指摘,目为小丈夫之所作为,则亦何快此一时之愤也!传奇一事,最易贾怨,即使无所寄托,犹或为之凭空臆造,况真有所指乎?他不具论,即如《琵琶记》、《牡丹亭》,固千古之妙文也。或谓《琵琶记》一书,为讥王四而设,因其不孝于亲,故加以入赘豪门,致亲饿死之事。何以知之?因"琵琶"二字,合计王字,共有四个,则其寓意可知也。噫,此非君子之言,齐东野人之语也。凡作传世之文,必先有可以传世之心,而后鬼神效灵,予以生花之笔,成此倒峡之词,使人人赞美,百世流芬。传非文字之传,一念之正气使传也。《五经》、《史》、《汉》,与天地山河同此不朽,试问当年作者,有一不肖者厕于其间乎?但观《琵琶》得传至今,则高明之为人,必有善行可取,是以天寿其名,使不与身俱没,岂残忍刻薄之徒哉!即使当日与王四有隙,故以不孝加之,然则彼与蔡邕,未必有隙,何以有隙之人,止暗寓其姓,不明叱其名,而以未必有隙之人,反蒙李代桃僵之实乎?此显而易见之事,从无一人辨之,创为此说者,其不学无术可知矣。又《牡丹亭》一书,人又谓汤若士讥刺昙阳子而作。杨恩寿《词馀丛话》云:若士应春官试,忤陈眉公,遂以媒孽下第。时太仓王相国为总裁,相国本若士座师,亦素厚眉公者,若士遂恨相国入骨。适昙阳坐化后,岭南又有一昙阳出现,与一士人为眷属,风闻远迩,若士遂作《牡丹亭》以泄恨,故记中有还魂之举。而蒋心馀作《临川梦》曲,亦信此说,且云:"毕竟是桃李春风旧门墙,怎好把帷薄私情向笔下扬,他平生罪孽这词章。"于是若士此曲,乃为端人正士所不取,岂知皆子虚乌有乎?朱竹垞《静志居诗话》云:"世或传《牡丹亭》刺昙阳子而作,然太仓相君实先令家乐演之,且曰:'吾老年人,近颇为此曲惆怅。'假令人言可信,相君虽盛德有容,必不反演之于家也。"即玉茗集中,《寄张元长吊俞二姑》二绝句,其序中亦记太仓相君之语,与《静志居诗话》适合。可知此说实是不确,而后人反言之凿凿,不惟可笑,抑且有乖典则矣。是故作传奇者,切要涤去此种肺腑,务存忠厚之心,勿为残毒之事,则令德令闻,始足与元明诸家并寿矣。

　　(乙)立主脑　传奇主脑,总在生旦,一切他色,止为此一生一旦之供给。一部剧中,有无数人名,究竟都是陪客,原其初心,止为一人而设。即其一人之身,自始至终,又有无限情由,无穷关目,究竟都是衍文,原其初心,又止为一事而设。此一人一事,即所谓传奇之主脑也。然必此一人一事,果然奇特,确有可传,则不愧传奇之目。而其人其事,与作者姓名,皆堪千古矣。如实甫《西厢记》,止为张君瑞一人而设,而张君瑞一人,又止为白马解围一事,其馀枝节,皆从此事而生。夫人许婚,张生望配,红娘勇于作合,莺莺敢于失身,皆由于此。是则"白马解围"四字,即作《西厢》之主脑也。如《红梨记》,止为赵伯畴一人而设,而赵伯畴一人,又止为锦囊寄情一事,其馀关目皆从此一事而生。王辅之拘禁素秋,钱八之巧于作合,花婆之计赚红梨,素秋之守盟不渝,皆由于此。是则"锦囊寄情"四字,即作《红梨》之主脑也。惟文人好事,往往标新立异,离奇变幻,无所不至,然其线索清澈,脉络分明,虽机趣横生,而事实始终整洁。试观《桃花扇》,全部记明季时事,头绪虽多,而系年记月,通本无一折可删,且所纪皆是实录,尤可作南都信史观,所谓"六辔在手,一尘不惊"也。余尝谓《桃花扇》为曲中异军,亡友黄摩西以为至言。后人作剧,但知为一人而作,不知为一事而作,又不知敷设许多他事,即为此一事而作,于是假托神怪,或糅杂鬼魅,若《双珠》之投渊遇神,《狮吼》之遍游地狱,六尺氍毹,人鬼参半,皆由好奇之心太过,山穷水尽,不得不设一幻境,以便生旦当场团圆,实则线索未清,补救不来而已。余谓与其作传奇而捉襟露肘,毋宁作杂剧而点笔成金。若徐天池之《四声猿》,杨笠湖之《吟风阁》,何尝不脍炙人口?必欲勉成四十出,东涂西抹,如不系之舟、无梁之屋,亦甚无谓也。

(丙)脱窠臼　传奇者,以奇事可传也。事若不奇,势必不传,何必浪费笔墨哉! 韩文公云:"惟陈言之务去。"又云:"惟古于文必己出,降而不能乃剽贼。"作文如是,填词亦然。余尝读明人诸曲,往往以婢女代嫁,亦属厌套。又生必贫困,且必贤淑,先订朱陈,而女家或毁盟,或赖婚。当其时,必有一富豪公子见色垂涎,设计以图杀生者。女父母转许公子,而生卒得他人之救,应试及第,奉旨完姻,置公子于法,然后当场团圆。十部传奇,几有五六种如此者。嘻,亦难矣! 夫盗袭古人旧作,而自诩新著,可羞孰甚? 天下新奇之事,日出不穷,今古风俗之异宜,不知凡几。从此着想,尽有妙文,何必汇集各剧,东割一段,西窃一段,成此千补百衲之敝衣乎? 且吾所谓脱窠臼者,盖欲一新词场之耳目也。即论旧剧,元明以来,从无死后还魂之事,《玉箫女两世姻缘》亦是投胎换身。自汤若士杜丽娘还魂后,顿使排场一新,且于冥间《游魂》、《冥誓》一节,又添出许多妙文,是还魂一节,若士所独创也。又如《桃花扇》,不令生旦团圆,趁中元建醮之际,令生旦各修正果,并云:"家国何在,君父何在? 偏是儿女之情,不能割断!"真足令人猛然警觉,而于作者填词之旨,尤为吻合。又开场副末，不用旧日排场，末后《馀韵》一折，更觉苍凉悲壮。试问今古传奇，从来有此场面乎？是特破生旦团圆之成格，东塘所独创也。（孔东塘友人顾彩，曾改《桃花扇·修真》、《入道》诸折，使朝宗、香君成为眷属，东塘尝贻书道谢。自余观之，直黑漆断纹琴而已，何足道哉！）是故窠臼云者，非特窃取排场也，即通本无一独创之格，亦是窠臼。填词一道，文人下笔，欲词采富丽，恢恢乎游刃有馀，而欲排场崭新，则难之又难。盖此皆优伶之事，不甚措意，而所失即在于此，不可不审慎出之也。余谓欲脱窠臼，有一至简至便之法：今日剧场布景，日新月异，凡目不经见之事物，不妨设幻景以现之，但取历史中事实，其有可惊可愕可感可泣者，谱成词曲，而复衬以布景，俾阅者如置身其间，忽尔掩泣悲啼，忽尔欢容笑口，以今时之砌抹（剧中所用诸物统名砌抹），演旧日之声容，有不令人慷慨激昂、顿足起舞者，吾未之信也。

（丁）**密针线** 传奇全本，统计不下数十折。此数十折中，关目孔多，事实颇烦，而于起伏照应之处，须如草蛇灰线，令人无罅隙之可寻，无缝天衣，不着一针线痕迹，方是妙文。昔人谓作剧如作衣，其初则以完全者剪碎，其后则以剪碎者使之合成，此真至理名言也。即如《西厢》，不先将郑恒安置妥帖，直至愤争婚姻，触阶而死，殊于情理不合。《琵琶记》尤甚，子中状头三载，而家人不知；身赘相府，享尽繁华，不能自遣一仆，而付家书于路人；陈留至洛阳，仅有数百里，而辄云"万里家山"，此尤背谬之至者也。古人尚有此失，今人可勿留意？是以作传奇者，须将全部关目，通身布置周到，其起伏照应，一如作一篇文字然，骨肉停匀，情理周到，而后施以词藻，则华实交茂矣。

（戊）**减头绪** 头绪繁多，曲之大病也。试思观剧者，于一日半日之间，而欲明此剧中情节，全在一线到底，无旁见侧出之情，则孰主孰宾，一览而知矣。若喜设关目，多添脚色，则通部前后，或有照应不及之处,而线索紊矣。线索既紊,将使观场者茫然不知其事之始末。且剧中止有生、旦、净、丑诸角目,苟关目一多,则人数亦不能少,而场上脚色止此数人,上场下场,又易与主任脚色(即一剧中之主人翁)相混,而通本反觉模糊不清矣。旧剧中如屠赤水之《昙花记》,木西来固为主任脚色,而贪袭仙佛话头,曲情多而事情少,遂至头绪不明,故当时有"点鬼簿"之诮。又如吴石渠五种,以《绿牡丹》为简明,通本关目,止在绿牡丹一枝,沈老之衡文,瑶草之捉刀,二才媛之怜才,皆另有一种紧凑缜密之致,而尤能别开一生面。试问隔帘试婿,古今有是事否?此因头绪不繁,故能步步引人入胜也。馀若《情邮》一记,已稍稍烦琐。至于《疗妒羹》(谱冯小青事)贪用小青本传,遂至不能择别,虽出出皆佳,顾止可作散套观,非所论于传奇矣。他剧犯此者至多,不胜枚举。学者宜避此病,方为上乘。

(己)**均劳逸** 传奇中脚色,总言之曰生、旦、净、丑。自明中叶,海盐派盛行,继之以昆腔,而脚色遂繁。生有老生、官生、巾生、二生之名,旦有老旦、正旦、搽旦、小旦、贴旦之名,净有大、小、中之区别,惟丑则一耳。统计有十三门,今世人谓十门脚色,举其成数言之也。未有昆腔以前,每本传奇所用脚色,大率以一人终始之,自开场至结尾,无论多至数十折,总以一色任之,从无有数人分任其劳者也。昆剧既盛,角目之分析亦细,而每一部中所蓄伶人,各色均不下七八人。故凡演一剧,先将剧中所定角目,逐折细检。同一生脚也,第几折宜用官生,第几折宜用巾生;同一旦脚也,某几折宜用正旦,某几折宜用小旦,各视曲中文字与事迹之何若,而后定为某脚某脚也。是则昆剧中之角目,已较弋阳腔稍逸矣。惟昆曲悠扬绵邈,每终一曲,其难比他曲不啻数倍。故角目虽分析至细,而其所负之责,曾不少轻焉。是以填词者当知优伶之劳逸,如上一折以生为主脚,则下一折再不可用生脚矣；上一折以旦为主脚,则下一折亦不可用旦脚矣；他脚色亦然。此其故有二也：一则优伶更番执役,不致十分过劳；二则衣饰裙钗,更换颇费时间。设使前后二折,同是一脚色任之,衣饰服御无一更换,犹可勉强而行,倘若必须更换,则万万来不及者。前折之下场,与后折之上场,为时不过三五分。以极短促之时间,而更换此最难穿戴之服饰,虽十手犹不能为也。文人填词,能歌者已少,能知此理者,非曾经串演不能,故尤少也。往读名家传奇,此失独多。汤若士之《紫钗记》,徐榆村之《镜光缘》,更多是病,此所以不能通常开演也。

(庚)酌事实　传奇家门,副末开场,必云演那朝故事,那本传奇。明人院本,无不如是也。其云故事,必系取古人事实而谱之,非凭空结撰可知矣。顾文人好奇,多喜作狡狯伎俩,于是有臆造一事,怪幻百出,以恣肆其文字者。盖古人往事,未便改易,填词者须以文就事,不可自行增损,不如臆造之可以举动自由也。惟有一言,须当注意者,用故事则不可一事蹈虚,用臆造则一事不可征实,此则词家当奉为科律也。所谓不可一事蹈虚者,盖既用前人故事,是实有其人,实有其事矣,则凡时代、朋旧、舆地、水火、盗贼、刀兵、衣服,及关涉其人一切诸事,皆当凿凿可据,确确可征,虽在科诨之间,亦不可杜撰一语。此即实则实到底之谓也。所谓不可一事征实者,盖全本既纯是臆说,是其人其事已在子虚乌有之列,即使确考时地,终难取信于人,不若鼓我笔机,使通本可泣可歌,足以为社会之警钟,观场者亦眉飞色舞,不自知心之何以若此之为愈也。此即虚则虚到底之谓也。虚实二义,填词者于未下笔时,必先认定,切莫自乱其例。古今传奇,用故事之最胜者,莫如《桃花扇》,用臆说之最胜者,莫如《牡丹亭》。《桃花扇》所用事实,俱见明季人野史,卷首有考据数十条,东塘已自记明晰矣,抑知记中所有纤小科诨,亦皆有所本乎?香君诨名"香扇坠",见《板桥杂记》。王铎楷书《燕子笺》,今藏无锡某宦家。即如阮大铖之路毙仙霞岭,蓝田叔之寄居媚香楼,亦见《冥报录》、《南都杂事记》。盖几几乎无语不征实矣。《牡丹亭》之杜丽娘,以一梦感情,生死不渝,亦已动人情致,而又写道院幽媾之凄艳,野店合婚之潦草,无一不出乎人情之外,却无一不合乎人情之中。惟《虏谍》之立马吴山,李全之闹兵淮颍,则是确有其事,但此为本书之辅佐,故不能指为全书之瑕疵也。二书一实一虚,各极其妙,余每读其文,辄有季札观止之叹。此亦天下之公论也。明人院本,颇喜采唐人小说,如梅鼎祚之《章台柳》(谱章台柳本事)、《昆仑奴》(谱红绡事)、陆天池之《明珠记》(谱刘无双事)、梅孝己之《酒家佣》(谱李固之子李燮事)、张凤翼之《红拂记》(谱虬髯客事),皆取唐人本传而点缀之,证确语妙,后之作者,不能及也。顾亦有至不堪者,若顾大典之《青衫记》(谱白太傅《琵琶行》事),若汪廷讷之《狮吼记》(谱方山子、陈季常事),至令人不堪言状矣。《青衫》以白乐天素眷此伎,中经丧乱,伎遂委身江西茶客,乐天送客浔阳,乃遇此伎,卒复与乐天团圆云云。通本荒唐,都是梦话,虽承马东篱《青衫泪》之谬,然亦不应舛误至此。大典为吴江人,博雅工诗,家有谐赏园,极亭台之胜,何以作院本乃庸妄如是?斯真不可知矣。《狮吼记》以东坡《方山子传》为主,其中摹写惧内情形,至堪喷饭,且强拉东坡赠妾于季常,柳氏阃威,无所发泄,愤怒成病,病中遍游地狱,知一生妒嫉,死后必受冥罚,遂幡然改悔,卒为贤妇。总其旨归,只因《方山子传》中,有"妻子奴婢皆有自得之意"一语及"忽闻河东狮子吼,拄杖落地心茫然"二句,遂演出无数丑腔恶态,不知东坡诗文所以有此二语,不过极言妻子偕隐之乐,非陈季常之真个惧内也。汪先生不加深考,贸然谱之,乃至鬼魅杂出,十尺红氍毹上,几成罗刹世界,此何为者也?是以词家所谱事实,宜合于情理之中,最妙以前人说部中可感可泣、有关风化之事,揆情度理,而饰之以文藻,则感动人心,改易社会,其功可券也。且以愚意论之,用故事较臆造为易,何也?故事已有古人成作在前,其篇幅结构,不必自我用心,但就原文编次,自无前后不接、头脚不称之病。至若自造一事,必须先将事实布置妥帖,其有挂漏之处,尤宜随时补凑,以较用故事编次者,其劳逸为何如?事半功倍,文人亦何乐而不为哉!余观名人说部中,尽有慷慨激昂,为前此词家所未及者,世之锦绣才子,何不起而为之?

(二)词采宜超妙

填词一道,本是词章家事,词采一层,无不优为之,顾亦有所难言者。词之与诗,其所用典雅之语,尚有可以通用之处。试阅五季两宋之词,虽有工拙之殊,一言以蔽之曰:雅而已矣。曲则不然,有雅有俗,雅非若诗馀之雅也,书卷典故,无一不可运用,而无一可以堆垛。即如清真词〔瑞龙吟〕之"断肠院落,一帘风絮",〔锁窗寒〕之"风灯零乱,少年羁旅",此绝妙好辞也,试入之曲中,则反嫌不称矣。以曲中所长,在乎超脱,正不必以情韵含蓄胜人也。至于俗则非一味俚俗已也,俗中尤须带雅。盖净丑口吻,最难摹写,非若生旦之可以文言见长,身不读书,何必以才语相向乎?惟出语十分粗鄙,又不登大雅之堂。若《西厢》中之《游殿闹斋》,若《红梨》之《皂隶请宴》,但顾座客之哄堂,不顾雅人之唾弃,则又不然也。昔人论诗馀之道,上不类诗,下不类曲,然则曲与词,固截然不同者矣。今人不知词曲之分,专以风云月露之语点缀成套,自谓绝世佳文,直是南辕北辙。起手走错了路头,后来越弄越坏,终身不知归宿,比比然也。犹记少时,歌《水浒记·

活捉》,友人云:"此等妙曲,须如君之妙音歌之。"当时但顾按拍,未暇细读其文。由今观之,实搬运类书而已,何妙之有?《水浒》为吴门许自昌撰,不知何以贪用死书若此。其首曲云:"马嵬埋玉,珠楼堕粉。玉镜鸾空尘影,莫愁敛恨,枉称南国佳人。便做医经獭髓,弦续鸾胶,怎济得鄂被炉香冷。可怜那章台人去也,一片尘。铜雀凄凉起暮云,听碧落,箫声隐。色丝谁续恹恹命,花不醉,下泉人。"此曲只"花不醉,下泉人"一语,却是妙文,馀则以堆垛为能事,深无足取,一句一典实,辞意先晦涩矣。试问马嵬坡、绿珠楼、莫愁湖,以及獭髓、鸾胶、鄂君被、章台柳等故事,阎婆惜以不甚识字之女子,能知之否?且其中所押之韵,真文、庚青模糊一片,而犹有目为妙文者,吾所大惑不解也。然犹有可诿者,曲系旦口,不妨用文言也。乃若张文远,以一衙门书吏,且又饰以副净,而其所填之曲,则又全是书卷。曲云:"莫不是向坐怀柳下潜身?莫不是过南子户外停轮?莫不是携红拂越府奔?莫不是仙从少室,访孝廉封陟飞尘?"夫坐怀不乱,是柳下惠事;户外停轮,是蘧伯玉事;红拂是李卫公事;封陟遇仙,是上元夫人事,张文远果知之否乎?且以副净脚色,而歌此典丽华赡之曲,合乎?否乎?此真无可解责矣。余非好与古人为难也,既为词人立一准的,自当举一正宗。雅则宜浅显,俗则宜蕴藉,此曲家之必要者也。一部传奇,短者十数折,长者数十折,每折必须数曲,若如许先生之语语用典,亦太费力矣。此填词贵浅显之说也。传奇为警世之文,固宜彰善瘅恶,俾社会上有所裨益。顾注全力于劝善果报,则又未免有头巾腐气。传奇而有腐气,尚何文字之足论?欲免腐气,全在"机趣"二字。机者,传奇之精神;趣者,传奇之风致。少此二物,则如泥人土马,有生形而无生气。作者逐出凑成,观者逐段记忆,此病犯者孔多,由于下笔之先,未将全部情迹布置,而复贪作曲文故也。局机不整,通本减色矣。至于趣之一事,最难形容,无论花前月下,密约幽欢之曲,不可带道学气,即如谈忠说孝,或摹写节烈之事,所作曲白,亦不可走入呆板一路。要使其人须眉如生,而又风趣悠然,方是出色当行之作。《桃花扇·沉江》一折,谱史可法死节事,何等可惨。而其曲云:"撇下俺断蓬船,丢下俺无家犬。"又云:"看空江雪浪拍天,流不尽湘累怨。……累死英雄到此日,看江山换主,无可留恋。"又〔尾〕云:"山云变,江岸迁。一霎时忠魂不见,寒食何人知墓田?"读之令人慷慨泣下,无一憔悴可怜之语,如见阁部从容就死之状。末云"寒食墓田",则又凄凉欲绝,感人心脾。无他;机趣流利也。若通首作名教中语,则反成一种不规则之格言,安能激动观场者之心乎?故填词者,须有跌宕风流之致,虽存扶持名教之旨,切不可为迂腐可鄙之词。元陈刚中论人品云:"抑圣为狂,寓哭于笑。"作传奇者,亦须如是。此填词重机趣之说也。且一本传奇,至少须有七八人,说何人宜肖何人,议某事宜切某事,赋风不宜说月,赏花不宜赋草,使所填词曲宾白,确为此人此事,为他人他事所不能移动,方为切实妙文。诗古文辞,总宜贴切,填词何独不然?各人有各人之情景,就本人身上挥发出来,悲欢有主,啼笑有根,张三之冠,李四万万戴不上去,此即贴切之谓也。同场大曲,如〔念奴娇序〕、〔梁州新郎〕之类,一部中尽有一二公共语,若合婚庆赏诸作,可不具论,其他虽一小引,或一过脉小曲,亦不可草草填去。试看《牡丹亭》老驼口中语,便可知矣。老驼在《牡丹亭》中,是一不甚重要之人,而记中凡涉老驼诸曲,如《决谒》、《索元》、《问路》等曲,竟无一字轻率者,可见作曲须切题也。《决谒》曲云:"俺橐驼风味,种园家世,虽不能展脚伸腰,也和你鞠躬尽瘁。"句句是驼背口吻,能移置他人口中否?又如蒋心馀《九种曲》、《空谷香》与《香祖楼》所纪事实,大致相同:若兰与梦兰,同一薄命女子也;两家夫人,同一贤德淑媛也；孙虎、李蚓同一继父也；红丝、高架，同一忠仆也。使各作一小传，尚难分别两样笔墨，况在传奇，洋洋洒洒成数十折文章哉！乃能各为写生，面目又各自不同。若兰之语，移不得梦兰口中；梦兰之意，又移不得若兰心里。各有苦处，各有难处。此等妙曲，直可追步临川，岂独俯视百子？此无他，就各人情景，为之设身处地着想，故能亲切不浮如是也。此填词重贴切之说也。曰浅显，曰机趣，曰贴切，词家所首重者。而要其指归，则在于入情入理而已。情发一人之思，理穷万事之变，人伦日用之间，至多可记者在，正不必索诸闻见之外，以荒唐文其浅陋也。惟尚有一事，词采上更当注意者，拗句是也。何谓拗句？即曲中偶有一二语，读之平仄拗戾，棘棘不能上口者。凡遇此等句，填词时尤宜用意。余前曾言〔集贤宾〕之第一句，须平平去上平去平，〔长拍〕之第六句，须四个上声字，诸如此类正多。南曲谱中，皆注释详明，易检其法。不过作曲时，若做此等拗句，更宜加倍烹炼，而复出之以自然。余于辛亥年题《西泠悲秋图》，有〔下山虎〕一曲（见前第一卷），愈难愈要做得好，即用此烹炼自然法耳。或曰：既须烹炼，又云自然，二事不相类，何能并用为一法乎？曰：君尝读"四梦"乎？《紫钗记》通本皆用此法也。第一折之"椒花媚早春，屠苏偏让少年人，和东风吹绽了袍花衬"，又云"眉黄喜入春多分，酒冷香销少个人"，字字烹炼，字字自然也。盖烹炼者笔意，自然者笔机，意机交美，斯为妙句。若只顾烹炼，乃至语意晦塞，是违填词贵浅显之道矣，又安足取哉！

（三）宾白宜优美

自来填词，止重曲词，置宾白于不问，往往随笔杂凑成文，不能引起人优美之观念者，以为既云宾白，明言白文处于宾位，可以稍省心力也。且元人杂剧中，以宾白叙事，以词曲写情，故每折之首，先将一折中人出场齐备，说明事迹何若，而后作大套长曲，是宾白仅供点清眉目之用，似乎不必求工也。噫，为此说者，真可谓误尽天下才人也！亦思元杂剧之演法，与今时传奇演法大异乎？歌者自歌，白者自白，一人居中司歌，其馀宾白诸人，环侍左右。先令司宾白者出场，两旁分立，待此一折中人齐集以后，然后正末登场，引吭而歌，众人或和歌或介白。其有邦老、孛儿（邦老即南词中之副净，孛儿即南词中之大净），与正末为难事者，方出位演串，而旁侍者依然也，非若今日演戏之状也（毛大可论之至详）。是故宾白在元剧，确乎为点清眉目而设，诚不必求工。即每折抹去宾白，单读曲词，亦皆一气呵成，虽不用宾白，亦无不可。惟在今日，则情形不同。传奇一折，唱者多人，白曲既不分司，步立亦无定位。主戏固属费力，搭头亦要传神（俗以每折重要脚色谓主戏，不重要诸人谓搭头）。若宾白不工，则唱时可听，演时难看，且场面一冷，亦引不起曲情。此宾白不可不工者一也。元词用弦索，字多腔简，一人司唱，虽曲文甚长，亦可一泄而尽。昆调悠扬，一字可数转，虽数人分唱，而仍苦其劳。故曲中宾白，万不可少，一则节唱者之劳，二则宣曲文之意，非若元剧，止供和声介曲之用也。此宾白之不可不工者二也。元人各曲，善用腾挪之法，每一套中，其开手数曲，辄尽力装点饱满，而于本事上，入手时不即擒题，须四五曲后，方才说到。是一套之曲，不啻一篇文字，不必换一曲牌，更另换一意思也，故视宾白为无足轻重。南词则一套之中，唱者既系多人，意境势难合一，不独生丑同场，必须分清口角，即同是一生．同是一旦，措词亦各有分寸，名为一套，实则一曲一意，而于关捩转折之际，能显其优美之趣者，则全在乎宾白。设阳春白雪之词，而下里巴人之语，不几令人失笑乎？且曲中词句，歌时丝竹嗷嘈，一时未必即能领会，十分佳妙只显七分。宾白则一字一语，人人皆知，不分雅俗，使翰苑衣冠而市井吐属，听者有不顾而呕吐者乎？况当笔酣墨饱之时，常有因得一二句好白，而使词曲亦十分畅达，加倍生色者，是曲之佳否，亦且系于宾白也。（如《牡丹亭·惊梦》折白云："好天气也。"以下便接〔步步娇〕"袅晴丝吹来闲庭院"一曲，可谓妙矣。试思若无"好天气"三字，此曲如何接得上？又云："不到园林，怎知春色如许。"以下便接〔皂罗袍〕"原来姹紫嫣红开遍"一曲。试思若无"不到园林"二语，曲中"原来"云云，如何接得上？此皆显而易见者也。）此宾白之不可不工者三也。有此三意，故宾白之作，断断不可忽略。惟宾白须如何而工，则确乎有所难言者。曲有谱韵可守，白则无之；曲有平仄可遵，白则有时要分平仄，有时尽可不分；即偶用小词小诗，又不妨袭用古人成作，或改易一二字，似乎做宾白较词曲为易矣。顾往往文人作传奇，曲则仍旧本歌唱，而宾白则全行移易。如《杀狗》、《寻亲》、《白兔》诸古本，其中宾白，几无一字相同者。何哉？岂利于文人之笔者，未必便于歌者之口欤？且优伶所改，大率庸俗陋劣，远不如原本十倍，抑果文人之雅，真不敌伶工之俗欤？此真不可解矣。曰：盖由卑视宾白而不知其法，以轻心出之者耳。宾白虽不论平仄，顾亦须协律调声。一部传奇，第一折长引子下，必有一段长白，俗名定场白。白中必有三四联四六句，语语须调平仄，此凡能作曲者，无不知之矣。抑知宾白中调声协律之处，不独每折之定场白乎？如上句末一字用平，则下句末一字必须用仄，连用二平，则声音壅塞，不能动听矣。谓余不信，请择一幼稚生，令读一篇四六文，必且对仗不整，平仄不协，上下倒置也。夫平仄调协之四六文，使不明文理者读之，犹且动辄乖方，况伶人本无文理，而以平仄不合之宾白，责诸以委宛动人，不几如却行而求前哉？歌舞之佳与不佳，为伶人之责；文字之合用不合用，是文人之责，不能全委诸优人也。或曰：子言宾白亦须协平仄，敬闻命矣，何以又言有时尽可不分也？曰：皆是也。传奇情节错杂，往往限于事实，不尽可绳以平仄，此亦应变从权之道。又丑净花面口吻，亦有以谐合平仄，反觉斯文不称其状者。此中变换之妙，操纵在于一心，不可以言传者也。总之，生旦之白宜谐，净丑之白略宽，会心人自然领悟耳。此宾白须谐平仄之说也。传奇中之有生旦净丑，所以分别君子小人，使人一望而知贤不肖也。故作生旦之曲白，务求其雅，作净丑之曲白，务求其俗。谚云："做那等人，说那等话"，此语竟似专为传奇而设。无论立心端正者，我当设身处地，代生端正之思，即遇立心邪僻者，我亦当舍经从权，暂为邪僻之想。要须心曲隐微，随口唾出，如吴道子之写生，须眉毕现，斯为得之。顾近世词家，摹写生旦，则复乎莫尚，规模净丑，则戛乎其难。此无他，因填词者系文人，只能就风雅一方面着想。至于净丑，则龌龊琐碎，颇难下笔，非惟书卷气息一些不能阑入笔端，即如诗头曲尾，市井猥谈，下至签诀、星历、卜筮、千字文、百家姓、八股、尺牍等，一切无谓之口头语，无一不当熟悉。故净丑曲文，已倍难于生旦，而其宾白，则可谓难之又难。此所以净丑曲白，工之者少也。虽然，净丑曲白，不作则已，作则勿畏其难，务求其肖，余之所望于天下才人者如此也。此宾白须要肖似之说也。又传奇中南北曲统用，则宾白中字音，亦须依曲之南北，而分定其声音。何也？北曲有北音之字，南曲有南音之字。今世之人，但知曲内宜分，又抑知白随曲转，不应两截乎？此折为南曲，则宾白悉用南音；此折为北曲，则宾白悉用北音。今人歌北曲之宾白，辄以南音就之，歌场中颇有闻焉者，殊堪发一大噱。余寓沪上，闻有人歌《邯郸·度世》（俗名《扫花三醉》），此北曲也。开场吕祖一段定场白，字字应作北音(北音非今日北京话),其在入声,尤须谨严。白中自"蓬岛何曾见一人"起,至"何姑笑舞而来"云云,不下四百馀字。如此长白,原是费力,乃坐听良久,竟不能明白一字,无论字分南北,即寻常四声,尚且满口胡柴,此真无可言喻矣。余之此说,为全套南曲、全套北曲言之,若南北合套,则可以不拘也。(南北合套,为元末沈和所创,其法极妙。余别论一篇,备论其理,兹不赘。)是宾白之字音宜慎也。我国幅员广大,言语颇难一致。吴越方言,不通于秦晋;燕齐土语,又不通于关陇。填词家局故乡之闻见,肆梓里之科诨,乃至听者茫然,不能一解人颐者,多用方言之过也。余以为填词声韵,既一本《中州》,则宾白亦当以《中州》为断。院本中净丑口角,往往以苏州土语出之,此其故以填词者南人居多,而南人之中,又以苏人为多,生此一方,未免为一方所囿,故摇笔即来也,一也。净丑口角出语,总以可发人笑为主,填词者既系南人,自当取悦于乡人之耳,若用《中州音韵》,恐听者未必雅俗俱解,二也。余谓此知有二五而不知有一十也。曲中韵律,既不用乡音,则白中字眼,亦当一律,曲白两音,终非所宜。顾文人局乡土之闻见,往往不能洗除尽净,其法于宾白科介之际,将乡土之语,逐一检点,逐一删削,则自无此病矣。此宾白之方言宜少也。以上数则,皆填词者应守之律,既备述如右,尚有一事,必须注意者,则剧中之科诨处也。科诨之道,虽不可雅,雅则令人难解,然亦不可俗,俗则令人欲呕。前人院本,遇科诨处,辄书"随意作诨"四字,令伶工自作,俾得即景言情,可以一新耳目。而伶工辄不能文,于作者之旨,不能领会,点金成铁,所在而是。惟孔岸堂《桃花扇》科诨,出自己作,不许伶人增损一字,然通本殊少解颐语。此以知科诨虽小道,而其难且过填词也。今人逢科诨,往往作淫亵语,以便引人发笑。有房中所说不出口之语,公然出诸大庭广众之前者,此亦有关风化也。夫名教中自有乐地，谈言中尽可解纷，何必说出欲事，才可引人一粲乎？故科诨中能避去淫亵语最妙。

第二节　论作清曲法

　　清曲作法，与作剧曲大同小异，惟格律较谨严而已。明中叶以后，士大夫度曲者，往往去其科白，仅歌曲词，名曰清唱。魏良辅《曲律》中，已载之矣。元人套数，有词无声，遂有南曲散套之作，盖骎骎乎如诗馀之歌法也。其作法有三：第一，少借宫。传奇中往往有本宫牌中不能联络一套，而向别宫别调摘取一二曲者，如南吕借商调，中吕借般涉之类是也，清曲则不能焉。第二，少重韵。传奇中前曲与后曲，所押之韵，可以重用，名人诸作，亦不避忌也，清曲则不能也。如马东篱《秋思》词，张小山《春游》词（俱见前），通套无一重韵，其严可知矣。第三，少衬字。传奇中无论南北诸曲，其衬贴字颇多。如临川"四梦"，且以衬字之多，觉得愈险愈妙者，而清曲则不能也。自来名家散套，专集不可多见，其散见各家总集，若骚隐之《吴骚合编》，陈所闻之《南北宫词纪》，不下数百家，其佳者尽多，自当以为揣摩诵习之具，则涉笔便汩汩乎其来矣。《纳书楹》所选散曲，亦有十馀套，如《烹茶》"兀的不"、"归来乐"诸曲，佳妙特甚，且一洗脂粉之习，至可宝也。愚尝谓作清曲尽可发抒性灵，不必定作儿女语，明施子野《花影集》，颇合作家。若多作艳语，如王次回诗，改七芗画，终伤大雅。故词藻中能避去淫亵语最妙。

第三章 度曲

今人之能歌昆曲者,百人中殆不满二三。即此二三人中,真能歌曲者,且鲜一见也。昔之习曲者,大抵淹雅博洽之士,其于词章之学,探索素深,平仄四声阴阳之际,辨别清晰,偶遇曲中词句,稍有不甚了然处,即能翻检而知之,故别字总不出之于口。今则学校教授,音韵废而不讲,学者年至弱冠,而于平仄且瞢如焉,遑论四声,遑论阴阳清浊乎?以之习曲,自然难之又难矣。其有一二好事者流,慕词曲之美名,窃欲自附于风雅,其视度曲之道,仅等诸博弈游戏之具。旋宫未喻,安问宫商?正犯未明,谬然点拍。推其居心,以为我辈只求自适,原非邀人赏鉴,即有乖误,本自无妨也。积此二因,于是度曲者遂不复探赜索隐,而元音日以晦灭。且近今曲师,率多不识丁字,每折底本,总有几十别字。学者既无家藏院本,足以校对,不过就文理之通否,略加修正,而好曲遂为俗工教坏矣。抑知清客之与贱工,文人之与技师,所以区别者在何点,不揣其本,而众楚群咻,无怪乎为有识者所笑也。当乾隆时,长洲叶怀庭堂先生,曾取临川"四梦"及古今传奇散曲,论文校律,订成《纳书楹谱》,一时交相推服。乃至今日,习此谱者,迄无一人。问之,则曰:此谱习之甚难,且与时谱不合耳。余曰:非习之者畏其难,恐教之者畏其难也。夫为学之道,苟因其难能,而别求一易也者,以期合乎前哲,吾知古今以来未有若是者也。度曲且难,又安论他学哉?且怀庭之谱,分别音律,至精至微。其高足钮匪石曾云:"有哀秘之声,不轻传授。"(略见龚瑟人《定庵集》中)然则欲求度曲之妙,舍叶谱将何所从乎?而今之俗工,偏视为畏途也,则尚何研究之足云?元音未没,牙、旷难期,愿与海内知音君子,一为商榷焉。

(一) 五音

喉、舌、齿、牙、唇,谓之五音,此审字之法也(详见《等韵》、《切韵》诸书)。最深者为喉音,稍出者为舌音,再出在两旁牝齿间为齿音,再出在前牡齿间为牙音,再出在唇上为唇音。虽分五层,其实万殊。喉音之浅深不一,舌音之浅深亦不一,馀三音皆然。故五音之正声皆易辨,而于交界之处则甚难。顾其界限则又井然不紊,一口之中,并无此疆彼界之别,而丝毫不可相混也。每字之声,必有一定之格,而字形又有大小、阔狭、长短、尖钝之分。故每字皆有口诀,不得口诀,则大非大而小非小,出声之际已偏,引长其音,遂不知所歌何字,而五音紊乱矣。练准口诀,则字字皆有归束。如东钟韵,东字之声长,钟字之声短,纵字之声尖,翁字之声钝。又如江阳韵,江字之声阔,臧字之声狭,堂字之声大,将字之声小。细心分别,其形显然,要在口诀不差。口诀虽不外喉、舌、齿、牙、唇,而细分之则无尽。有喉出唇收者,有喉出齿收者,不可胜计。此外又有落腮、穿牙、覆唇、挺舌、透鼻诸法,总要将此字识真念准,审其字音在口中何处着力,则知此字必如何念法方确,而于大小、阔狭、长短、尖钝之内,犁然居为何等矣。人之听此字者,无不知其为何字,虽丝竹嗷嘈,仍复一丝不走也。

(二) 四呼

开、齐、撮、合，谓之四呼，此读字之法也。开口谓之开，其用力在喉；齐齿谓之齐，其用力在齿；撮口谓之撮，其用力在唇；合口谓之合，其用力在满口。欲读此字，必得此字之读法，则其字音始真，否则终不能合度。顾此非喉、舌、齿、牙、唇之谓也。盖喉、舌、齿、牙、唇者，字之所从生；开、齐、撮、合者，字之所从出。喉、舌、齿、牙、唇五音，各有开、齐、撮、合。故五音为经，四呼为纬，经纬既明，斯纲举目张，音正调合矣。例如《西楼记·楼会》第一句"慢整衣冠步平康"七字，"慢"字是阳去声，为唇出齿收音，四呼中属开。"整"字是阴上声，为齿音，四呼中属齐。"衣"字是阴平声，为齿音，四呼中属齐。"冠"字是阴平声，为喉音，四呼中属撮。"步"字是阳去声，为唇音，四呼中属合。"平"字是阳平声，为唇出齿收音，四呼中属齐。"康"字为阴平声，为舌音，四呼中属开。每一曲中，必须如此分析明白，才无别字。盖工尺旁谱，仅分四声阴阳，而出字读字之法，全在度曲之人。五音四呼，一有紊乱，则所歌非其字矣。愿世之学者，勿畏其难，一任俗工之零落夹杂，而奉为金科玉律也。

(三) 四声

平、上、去、入，谓之四声，每声各有阴阳，共有八声。此八声唱法各异，偶有不慎，往往毫厘千里之误。听曲者当在此注意，不可以喉音清亮，而遂击节叹赏也。四声之中，平声最长，入声最短，故长者平声之本象也。惟上去皆可唱长，即入声派入三声，亦可唱长，然则平声之长，何以别于三声乎？盖平声之音，自缓，自舒，自周，自正，自和，自静。若上声必有挑起之象，去声必有转送之象，入声之派入三声者，各随所派成音。故唱平声，其诀尤重在出声之际，得舒、缓、周、正、和、静之法，自与上去迥别，乃为平声之正音耳。至于阴阳之分，全由自行辨别。大抵阴平之腔，必连续而清，歌时须一气呵成。阳平之腔，其工谱必有二音，其第一腔须略断，切不可连下第二腔，若既至第二腔，则又须一气接下，直至腔格交代清楚为止。此平声唱法之道也。

上声唱法，亦只在出字时分别。方开口时，须略似平声，字头半吐，即须向上一挑，方是上声正位。盖上声本从平声来，故上声之字头，必从平起，若竟从上声起，则其声一响已竭，不能引长，迨声竭而复拖下，则反似平声矣。故唱上声甚难，一吐即挑，挑后不复落下，虽其声长唱，微近平声，而口气总皆向上，不落平腔，乃为上声之正法。此言阴上声也。若阳上，则出声宜稍重耳。

去声唱法，总以有转送为主。何谓转送？盖出声时不即向高，渐渐泛上而回转本音，如椭圆之式是也。以北曲论，则用凡字音者，大半皆在去声。以南曲论，则凡属去声字，总皆于收音处略高一字，俗谓之豁。凡豁之一法，必在去声上用之，故北曲于去声上有六五六凡工，或五伬仩亿五者，南曲则用四尺上，或上工尺上四者，皆是也。故唱去声，须沉着，无论阴阳，总当以转送为主也。

入声唱法，以断为最宜。所谓断者，于字之第一腔，即凿断勿连，所以别于三声也。惟阴入宜轻，阳入宜重，此须辨别而已。但北曲无入声，而以入声诸字，俱派入三声，盖以北人言语，本无入声，故唱曲亦无入声也。然必分派入三声者，何也？北曲之妙，全在于此。盖入声本不可唱，唱而引长其声，即是平声。南曲唱入声无长腔，出字即止,其间有引长其声者,皆平声也。何则?南曲唱法,以和顺为主,出声拖腔之后,皆近平声,不必四声凿凿,故可稍为假借。至北曲则平自平,上自上,去自去,字字清真,出声、过声、收声,分毫不可假借。故唱入声,亦必审其字势,该近何声及可读何声,派定唱法,出声之际,历历分明,亦如三声之本音不可移易。然后唱者有所执持,听者分明辨别,此真探微之论也。

欲求字音之准,而一时或认不明晰者,则用范昆白《中州韵》,或周少霞《中州全韵》,王鵕之《音韵辑要》,皆可检查而知。周韵又每字有出口之法,更易寻讨者也。

(四) 出字

出字之法,分为头、腹、尾三种。世间有一字,即有一字之音。其音初出口时,谓之头;音既延长,而不走其声者,谓之腹;及后收整本音,归入原韵之音,谓之尾。例如箫、萧二字,本音为萧,然其出口之字头,与收音之字尾,并不是萧,若出口作萧,收音作萧,其中间一段正音,并不是萧,而反为别一字之音矣。且出口作萧,其音一泄而尽,曲之缓者,如何接得下板?故必有一字为之头,以备出口之用;有一字为之尾,以备收音之用;又有一字居其中间,为联络头尾之音,即所谓腹音也。字头为何?西字是也。字尾为何?夭字是也。字腹为何?兮字是也。合西、兮、夭三字,而萧字之音出矣。字字皆然,不能枚举。《弦索辨讹》等书,载此颇详,阅之自得。要知此等字头字尾及腹音,乃天造地设,自然而然,非由扭捏而成者也。其实即是反切之法,而多一腹音而已。《篇海》、《字汇》等书,逐字载有注脚,以两字切成一字,其两字之上一字,即为字头,下一字即为字尾,惟不及腹音者，以切音为识字之用，非如歌曲之必延长其声，故不必及此也。无此上下二字，切不出中间一字，其为天造地设可知。此理不明，如何唱曲？出字一错，则一曲之中，所歌皆别字矣。语云"曲有误，周郎顾"，苟明此道，即遇最刻之周郎，亦不能拂情而左顾焉。又头、腹、尾三音，皆须隐而不露，使听者闻之，但有其音，并无其字，方为上乘；若一有痕迹，反钩辀格磔矣。

（五）收声

世皆知出字之法为重，而不知收声之法为尤重。盖出一字而四呼、五音、四声无误，则其字已的确可辨，此犹人所易知也。惟收声之法，则不但当审之极清，尤必守之有力。自出声之后，其口法一定，则过腔转腔，音虽数折，而口之形与声，所从出之气，俱不可分毫移动，盖声虽同出于喉，而所着力之处，在口中各有地位，字字不同。如开口之喉音，其声始终从喉着力，其口始终开而不合；闭口之舌音，其声始终从舌着力，其口始终闭而不开，其馀字字皆然，斯已难矣。至收足之时则尤难，盖放吭出声之时，气足而声纵，尚可把定，至收末之时，则本字之气将尽，而他字之音将发，势必再换口诀，略一放松而咿哑呜叱之声随之，不知收入何宫矣。故收声之时，必须将此字交代清楚。何谓交代？一字之音必有头、腹、尾三音，必将此三音洗发已尽，然后再出下一字，则字字清楚。若一字之音未尽，或已尽而未收足，或收足而于交界之处未能划断，或划断而下字之头未能矫然，皆为交代不清。况声音愈响，则声尽而音未尽，犹之叩百石之钟，一叩之后，即鸣他器，则钟声方震，他器必若无声。故声愈响，则音愈长，必尾音尽而后起下字，而下字之头，尤须用力，方能字字清澈,否则反不如声低者之出口清楚也。凡响亮之喉宜省焉。

(六) 归韵

唱曲能令人字字可辨,不但平、上、去、入四声准,开、齐、撮、合四呼清而已也。四声四呼,止能于出声之时,分别字头,使人明晓,至出字之后,引长其声,即属公共之响,况有丝竹一和,尤易混人。譬如箫管之音,虽极天下之良工,吹得音调明亮者,只能分别工尺,令听者一聆而知其为何调,断不能吹出字面,使听者知其为何字也。盖箫管止有工尺无字面,此人声之所以可贵也。四声四呼清,则出口之字面已正,苟不知归韵之法,则引长之字面,仍与箫管同,故尤以归韵为第一。归韵之法如何?如东钟字,则使其声出喉中,气从上腭鼻窍中过,令其声半入鼻中,半出口外,则东钟归韵矣。江阳则声从两颐中出,舌根用力,渐开其口,使其声朗朗如叩金器,则江阳归韵矣。支思则声从齿缝中出,而收细其喉,徐放其气,勿令上下齿牙相远,则支思归韵矣。能归韵,则虽十转百转,而本音始终一线,听者即从出字之后,骤聆其音,亦确然知为某字也。四声四呼者,出字之时用之,归韵者,收字之时用之,度曲者不可不遵也。

(七) 曲情

唱曲之法,不但声之宜讲,而得曲之情为尤重。盖声者,众曲之所尽同,而情者,一曲之所独异。不但生旦丑净口气各殊,凡忠义奸邪、风流鄙俗、悲欢思慕,事各不同,使词虽工妙,而唱者不得其情,则邪正不分,悲喜无别,即声音绝妙,而与曲文相背,不但不能动人,反令听者索然无味矣。然此不仅于口诀中求之也。《乐记》曰："凡音之起,由人心生也。"必唱者设身处地,摹仿其人之性情气象,宛若其人之自述其语,然后形容逼真,使听者心会神怡,若亲对其人,而忘其为度曲矣。故必先明曲中之意义曲折,则启口之时,自不求似而自合。若世之止能寻腔依调者,虽极工亦不过乐工之末技,而不足语以感人动神之微义也。

  以上诸条,度曲之大旨如此矣。若妙契筌鱼,而寻味于酸咸之外,则神而明之,存乎其人,要亦不外乎此也。惟尚有一事,为度曲家所不及知,及知之而未能尽通其症结者,则制谱之法是矣。学者唱曲之际,若遇牌名相同之曲,其上一支工尺,与下一支工尺,往往有绝然不同之处,亦尝深知其故乎？（如《琴挑》之〔懒画眉〕四支、〔朝元歌〕四支,又《折柳阳关》之〔寄生草〕四支、〔解三酲〕四支之类。）此即制谱之法也。每一曲牌,必有一定之腔格。而每曲所填词曲,仅平仄相同,而四声、清浊、阴阳,又万万不能一律。故制谱者审其词曲中每字之阴阳,而后酌定工尺,又必依本牌之腔格而斟酌之,此所以十曲十样,而卒无一同焉者也。文人不知此理,辄以旧曲某出作为蓝本,即用某出之工尺,以歌新词,此真大谬不然也。谓余不信,即以旧谱证之可乎？《楼会》中〔懒画眉〕第一支云"慢整衣冠步平康",第二支云"梦影梨云正茫茫",起首两句,同是"仄仄平平仄平平"也,而二句工尺则不同,何也？盖制谱之道如是也。"慢整"与"梦影"四字,第一字皆阳去声,第二字皆阳上声,故"慢整"二字上之工尺,用四上合ㄥ,"梦影"二字之上,亦用四上合ㄥ。"衣冠"二字,皆属阴平声,"梨云"二字皆属阳平声,声既不同,工尺自异。故"衣冠"二字上,用四四合ㄥ,而"梨云"二字之上,则用工四合四合ㄥ（俗谱作ㄥ四合四合ㄥ,

误，宜从《纳书楹》，不如是则字音不准也。"步平康"三字与"正茫茫"三字，一为阳去、阳平、阴平，一为阴去、阳平、阳平，又是不同。故"步平康"用上工尺上四，上尺上四，合四　上尺上四　，而"正茫茫"用工尺上四，上尺上四，合合四，其省去一赠板，故亦省去一正板耳（说见后）。即此一句论之，其异同之点已若是，况在一套乎？此牌名虽同，工尺终无不异也。若必欲用旧工尺，除非填词时，按旧词之阴阳，而一一确遵之，庶几无扭捏之病。顾填词者如幽桎梏，一步不可自由，则未免太苦矣，与其词去就谱，何如谱去就词之为愈也。余故略论之焉。

（甲）别正赠　南曲之板，有正有赠。何谓正板？即每一牌中一定不易之板。如《啸馀》、《大成》、《南词定律》诸谱，每曲之旁有点画者是也。其类有三：、为头板，∟为腰板，-为截板，检旧谱即可知之。何谓赠板？即曲中句上，本可不用板，歌者欲其和缓美听，而加赠板式，使其听之缓弛者是也。其类亦有三：×为头赠板，│×为腰赠板，▢为浪板。头赠、腰赠，曲中常用之，惟浪板不常用，须于曲情急促中加入之，以为歌者换气之地而已。南曲每曲之正板，各有定式，不可移易，虽衬字至多，而板式终不可乱也。大抵南曲一套中，其第一、第二、第三数支曲，必用赠板，入后戏情愈紧，则赠板可以不用矣。例如《楼会》〔懒画眉〕两支，〔楚江情〕一支，皆用赠板者也，末后〔大迓鼓〕二支，乃不用赠板矣。馀出出皆然。制谱者须审明戏情之缓急，何曲用赠板，何曲不用赠板，然后依曲词之字音，分别阴阳，酌定工尺，自无差谬矣。今列一例如下：

〔桂枝香〕杜公名守，请这陈生宿秀。俏书生小姐聪明，顽伴

读梅香即溜。咏关雎好逑,关雎好逑。春情迤逗。向花园行走,感得那梦绸缪。软款真难得,绵缠不自由。(吴石渠《疗妒羹》曲)

此不用赠板者。

〔桂枝香〕杜公名守,请这陈生宿秀。俏书生小姐聪明,顽伴读梅香即溜。咏关雎好逑,关雎好逑,春情迤逗。向花园行走,感得那梦绸缪。软款真难得,绵缠不自由。

此用赠板者。

(乙)分阴阳　四声之阴阳,已见第一卷曲韵中,苟一翻检,便易明了。独曲中字音,编入工尺,须就其阴阳而定之。大抵阴声宜先高后低,阳声宜先低后高,无论南北诸曲,皆如是也。四声之中,读时以上声为最高,唱时以上声为最低。阴上尤宜遏抑,而唱时又须向上一挑,故谱阴上声字为尤难。去声之阴声,宜斟酌,要上不类阳上,下不类阳去,方为得当。至若平、入二声,最易辨晰,入声宜断,平声宜和,此其大较也。制谱之法,最不易说明,缘细微曲折之处,非口授不明。自来文人,但知填词,不知订谱,往往脱稿后,付优人乐师,为之点拍,而己反就乐师学歌。于是自己新词,转向他人教授,不亦可笑之极乎!故阴阳不分,总不能与语订谱之道也。余既论其例,复举二词以为式,以为知音者细较焉。(字旁 | 为平声,卜为上声,厶为去声,人为入声。其阳声则字上加圈,衬字则用小字。)

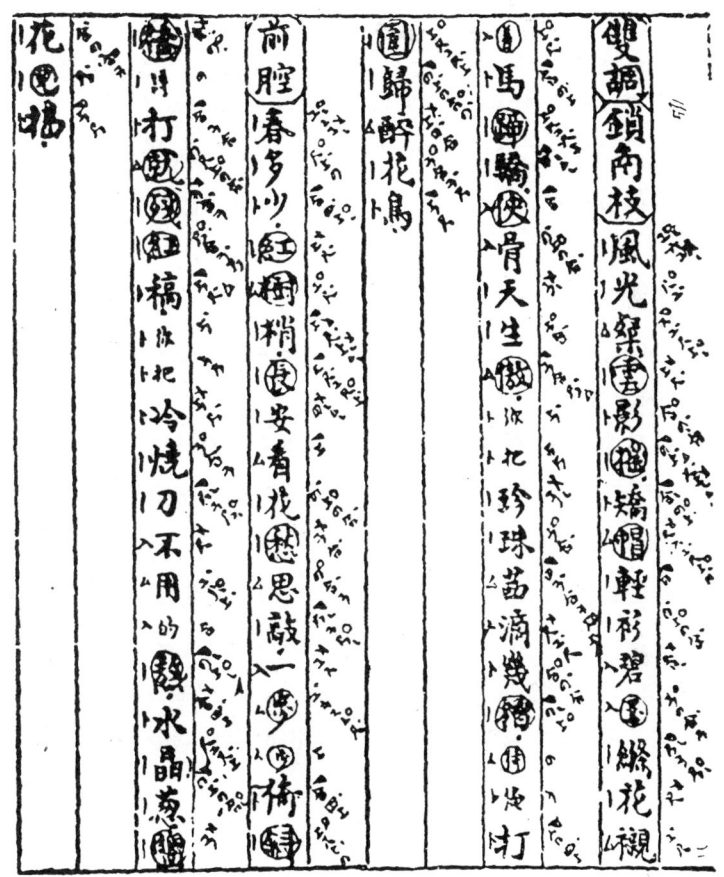

就以上二支细察之,则阴阳正赠,分明清晰,学者苟明其工尺异同之理,则制谱之道,得其窾奥矣。余思度曲之道,总以魏良辅《曲律》为主,而世之未见者正多,今附录于此,惟节取数则,不能全也。

一择具最难,声色岂能兼备?但得沙喉响润,发于丹田者,自能耐久。若启口拗劣,尖粗沉郁,自非质料,勿枉费力。

一初学先引发其声响,次辨别其字面,又次理正其腔调,不可混杂强记，以乱规格。如学〔集贤宾〕，只唱〔集贤宾〕，学〔桂枝香〕，只唱〔桂枝香〕。成熟后，移宫换吕，自然贯串。

一五音以四声为主，四声不得其宜，则五音废矣。平、上、去、入，逐一考究，务得中正，如苟且舛误，声调自乖，虽具绕梁，终不足取。其或上声扭做平声，去声混作入声，交付不明，皆做腔卖弄之故，知者辨之。

一生曲贵虚心玩味，如长腔要圆活流动，不可太长，短腔要简径找绝，不可太短。至如过腔接字，乃关锁之地，有迟速不同，要稳重严肃，如见大宾之状。

一拍乃曲之馀，全在板眼分明。如迎头板随字而下，彻板（即腰板）随腔而下，绝板腔尽而下。有迎头惯打彻板，绝板混连下一字迎头者，此皆不能调平仄也。

一曲须要唱出各样曲名理趣，宋元人自有体式。如〔玉芙蓉〕、〔玉交枝〕、〔玉山供〕、〔不是路〕要驰骤；〔针线箱〕、〔黄莺儿〕、〔江头金桂〕要规矩；〔二郎神〕、〔集贤宾〕、〔月云高〕、〔念奴娇序〕、〔刷子序〕要抑扬；〔扑灯蛾〕、〔红绣鞋〕、〔麻婆子〕虽疾而无腔，然而板眼自在，妙在下得匀净。

一北曲以遒劲为主，南曲以宛转为主，各有不同。至于北曲之弦索，南曲之鼓板，犹方圆之必资于规矩，其归重一也。故唱北曲而精于〔呆骨朵〕、〔村里迓鼓〕、〔胡十八〕，南曲而精于〔二郎神〕、〔香遍满〕、〔集贤宾〕、〔莺啼序〕，如打破两重禅关，馀皆迎刃而解矣。

如右所述，度曲制谱之法略备矣。所以论制谱之理者，以此道衰息已久，文人新词，其被诸管弦者至少，有词而无声，实则不知谱也。往余少时，犹得见俞荫甫先生。先生年八十时，曾作北曲一套，诗集中所谓"自制人间可哀曲，呜呜唱向草堂前"者是也。其曲全仿洪昉思《长生殿》中之《弹词》一折,虽衬贴字面,亦多依之。既成,令优人中有名阿掌者歌之,即用昉思之谱,一字不易也。天下宁有是理乎?先生学术,为一代泰斗,词曲之道,本非所长。余之所以言此者,盖以见制谱识曲之人,世不可得,苟得其人,则先生此曲,尽可另订一谱,而惜乎当日余尚不足语于斯也。近世度曲之家,计吴门海上,不下百人,而能订谱者,实十不得一,故于此帙,略示门径而已。惟闭门造车,出门未必合辙,海内知音,有以匡正之,幸甚。

第四章　谈曲

　　前三章论填词度曲之道,亦既详且尽矣。兹章取元明以来曲家遗事轶闻,汇而集之,以为词林之谈屑,而实亦吴骚之掌故也。嗟乎!文人结习,壮夫薄而不为,瘁士寄情,此曲或能传后。余匿迹海壖,蹉跎四载,鸾铃凤管,久未度声,间近翰墨,亦不过俚语耳。少年盛气,多于牛毛,来日大难,味若鸡肋。归熙甫曰:"太音之声,何期于折杨皇华之一笑。"此亦余之自得也。于是搜采隐轶诸事,略著于篇。

　　王和卿鼎,元大都人也。与关汉卿同时,且相识。和卿数讥谑关,关虽极意还答,终不能胜。一日王忽无疾而逝,而鼻垂双涕尺馀,人皆叹骇。关来吊唁,询其由。或对云:"此释家所谓坐化也。"复问:"鼻悬何物乎?"或又对云:"此玉筯也。"关云:"我道你不识,不是玉筯,是嗓。"咸发一大噱。(凡六畜劳伤,则鼻中常流脓水,谓之嗓病。又,爱讦人之短者,亦谓之嗓。)或戏关云:"你被王和卿轻侮半世,死后方才还得一筹。"关亦不与辨也。和卿滑稽佻达,传播四方。中统初,燕市有一蝴蝶,其大异常。或以为仙蝶,瞩王赋小曲一支,和卿遂拈〔醉中天〕小令云:"挣破庄周梦,两翅驾东风。三百处名园,一采一个空。难道风流种,唬杀寻芳蜜蜂。轻轻的飞动,卖花人扇过桥东。"又有〔一半儿〕词二支,亦有风致。词云:"鸦翎般水鬓似刀裁,小颗颗芙蓉花额儿窄。待不梳妆怕娘左猜。不免插金钗,一半儿髽松,一半儿歪。"其二云:"别来宽透缕金衣,粉悴胭憔减玉肌。泪点儿只除衫袖知。盼佳期,一半儿才干,一半儿湿。"又〔天净沙〕云:"笠儿深掩过双肩,头巾牢抹到眉边,款款的把笠檐儿试掀。连荒道一句:'君子人不见头面。'"又妓有于浴房中被打者,诉苦于王,王作〔拨不断〕一支云:"假胡伶,骋聪明。你本待洗腌臜,倒惹得不干净。精尻上匀排七道青,扇圈大膏药刚糊定,早难道假装无病。"其所作诸词,诙谐杂出,多半类此。

关汉卿,号已斋叟,大都人。金末为太医院尹,金亡不仕。好谈妖鬼,所著有《鬼董》一书,极杂博可喜。元人记载,皆以《西厢》为汉卿所作,其实非也。王元美《曲藻》中已著论辨之,盖续《西厢》为汉卿之手笔耳。其中如:"裙染榴花,睡损胭脂皱。纽结丁香,掩过芙蓉扣。线脱珍珠,泪湿香罗袖。杨柳眉颦,人比黄花瘦。"俊语亦不减王实甫。而金人瑞轻肆诋諆,甚无当也。(余于第一卷中已论之矣。)汉卿轶事,有至可笑者。尝见一从嫁媵婢,甚美,百计欲得之,为夫人所阻。关无奈,作小令一支贻夫人云:"鬒鸦,脸霞,屈杀了将陪嫁。规模全似大人家,不在红娘下。巧笑迎人,文谈回话,真如解语花。若咱得他,倒了蒲桃架。"夫人见之,答以诗云:"闻君偷看美人图,不似关王大丈夫。金屋若将阿娇贮,为君唱彻醋葫芦。"关见之,太息而已。元人以妒嫉之妇,为蒲桃倒架,不知何意。洪昉思《长生殿》中,亦有"蒲桃架霎时推倒"之语,可考知之。"醋葫芦"亦曲牌名,故有"唱彻葫芦"之谑也。又有《题情》〔一半儿〕二支,亦佳。词云:"云鬟雾鬓胜堆鸦,浅露金莲簌绛纱,不比等闲墙外花。骂你个俏冤家,一半儿难当,一半儿耍。"其二云:"碧纱窗外悄无人,跪在床前忙要亲,骂了个负心回转身。虽是我话儿嗔,一半儿推辞,一半儿肯。"

元人乐府,盛称关、马、郑、白。关为关汉卿,马为马东篱,郑为郑德辉,白为白仁甫。四家之词,直如钧天韶武之音,后有作者,不易及也。臧晋叔《元曲选》所录四家词至多,学者可以读之。汉卿之词,前已略见一二首,可以不论。东篱以《秋思》一套负盛名,周德清评为元人之冠,余已列于前卷。此外如越调〔天净沙〕一支,直空今古。词云:"枯藤老树昏鸦,小桥流水人家,古道西风瘦马。夕阳西下,断肠人在天涯。"明人最喜摹仿此曲,而终无如此自然,故余以为不可及者此也。德辉曾作《王粲登楼》一剧,其中〔迎仙客〕一支,亦脍炙人口。词云:"雕檐红日低,画栋彩云飞,十二玉阑天外倚。望中原,思故国,感慨伤悲,一片乡心碎。"至其所作情词,亦自令黠可喜。如《㑇梅香》第一折〔寄生草〕:"不争琴操中,单诉你飘零,却不道窗儿外更有个人孤另。"又〔六幺序〕:"却原来群花弄影,将我来唬一惊。"此等语何等蕴藉。又大石调〔初问口〕一支内云:"又不曾荐枕席,便指望同棺椁叶稿音。只想夜偷期,不记朝闻道。"又〔好观音〕一支内云:"上覆你个气咽声吞的张京兆,本待要填还你枕剩衾薄叶跑音。"语不着相,情意独至,真得词家三昧者。又第三折用越调〔小桃红〕,即为南曲先声也。词中有云:"是害得神魂荡漾,也合将眼皮开放,你好个热莽也沈东阳。"又〔调笑令〕云:"劈面的便抢白杀那病襄王,呀,怎生来番悔了巫山窈窕娘。满口里之乎者也没拦挡,都喷在那生脸上。吓的那有情人恨无个地缝藏,羞杀也傅粉何郎。请学士休心劳意攘,俺小姐他只是作耍难当。"正是寻常说话,略带讥讪,中间意趣无穷,此便是作家手笔。又《倩女离魂》一剧,有〔圣药王〕一支云:"近蓼花,缆钓槎,有枯蒲衰草绿蒹葭。过水洼,傍浅沙,遥望见烟笼寒水月笼沙。我只见茅舍两三家。"如此等句,清丽流便,全是本色。余以德辉词之少见于世也,故备述之。仁甫著有《天籁阁集》,博学多才,不仅以词曲名世,集后有《摭遗》一卷,皆录所作曲也。近吴仲伦刊《九金人集》,《天籁集》亦在其内,此书世多有之矣,不备论也。惟其〔阳春曲〕二支,集中所未刊者,今录见一斑也。词云:"笑将红袖遮银烛,不放才郎夜看书,相偎相抱取欢娱。止不过迭应举,便及第待何如?"第二支云:"百忙里铰甚鞋儿样,寂寞罗帏冷串香,向前搂定可憎娘。止不过赶嫁妆,便误了又何妨?"可谓妙绝。他如《饮酒》之〔寄生草〕词,《渔父》之〔沉醉东风〕词,《佳人黑痣》之〔醉中天〕词,皆见于《啸馀谱》、《太和正音谱》及《天籁集》中,兹不载也。元王博文《天籁集序》云:"元、白为中州世契,两家子弟,每举长庆故事,以诗文相往来。仁甫为寓斋先生华之仲子,于元遗山为通家侄。甫七岁,遭壬辰之难,寓斋以事远适。明年春,京城变起,遗山遂挈以北行。自是不茹荤血,人问其故,曰俟见吾亲则如初。尝罹疫,遗山昼夜抱持,凡六日,竟于臂上得汗而愈,盖视亲子侄不啻过之。读书颖悟异常儿,日亲炙遗山謦欬,谈笑悉能默记。后数年,寓斋北归,以诗谢遗山云:'顾我真成丧家狗,赖君曾护落巢儿。'居无何,父子卜筑于滹阳。时律赋为专家之学,而仁甫有能声,号后进之翘楚。遗山每过之,必问为学次第。尝赠之曰:'元白通家旧,诸郎独汝贤。'未几,生长见闻,学问博洽。然自幼经丧乱,仓皇失母,便有满目山川之叹。逮亡国后,恒郁郁不乐,以故放浪形骸,期于适意。中统初年,开府史公,将以所业荐之于朝,再三逊谢,栖迟衡门,视荣利蔑如也。"据博文此序,则仁甫固忠孝完人焉。今人读《梧桐雨》、《鸳鸯简》诸剧,以仁甫为词章之士,又何异矮人观场乎?此余所以将关、马、郑、白四家之事,表而出之也。

　　刘太保秉忠,字子晦,邢台人。曾皈依释氏,又名子聪。后遇世祖,浔升台阁。其功名事业,载在史册,兹可无论矣。其词曲亦婉丽可诵。晚年自号藏春散人,著有《藏春乐府》。其〔干荷叶〕曲云:"干荷叶,色苍苍,老柄风摇荡。减了清香越添黄,都因昨夜一场霜。寂寞秋江上。"此为太保自度曲,咏干荷叶,即用〔干荷叶〕为牌名,犹是唐辞之意。又一首吊南宋云："南高峰,北高峰,惨淡烟霞洞。宋高宗,一场空,吴山依旧酒旗风。两度江南梦。"此为借腔别咏,其曲凄恻感慨,千古寡和。又〔三奠子〕曲云："念行藏有命,烟水无涯。嗟去雁,羡归鸦。半生身累影,一事鬓成华。东山客,西蜀道,且回家。"〔幺篇〕云："壶中日月,洞里烟霞。春不老,景长佳。功名眉上锁,富贵眼前花。三杯酒,一觉睡,一瓯茶。"亦如置身羲皇以上,而无与尘世之纷华也。顾读《元史》本传,则又不类其为人,固知言不可取耳。

　　虞伯生集,在翰苑时,宴散散学士家,有歌儿顺时秀者,唱〔折桂令〕云："博山铜细袅香风,两道纱笼,烛影摇红。翠袖殷勤,来捧玉钟。半露春葱,唱好是会受用。文章巨公,绮罗丛,醉眼朦胧。漏转铜龙,夜宴将终。十二帘栊,月上梧桐。"一句而两韵,名曰"短柱",极不易作。伯生爱其新奇可喜,时席上适谈及三国蜀汉事,伯生即赋〔折桂令〕云："鸾舆三顾茅庐。汉祚难扶,日暮桑榆。深渡南泸,长驱西蜀,力拒东吴。美乎周瑜妙术,悲夫关羽云殂。天数盈虚,造物乘除。问汝何如,笑赋归欤。"两字一韵,平仄通押,较一句两韵者,其难倍蓰矣。先生文章道义,照耀千古,出其馀绪,尤能工妙若此,洵乎天才不可多得也。此种短柱句法,自元迄今,和之者绝少,惟明徐天池《四声猿》中,曾一仿之,后不一见也。岁甲寅,真州谢平原先生,嘱题《读书图》,余亦作短柱〔折桂令〕云："横塘一望空凉,梦向莼乡,无恙渔庄。画舫琴堂,文窗书幌,俯仰羲皇。话沧浪龙冈门巷,卧沧江元亮柴桑。绛帐笙簧,金榜文章。怎样思量,一晌都忘。"强仿前哲,未免捉襟露肘矣。

　　卢学士挚,字处道,号疏斋,涿郡人。曾作《文章要诀》,见陶南村《辍耕录》。其词曲亦疏朗有致,与刘秉忠齐名。妓有杜妙隆者,金陵绝色也,疏斋欲见不果,因题〔踏莎行〕于壁云："雪暗山明,溪深花藻,行人马上诗成了。归来闻说妙隆歌,金陵却比蓬莱渺。宝镜慵窥,玉容空好,梁尘不动歌声悄。无人知我此时情,春风一枕纱窗晓。"又有珠帘秀者,亦当时官伎,疏斋送别时,曾作双调〔落梅风〕一阕云:"才欢悦,早间别,痛杀俺好难割舍。画船儿载将春去也,空留下半江明月。"珠帘秀答之曰:"山无数,烟万缕,憔悴杀玉堂人物。倚蓬窗一身儿活受苦,恨不得随大江东去。"其风致婉妙,有如此者。疏斋与孔退之文昇友善,退之为先圣五十四代孙,亦有才名。疏斋一游一燕,未尝不与之同处。一日,廉使徐容斋公琰集疏斋处,退之与焉。容斋曰:"我有一对,君能属之乎?书中有女颜如玉。"退之即应曰:"路上行人口似碑。"容斋大喜,而疏斋不禁蹈舞矣。

  姚牧庵燧,以古文词名世,曲则不经见。顾其所作,亦婉丽可诵。其《寄征衣》〔凭栏人〕曲云:"欲寄君衣君不还,不寄君衣君又寒。寄与不寄间,妾身千万难。"深得词人三昧。相传牧庵与阎静轩,每于名伎张怡云家宴饮。一日,座有贵人,牧庵偶言"暮秋时"三字,贵人命怡云续歌之。牧庵戏作〔傍妆台〕云:"暮秋时,菊残犹有傲霜枝,西风了却黄花事。"贵人曰:"止。"遂不成章,其意度可思也。其在翰林承旨日,玉堂设宴,歌伎罗列,中有一人,秀丽闲雅,牧庵命歌,遂引吭而歌曰:"奴本是明珠擎掌,怎生的流落平康。对人前乔做作娇模样,背地里泪千行。三春南国怜飘荡,一事东风没主张。添悲怆。那里有珍珠十斛,来赎云娘。"盖〔解三酲〕曲也。牧庵感其词之悲抑,使之近前,见其举动羞涩,而口操闽音。问其履历,初不实对,叩之再三,泣而言曰:"妾乃建宁人氏,真西山之后人也。父官朔方时,禄薄不足以自给,侵贷公帑,无所偿,遂卖入娼家,流落至此。"牧庵命之坐,乃遣使诣丞相三宝奴,请为落籍。丞相素敬公,意公欲以侍巾栉,即令教坊检籍除之。公得报,语一小史黄棣曰:"我以此女为汝妻,女即以我为父也。"史忻然从命。后史亦至显官,夫妇偕老,京师人相传以为盛事。其慷慨侠义如此。嘉兴贝阙,有诗纪其事曰:"断丝弃远边,何日缘长松。堕羽别炎州,不复巢梧桐。昔在至元日,六合车书同。玉堂盛文士,燕集来雍雍。金刀手割鲜,酒给蒲萄浓。坐有一枝香,秀色如芙蓉。娉婷刘碧玉,绰约商玲珑。宝钗金雀钏,已觉燕赵空。或闻操南音,未解歌北风。上客惊且疑,姓字初未通。问之惭复泣,乃起陈始终。妾本建宁女,远出西山翁。父母生妾时,谓是金母童。梨花锁院落,燕子窥帘栊。迢迢官朔方,位卑食不充。侵贷国有刑,桎梏加父躬。鬻女以自赎,白璧沦泥中。秋娘教歌舞,屡入明光宫。永为倡家妇,遂属梨园工。京华多少年,门外嘶青骢。不如孟光丑,犹得嫁梁鸿。自伤妾薄命,失落似秋蓬。客闻为三叹,天道何懵懵。遣使白宰相,削籍归旧宗。小吏十八九,勿恨相如穷。配尔执箕帚,今夕看乘龙。鸳鸯并玉树,鹦鹉开金笼。弃汝桃花扇,红牙不复从。提瓮自汲水,绤绤自御冬。时多困辕轭,事或忻遭逢。安知百尺井,忽登群玉峰。借问为者谁?内相姚文公。"诗中叙事,亦不让《孔雀东南飞》也。

燕京城外万柳堂,亦一宴游处也。野云廉公,曾于其中置酒,招卢疏斋、赵松雪同饮。时歌儿刘氏,名"解语花"者,左手折荷花,右手执杯,歌〔小圣乐〕云:"绿叶阴浓,遍池亭水阁,偏趁凉多。海榴初绽,朵朵蹙红罗。乳燕雏莺弄语,对高柳鸣蝉相和。骤雨过,似琼珠乱撒,打遍新荷。〔幺篇〕人生百年有几?念良辰美景,休放虚过。富贵前定,何用苦张罗?命友邀宾宴赏,饮芳醑浅斟低歌。且酩酊,从教二轮,来往如梭。"此曲为元遗山好问所作,当时名姬多歌之。今人知遗山之诗与文,而不知其善曲也。

赵子昂孟頫,尝欲置妾,以小词调管夫人云:"我为学士,你作夫人。岂不闻陶学士有桃叶桃根,苏学士有朝云暮云。我便多娶几个吴姬越女,有何过分?你年纪已过四旬,只管占住玉堂春。"夫人答云:"你侬我侬,忒煞情多。情多处热似火。把一块泥,捻一个你,塑一个我。将咱两个,一齐打破,用水调和。再捻一个你,再捻一个我。我泥中有你,你泥中有我。与你生同一个衾,死同一个椁叶果。"此词各家笔记,多已载过,所以不忍弃者,以其词妙也。

金人院本,其见诸目录者,仅周密《武林旧事》卷十中,官本杂剧二百八十种而已,其词则已亡之久也。杂剧之名,始见《宋史·乐志》。《志》称:"真宗不喜郑声,而或为杂剧,词句未尝宣布于外。"则北宋初叶,杂剧固已有脚本,唯无传于后,斯并亡其目耳。据草窗所录,大率以所演之事,即系以所歌之曲。如〔六幺〕即〔绿腰〕也,〔瀛府〕、〔梁州〕、〔伊州〕、〔新水〕、〔薄媚〕、〔大明乐〕、〔降黄龙〕之类是也。即据陶宗仪所记元人剧本,亦有六百九十种,而今多不传,所传者臧晋叔之《元百种曲》而已。顾此百种,与《太和正音谱》中目录相较,已逸去五百馀种,是可惜也。长洲叶怀庭,讥晋叔之选元曲为孟浪汉子,不知埋没元人多少苦心。其言不无太过。实则晋叔之于元人,可谓功之魁而罪之首也。

宋人有《王焕》一剧,为太学黄可道作。据《钱塘遗事》:"歌舞湖山,沉酣百年。贾似道少时,佻佻尤甚。自入相后,犹微服饮于伎家。至戊辰己巳间,《王焕》戏文盛行都下,始自一太学黄可道为之。某仓官诸妾见之群奔。"云云。则《焚香记》之作,亦蹈袭前人之意也。

王实甫所作十四种曲,以《西厢》为最。惟其人或称元人,或称金人,迄未有指定确凿者。余按实甫《丽春堂》杂剧,系谱金完颜某事,而剧末云:"早先声把烟尘扫荡,从今后四方八荒,万邦齐仰,贺当今皇上。"以颂祷章宗作结,则此剧之作,尚在金世,实甫盖亦由金入元者矣。其十四种内,有《双蕖怨》一本,据《乐府纪闻》云:"大名民家,有男女以私情不遂,赴水同死者。后三日,二尸相抱出水滨。是年,此陂荷花,无不并蒂。李冶赋《双蕖怨》词以纪之。"云云。此剧当纪此事也。余于元人杂剧,共得二十六种,而其中十三种已见《元百种曲》内,仅有十三种,为世间所无者也。实甫词仅《丽春堂》耳,馀皆无有。

鲜于去矜,为伯机之子。工诗好客,所作乐府,亦多行家语。其〔寨儿令〕一支尤妙。词云:"汉子陵,晋渊明,二人到今香汗青。钓叟谁称,农父谁名,去就一般轻。五柳庄月朗风清,七里滩浪稳潮平。折腰时心已愧,伸脚处梦先惊。听,千万古圣贤评。"

冯子振,号海粟,攸州人。文思敏捷,每临文时,辄命侍史二人润笔以俟,酒酣耳热,据案疾书,随纸数多寡,顷刻而毕。时白无咎以词坛名宿,主盟风雅,所作〔鹦鹉曲〕,尤脍炙人口。词云:"侬家鹦鹉洲边住,是个不识字渔父。浪花中一叶扁舟,睡煞江南烟雨。〔幺篇〕觉来时满眼青山,抖擞绿蓑归去。算从前错怨天公,甚也有安排我处。"此词歌遍旗亭。海粟留上都日,有北京伶御园秀之属相从,风雪中恨此曲无续之者,且谓前后多亲炙士大夫,拘于韵度,如第一个"父"字,便难下语,又"甚也有安排我处"之"甚"字、"我"字,必须用去用上,音律始谐,否则不可歌也。因举酒属海粟和之,海粟即援笔作百馀首。《山亭逸兴》云:"嵬峨举顶移家住,是个不即溜樵父。烂柯时树老无花,叶叶枝枝风雨。〔幺篇〕故人曾唤我归来,却道不如休去。指门前万叠云山,是不费青蚨买处。"《愚翁放浪》云:"东家西舍随缘住,是个忒老实愚父。赏花时暖薄寒轻,彻夜无风无雨。〔幺篇〕占长红小白园亭,烂醉不教人去。笑长安利锁名缰,没定个身心稳处。"于是传唱遍梨园矣。又海粟题《杨妃病齿图》云:"华清宫一齿痛,马嵬坡一身痛。渔阳鼙鼓动地来,天下痛。"可谓爽快之至。

歌儿珠帘秀朱氏,姿容姝丽,杂剧为当时第一。胡紫山宣慰极钟爱之,尝拟〔沉醉东风〕小曲以赠云:"锦织江边翠竹,绒穿海上明珠。月淡时,风清处,都隔断落红尘土。一片闲情任卷舒,挂尽朝云暮雨。"由是其名益彰。

滕宾,字玉霄,睢阳人。以散套负盛名,而所填小词,亦清婉可喜。有宋六者,字同寿,为张嘴儿之女。嘴儿工觱篥,曾见赏于元遗山。同寿得其父之神,尝与其夫某合乐,其妙无比云。玉霄曾赋〔念奴娇〕赠云:"柳颦花困,把人间恩爱,尊前倾尽。何处飞来双比翼,直是同声相应。寒玉嘶风,香云卷雪,一串骊珠引。元郎去后,有谁着意题品?谁料浊羽清商,繁弦急管,犹自馀风韵。莫是紫鸾天上曲,两两玉童相并?白发梨园,青衫老傅,试与流连听。可人何处?满庭霜月清冷。"

元人有"酸甜乐府"之称,少时不知其意,后读蒋仲舒《尧山堂外纪》及顾侠君《元诗选》,乃知所谓"酸甜"者,系二人之名,即贯酸斋与徐甜斋也。酸斋畏吾人,为阿里海涯之孙,父名贯只哥,遂以贯为氏。自名小云石海涯,又号酸斋。徐名饴,扬州人。二人并以乐府擅称,遂有"酸甜乐府"之名。明宁献王权《太和正音谱》评二人词云:"酸斋如天马脱羁,甜斋如桂林秋月。"其词之美可知也。时阿里西瑛,新筑别业,名"懒云窝",亦善于曲词。尝作〔殿前欢〕云:"懒云窝,醒时诗酒醉时歌。瑶琴不理抛书卧,无梦南柯,得清闲尽快活。日月似撺梭过,富贵比花开落。青春去也,不乐如何。"酸斋和之云:"懒云窝,阳台谁与送姮娥。蟾光一任来穿破,遁迹由他,蔽一天星斗多。分半榻蒲团坐,尽万里鹏程挫。向烟霞笑傲,任世事蹉跎。"又和云:"懒云窝,云窝客至欲如何。懒云窝里和云卧,打会磨陀,想人生待怎么。

贵比我争些大，富比我争些个。呵呵笑我，我笑呵呵。"又和云："懒云窝，懒云窝里客来多。客来时伴我闲些个，酒灶茶锅，且停杯听我歌。醒时节披衣坐，醉后也和衣卧。兴来时玉箫绿绮，问什么天籁云和。"其词超妙如此。酸斋生而神彩秀异，膂力绝人。年十二三时，使健儿驱三恶马疾驰，持槊立而待，马至，腾身上之，越一而跨三，运槊生风，观者辟易。及长，折节读书。仁宗朝，拜翰林学士，忽喟然叹曰："辞尊居卑，昔贤所尚。"乃称疾辞居江南，卖药钱塘市中。诡姓名，易冠服，人无识者。尝休暑凤凰山，有诗云："路隔苍苔卒未通，泉花如发玉濛濛。蛟浮海近云窗湿，梦怯山寒葛帐空。高枕不知秋水上，开门忽见暮帆东。物情万态俱忘我，北望幽心一寸红。"又尝过梁山泺，见渔父织芦花为被，酸斋爱其清，欲易之以绸。渔父曰："君欲吾被，当赋一诗。"遂援笔曰："采得芦花不浼尘，翠簑聊复藉为茵。西风刮梦秋无际，夜月生香雪满身。毛骨已堕天地老，声名不让古今贫。青绫莫为鸳鸯妒，欸乃声中别有春。"持被竟去，因自号芦花道人。其在钱塘日，无日不游西湖，有中吕〔粉蝶儿〕南北合套一折，即世所传"描不上小扇轻罗"是也（词见《北宫词纪》），清高拔俗，世多称之。尝赴所亲宴，时正立春，座客有以〔清江引〕请赋，且限金、木、水、火、土五字，冠于每句之首，又须各用春字。酸斋即题云："金钗影摇春燕斜，木杪生春叶。水塘春始波，火候春初熟，土牛儿载将春去也。"座客皆为绝倒。酸斋有二妾，一曰洞花，一曰幽草。其临终辞世诗曰："洞花幽草结良缘，被我瞒他四十年。今日不留生死相，海天秋月一般圆。"后张小山可久改成一曲云："君王曾赐琼林宴，三斗始朝天。文章懒入编修院。红锦笺，白纻篇，黄柑传。学会神仙，参透诗禅。厌尘嚣，绝名利，逸林泉。天台洞口，地肺山前，学炼丹。同货墨，共谈玄。兴飘然，酒家眠。洞花幽草结良缘，被我瞒他四十年。海天秋月一般圆。"

此曲可谓绝唱矣。至若甜斋之词,亦不让酸斋。曾记其〔折桂令〕二支,一《赠伎玉莲》云:"荆山一片玲珑,分付冯夷,捧出波中。白羽香寒,琼衣露重,粉面冰融。知造化私加密宠,为风流洗尽娇红。月对芙蓉,人在帘栊。太华朝云,太液秋风。"一《春情》云:"平生不会相思,才会相思,便害相思。身似浮云,心如飞絮,气若游丝。空一缕馀香在此,盼千金游子何之。证候来时,正是何时?灯半昏时,月半明时。"正镂心刻骨之作,直开玉茗、粲花一派矣。其《夜雨》〔水仙子〕云:"一声梧叶一声秋,一点芭蕉一点愁。三更归梦三更后,落灯花棋未收,叹新丰孤馆人留。枕上十年事,江南二老忧,都到心头。"又有〔水仙子〕二阕,一咏佳人钉鞋,一咏红指甲,亦佳甚。《钉鞋》云:"金莲脱瓣载云轻,红叶浮香带雨行。渍春泥印在苍苔径,三寸中数点星。玉玲珑环佩交鸣,溅越女红裙湿,沁湘妃罗袜冷,点寒波小小蜻蜓。"《红指甲》云:"落花飞上笋芽尖,宫叶犹将冰箸黏。抵牙关越显得樱唇艳,怕阳春不卷帘,捧菱花红印妆奁。雪藕丝霞十缕,镂枣斑血半点,掐刘郎春在纤纤。"语语俊,字字艳,直可压倒群英,奚止为一时之冠。

乔吉,字梦符,太原人。自号惺惺道人,又号笙鹤翁。美容仪,能词章,以威严自饬,人敬畏之。居杭州太乙宫前,有《西湖词》〔梧叶儿〕百篇,名公为之序。胥疏江湖,垂四十年,欲刊行所作,竟无成事者。陶宗仪《辍耕录》云:"梦符博学多能,以乐府称重于世。尝云作乐府亦有法,曰凤头、猪肚、豹尾六字是也。大概起要美丽,中要浩荡,终要响亮,尤贵在首尾贯串,意思清新。能若是,斯可以言乐府矣。"所作杂剧,有《认玉钗》、《两世姻缘》、《扬州梦》、《死生交》、《勘风情》、《金钱记》、《荆公遣妾》、《节妇牌》、《贤孝妇》、《九龙庙》、《黄金台》十一种。臧晋叔《元曲选》仅刻《两世姻缘》、《扬州梦》、《金钱记》

三种而已。其小令至有风情,尝记其《咏竹衫》云:"并刀剪龙须为本,玉丝穿龟背成文,襟袖清凉不染尘。汗香晴带雨,肩瘦冷搜云,是玲珑剔透人。"又《咏香茶》小令云:"细研片脑梅花粉,新剥珍珠豆蔻仁,依方修合凤团春。醉魂清爽,舌尖香嫩,这孩儿那些风韵。"又〔天净沙〕小令云:"莺莺燕燕春春,花花柳柳真真,事事风风韵韵。娇娇嫩嫩,停停当当人人。"所作皆清俊秀丽,不愧大家。梦符又长于诗馀,其和黄子常〔卖花声〕词云:"侵晓园丁,道叫嫩红娇紫,巧工夫攒枝缀蕊。行歌伫立,洒洗妆新水。卷香风看街帘起。　深深巷陌,有个重门开未。忽惊它寻春梦美。穿窗透阁,便凭伊唤取,惜花人在谁根底。"盖杭城春日,妇女喜为斗草之戏,故梦符词云云也。

　　张可久,字伯远,号小山,以乐府得盛名。有《小山小令》二卷,明李中麓为之刊行。《太和正音谱》评其词"清而且丽,华而不艳",至为确切。余见其《和刘时中五月菊》云:"玉台金盏对炎光,全似去年香。有意庄严端午,不应忘却重阳。菖蒲九节,金英满把,同泛瑶觞。旧日东篱陶令,北窗高卧羲皇。"又九月九日见桃花,小山为作小令云:"前度刘郎老矣,去年崔护来迟。红雨飞,西风起。望白衣可怜憔悴,蜂愁蝶未知。冷落在天台洞里。"(时中,名致,亦善曲)其《秋日宫词》〔一半儿〕二首亦佳:"花边娇月静妆楼,叶底沧波冷翠沟,池上好风闲御舟。可怜秋,一半儿芙蓉,一半儿柳。"其二云:"数层秋树隔雕檐,万朵晴云拥玉蟾,几缕夜香穿绣帘。等潜潜,一半儿开门,一半儿掩。"又《酬耿子春海棠词》云:"海棠香雨污吟袍,薜荔空墙闲酒瓢,杨柳晓风凉野桥。放诗豪,一半儿行书,一半儿草。"又云:"梅枝横翠暮寒生,花淡纱窗残月明,人倚画楼羌笛声。恼诗情,一半儿清香,一半儿影。"皆俊词也。

　　王元鼎以曲得重名,有〔折桂令〕一支,咏桃花马云:"问刘郎骠控亭槐。觉红雨萧萧,乱落苍苔。溪上笼归,桥边洗罢,洞口牵来。摇玉辔春风满街,摘金鞍流水天台。锦绣毛胎,嘶过玄都,千树齐开。"时歌儿郭氏顺时秀者,为刘时中所赏,与元鼎交密,偶有疾,思马版肠充馔,元鼎即杀所骑五花马,取肠以供,都下传为佳话。其时,中书参政为阿鲁温,尤属意于郭,至则戏谓之曰:"我比王元鼎何如?"对曰:"参政,宰相也。元鼎,才人也。燮理阴阳,致君泽民,则学士(即元鼎)不及参政。嘲风咏月,惜玉怜香,则参政不如学士。"阿鲁温大笑而罢,云:"娟娟此豸,令點可喜若是,令我有迟生五百年之憾矣。"

刘庭信为南台御史刘庭翰族弟,俗呼曰"黑刘五"者是也。有〔水仙子〕二支云:"秋风飒飒撼苍梧,秋雨潇潇响翠竹,秋云黯黯迷烟树。三般儿一样苦,苦的人魂魄全无。云结就心间愁闷,雨少似眼中泪珠,风做了口内长吁。"又:"虾须帘控紫铜钩,凤髓茶闲碧玉瓯,龙涎香冷泥金兽。绕雕栏倚画楼,怕春归绿惨红愁。雾濛濛丁香枝上,云淡淡桃花洞口,雨丝丝梅子墙头。"细腻流丽,亦不愧小山、东篱也。

周德清,字挺斋,高安人。著有《中原音韵》一书。平声之分阴阳,自挺斋始之也。所作小令、散套,绰有大家风格。尝过庐山,赋〔朝天子〕云:"早霞,晚霞,妆点庐山画。仙翁何处炼丹砂,一缕白云下。客去斋馀,人来茶罢,叹浮生指落花。楚家,汉家,都做了渔樵话。"此词字字稳洽,移动不得一丝,固是老斫轮手。挺斋曾至西域,访友人琐非复初。有同志罗宗信者,见饷酒肴。复初举觞,命讴者歌〔四块玉〕调,起句云:"彩扇歌,青楼饮",宗信急止其音云:"彩字对青字,而歌青字为晴,吾揣其音,此字必用阳声,以扬其音,而青字乃抑之,非也。"复初因前驱红袖,而自用调歌曰:"买笑金,缠头锦。得遇知音,可人心。怕逢狂客天生沁。纽死鹤,劈碎琴,不害碜。"德清闻其歌,大喜曰:"予作乐府三十年,未有如今日之遇二公,能知某曲之非,某曲之是也。"遂奉巨觞,口占〔折桂令〕一支云:"宰金头黑脚天鹅。客有钟期,座有姮娥。吟既能吟,听还能听,歌也能歌。和白雪新来较可,放行云飞去如何。醉睹银河,灿灿蟾明,点点星多。"歌既毕,相与痛饮,大醉而罢,其风致不减魏晋人也。挺斋家况奇窘,时有断炊之虞。《戏咏开门七件事》〔折桂令〕云:"倚蓬窗无语嗟呀,七件儿全无,做什么人家。柴似灵芝,油如甘露,米若丹砂。酱瓮儿恰才梦撒,盐瓶儿又苦消乏。茶也无加,醋也无加。七件事尚且艰难,怎生教我折柳攀花。"其贫可想见也。余尝谓天下最苦之事,莫若一"穷"字,饥寒交迫,而犹能歌声出金石者,即原思在今日,恐亦未必能如斯。窃怪自扬云逐贫,昌黎送穷以来,此辈穷鬼,宜早置天涯之外,何以复能缠扰后人,直使之面目可憎、语言无味也?因念明王德章《安贫》诗云:"柴米油盐酱醋茶,七般都在别人家。我也一些忧不得,且锄明月种梅花。"虽口头高雅,恐心头亦叫苦耳。临川陈克明作《美人》〔一半儿〕八咏,周德清击节叹赏曰:"此调作者固多,此公音律独合,所以为不可及也。"《春梦》云:"梨花云绕锦香亭,蝴蝶春融软玉屏,花外鸟啼三两声。梦初惊,一半儿昏迷,一半儿醒。"《春困》云:"琐窗人静日初曛,宝鼎香消火尚温,斜倚绣床深闭门。眼昏昏,一半儿微开,一半儿盹。"《春妆》云:"自将杨柳品题人,笑捻花枝比较春,输与海棠三四分。再偷匀,一半儿胭脂,一半儿粉。"《春愁》云:"厌听野鹊语雕檐,怕见杨花扑绣帘,拈起绣针还倒拈。两眉尖,一半儿微舒,一半儿敛。"《春醉》云:"海棠红晕润初妍,杨柳纤腰舞自偏,笑倚玉奴娇欲眠。粉郎前,一半儿支吾,一半儿软。"《春绣》云:"绿窗时有唾茸黏,银甲频将线彩拮,绣到凤凰心自嫌。按春纤,一半儿端详,一半儿掩。"《春夜》云:"柳绵扑槛晚风轻,花影横窗淡月明,翠被麝兰熏梦醒。最关情,一半儿温馨,一半儿冷。"《春情》云:"自调花露染霜毫,一种春心无处描,欲写素心三四遭。絮叨叨,一半儿连真,一半儿草。"却能道出美人风韵,所以可贵。克明于元人中不甚著称,而词之佳妙若此,亦足见元人于此道之用力至深也。

侯克中,字正卿,号艮斋先生,真定人。曾作《关盼盼春风燕子楼》一剧,词华精警,为时人所不及。据《四库全书提要》云:"正卿幼丧明,聆群儿诵书,不终日能悉记之。稍长,习词章,自谓不学可造诣。既而悔之,以为刊华食实,莫先于理,原《易》以求,乃为得之。于是精意读《易》,著有《大易通义》、《艮斋诗集》等书。"又周密《癸辛杂识》云:方回年七十,牟献之亦七十,两家之子侄,皆与乃翁为庆祝,且征友朋之诗。时仇山村先生,与方、牟二家,俱有往来,故寿献之诗,有"姓名不入六臣传,容貌堪称九老碑"之句。其寿方回诗句,有"老尚留樊素,贫休比范丹"语。以方回尝有句"今生穷似范丹",故用之也。于是方大怒,恨其褒牟贬己,遂摭"六臣"一语,谓比今上为朱温,必欲告官杀之。诸友皆为谢过,不从。仇遂谋之侯正卿。正卿即访方回,徐扣之曰:"闻仇君近得罪于虚谷,何耶?"方曰:"此子无理,乃比今上为朱温。"正卿曰:"渠诗中仅言六臣耳,今比上为朱温者,执事也。"方色变,正卿遂索其手稿碎之,事乃已。据此则正卿又善为人解纷也。正卿以散套得盛名,其〔醉花阴〕"良夜迢迢"一折,元曲中不可多得之作。惜《燕子楼》一剧,散佚不传,至为可叹耳。

南北合套之法,自元沈和为始。和,字和甫,杭州人。所作《潇湘八景》、《欢喜冤家》诸本,皆用南北合套法,极为工巧。后居江州,江西人称为"蛮子关汉卿"者是也。今人遇场头稍多之曲,往往用南北合调,如〔新水令〕、〔步步娇〕及〔醉花阴〕、〔画眉序〕之类,摇笔皆是,而创始之人,皆不能举其姓字矣。此亦数典忘祖也,余特表而出之。见元钟嗣成《录鬼簿》。

钱塘王晔，字日华，曾作《桃花女》、《卧龙冈》、《双卖花》诸剧本。惟《桃花女》一种，为臧晋叔所选，故世多知之。然其词已不如关、马、郑、白四家矣。日华又集列代之优词，有关于世道者，自楚国优孟而下，至金人玳瑁头，凡若干条，名曰《优戏录》，杨铁崖为之作序，惜其书不传。

元人倡夫，亦有通词藻者，如《鸳鸯被》、《百花亭》、《货郎旦》诸本，皆倡夫所作也。其中以张国宾、红字李二、花李郎诸人为最。国宾又作酷贫，大都人，教坊管勾，有《汗衫记》、《衣锦还乡》、《罗李郎》、《薛仁贵》诸剧，见《元曲选》。红字李二，京兆人，为教坊刘耍和之婿，有《武松打虎》、《病扬雄》、《黑旋风》诸剧，见《录鬼簿》。花李郎亦刘耍和婿，或云即李二，未知是否。有《相府院》、《钉一钉》、《勘吉平》诸剧，见《正音谱》及《北词广正谱》。词曲之盛，至倡亦能操翰，可谓至矣。王静庵云："明昌一编，尽金源之文献；吴兴《百种》，抗皇元之风雅。百年之风会成焉，三朝之人文系焉。况第其卷帙，轶两宋之诗馀，论其体裁，开有明之制义，考古者征其事，论世者观其心，游艺者玩其词，知音者辨其律。"诚哉此言也。

明宁献王权，太祖第十六子。洪武二十四年，就封大宁。永乐元年，改封南昌。深于音律，著有《太和正音谱》，今在《啸馀谱》中。《荆钗记》亦其所作。以天潢贵胄，而又能娴于文词，故能传流至今，脍炙人口。此外有《辨三教》、《勘妒妇》、《烟花判》、《瑶天笙鹤》、《白日飞升》、《九合诸侯》、《私奔相如》、《豫章三害》、《肃清瀚海》、《客窗夜话》、《独步大罗天》、《复落娼》十二种，皆见《正音谱》目中。钱牧斋《列朝诗集》云：江右俗故质朴，俭于文藻，士人不乐声誉。王弘奖风流，增益标胜。博学好古，无所不通，尤深于史。凡群书有秘本，莫不刊布国中。足见王之好学矣。

明代宗室之贤者,献王而外,尚有周宪王。王讳有燉,周定王长子。洪熙元年袭封,景泰三年薨。王遭世隆平,勤学好古,留心翰墨,制《诚斋乐府》传奇若干种,音律谐美,流传内府,中原弦索,多有用其新词者。李梦阳《汴中元宵》绝句云:"中山孺子倚新妆,赵女燕姬总擅场。齐唱宪王新乐府,金梁桥外月如霜。"其见重于人可知矣。余尝读陈荩卿《南北宫词纪》,见有诚斋者,其乐府套数甚多,后乃知诚斋为王之别号,其诗文各集,皆以此名也。按王所作散剧,不下三十种,均见《盛明杂剧》中。其气魄才力,亦不亚于关汉卿矣。

明初有王子一、刘东生、谷子敬、汤式、杨景言、贾仲名、杨文奎诸子,俱见《正音谱》,各有题评语。而《吴骚合编》、《南宫词纪》,亦多有诸子散套小令各曲。其所作杂剧,仅臧晋叔《元曲选》中,有数种,此外不多见也。余考诸人之作,殊不止此,除《刘晨阮肇》、《城南柳》、《铁拐李》、《对玉梳》、《萧淑兰》、《翠红乡》诸曲,俱收入《百种》外,王子一有《海棠风》、《楚阳台》、《莺燕蜂蝶》三种,刘东生有《娇红记》、《月下老》二种,谷子敬有《枕中记》、《闹阴司》二种,汤式有《瑞仙亭》一种,杨景言有《海棠亭》、《生死夫妻》二种,贾仲名有《升仙梦》一种,杨文奎有《王魁不负心》、《上元夫人》、《玉盒记》三种。盖明初承元季之风,其时且在洪武未行科举以前,故诸文人皆尽心此道,初不料科举兴而反用八比时文也。自时文兴而杂剧衰,而传奇盛,此亦曲家一大关键处,惜自来文人无有言之者。往与亡友黄慕庵作文学史,论有明一代,止有八比之时文,与四十出之传奇,为别创之格。其他各学,非惟不能胜过前人,且远不如前代。无论其他,即在北曲,亦复如是。倘亦所谓盛极难继者耶?(文长《四声猿》,亦不尽北曲,杨升庵《太和记》,亦间有南词。)余尝以为知言云。

《幽闺》、《荆钗》、《琵琶》三种,前人论之详矣。余谓《荆钗》之行世，只以藩邸之尊，不能不被之管弦，非必果以词妙，而传遍人口也。兹姑不论。《幽闺》之与《琵琶》，同遭后人窜改之厄，已失旧观。然魏良辅仅点《琵琶》之板，而不及《幽闺》者，诚以《幽闺》之可疑者多也。即如《诘盟》之仙吕〔点绛唇〕，实则为越调〔看花回〕，而汤若士《邯郸》之《西谍》，洪昉思《长生》之《打围》，皆误以传误，而不知其底蕴矣。非经《大成谱》之参订，盖几几乎不辨鱼鲁，而反以为〔点绛唇〕、〔混江龙〕之别调，如诗馀中之又一体也。故论《幽闺》之舛律，自是不谬，惟臧晋叔以为《幽闺》在《琵琶》之上，何元朗亦主此说，王元美目为好奇之过。晋叔曰："是恶知所谓《幽闺》者哉！"元朗、晋叔既皆以《幽闺》为美，余实不能无疑。《幽闺》惟《拜月》一折，确是神来之笔，而一折之中，惟"却不道小鬼头儿春心动也"一句，为妙文耳，其他则实无可击节处。晋叔云："乌知所谓《幽闺》！"余实无以知之矣。（按施君美名惠，字耐庵，《水浒记》亦其手笔云。）

《西厢记》，明人皆以为关汉卿作，王实甫续。《琵琶记》，明人亦以为高拭所作，非高明撰。可见明人仅论文字，不论词家掌故也。今《西厢》人人知实甫之作，可以不论。按《尧山堂外纪》，谓作《琵琶记》者乃高拭，其字则诚。朱竹垞《静志居诗话》引之，而复云涵虚子曲谱，有高拭而无高明。则蒋氏之言，或有所据。王元美《艺苑卮言》，亦云南曲高拭则诚，遂掩前后，是明人均以则诚为拭也。不知高明乃字则诚，高拭别字则成，成与诚字形既相似，而声又相同，且同为永嘉人，所以贻误至今。高明至正五年，张士坚榜中第，授处州录事，辟丞相椽。方谷真叛，省臣以温人知海滨事，择以自从。与幕府论事不合，谷真就抚，欲留置幕下，即日解官，旅寓鄞之栎社。明太祖闻其名，且阅其《琵琶》词而善之，欲召至金陵，以老病辞，寻卒。著有《柔克斋集》。顾侠君《元诗选》，言之至详，可雪数百年之疑窦也。则诚六七岁时,即颖异不凡。邻有尚书某,绯袍出送客,则诚适自塾师处归,时衣绿衣。尚书戏语之曰:"出水蛙儿穿绿袄,美目盼兮。"则诚应声曰:"落汤虾子着红衫,鞠躬如也。"尚书大惊异,称为奇童。则诚散套至多,兹不载。

《荆》、《刘》、《拜》、《杀》为四大传奇。《荆钗》、《幽闺》已论于前。文字之最不堪者,莫如《白兔》、《杀狗》。《白兔》不知何人所作,读之几乎令人欲呕。《杀狗》为徐畈作。畈字仲由,淳安人,洪武初征秀才,至藩省辞归。有《巢松阁集》行世,宜其词当渊雅矣,乃鄙陋庸劣,直无一语足取,有才者不宜如是也。仲由之言曰:"吾诗文未足品藻,惟传奇词曲,不多让古人。"自负如此,更不该随意涂抹。余尝读其小令曲〔满庭芳〕云:"乌纱裹头,清霜林落,黄叶山邱。渊明彭泽辞官后,不事王侯。爱的是青山旧友,喜的是绿酒新笃。相拖逗,金尊在手,烂醉菊花秋。"语语俊雅,虽东篱、小山,亦未多逊,不知所作传奇,何以丑劣乃尔?或者《杀狗》久已失传,后人伪托仲由之作,羼入歌舞场中耳。不然,不应与小令如出两人之手,且有天渊之别也。

《杜甫游春》一剧,为王九思作。九思字敬夫,号渼陂,鄠县人。弘治丙辰进士,授检讨。值刘瑾乱政,悉调部属,敬夫独得吏部,不数月长文选。瑾败,降寿州同知,勒致仕。盛年见摈,无所发泄。时长沙李西涯柄国,敬夫遂恨西涯入骨,遂寄情词曲,作为歌谣。《杜甫》一剧,亦当时所作,嬉笑谑浪,力诋西涯,关陇之士,杂然和之。世传敬夫将填词,以厚赀募国工,杜门习学琵琶三弦,熟案诸曲,尽其技而后出之。故其词雄放奔肆,俨然有关、马之遗。余读其《碧山乐府》,秀丽雄爽,康对山不如也。嘉靖初,纂修实录,有议起敬夫者,或言于朝曰:"《游春记》,李林甫固指西涯,杨国忠得非石斋,贾婆婆得非南坞耶?"吏部闻之,缩舌而止,遂放废终身云。余谓敬夫身世,与康对山相似。敬夫之《游春记》，康海之《中山狼》（事已见前，兹不赘），所作之曲相似也。敬夫以逆瑾而废，对山亦以逆瑾而废，所坐之事又同也。卒至同废弃其身，亦可惜矣，亦可伤矣。

陈大声铎，金陵人，别字秋碧。散曲至多，有《纳锦郎》、《好因缘》诸剧本，官至都指挥使。《艺苑卮言》讥其浅于才情，且多蹈袭古人，其言殊属不确。余读其《题情》、《惜别》诸词，直得南音三昧，不可以其将家子而轻之也。且宫商稳协，不差毫末，为世人所尤难。又善于画山水，仿沈启南，渊古淡朴，不愧名家，自为诗题其上。世人知大声擅乐府，不知其能诗，又不知其工画也。

杨升庵慎，有《洞天玄记》、《兰亭会》、《太和记》诸剧，又有《陶情乐府》、《续陶情乐府》，流脍人口。王元美谓其腔律未谐，亦非苛论。盖杨本蜀人，故多川调，不甚谐南北本腔也。然其佳句至多，如"费长房缩不就相思地，女娲氏补不完离恨天"；又"别泪铜壶共滴，愁肠兰焰同煎。和愁和恨，经岁经年"；又"傲霜雪镜中紫髯，任光阴眼前赤电，仗平安头上青天"，皆佳句也。其妻黄氏，亦擅词曲，其〔罗江怨〕四支，用车遮韵，极佳。词云："空亭月影斜，东方既白，金鸡惊散枕边蝶。长亭十里唱阳关也。相思相见，相见何年月。泪流襟上血，愁穿心上结，鸳鸯被冷雕鞍热。〔前腔〕黄昏画角歇。南楼雁疾，迟迟更漏初长夜。愁听积雪溜松稠也。纸窗不定，不定风如射。墙头月又斜，床头灯又灭，红炉火冷心头热。〔前腔〕关山望转赊。征途倦历，愁人莫与愁人说。遥瞻天阙望双环也。丹青难把，难把衷肠写。炎方风景别，京华音信绝，世情休问凉和热。〔前腔〕青山隐隐遮。行人去急，羊肠鸟道马蹄怯。鳞鸿不至空相忆也。恼人正是，正是寒冬节。长空孤鸟灭，平芜远树接，倚楼人冷阑干热。"此四词为忆外之作，时升庵方谪云南，故词中云云也。

李中麓开先,字伯华,章邱人。官至太常少卿,罢归后,以词曲娱老。著有《宝剑记》、《断发记》诸传奇。文采风流,照耀北方。钱牧斋云:"伯华罢归,治田产,蓄声伎,征歌度曲,为新声小令,挡弹放歌,自谓马东篱、张小山无以过也。为文一篇辄万言,为诗一首辄百韵,不循格律,诙谐调笑,信手放笔。""所著词多于文,文多于诗。又改定元人传奇乐府数百卷,搜集市井艳词、诗禅、对类之属,多流俗琐碎,士大夫所不道者。"所藏词曲至富,自谓"词山曲海"。每大言曰:"古来才士,不得乘时枋用,非以乐事系其心,往往发狂病死,今借此以坐销岁月,暗老豪杰耳。"王元美《曲藻》云:"北人自王、康后,推山东李伯华。伯华以百阕〔傍妆台〕,为对山所赏。今其词尚存,不足道也。所为南剧《宝剑》、《登坛记》,亦是改其乡先生之作。二种尚在《拜月》、《荆钗》之下。一日问余:'何如《琵琶记》乎?'余谓:'公词之美,不必言。第令吴中教师十人唱过,随腔改妥,乃可传耳。'李怫然不乐罢。"其自负有如此者,惜其词余未见也。

吴中以南曲名者,祝希哲、唐子畏、郑若庸三人。京兆能为大套,富丽而多驳杂。解元小词,纤雅绝伦,而大套则时有捉襟露肘之态。若庸字中伯,号虚舟,昆山人。早岁以诗名吴下。赵康王闻其名,走币聘入邺,客王父子间。王父子亲逢迎接席,与交宾主之礼。于是海内游士,争担簦而之赵,以中伯与谢榛故也。中伯在邺,王为庀供帐,赐宫女及女乐数辈。中伯乃为著书,采掇古今奇文累千卷,名曰《类隽》。康王薨后,乃去赵,居清源,年八十馀卒。中伯所著曲,以《玉玦记》最著,其他《大节记》、《五福记》皆不传。余谓《玉玦》典雅工丽,可咏可歌,开后人骈绮之派。每折一调,每调一韵,尤为合法。今《六十种曲》,曾有此本,易于检阅也。余见其《春闺》散曲一套,至佳。为录其词,此亦吉光片羽,不可多得者矣。

〔沉醉东风〕海棠花将开未开,倦停针绣窗闲待。花睡去冷闲阶,教人怜爱。须避却妒花风霾,把门儿漫开。不许蝶蜂参拜,若等得着那负心的便随着进来。〔忒忒令〕盼得个春风满街,好花枝没人簪戴。对花无语,空立遍苍苔。担害得,人无赖,愁无奈,恨无端,磨穿了铁鞋。〔玉交枝〕他毒如蜂虿,恋花枝花还受灾。芳心从此被伊家卖,说什么有地重栽。桃源洞口信已乖,武陵溪上春难再。顿忘却双头凤鞋,顿忘却同心鸾带。〔江儿水〕见月频生怪,因花更自猜。一春无事因他害,千般消遣心难解,万桩摆脱情难懈。除是鸿门樊哙,打破愁关,提出了凄凉法界。〔川拨棹〕情忒歹,没音书,三四载。全不见那日书斋,曾道是遇鳞鸿足书系帛。到如今,呆打孩,笔无情,手懒抬。〔尾〕香肌瘦得容如菜,病久空教寻艾。只怨得怨瑟愁琴付鸿雁哀。

其词颇有奇语,为吴中绮丽之词,别开生面,因无愧为名家也。

徐文长《四声猿》,脍炙人口久矣。其词雄迈豪爽,直入元人之室。《祢生骂曹》,迄今犹有演之者。余最爱其《翠乡梦》中之〔收江南〕一曲,句句短柱,一支有七百馀言,较虞伯生〔折桂令〕(见前)词,其才何止十倍。且通首皆用平声,更难下笔,才大如海,直足俯视玉茗也。又《女状元》中〔二犯江儿水〕四支,亦佳。其第四支尤妙,云:"浣花溪外,茅舍绕浣花溪外,是诗人杜老宅。何处野人扶杖,敲响扉柴*。况久相依不是才,幸篱枣熟霜斋。我栽的即你栽,尽取长竿阔袋。打扑频来,铺餐权代。我恨不得填满了普天饿债。"此词不独显

---

* 原文作"西邻穷败,恰遇着两邻穷败。老霜荆一股钗。那更兵荒连岁,少米无柴。"——校者注

出老杜广厦万间之意,实足见文长之心,固不当仅赏其词也。或谓文长四曲,俱有寄托,余尝考之。文长佐胡梅林宗宪幕,时山阴某寺僧,颇有遗行,文长曾嗾梅林以他事杀之,后颇为厉。又文长之继室张,才而美,文长以狂疾手杀之。又文长助梅林平徐海之乱,尝结海妾翠翘,以为内援。及事定,翠翘失志死。吾乡秦肤雨,曾作《翠翘歌》以吊之,颇不直文长所为。故所作《四声猿》,《翠乡梦》吊寺僧也,《木兰女》悼翠翘也,《女状元》悲继室张氏也。此说虽出王定桂,然无所依据,亦不可深信。且《渔阳》一剧,未尝论及,其言亦未完全,不如勿深考之为愈也。与其凿空,不若阙疑。余仅喜其词之超妙而已,他何论乎?

梁伯龙辰鱼,昆山人,太学生。以《浣纱记吴越春秋》一剧,独享盛名。其时太仓魏良辅,以老教师居吴中,伯龙就之商订曲律,词成即为之制谱。吴梅村诗所谓"里人度曲魏良辅,高士填词梁伯龙"者是也。顾其所作,殊不止此,《盛明杂剧》中,尚有《红线女》一本,今人知者鲜矣。王元美诗云:"吴闾白面冶游儿,争唱梁郎绝妙词。"则当时之倾倒伯龙可知。又有陆九畴、郑思笠、包郎郎、戴梅川辈,更唱迭和,清词艳曲,流播人间,洵为吴中词家之文献也。杨坦园《词馀丛话》云:伯龙以《浣纱》负时名。一日,盐尹某宴集,演《浣纱》全本,招伯龙居上座。遇一佳句,则奉觞上伯龙寿,须立饮而尽。自《前访》开场,至《打围》折,所饮已无算,伯龙且醉不可支矣。及《打围》开演,歌〔南普天乐〕与〔北朝天子〕一套,为伯龙所创作,内有"摆开摆开摆摆开"一语,盐尹某忽云:"此恶语也,当受罚。"伯龙无词可对。则已储污水满瓯以待,强灌伯龙之口,遂委顿踉跄而去云云。余按〔朝天子〕中一句,如"摆开"者,本难下笔,统计七字,须成两叠语,古今以来,能完美者绝少。點者往往用南曲中〔朝天子〕以易之,殊失南北夹套之意（如《桃花扇·哭坛》折之类）。惟尤西堂《钧天乐》中,用"渺怀渺怀渺渺怀。快哉快哉快快哉。往来往来往往来",最为神妙,他作皆不能及也。

冯汝行《不伏老》一剧,骚隐生改为《题塔记》院本,以北易南,较李日华之改《西厢》,且胜十倍也。冯名惟敏,号海浮,临朐人,官保定府通判。与王元美善。元美尝云:"北调如李空同、王浚川、何粹夫、韩苑洛、何太华、许少华,俱有乐府,而未之尽见。予所知者,李尚宝先芳、张职方重、刘侍御时达,皆有可观。近时冯通判惟敏,独为杰出,其板眼务头,撺抢紧缓,无不曲尽,而才气亦足以发之。只恨用本色太多,北音太繁,为白璧微颣耳,然其妙处固不可及也。"钱牧斋云:"汝行善近体乐府,盛传东郡。余所见《梁状元不伏老》杂剧,当在王渼陂《杜甫游春》之上。"云云。可见《不伏老》原本至佳,正不必骚隐为之改易也。且海浮所长,岂独北词而已哉?其〔月儿高犯〕八支,远胜李中麓〔傍妆台〕十倍。今录其二,以见一斑焉:"〔月儿高犯〕红粉多薄命,青春半残景。人去瑶台怨,花落胭脂冷。袅娜腰围,强把绣裙整。弓鞋浅印,浅印残红径。三月韶光,背阑干无限情。情离别几曾经。再相逢扯住衣衫,影儿般不离形。"又一支云:"玉宇明河浸,琼窗朔风凛。展转胡蝶梦,寂寞鸳鸯锦。阁泪汪汪,长夜捱孤枕。从来不似,不似今番甚。一片闲愁,生跐查恼碎心,心害得死临侵。欲待要再不思量,急煎煎怎样禁。"其词深得南人三昧,顾世皆以北调相推重,亦传之有幸不幸焉。惟骚隐之改本,亦是佳作,非若《南西厢》之不堪入目耳。

《昆仑奴》杂剧、《玉合记》传奇,为宣城梅鼎祚所撰。《列朝诗集》云:"禹金遂弃举子业,肆力诗文,撰述甚富。有《鹿裘集》六十五卷。好聚书,尝与焦弱侯、冯开之及虞山赵玄度,订约搜访,期三年一会于金陵,各出其所得异书逸典,互相校写。事虽未就,其志尚足以千古矣。"余尝见禹金《八代书乘》,搜罗富有,可谓至博,不让牧斋《列朝诗选》也。禹金以南曲名,余所见仅《玉合》一记,为金陵唐氏刊本,每折有图,图古雅可喜,附有《昆仑奴》目,惜词不之见也。今人知禹金善诗,而不知其能曲矣。

临川汤若士显祖,著有"四梦"传奇,今世皆知之,且皆读其所著矣。《牡丹》一记,颇得闺客知己,如娄江俞二姑、冯小青、吴山三妇皆是也。余所论"四梦"各语,已散见于前,兹不备论。惟臧晋叔删改诸本,则大有可议耳。晋叔所改,仅就曲律,于文字上一切不管,所谓场上之曲,非案头之曲也。且偶有将曲中一二语改易己作,而往往点金成铁者。如《紫钗记》中《观灯遣媒》折,〔三学士〕曲,若士原文云:"是俺不合向天街倚暮花",正得元人浑脱之意。而晋叔以"倚暮花"三字为欠解,遂改为"是俺不该事游耍",强协〔三学士〕首句之格,而于文字竟全无生动之气。抑知原文之妙,正在可解不可解,如此改法,岂非黑漆断纹琴乎?叶广明讥其为孟浪汉,诚哉孟浪也。"四梦"删改处,不知凡几,余亦不能一一拈出,姑引其一,以概其馀而已。然布置排场,分配角色,调匀曲白,则又洵为玉茗之功臣也。

万历间曲家,与玉茗同时者,以吴江沈璟为最著。璟字伯英,号宁庵,世称词隐先生,官至光禄寺正卿。先生于音律一道,独有神悟,审铢黍而辨芒杪,一字不肯苟下,著有《南曲谱》二十卷,风行一时。顾与汤若士持论不合,各不相下。宁庵尝云:"宁律协而词不工,读之不成句,而讴之始协者。"若士闻之,笑曰:"彼恶知曲意哉?余意之所至,不妨拗折天下人嗓子。"此可以观两人之意趣矣。余谓二公譬如狂狷,天壤间应有两项人物。倘能守词隐先生之矩矱,而运以清远道人之才情,岂非合之两美乎?宁庵以毕生之力,研精曲律,所作特多。

余所知者,已有二十一种,此外余所未知者,尚不知更有若干种。今世所传唱者,仅《义侠记》、《翠屏山》、《望湖亭》三种中数出而已。顾其散曲,流传特多,各家选本,无不载之,其美有不胜收者。其《题情》一套,为集中之冠,用录之以见伯英之才也。

〔四季花〕秋雨过空墀,正人初静更初转,渐觉凄其。人儿,多应傍着珊枕底。刚刚等咱才睡时,觉相将投梦思。若伊无意,谁教梦迷,多情又恐相见稀。抵死恨着伊,恰又添萦系。更怜你笑你,愁你想你冤你。〔猫儿坠〕浮萍心性,只得强禁持。任你风波千丈起,到头心性没那移。猜疑,又怕泼水难收,弦断难医。〔尾〕过犯多,权休罪,且幸得回嗔作喜,把今夜盟香要烧到底。

此词与各选本皆异,各选本〔四季花〕下,尚有〔集贤宾〕、〔簇林莺〕二支,〔猫儿坠〕下,亦有〔水红花〕一支,且〔尾声〕亦异。余以伯英文梓堂原刊如是,故仍之也。

《南西厢》相传为李日华作,其词庸劣鄙俚,至无足道。日华字君实,嘉兴人。万历时官至太仆寺少卿。著作甚富,斐然可观,不应作乐府乃如此恶劣。后读其《紫桃轩杂缀》云:"近人翻改《西厢》北词,强托贱名,实不敢掠美。"乃知日华并未作此,特人冒假其名而已。余尝读日华诸散曲,流丽轻逸,与《南西厢》显系两人手笔,怀疑久矣,今乃释然。惟黄文旸《曲海目》中载《南西厢》一种,为长洲陆天池作。余未见其书,不知是否近日所歌之词。第思天池曾作《明珠记》、《怀香记》等传奇,词华精妙,追踪临川。钱牧斋云:"天池为校官弟子,不屑守章句。年十九,作《王仙客刘无双传奇》,其兄子馀黎助成之。曲既成,集吴门教师精音律者,逐腔改定,然后妙选梨园,登场教演,期尽善而后止。"据此则必不肯割裂前人之作,盗窃词人之名也。是天池之《南西厢》必非近日流行之《南西厢》也。明人梨园子弟,每有所作,辄喜托名词流,以倾动聋瞀,《南西厢》殆亦此类耳。虽然,此余一人之言也,不足据焉。

《昙花》、《彩毫》二记,世传为屠赤水撰。赤水名隆,字纬真,鄞县人。官礼部主事,罢归。《明史·文苑传》:隆令青浦时,常招名士饮酒赋诗,游九蜂三泖间,以仙令自许。时迁礼部入京,与西宁侯宋世恩善。宋尝兄事赤水,宴游甚欢。有刑部主事俞显卿者,恔人也,尝为隆所诋,心恨之,讦隆与世恩淫纵不法。隆等上疏自理,乃两黜之,而罚停世恩俸半岁云云。郁蓝生《曲品》云:赤水以西宁侯嬲戏事罢官,故作《昙花记》以泄愤。记中木西来即指宋世恩,卢相公即指吴县相公,孟豕韦即指俞显卿。才人丧检,亦是常事,何必有恚心耶?然则《昙花》之作,不可作子虚乌有之例矣。余有赤水原刻本,椠工精巧绝伦,且折折有图,亦至可宝贵焉。惟《修文记》,则未见耳。

冯梦龙,字犹龙,一字子犹,吴县人。崇祯时,官寿宁县知县,未几即归。归而值乙酉之变,遂殉节焉。所居曰墨憨斋,曾取古今传奇,汇集而删改之,且更易名目,共计十四种,曰"墨憨斋定本"。如张伯起之《红拂记》,汤玉茗之"四梦"曲、袁凫公之《西楼记》,余聿云之《量江记》,皆在所改之中。每曲又细订板式,煞费苦心,其书固可传也。其自著之曲,只有二种,一曰《双雄记》,一曰《万事足》,余亦有藏本。曲白工妙,案头场上,两擅其美,直在同时陆无从、彭箨庵之上,惜世之见之者少矣。所作散套至多,亦喜改订古词,如梁伯龙之《江东白苧》,沈伯英之《宁庵乐府》,多有考订焉。其用力之勤,不亚于沈词隐,而知之者卒鲜。文人之传,亦有命也。

阮圆海大铖,依附客魏,廉耻丧尽。后与马士英迎立福王,位至司马。乙酉之变,又复投诚北庭,道死仙霞。其人其品,固不足论,然其所作诸曲,直可追步元人。君子不以人废言,亦不可置诸不论也。阮所作共五种,曰《双金榜》,曰《牟尼盒》,曰《忠孝环》,曰《春灯谜》、曰《燕子笺》。五种中以《燕子笺》最胜。弘光时,曾以吴绫作朱丝阑,命王铎楷书此曲,为内廷供奉之具,而民间之演此剧者,岁无虚日,可谓盛矣。余于石巢诸曲,止有《春灯谜》、《燕子笺》二种,他则未见。《春灯谜》以十错认为悔过之言,今读其词,殊不足取。除《游街》北曲一套外,馀皆不堪评论,仅足供优孟之衣冠耳。惟《旅泊》中〔一江风〕一支,颇有玉茗风度也。词云:"可怜宵,小泊在黄陵庙,淡月江声小。闪风灯苦竹丛芦,似有灵妃笑。云旗卷夜潮,骚魂何处招。向归鸿支下伤秋料。"至于《燕子笺》,则美不胜收矣。如第一折之〔满庭芳〕引子末二句云:"芸窗下,寒香晴雪,笺释《送穷文》。"《写像》折中云:"画眉郎怎自把眉儿画,较玉貌,羞惭杀。打草稿,顾影池中,脱粉本,央小镜菱花,画中人又好做人中画。"《骇像》折中云:"要包弹一样儿没半星,逗风流倒有十分的可憎。是不曾在马上墙头也,露了红粉些儿一线轻。且向小阁晴窗勘笑颦。"《题笺》折中云:"逗花丛若个儿郎,一般样粉扑儿衣香人面,哑丹青问不出真和赝。"《拾笺》折中云:"破工夫描写出当垆艳,不做美的把花容信手传。敢则他精神出落的忒端然,因此上化为云雨飞去到阳台畔。差送了东风图画美人颜,倒变做南海水月观音面。"又:"这霞笺,香闺妙填,明说出丹青收管。抽黄数白,便班姬怎让先。闲思遭,那打热的相思情怕闪,这扯淡的相思症转添。"《初婚》折中云:"这像画的人儿入手也,那画像的人儿知他在何处歇。少不得巫峡行云又把我梦儿惹。"诸如此类,皆芬芳秀逸,字字本色,的是三折肱于此道者。惜乎立品不端,为士林所不齿,然则人可不为善人哉?

王世贞《鸣凤记》不甚出色,故不论,仅取其论曲之语。卢柟《想当然》,余未见其词,亦不敢论。

吴石渠炳,宜兴人,永历时官至刑部尚书。家有粲花别墅,极亭榭之胜。著曲五种,以《疗妒羹》最佳,余见其《绿牡丹》、《情邮记》诸本,排场关目,颇为生动,惟词藻终不及《疗妒羹》。《贤风》折〔解三醒〕云:"叹四壁淡挨虀臼,计十年泪暗貂裘。多亏你典钗解髻无将有,梯衬我上瀛洲。可正是多金骤使贫儿富,却不道破廒空炊识者羞。我和你偎依久,怎忍把足绳别系,眉黛他勾*。"又云:"你指金縢人前说咒,料不是翦桐圭戏语封侯。"又《浇墓》折云:"冷风掠雨战长宵,巴不到纱窗晓也。起来草草,愁眉怕对镜中描。叹人世上恨难浇。那里有楚台云,凤台箫,只办得抛珠泪向泉台告也。"又《题曲》折云:"虽则是想边虚构,也是意中原有。似这小花神妒色惊回,倒不如老冥判原情宽宥。恨风光不留,风光不留。把死生参透,只要与梦魂厮守。甚来由,假际犹担害,真时怎着愁。"又云:"只见几阵阴风凉到骨,想又是梅月下悄魂游。若都许死后自寻佳偶,岂惜留薄命活作羁囚。"又《梨梦》折云:"恰便似出塞和亲,惨琵琶弹动了马头尘","原来妒起蛾眉阵,入官见嗔","你看琳琅旧本,都钤着青娘小印","痴钗岔粉,那解识翰林风韵","正黄昏催瞑,这便是我做新人的消受此夜良辰"。所作诸词,皆蕴藉流丽,脱尽烟火之气。世称粲花可并玉茗,洵然洵然。《画中人》、《西园记》亦佳绝。

袁箨庵以《西楼记》负盛名,今歌场盛传其词,然魄力薄弱,殊不足法。惟《侠试》一折北词,尚能稳健,馀则无一俊语。即世所传〔楚江情〕"朝来翠袖凉"一支,亦袭古曲之〔五更〕《闺怨》,乃能倾动一时,

---

* 此句底本作"难将就,说不得堂堂潭府,相度休休。"——校者注

殊出意料之外。箬庵《西楼》以外,有《金锁记》、《玉符记》、《珍珠衫》、《肃霜裘》四种。余仅有《金锁》、《珍珠衫》二种,文字亦无出色。《珍珠衫》且淫亵不堪,如《歆动》一折,全摹李玄玉《劝妆》之调,而鄙俚淫荡,最足败坏风化。文人绮语,易坠泥犁,奈何不稍自检点耶?

清代曲家,不如明时之盛,而所作则远胜之。余今所论,止就世所习见者言之,限于篇幅,不能多也。

吴梅村所作曲,如《秣陵春》、《临春阁》、《通天台》,纯为故国之思,其词幽怨悲慷,令人不堪卒读。余最爱《秣陵春》,为其故宫禾黍之悲,无顷刻忘也。其开场一引云:"燕子东风里,笑青青杨柳,欲眠还起。春光竟谁主?正空梁断影,落花无语。凭高漫倚,又是一番桃李。春去愁来矣,欲留春住,避愁何处?"词中"欲眠还起"、"一番桃李"、"春光谁主",皆感伤时世,凭吊一身也。又〔泣颜回〕云:"藓壁画南朝,泪尽湘川遗庙。江山馀恨,长空黯淡芳草。莺花似旧,识兴亡断碣先人表。过夷门梁孝台空,入西洛陆机年少。"〔集贤宾〕云:"走来到寺门前,起得起初敕造,只见赭黄罗帕御床高。这壁厢摆列着官员舆皂,那壁厢布设些法鼓钟铙。半空中一片祥云,簇拥着香烟缥缈。如今呵,新朝改换了旧朝,把御碑额尽除年号。只落得江声围古寺,塔影挂寒潮。"沉郁感慨,令人泣数行下。余曾题诗云:"金华殿上题名日,白袷飘然一少年。老去填词多感慨,龙髯攀泣渺南天。"盖亦道其实也。

尤西堂《钧天乐》一剧,说者谓影射叶小鸾,词中《叹榜》、《嫁殇》、《悼亡》诸折,尤显而易见者。所传杨墨卿,即指西堂总角交汤传楹也。其词戛戛独造,直步元人,而牢落不偶之态,时见于楮墨之外。如《送穷》、《哭庙》诸折,几欲搔首问天,拔剑斫地。如第一折〔金络索〕云:"我哭天公,十载青春负乃翁。黄衣不告相如梦,白眼谁怜阮客穷。真懵懂,区区科目困英雄。一任你小技雕虫,大笔雕龙,空和泪铭文冢。"《嫁殇》折云:"为甚的恹恹鬼病困婵娟,半卷湘帘袅药烟。可怜他空房小胆怯春眠。你看流莺如梦东风懒,一枕春愁似小年。"《蓉城》折〔二郎神〕云:"年韶稚,护春娇小窗深闭。画卷书,签怜薄慧。心香自袅,讳愁无奈双眉。看飞絮帘栊芳草醉,咒金铃花花衔泪。锁空闺,镇无聊孤宵梦影低徊。"皆卓尔不群之作。西堂以《黑白卫》最著,冒辟疆曾付家伶演之。而《读离骚》一折,又上达天听,供奉内廷,亦文人之异数也。余读其《屈子天问》〔混江龙〕一曲,其才如海,而以嬉笑怒骂出之,不袭原文一字,尤为不易下笔云。

李玄玉玉,苏州人。崇祯间举人。国变后不出,家居数十年,专以度曲为事。与吴梅村友善,有《北词广正谱》,即梅村为之序也。所作诸剧,共三十三种,今所传述人口者,《占花魁》、《一捧雪》、《人兽关》、《永团圆》而已。其词虽不能如梅村、西堂之妙,而案头场上,交称利便。钱牧斋亦深爱其曲,至比之柳屯田。无名氏《新传奇品》云:"李玄玉之词,如康衢走马,操纵自如。"盖亦老斫轮手也。其《占花魁》一剧,为玄玉得意之作。《劝妆》北词,更为神来之笔(世通唱,不录)。其《醉归》南词一套,用车遮险韵,而能游刃有馀,亦才大不可及也。惟《昊天塔》、《清忠谱》,稍不称耳。

李笠翁渔《十种曲》,传播词场久矣。其科白排场之工,为当世词人所共认,惟词曲则间有市井谑浪之习而已。吴梅村赠笠翁诗云:"江湖笑傲夸齐赘,云雨荒唐忆楚娥。"深得笠翁之真相也。翁出游,必以家姬相随。其在京师日,额其寓庐曰"贱者居"。有轻薄子某,适居对门,即亦颜其室曰"良人所",盖指其姬妾而言也。此事见《在园杂志》中,亦可发一大噱。余以翁之词曲,无人不知,故存而不论,论其轶事如此。翁《十种曲》外,有《偷甲记》、《四元记》、《双锤记》、《鱼篮记》、《万全记》，余皆有藏本，其词更出所传十种之下矣。

张漱石坚，江宁人。工诗，屡困场屋，郁郁不得志。其诗颇胜，尹文端督两江时，曾刊其稿于《南邦黎献集》。尝有"江南老秀才诗"，遍征题咏，亦士之穷而能守者也。作曲凡四种，曰《梦中缘》、《梅花簪》、《怀沙记》、《玉狮坠》，总名曰"梦梅怀玉"。中以《怀沙记》演屈大夫事为最，曲中将《离骚》全部檃括套数之中，实为难作之至。先生能细意熨贴，灭尽针线之迹，自西神郑瑜而后，无此奇作也，宜其享盛名也。

孔云亭尚任，与梁溪梦鹤居士顾天石彩友善，初作《小忽雷》传奇，皆天石为之填词。及作《桃花扇》时，天石业已出都。时湖洲岳端，好客且喜词曲，南中清客，如王寿熙、顾岳亭诸君，皆在岳端幕府。云亭乃与之商订音律，得成此绝世妙文。相传圣祖最喜此曲，内廷宴集，非此不奏。自《长生殿》进御后，此曲稍衰矣。圣祖每至《设朝》、《选优》诸折，辄皱眉顿足曰："弘光弘光，虽欲不亡，其可得乎？"往往为之罢酒也。余谓《桃花扇》不独词曲之佳，即科白中诗词对偶，亦无一不美。如"叶分芳草绿，花借美人红"、"新书远寄桃花扇，旧院常关燕子楼"及上下本结穴之五七律两首，几乎无一字不斟酌。搏兔用全力，惟云亭足以当之耳。平生著作甚富，所作经筵讲义，为一时台阁所不及。圣祖尤器之，故以一国子生员，不数载而至部曹，皆文字契合之因也。其《出山异数记》，即记遭遇之由，见《昭代丛书》中。袁简斋《随园诗话》曾载其诗数首，且云不甚出色，非笃论也。余以《桃花扇》一书，前人推许已至，而前二卷中，时时论及，故不言其文，记其轶事。

康熙中曲家，有"南洪北孔"之说，孔为云亭山人，洪即钱塘洪昉思昇也。昉思学诗于渔洋，深得精华，渔洋亦亟称之。少年即精于音律，有《孝节坊》、《闹高唐》诸传奇，而传之不甚显。即如《长生》一剧，非在国忌装演，得罪多人，恐亦不能流传远且广者如是也。余谓

《长生殿》，取天宝间遗事，收拾殆尽，故上本每多佳制，下半则多由昉思自运。如《冥追》、《尸解》、《情悔》、《神诉》诸折，乃至凿空不实，不如《桃花扇》之句句可作信史者多焉。惟其词句采藻，直入元人之堂奥。所作北词，不在关、马、郑、白之下，且宫调谐和，谱法修整，确居云亭之上耳。昉思有女名之则，亦工词曲，有手校《长生殿》一书，取曲中音义，逐一注明，其议论通达，不让吴吴山三妇之评《牡丹亭》也。

与《桃花扇》足以颉颃者，有《芝龛记》。是书自明神宗起，至弘光止，集三朝之边庭事实，一一奏演之。通本以秦良玉、沈云英为主，淋漓痛快，实可击唾壶歌之，不止敲碎竹如意也。书为董恒岩作。恒岩名榕，官九江知府，河南道州人，与唐蜗寄莫友。唐官九江关盐督，亦喜词曲，故相得甚欢也。惟记中喜用生僻曲牌，令人难于点拍，歌伶辄畏难而避之，所以流传不广云。

《藏园九种曲》，为铅山蒋士铨撰，前人推许备至。世皆以《四弦秋》为最佳。余独取《临川梦》，以其无中生有，达观一切也。《香祖楼》、《空谷香》，言情之作，亦佳（说已见前）。惟《冬青树》谱南宋末年时事，未免手忙脚乱，以较《桃花扇》，不啻虎贲中郎矣。先生曾以《九种》就正袁简斋，简斋曰："吾于此道，实门外汉，游夏不能赞一词也。"先生曰："只当小病一场，姑赐观览。"袁无奈，为之翻阅一周。翌日，先生问袁曰："《九种》中曾有妙句，得入先生法眼否？"袁曰："别无佳句，止《空谷香》中'尽由他恁地聪明，也猜不透天情性'二语，差可人意也。"先生大笑曰："子真诗人也！曲之所长不在此也。且此二句，实用商宝意诗意耳。"袁亦大笑。余按：宝意与唐蜗寄善，亦喜作曲，有《唐昌观》、《妙高台》二种，见《质园集》廿五卷诗题中，惟今不传焉。

钱塘夏惺斋纶，著曲五种，曰《杏花村》、《瑞筠图》、《广寒梯》、《花萼吟》、《南阳乐》，推本五伦，为愚贱立一为人之则，藉此劝感世人，其宗旨正大，亦如明邱文庄之《五伦》、《投笔记》也。其中《南阳乐》一种，以诸葛亮扫平吴魏，刘禅传位北地王，一统中原，其言极诡诞可喜。惟曲词不能本色，一望而知为清人手笔。此亦风会所趋，无可勉强者也。馀四种未见头巾气。

《倚晴楼七种曲》，为海盐黄韵珊（燮清）所著。《帝女花》、《桃溪雪》，自是上乘，惟其词秾丽柔靡，去古益远。余尝谓学玉茗者，须多读元曲，不可单读"四梦"，所谓取法乎上，仅得乎中者也。自粲花、百子之词，专学玉茗之秾艳，而各成一特别景象。百子尖颖，粲花蕴藉，皆成名而去。藏园亦学玉茗，而变其貌，倚晴尤从藏园中讨生活，是不啻玉茗之云仍矣。然就曲论之，亦不可多得也。倚晴善作〔金络索〕，《帝女花》之《宫叹》，《桃溪雪》之《题筝》，《凌波影》之《仙忆》，《鸳鸯镜》之《忏情》，皆以此牌写之，而首首都佳，亦一奇也。友人刘子庚_{毓盘}云："韵珊才丰而貌陋，曾有一女，欲委身焉，嗣见其貌而止。"果尔，则与《艮斋杂说》所载汤若士之与西泠女子无异矣。

杨坦园_{恩寿}之六种曲，亦学藏园，而远不如韵珊。其《再来人》、《桂枝香》二种特佳。《麻滩驿》、《理灵坡》表章忠义，不如《芝龛记》远矣。所作《词馀丛话》特胜。

玉狮堂前后五种，为阳湖陈潜翁_烺撰。文律曲律，俱非所知，而颇传于世，可怪也。又张南湖_{云骧}之《芙蓉碣》亦全属外道，置之不论可耳。

右所述自元迄清，其源流略可见一斑，顾所论仅十之三耳。海内词家，希垂教焉。

曲学通论

自　　叙

乐府亡而词兴，词亡而曲作。金元之间，作者至富，大率假仙佛任侠、里巷男女之辞，以抒其抑塞磊落不平之气。迨温州、海盐、昆山诸调继起，南声靡靡，几至充栋。其间宫调之正犯、南北之配合、科介节拍、清浊阴阳，咸有定律，不可假借。即深于此道者，一或不慎，辄逸绳尺，此岂易事哉！丁巳之秋，余承乏国学，与诸生讲习斯艺，深惜元明时作者辈出，而明示条例，成一家之言，为学子导先路者，卒不多见。又自逊清咸、同以来，歌者不知律，文人不知音，作家不知谱，正始日远，牙旷难期，亟欲荟萃众说，别写一书。因据王骥德《曲律》为本，旁采挺斋、丹邱、词隐、伯明诸谱，及陶九成、王元美、臧晋叔、李笠翁、毛稚黄、朱竹垞、焦里堂各家之言，录成此书。又作《家数》一篇，略陈流别，以资研讨。己未仲冬，删汰庞杂，付诸手民。大抵作词规范，粗具本末，而循声造谱，仍未疏论，盖口耳之间，笔不能达也。惟罅漏纰缪，在所不免，大雅君子，尚其匡正之。长洲吴梅。

第一章　曲原

剧曲之兴，由来已久，而词变为曲，其间迁嬗之迹，皆在有宋一代。世之论者，以其勃起于金元之际，遂疑出自异域，其实非也。曲之为道，托体既卑，为时又近。宋元史志，与《四库》集部，均不著录。后世儒硕，皆鄙弃不复齿及。而治此艺者，大都不学之徒，即有一二文士，喜其可以改易风俗，亦不过馀力及此，未闻有观其会通、窥其奥窔者。此亦文学家一憾事也。夫杂剧之名，见于《宋志》。宋时每春秋圣节三大宴，小儿队、女弟子队各进杂剧队舞，见《宋史·乐志》。其时歌词，今无可考，惟教坊致语，皆一时文人为之。宋人集中，多乐语一种，大抵铺陈皇猷颂扬藻饰之词。其文节目颇繁：一、教坊致语，二、口号，三、勾合曲，四、勾小儿队，五、队名，六、问小儿队，七、小儿致语，八、勾杂剧，九、放小儿队，十、勾女童队，十一、队名，十二、问女童队，十三、女童致语，十四、勾杂剧，十五、放女童队。此天子大宴时用之。民间宴会伎乐，至为简略，而歌词独存。如曾慥《乐府雅词》所录，谓之"大曲"，所用词牌，有〔水调歌〕、〔道宫薄媚〕、〔逍遥乐〕诸曲。其中节目，多寡不一，有散序、排遍、遍撷、正撷、入破、虚催、实催、衮遍、歇拍、煞衮诸名。其词有赋物者，有分咏故事者，初无定则也。陈旸《乐书》云："大曲前缓叠不舞，至入破则羯鼓、襄鼓、大鼓与丝竹合作，勾拍益急。舞者入场，投节制容，故有催拍歇拍。姿制俯仰，百态横出。"据此，则当时歌舞之状，犹可想见。论曲之原起，当孕育于此焉。盖词之与曲，犁然为二，其蝉蜕之渐，不易定断。虽大曲舞态，与后世不同，而勾放舞队，已开后人科介之先，大遍诸词，又为金元套数之始。至如传奇家记一人一事，备述离合悲愉之况，其体虽为创见，顾如赵德麟〔蝶恋花〕十阕，述《会真记》事，分段歌之，视后代戏曲之格律，更具体而微。金董解元《西厢》，仍德麟之旧，而杂剧体例，遂因之不变。是曲体虽成于解元，而其因固造端于赵宋。迨胡元入主中华，所用胡乐，嘈杂缓急之间，旧词至不能按，乃更造新声，而北曲大备。天意若悯文明禹甸，拘文牵义者之无所措其手足，别辟一新文界以处之，至不惜破华夏之防，放此异彩，以吹笳鸣角之雄风，汰金粉靡丽之末习，此亦文学上至奇之局也。南人好事者，又推演两宋之旧制，力求雅正，而南曲以兴。由是南北两家，各树旗鼓。北剧盛于元时，实甫最称淹雅，至明初尚不失其传。传奇定于永嘉，《琵琶》一记，卓然千古，《荆钗》、《拜月》，望尘莫追。终明之世，南词盛行，流传诵习，卷帙至多。实则南北之面目虽殊，而精神终一。北人虽广罗词藻，以示典雅，而反失其真。南人虽力摹伧荒口吻，以昭真率，而诘屈聱牙，适形其弱。王元美曰："北主劲切雄壮，南主清峭柔婉；北字多而调促，促处见筋，南字少而调缓，缓处见眼；北宜和歌，南宜独奏。"洵深造有得之言也。此南北曲之大要也。

第二章　宫调

　　宫调之说，盖微渺矣。周德清习而不察，沈词隐语焉不详。或问曲何以谓宫调？何以有宫又复有调？何以宫之为六，调之为十一？既总之为十七宫调矣。何以今之用者，北仅十四，南仅十三？又何以别有十三调之名也？曰：此宋人俗乐之遗意，未尽亡者也。宫调之立，本之五声十二律，在古时至为详备，而今多散亡也。律吕诸说，宏博浩繁，无暇殚述，律吕言隔八相生之理，书籍正多，以无关词曲略之。第撮其要，则律之自黄钟以下凡十二也；声之自宫、商、角、徵、羽而外，合变宫、变徵，凡七也。宋人所谓八十四调者，以律为经，以声为纬，乘之每声得十二调，合十二律计之，则八十四调，此古法也。然不胜其繁，且乐工又不尽用。宋张炎《词源》云："今雅俗止行七宫十二调。"案：叔夏生于宋末入于元，当时只有七宫十二调，则古法久废矣。于是省之为四十八宫调。四十八宫调者，亦以律为经，以声为纬。内七声之中，去徵声及变宫、变徵，仅省为四，以声之四，乘律之十二，每律得四调，合十二律，则四十八调也。四十八调中，凡以宫声乘律，皆名曰宫，以商、角、羽三声乘律，皆名曰调。今备列其目，以佐参订云。

　　黄钟：宫俗名正宫，商俗名大石调，角俗名大石角调，羽俗名般涉调。

　　大吕：宫俗名高宫，商俗名高大石调，角俗名高大石角，羽俗名高般涉调。

太簇：宫俗名中管高宫，商俗名中管高大石调，角俗名中管高大石角，羽俗名中管高般涉调。

夹钟：宫俗名中吕宫，商俗名双调，角俗名双角调，羽俗名中吕调。

姑洗：宫俗名中管中吕宫，商俗名中管双调，角俗名中管双角调，羽俗名中管中吕调。

中吕：宫俗名道宫，商俗名小石调，角俗名小石角调，羽俗名正平调。

蕤宾：宫俗名中管道宫，商俗名中管小石调，角俗名中管小石角调，羽俗名中管正平调。

林钟：宫俗名南吕宫，商俗名歇指调，角俗名歇指角调，羽俗名高平调。

夷则：宫俗名仙吕宫，商俗名商调，角俗名商角调，羽俗名仙吕调。

南吕：宫俗名中管仙吕宫，商俗名中管商调，角俗名中管商角调，羽俗名中管仙吕调。

无射：宫俗名黄钟宫，商俗名越调，角俗名越角调，羽俗名羽调。

应钟：宫俗名中管黄钟宫，商俗名中管越调，角俗名中管越角调，羽俗名中管羽调。

此所谓四十八调也。自宋以来，四十八调者，不能具存，南宋时止存七宫十二调。今就《中原音韵》所载者核之，止六宫十一调，此所以有十七宫调之名也。第就其所属各曲言之，则声调又自不同，其说如下。加点者皆存。

  仙吕宫清新绵邈 • 南吕宫感叹伤悲
 • 中吕宫高下闪赚 • 黄钟宫富贵缠绵

- 正宫惆怅雄壮
- 道宫飘逸清幽以上六宫。
- 大石调风流蕴藉
- 小石调旖旎妩媚

  高平调条拗滉漾拗旧误拘，南词作羽调。
- 般涉调拾掇坑堑

  歇指调急并虚歇　　商角调悲伤宛转南亡北存。
- 双调健捷激袅
- 商调凄怆怨慕

  角调咽鸣悠扬　　宫调典雅沉重四十八调中，无宫调，未详其理。

  越调陶写冷笑以上十一调。

以四十八调，较十七宫调，已亡佚泰半矣。顾自元以来，北亡其三，歇指调、角调、宫调。南亡其四，即前北词三调，合一商角调。故北仅十四，南仅十三也。继又自十七宫调而外，变为十三调。十三调者，盖所存六宫，不名为宫，改称为调。如仙吕、黄钟、正宫、中吕、南吕、道宫，但呼为调也。明蒋惟忠著《十三调谱》，即用此名，惟南曲有之，此变之最晚者也。宫调之中，有自古所不能解者，宫声于黄钟起宫，不曰黄钟宫，而曰正宫；于林钟起宫，不曰林钟宫，而曰南吕宫，于无射起宫，不曰无射宫，而曰黄钟宫。其馀各宫，又各立名色。盖今正宫实黄钟也，而黄钟实无射也。沈括所云"今乐声音出入，不全合古法，但略可配合，虽国工亦莫知其所因"者，此也。又古调声之法，黄钟之管最长，长则极浊；无射之管最短，按应钟又短于无射，惟此律皆为中管，自来无调，故缺而不论，盖中管废久矣。短则极清。且五音中，宫、商宜浊，徵、羽宜清。今正宫曰"惆怅雄壮"近浊，越调曰"陶写冷笑"近清，似矣。独无射之黄钟是清律也，而曰"富贵缠绵"，又近浊声，殊不可解。此或古人误将无射之黄钟，作黄钟之正宫耳。或问各曲之隶属于各宫调下，亦有说乎？曰：各曲有悲愉刚柔之不同，各宫调亦有高下卑亢之异，管色之间，更有声度抗坠之别。于是以曲声之高低哀乐，取其相类，分属各宫各调之下,而笛色亦酌定其尺度焉。按古笛各随律定制,共十二笛,今则止有一笛矣。然古人先有词而后按律,今乐则先有律而后有词。故各曲句之长短,字之多寡,声之平仄,又各准所谓仙吕"清新绵邈",越调"陶写冷笑"者,以分协之。各宫各调,部署甚严,如卒徒之各有主帅,不得陵越焉。宋之诗馀亦有注明宫调,屯田、白石,皆能自谱自歌。其时作者踵起,家擅专门,今皆亡不得见。所相沿可考,以不坠古乐之一线者,仅此十三宫调而已。南北之律,初无二政,北之歌也,必和以弦索,南曲无论何宫何调,按之一拍足矣。在作法之始,非北严而南宽,自《琵琶》、《拜月》二记出,创为"不寻宫数调",而后之作者,多孟浪其词、混淆错乱,此学古人之失也。

第三章 调名

曲之调名,今俗曰牌名,始于汉之〔朱鹭〕、〔石流〕、〔艾如张〕、〔巫山高〕,梁陈之〔折杨柳〕、〔梅花落〕、〔鸡鸣高树巅〕、〔玉树后庭花〕等篇。于是词则有《金荃》、《兰畹》、《花间》、《草堂》诸调,曲则有金元剧戏诸调。北词诸调,载天台陶九成《辍耕录》及涵虚子《太和正音谱》。南词诸调,则毗陵蒋惟忠《南九宫十三调谱》,吴江沈宁庵《南曲谱》,胪列甚备。顾词之与曲,实分两途,间有摭采词名入南北曲者,亦不多见。以北曲论,金则有〔醉落魄〕、〔点绛唇〕、〔满江红〕、〔沁园春〕类,元则有〔哨遍〕、〔醉花阴〕、〔八声甘州〕、〔满庭芳〕、〔秦楼月〕类,或稍易字句,或止用其名,尽变其调。以南曲论,则小令如〔卜算子〕、〔生查子〕、〔忆秦娥〕、〔临江仙〕类,长调如〔喜迁莺〕、〔称人心〕、〔意难忘〕类,止用作引曲,不加节拍;过曲中如〔八声甘州〕、〔桂枝香〕、〔尾犯序〕类,亦止用其名,尽变其句调。其名虽仍宋词之旧,而其词句之变异,自金至元,其间变革,无可考订,盖视古乐府,不知几更沧桑矣。北曲牌名,其意义可考者,颇不多觏。至如〔呆骨朵〕、〔者剌古〕、〔阿纳忽〕、〔唐兀歹〕诸名,大率取当时方言,今人莫识其义。南词诸牌,亦颇不一致。有取古人诗词中语名者,如〔鹧鸪天〕则取郑嵎"家住鹧鸪天",〔青玉案〕则取张衡《四愁诗》语,〔粉蝶儿〕则取毛泽民"粉蝶儿共花同活"。有以地名者,如〔梁州序〕、〔八声甘州〕、〔伊州令〕之类。有以音节名者,如〔步步娇〕、〔急板令〕、〔节节高〕、〔滴溜子〕、〔双声子〕之类。其他无所取义，或以时序，或以人物，或以花鸟，或偶触所见而名者，纷错不可胜纪。又有杂犯诸调名者，如两调合成为〔锦堂月〕，三调合成为〔醉罗歌〕，四五调合成为〔金络索〕，四五牌全调连用为〔雁鱼锦〕。或有明言几犯者，如〔二犯江儿水〕、〔四犯黄莺儿〕、〔六犯清音〕、〔七犯玉玲珑〕，又有八犯为〔八宝妆〕，九犯为〔九疑山〕，十犯为〔十样锦〕，十二犯为〔十二红〕，十三犯为〔十三弦〕，三十犯为〔三十腔〕类。此皆文人狡狯，实则无甚深义。又有一调分为两宫，而声各不同，句法全异者，如〔小桃红〕，一在正宫，一在越调；〔红芍药〕，一在南吕宫，一在中吕宫。又有古体失考，流俗增减字句，至繁声过多，不可遵守，如〔越恁好〕、〔雌雄画眉〕类。有字面差讹，致失本意，如〔生查子〕，"查"即"楂"字，用张骞乘槎事；玉抱肚，唐人呼带为抱肚，宋真宗尝赐王安石玉抱肚，今讹为〔玉胞肚〕；醉公子，唐人以咏公子，今讹为〔醉翁子〕；朝天紫，本牡丹种名，见陆游《牡丹谱》，今讹为〔朝天子〕类。又有一调两用，以此作引，即以此作过曲者，如《琵琶》〔念奴娇引〕"楚天雨过"云云，下文过曲"长空万里"云云，则省曰〔本序〕，言本上曲之〔念奴娇〕也。《拜月亭》〔惜奴娇引〕"祸不单行"云云，下文过曲"自与相别"云云，亦省曰〔本序〕。又〔夜行船引〕"六曲阑干"云云，下文过曲"春思恹恹"云云，亦省曰〔本序〕，言本上之〔惜奴娇〕与〔夜行船〕也。顾如《琵琶》之〔祝英台〕、〔尾犯〕、〔高阳台〕等曲，皆以此引，亦皆以此过曲，宜书〔本序〕矣，今反不书。而于"新篁池阁"一曲，乃亦署曰〔本序〕，不知前有〔梁州令引〕，方可作〔本序〕，今前引既他曲，而亦以〔本序〕名之，则非也。又登场首曲，北曰楔子，北剧中辄有一事情节末了，别加一饶戏，亦作楔子，与此异。南曰引子。引子属慢词，过曲属近词。曲之第二调，北曰〔幺〕，南曰〔前腔〕，又曰〔换头〕。〔前腔〕者，连用二首，或四五首，句法一字不易者也。〔换头〕者，换其前曲之头,稍增减一二字句,如〔锦堂月〕、〔念奴娇〕则换首句,〔朝元令〕则第一、第二、第三、第四通调各自全换,〔梁州序〕则至第三、第四调始换首二句,此类是也。〔煞曲〕曰〔尾声〕,亦曰〔馀文〕,或曰〔意不尽〕,或曰〔十二时〕,以南曲〔尾声〕皆用十二板为节。其实一也。格式句子,稍有不同,当随所用宫调以为衡。《南曲谱》论〔尾声〕颇详,可参考。今多混用,非是。大抵南调之创,稍次北词,《拜月》之作,略先《琵琶》,二记调绝不同。《拜月》诸调,又绝不见他戏,足知创调之始,当不止如今谱所载者。特时代已远,无从辑补,只就其存者,谨慎用之,自无出宫落腔之诮矣。

第四章　平仄

今之平仄,韵书所谓四声也。四声者,平、上、去、入也。平谓之平。上、去、入总谓之仄。曲有宜于平者,而平有阴阳,有宜于仄者,而仄有上、去、入。乖其法则曰拗嗓。盖平声声尚含蓄,上声促而未舒,去声往而不返,入声则逼侧而调不得自转。故均一仄也,上自为上,去自为去,独入声可出入互用。北音重浊,故北曲无入声,转派在平、上、去三声。而南曲不然,词隐谓入可代平,为独泄造化之秘。又欲令作南曲者,悉遵《中原音韵》,入声亦止许代平,馀以上、去相间。不知南曲与北曲,正自不同。北则入无正音,故派在平、上、去之三声,各有所属,不得假借。南则入声自有正音,又施于平、上、去之三声,无所不可。大抵词曲之有入声,正如药中甘草,一遇缺乏,或平、上、去三声字面不妥,无可奈何之际,得一入声,便可通融打诨过去,是故可作平,可作上,可作去。而其作平也,可作阴,又可作阳,不得以北音为拘。此则世之唱者,习用不知,而论者又未敢拈出,笔之纸上故耳。其用法则宜平不得用仄,宜仄不得用平,宜上不得用去,宜去不得用上,宜上去不得用去上,宜去上不得用上去,上上去去不得叠用,单句不得连用四平、四上、四去、四入。押韵有宜平而亦可用仄者,有宜仄而亦可用平者,有宜平不得已而以上声代之者。韵脚不宜多用入声代平、上、去字。一调中有数句连用仄声者,宜一上一去间用。词隐谓遇去声当高唱,遇上声当低唱,平声、入声,又当斟酌其高低,不可令混。或又谓平有提音,上有顿音,去有送音,盖大略平、去、入启口便是,独上声须从平声起音,渐揭而重以转入,此自然之理。至调其清浊,叶其高下,使律吕相宣,金石错应,此在握管者之责。作词第一要义,当注意于此。

第五章　阴阳

　　古之论曲者,曰:"声分平仄,字别阴阳。"阴阳之说,北曲《中原音韵》论之甚详,南曲则久废不讲,其法亦湮没不传。明馀姚孙俟居先生,最严阴阳,盖得之其诸父月峰先生者。夫五声之有清浊也,清则轻扬,浊则沉郁。周氏以清者为阴,浊者为阳,故于北曲中凡揭起字皆曰阳(从低至高曰揭),抑下字皆曰阴(从高至低曰抑)。而南曲正尔相反。南曲凡清声字皆揭而起,凡浊声字皆抑而下。今略论之。曲之篇章句字,既播之声音,必高下抑扬,参差相错,引如贯珠,而后可入律吕,可和管弦。倘宜揭也而或用阴字,则声必欺字;宜抑也而或用阳字,则字必欺声。阴阳一欺,则调必不和。欲讪调以就字,则声非其声;欲易字以就调,则字非其字,毋论听者逆耳,抑亦歌者棘喉。《中原音韵》载歌北曲〔四块玉〕者,原文是"彩扇歌青楼饮",而歌者歌"青"为"晴",谓此一字,欲扬其音,而"青"乃抑之,于是改作"买笑金缠头锦"始叶,此即声非其声之谓也。(以上阴阳就北曲言,以揭为阳,以抑为阴。)南曲反此。如《琵琶记》〔尾犯序〕首调末句,"公婆没主一旦冷清清"句,"冷"字是掣板,唱须直下,宜上声,"清"字须揭起,宜用阴声。今并下第二、第三调末句,一曰"眼睁睁",一曰"语惺惺","冷"、"眼"、"语"三字,皆上声,"清清"、"睁睁"、"惺惺",皆阴字,叶矣。末调末句,却曰"相思两处一样泪盈盈","泪"字去声,既启口便气尽,不可宛转,下"盈盈"又属阳字,不便于揭,须唱作"英"字,音乃叶。〔玉芙蓉〕末三字，正与此"冷清清"三字同，《南九宫谱》用《拜月亭》中"圣明天子诏贤书"作谱。词隐评云："'子诏'上去妙。"殊误。盖"诏贤"二字，法用上阴，而"诏贤"是去阳，唱来却似"沼轩"故也。两平声则如"高阳台宦海沉身"句，"沉"字是阳，"身"字是阴，此句当作仄仄阴阳。今曰"沉身"，则"海"字之上声，与"沉"之阳字相戾，须作"身沉"乃叶。以此类推，他调可见。大略阴字宜搭上声，阳字宜搭去声。如"长空万里"换头，"孤影"、"光莹"、"愁听"三句，"孤"字以阴搭上，"愁"字以阳搭去，唱来俱妙，独"光"字唱来似"狂"字，则以阴搭去之故，若易"光"为阳字，或易"莹"为上声字，则又叶矣。〔祝英台换头〕"春昼"、"知否"、"今后"三句，上三字皆阴，而独"知否"好听，"春"字则似"唇"，"今"字则似"禽"，正以接下去、上二声不同之故。若易"春"、"今"为阳，或易"昼"、"后"为上，则又无不叶矣。此下字活法也。又平声阴则揭起，而阳则抑下，固也。然亦有揭起处，特以阳字为妙者。如〔二郎神〕第四句第一字，亦是揭调。《琵琶》"谁知别后"，《连环》"繁华庭院"，《浣纱》"蹉跎到此"，《明珠》"徘徊灯侧"，"谁"字、"繁"字、"徘"字，揭来俱妙。而"蹉"字揭来，却似"矬"字，盖此字之揭，其声吸而入，其揭向内。所以阳字特妙，而阴字之揭，其声吐而出，如去声之一往而不返故也。又〔梁州序〕第三句第三字，亦似揭起，亦以阳为妙。如"日永红尘隔断"，与"一点风来香满"，"风"不如"红"妙。〔胜如花〕第三句第三字亦然，《荆钗》之"岂料登山蓦岭"，与《浣纱》之"为甚登山涉水"，两"登"字俱欠妙。馀可类推。此天地自然之妙，呼吸抑扬，转在几微间，又不可尽谓揭处决不可用阳也。然古曲阴阳皆合者，亦自无多。即《西厢》为音律之祖，开卷第一句，"游艺中原"之"原"，法当用阴字，今"原"却是阳，须作"渊"字唱乃叶，他可知已。学者各就南北曲谱中，细细斟酌，填入字句，自无聱牙之病矣。

第六章 作法上

　　杂剧传奇之名,虽昉于金元,顾实创于宋。赵德麟〔蝶恋花〕词(说见前),以长短韵语,加入微之原文,按节弹唱,则已启传奇家串演之法,惟其名乃成于元耳。自是以后,有院本,有杂剧,有爨弄,名称滋多,皆见陶宗仪《辍耕录》。明人南曲盛行,所作院本,有多至数十折者,于是以篇幅长者为传奇,以短者为杂剧。或又以南词为传奇,北曲为杂剧,相沿至今,其名未改,虽违本意,顾亦可从。余今所论,为总言作剧之理,不分传奇、杂剧、南词、北曲之名。大抵剧之妙处,在一"真"字。真也者,切实不浮,感人心脾之谓也。风俗之靡,日甚一日,究其所以,皆由人心之喜新尚异。戏剧作用,本在规正风俗。顾庄论道德,取语录格言之糟粕,以求补救社会,此固势所不能。就人心之所向,而为无形之规导,则不妨就末流之习,渐返于正,故言新异,但祈不诡于法而已。此真之说也。其次须有风趣。近日人情,畏听庄论。太史公谓"谈言微中,亦可以解纷",此言于传奇中最合。宋人说部中载钱惟演、杨亿好为玉谿体诗,创为西崑体,一时台馆诸公,悉为效法,翕然成风。时有一伶人,饰李玉谿上场,衣服破碎,形容憔悴,曰:"我被馆阁诸公,挦撦殆尽矣。"满座哄然。又史弥远当国时,奔竞者多。岁时宴集,伶人有饰颜渊者,搔首踌躇曰:"夫子之道,可谓仰之弥高,钻之弥远。"一人问曰:"钻之弥坚,何云弥远?"答曰:"现在那个不钻弥远。"众为敛容。诸如此类,最有风趣,设置身当日,亦未有不掩口胡卢者。此即谈言微中也。若掇拾市井谑语,或秽亵不文,则又一无足取。盖风趣虽不可少,而惩劝要有所归。设遇未便明言之处,不妨假草木昆虫之微,以寓扶偏救弊之旨,所谓正告之不足,旁引曲喻之则有馀也。此风趣之说也。曰"真"曰"趣",作剧者不可不知。真所以补风化,趣所以动观听。而其要旨,尤在"美"之一字。此其大概也。至其紧要,则条论之。

(一) 结构宜谨严

　　填词之道,如行文然,必须规矩局度,整齐不紊,则一部大文,始终洁净,读之者虽觉山重水复,而冈峦起伏,自有回顾纡徐之致。数十出中,一出不能删,一出不能加,关目虽多,线索自晰,斯为美也。故填词者,在引商刻羽之先,拈韵抽毫之始,须将全部纲领,布置妥帖,何处可加饶折,何处可设节目,角色分配如何可以匀称,排场冷热如何可以调剂,通盘筹算,总以脉络分明,事实离奇为要。故作传奇者,不可急急拈毫,袖手于始,方可振笔疾书于后。有奇事方有奇文,未有命题不佳,而能出其锦心,扬为绣口也。尝读近人传奇,惜其惨淡经营,用心良苦,而终不能被管弦、副优孟者,非审音协律之难,由结构全部规模之未尽善耳。因摭采成说,略述如下。

　　(甲) 戒讽刺　　传奇之作,用代木铎,借优人说法,与大众齐听,意谓善者如此,恶者如彼,意主劝惩,不当影射。自刻薄者流,以此意倒行逆施,借此为报仇泄恨之具,心所喜者,施以生旦之名,心所恶者,变以净丑之面,且举千百年未闻之丑形怪状,加于一人之身,使梨园习而传之,几为定案,虽有孝子慈孙,不能改也。余闻故老言,明王九思附刘瑾,得调吏部文选司。瑾败,勒令致仕,后复永锢终身。

时李东阳柄国,不为缓颊,九思深恨之。盛年屏弃,无所发怒,作《杜子美沽酒游春》杂剧,力诋西涯,流转腾涌,一时关陇之士,翕然和之。嘉靖初,纂修实录,议起九思,或言于朝曰:"《游春》一剧,李林甫为西涯相国,杨国忠得非石斋,贾婆婆得非南坞耶?"吏部闻之,缩舌而止。又康对山海,弘治中状元也。当正德初李梦阳忤刘瑾,系诏狱。梦阳求救于对山,对山曰:"吾何惜一官,不救李死乎?"乃往谒瑾,为之排解,李遂得免。瑾败,康落职,梦阳不一援手,对山恨焉,乃作《东郭先生误救中山狼》杂剧,而马中锡又作《中山狼传》,于是天下无不知梦阳之负对山也。夫康救李于危急之中,李不思图报,其曲固在李。而康以中山狼比梦阳,非特文人轻薄,抑且无容人之量,何快此一时之愤也?传奇一事,最易贾怨,即使无所寄托,犹或凭空臆造,况真有所指乎?他不具论,即如《琵琶记》、《牡丹亭》,固千古之妙文也。或谓《琵琶记》一书,为讥王四而作,因其不孝,故传中一入豪门,致亲饿死。何以知之?因"琵琶"二字,合计四"王"字也。噫!此非君子之言也。凡作传世之文,必先有可以传世之心,而后成此倒峡之词。但观《琵琶》得传至今,则高明为人,必有善行可取。即使当日与王四有隙,故以不孝加之,然则彼与蔡邕,未必有隙,何以有隙之人,止暗寓其姓,不明叱其名,而以未必有隙之人,反蒙李代桃僵之实乎?此显而易见者也。又《牡丹亭》一书,人谓汤若士讥刺昙阳子而作。若士应春官试,忤陈眉公,遂以媒孽下第。时太仓王相国为总裁,相国本若士座师,亦素厚眉公者,若士遂恨相国入骨。适昙阳坐化后,浙中又有一昙阳出现,与一士人为眷属,风闻远迩(见沈瓒《近事丛残》),若士遂作《牡丹亭》以泄恨,故记中有还魂之事。而蒋心馀作《临川梦》曲,亦信此说,且云:"毕竟是桃李春风旧门墙,怎好把惟薄私情向笔下扬,他平生罪孽这词章。"于是若士此曲,乃为端人正士所不取,岂知皆子虚乌有乎？朱竹垞《静志居诗话》云："世或传《牡丹亭》刺昆阳子而作,然太仓相君实先令家乐演之,且曰：'吾老年人,近颇为此曲惆怅。'假令人言可信,相君虽盛德有容,必不反演之于家也。"即玉茗集中,《寄张元长吊俞二姑》二绝句,其序中亦记太仓相君之语,与《静志居诗话》合。可知此说实是不确,而后人反言之凿凿,岂不可笑。是故作传奇者,切要涤去此种肺腑,务存忠厚之心,勿为残毒之事,则令德令闻,始足与元明诸家并寿矣。

（乙）立主脑　传奇主脑,总在生旦,一切他色,只为此一生一旦之供给。一部剧中,有无数人名,究竟都是陪客,原其初心,止为一人而设。即其一人之身,自始至终,又有无限情由,无穷关目,究竟都是衍文,原其初心,又止为一事而设。此一人一事,即所谓传奇主脑也。然必此一人一事,果然奇特,确有可传,则不愧传奇之目。而其人其事,与作者姓名,皆千古矣。如实甫《西厢记》,止为张君瑞一人而设,而张君瑞一人,又止为白马解围一事,其馀枝节,皆从此事而生。夫人许婚,张生望配,红娘勇于作合,皆由于此。是则"白马解围"四字,即作《西厢记》之主脑也。如《红梨记》止为赵伯畴一人而设,而赵伯畴一人,又只为题诗寄情一事,其馀关目,皆从此一事而生。王辅之拘禁素秋,钱孟博之巧于作合,花婆之计赚红梨,素秋之守盟不渝,皆由于此。是则"题诗寄情"四字,即作《红梨》之主脑也。惟文人好事,往往标新立异,离奇变幻,无所不至,然其线索清澈,脉络分明,虽机趣横生,而事实始终整洁。试观《桃花扇》,记明季时事,头绪虽多,而系年记月,通本无一折可删,且所纪皆是实录,又可作南都信史观,所谓"六辔在手,一尘不惊"也。后人作剧,但知为一人而作,不知为一事而作,又不知敷设许多他事,即为此一事而作,于是假托神怪,或糅杂鬼魅,若《双珠》之投渊遇神,《狮吼》之遍游地狱,六尺氍毹,人鬼参半,皆由好奇太过,山穷水尽,不得不设一幻境,以便生旦团圆,实则线索未清,补救不来而已。余谓与其作传奇而捉襟露肘,毋宁作杂剧而点笔成金。若徐天池之《四声猿》,杨笠湖之《吟风阁》,何尝不脍炙人口?必欲勉成四十出,东涂西抹,如不系之舟,无梁之屋,亦甚无谓。

(丙)脱窠臼　传奇者,以奇事可传也。事若不奇,势必不传,何必浪费笔墨。韩文公云:"惟陈言之务去。"又云:"惟古于文必己出。"作文如是,填词亦然。余尝谓明人诸曲,往往以婢女代嫁,亦属厌套。又生必贫困,女必贤淑,先订朱陈,而女家毁盟。当其时,必有一富豪公子,见色垂涎,设计杀生。女父母转许公子,而生卒得他人之救,应试及第,奉旨完姻,置公子于法,然后当场团圆。十部传奇,五六如此。嘻,亦难矣!天下新奇之事,日出不穷,今古风俗之异宜,又不知凡几。从此着想,尽有妙文,何必汇集各剧,东割一段,西窃一段,成此千补百衲之敝衣乎?且吾所谓脱窠臼者,盖欲一新词场之耳目也。即论旧剧,元明以来,从无死后还魂之事,《玉箫女两世姻缘》亦是隔世。自汤若士杜丽娘还魂后,顿使排场一新,且于《游魂》、《冥誓》诸节,又添出许多妙文,是还魂一节,若士所独创也。又如《桃花扇》,不令生旦团圆,就中元建醮之际,令生旦各修正果,并云:"家国何在,君父何在?偏是儿女之情,不能割断!"真足令人猛省,而填词之旨尤为大显。又开场副末,不用旧日排场,末后《馀韵》一折,更觉苍凉悲壮。试问今古传奇,从来有此场面乎?是特破生旦团圆之成格,东塘所独创也。(东塘友人顾彩曾改《桃花扇·修真》、《入道》诸折,使朝宗、香君成为眷属。东塘尝贻书道谢。自余观之,真黑漆断纹琴而已。)是故窠臼云者,非特窃取排场也,即通本无一独创之格,亦是窠臼。填词一道,文人下笔,欲词采富丽,恢恢乎游刃有馀,而欲排场崭新,则难之又难。盖此皆优伶之事，不甚措意，而所失即在此，不可不审慎出之也。

（丁）**密针线** 传奇全本，统计不下数十折。此数十折中，关目孔多，事实颇烦，而于起伏照应之处，须如草蛇灰线，令人无罅隙之可寻，无缝天衣，不着一针线痕迹，方是妙文。昔人谓作剧如作衣，其初则以完全者剪碎，其后则以剪碎者使之合成，此真至理名言也。即如《西厢》，不先将郑恒安置妥帖，直至愤争婚姻，触阶而死，殊为情理不合。《琵琶》尤甚。子中状头三载，而家人不知；身赘相府，享尽荣华，不能自遣一仆，而付家书于路人；陈留至洛阳，仅数百里，而辄云"万里家山"，此尤背谬之至者也。古人尚有此失，今人可勿留意？是以作传奇者，须将全部关目，布置周到，其起伏照应，如作一篇文字然，骨肉停匀，情理周到，而后施以词藻，则华实交茂矣。

（戊）**减头绪** 头绪繁多，曲之大病也。试思观剧者，于一日半日间，欲明此剧中情节，全在一线到底，无旁见侧出之情，则孰主孰宾，一览而知。若喜设关目，多添脚色，则通部前后，或有照应不及之处，而线索紊矣。线索既紊，将使观场者茫然不知其事之始末。且剧中止有生、旦、净、丑诸角，苟关目一多，则人数亦不能少，场上脚色，止此数人，上场下场，又易与主任脚色相混，而通本反觉模糊不清矣。旧剧中如屠赤水之《昙花记》，木西来固为主任脚色，而贪袭仙佛话头，曲情多而事情少，遂至头绪不明，故当时有"点鬼簿"之诮。又如吴石渠五种，以《绿牡丹》为简明，通本关目，止为绿牡丹一枝，沈重之衡文，瑶草之捉刀，二才媛之怜才，皆别有一种紧凑缜密之致，而尤能别开生面。试问隔帘试婿，古今有是事否？此因头绪不繁，故能步步入胜也。馀如《情邮》一记，已觉烦琐。《疗妒羹》贪用小青本传，遂至不能择别，虽出出俱佳，只可作散套观，非所论于传奇矣。他剧中犯此者至多，不胜枚举。学者宜避此病，方为上乘。

（己）**均劳逸** 传奇中脚色，总言之曰生、旦、净、丑。自明中叶，海盐派盛行，继之以昆腔，而脚色遂繁。生有老生、冠生、巾生、二生之名，旦有老旦、正旦、搽旦、小旦、贴旦之名，净有大、小、中之区别，惟丑则一耳。统计十有三门，今人谓十门脚色，举其成数言之也。未有昆腔以前，每本传奇所用脚色，大率以一人终始之，自开场至结尾，无论多至数十折，总以一色任之，从无有数人分任其劳者。昆剧既盛，角目之分析亦细，而每一部中所蓄伶人，各色均不下七八人。故凡演一剧，先将剧中所定角目，逐折细检。同一生脚也，第几折宜用冠生，第几折宜用巾生；同一旦脚也，某几折宜用正旦，某几折宜用小旦，各视曲中文字与事迹之何若，而后定为某脚某脚也。是则昆剧中之角目，已较弋阳、海盐诸腔稍逸矣。惟昆曲悠扬绵邈，每终一曲，其难比他曲不啻数倍，故角目虽分析至细，而其所任之责，曾不少轻焉。是以填词者当知优伶之劳逸，如上一折生为主角，则下一折再不可用生矣；上一折旦为主角，则下一折亦不可用旦角矣；他脚色亦然。此其故有二：一则优伶更番执役，不致十分过劳；二则衣饰裙钗更换，颇费时间。设使前后二折，同是一脚色任之，衣饰服御，无一更换，犹可勉强而行，倘若必须更换，则万万来不及。前折下场，与后折上场，为时不过三五分钟，以极短极促之时间，而更换最难穿戴之服饰，虽十手犹不能为也。文人填词，能歌者已少，能知此理者，非曾经串演不能，故尤少也。往读名家传奇，此失独多。汤若士之《紫钗》，徐榆村之《镜光缘》，更多是病，此所以不能通常开演也。

（庚）**酌事实** 传奇家门，副末开场，必云演那朝故事，那本传奇。明人院本，无不如是也。其云故事，必系取古人事实谱之，非凭空结撰可知。顾文人好奇，喜作狡狯，于是有臆造之事，怪幻百出，以恣肆其文字者。盖古人往事,未便改易,填词者须以文就事,不可自行增损,不如臆造之可以举动自由也。惟当注意者,用故事则不可一事蹈虚,用臆造则一事不可征实,此当奉为科律。所谓一事不可蹈虚者,盖既用前人故事,是实有其人,实有其事矣,则凡时代、朋旧、舆地、盗贼、刀兵、衣服,及关涉其人一切诸事,皆当凿凿可据,虽在科诨之间,亦不可杜撰一语。此即实则实到底之谓也。所谓不可一事征实者,盖全本既纯是臆说,是其人其事已在子虚乌有之列,即使确考时地,终难取信,不若鼓我笔机,使通本可泣可歌之为愈也。此即虚则虚到底之谓也。虚实二义,填词者于未下笔时,必先认定,切莫自乱其例。旧传奇中,用故事最胜者,莫如《桃花扇》,用臆说最胜者,莫如《牡丹亭》。《桃花扇》所用事实,俱见明季人野史,卷首有考据数十条,东塘自记明晰矣。抑知记中所有纤小科诨,亦皆有所本乎?香君诨名"香扇坠",见《板桥杂记》。王铎楷书《燕子笺》,过藏无锡某官家。即如阮大铖之路毙仙霞岭,蓝田叔之寄居媚香楼,亦各有所本。盖几几乎无语不征实矣。《牡丹亭》杜丽娘以一梦感情,生死不渝,亦已动人情致,而又写道院幽媾之凄艳,野店合婚之潦草,无不入情入理。惟《虏谍》之立马吴山,李全之闹兵淮颖,则确有其事,但此为本书之辅佐,不足为全书之玷。二书一实一虚,各极其妙。余每读其文,辄有季札观止之叹,此亦天下之公论也。明人院本,颇喜采唐人小说,如梅鼎祚之《玉合记》(谱章台柳本事)、《昆仑奴》(谱红绡事),陆天池之《明珠记》(谱刘无双事),梅孝巳之《酒家佣》(谱李固之子李燮事),张凤翼之《红拂记》(谱李卫公事),皆取唐人本传点缀之,证确语妙,后之作者,不能及也。顾亦有至不堪者,若顾大典之《青衫记》(谱白太傅《琵琶行》事),汪廷讷之《狮吼记》(谱方山子陈季常事),令人不堪终卷矣。《青衫》以白乐天素眷此伎,中经丧乱,伎委身江西茶客,乐天送客浔阳,乃遇此伎,卒复团圆云云。通本荒唐,全无是处,虽承马东篱《青衫泪》之谬,然既改北为南,何不征引本传,撷拾元和年事,可以传信后人乎?《狮吼》以东坡《方山子传》为主,其中摹写惧内情形,至堪喷饭,且强拉东坡赠妾季常,柳氏阃威,无可发泄,愤怒成病,病中遍游地狱,知一生妒嫉,死后必受冥罚,遂幡然改悔,卒为贤妇。总其旨归,只因《方山子传》中,有"妻子奴婢皆有自得之意"一语,及苏诗"忽闻河东狮子吼,拄杖落地心茫然"二句,遂演出无数丑腔恶态,不谓才俭不可矣。是以词家所谱事实,宜合于情理之中,最妙以前人说部中可感可泣、有关风化之事,揆情度理,饰以文藻,则感动人心,改易风俗,其功可券也。且以愚意论之,用故事较臆造为易。何也?故事已有古人成作在前,其篇幅结构,不必自我用心,但就原文编次,自无前后不称之病,较之自造一事,须将事实布置妥帖者,其劳逸悬殊,事半功倍,此之谓也。

(二) 词采宜超妙

填词一道,本是词章家事,词采一层,盖无不优为之,顾亦有难言者。词之与诗,所用典雅各话头,尚有可以通用之处。试阅五季两宋之词,虽有工拙,而一言以蔽之曰:雅而已矣。曲则不然,有雅有俗。雅则非若诗馀之雅也,书卷典故,无一不可运用,而无一可以堆垛。即如清真词〔瑞龙吟〕之"断肠院落,一帘风絮",又〔琐窗寒〕之"风灯零乱,少年羁旅",此绝妙好辞也,试入之曲文中,则反嫌不称。以曲中所长,在乎超脱,正不必情韵含蓄胜人。至于俗亦非一味俚俗已也,俗中尤须有雅韵。盖净丑口吻,最难摹写,非若生旦,可以文言见长,身不读书,何必作才语相向乎?惟出语十分粗鄙,却又不登大雅之堂。若《南西厢》之《游殿闹斋》，《红梨》之《皂隶请宴》，但顾坐客之胡卢，不顾雅人之唾弃，则又不然。观昔人论诗馀之道，上不类诗，下不类曲，然则曲与词，本是截然不同。今人不知词曲之分，专以风云月露诸艳语点缀成套，自谓绝世佳文，直是南辕北辙。旧剧中如范香令《梦花酣》、《花筵赚》等曲，字字研炼，而复浑灏流转，此境未易学到。最不可解者，《水浒记·活捉》一折而已。《水浒》为吴门许自昌撰，不识何以贪用死书若此。其首曲云："马嵬埋玉，珠楼堕粉。玉镜鸾空尘影，莫愁敛恨，枉称南国佳人。便做蟹经獭髓，弦续鸾胶，怎济得鄂被炉香冷。可怜那章台人去也，一片尘。铜雀凄凉起暮云。听碧落，箫声隐。色丝谁续恹恹命，花不醉，下泉人。"此曲只"花不醉，下泉人"一语，却是绝妙文字，馀则以垛堆为能事，深无足取，一句一典，辞意已先晦涩矣。试问马嵬坡、绿珠楼、莫愁湖、獭髓、鸾胶及鄂君被、章台柳等故事，阎婆惜以不甚识字之女子，能否知之？且其中所押之韵，真文、庚亭，模糊一片，而犹有人目为妙文者，吾所不解也。然犹有可诿者，曲系旦儿，不妨用文言也。乃张文远以一衙门书吏，且又饰一副净，而其所填之曲，则又全是书卷。曲云："莫不是向坐怀柳下潜身？莫不是过南子户外停轮？莫不是携红拂越府奔？莫不是仙从少室，访孝廉封陟飞尘？"按曲中"坐怀不乱"是柳下惠事，"户外停轮"是蘧伯玉事，"红拂越府"是李卫公事，"封陟遇仙"是上元夫人事，张文远果知之否？且以副净脚色，而歌此典丽华赡之曲，合乎？否乎？此曲真无可解责矣。余非好与古人为难也，既为词人立一正鹄，自当举一正宗。雅则宜浅显，俗则宜蕴藉，此曲家所宜研究者也。一部传奇，短则十数折，长则数十折，每折又必须五六曲，若如许先生之语语用典，亦太费力。此则填词贵浅显之说也。传奇为警世之文，固宜彰善瘅恶，俾社会上有所裨益。顾注全力于劝善果报，则又未免有头巾腐气矣。传奇而有腐气,尚何文字之足论?欲免腐气,全在机神风趣。机者,传奇之精神;趣者,传奇之风致。少此二物,宛如泥人土马,有生形而无生气。作者逐句凑成,观者亦逐段记忆,此病犯者孔多,由于下笔之先,未将全部情由布置,而复贪作曲文故也。局机不整,通本减色矣。至于趣之一事,最难形容,无论艳情之曲,不可带道学语气,即如谈忠说孝,或摹写节烈之事,所作曲白,亦不可走到呆板一路。要使其人须眉如生,而又风趣悠然,方算出色当行之作。《桃花扇·沉江》一折,谱史可法死节,是何等惨事!而其曲云:"撇下俺断蓬船,丢下俺无家犬。"下文云:"看空江雪浪拍天,流不尽湘累怨。……累死英雄到此日,看江山换主,无可留恋。"又〔尾〕云:"山云变,江岸迁。一霎时忠魂不见。寒食何人知墓田?"读之令人慷慨泣下,无一语憔悴可怜,如见阁部从容就死之状。末云"寒食墓田",则又凄凉欲绝,感人心脾。无他,机趣流利也。若通首泛作名教中语,则反成一种不规则之格言,安能激动观场诸人之心乎?故填词者须有跌宕风流之致,虽存扶持名教之旨,切不可为迂腐可鄙之词。元陈刚中论人品,有云:"抑圣为狂,寓哭于笑。"作传奇者,亦须如是。此填词重机趣之说也。且一本传奇,至少须有七八人,说何人宜肖何人,议某事宜切某事,赋风不宜说月,赏花不宜说草,要使所填词曲宾白,确肖此人此事,为他人他事所不可移动,方为妙文。诗古文辞,总宜贴切,填词何独不然?同场大曲,如〔念奴娇序〕、〔梁州新郎〕之类,一部传中,尽有一二公共语,若合婚称庆诸作,可不具论,其他各曲虽一小引,或一过脉小曲,亦不可草草填去。试看《还魂记》老驼口中语,便可知矣。老驼在《牡丹亭》中,是一不甚重要之人,而记中凡涉老驼诸曲,如《决谒》、《索元》、《问路》等诸曲,竟无一字轻率者,可见作曲须切题也。《决谒》曲文云:"俺橐驼风味,种园家世,虽不能展脚伸腰,也和你鞠躬尽瘁。"句句是驼背口吻,能移他人口中否?又如蒋心馀之《九种曲》、《空谷香》与《香祖楼》所纪事迹,大致相同:若兰之与梦兰,同一薄命女子也;两家夫人,同一贤德淑媛也;孙虎与李蚓,同一继父也;红丝、高架,同一忠仆也。使各作一篇小传,尚难分别两样笔墨,况在传奇,洋洋洒洒成数十折之文章哉!乃各为写生,面目又各不同。若兰之语,偏移不得梦兰口中;梦兰之意,又移不得若兰心里。各有苦况,各有难处。此等妙曲,直可追步汤临川,岂独俯视阮百子?此无他,就各人情景,为之设身处地着想,故能亲切不浮如是也。此填词重贴切之说也。曰浅显,曰机趣,曰贴切,为词家所重要者。而要其指归,则在于入情入理,情理俱到,斯为上乘。盖情发一人之思,理穷万事之变,人伦日用之间,至有可记者,正不必索诸闻见之外,以荒唐文简陋也。惟尚有一事,词采上更当注意者,拗句是也。何谓拗句?即曲中偶有一二语,读之平仄拗戾,棘棘不能上口者是。凡遇此等句,填词时尤宜注意。如〔集贤宾〕之第一句,必须平平去上平去平;〔长拍〕之第六句,必须四上声字;〔下山虎〕平仄,一字不可更改。诸如此类,南曲谱中,皆注释详明,易于检讨。不过当作曲时,若作此等拗句,更宜加倍烹炼,而复出以自然而已。或曰:既须烹炼,又云自然,二事不类,何能并为一法乎?曰:君尝读"四梦"乎?《紫钗记》通本皆用此法也。其第一折〔玉芙蓉〕云:"椒花媚早春,屠苏偏让少年人。"〔簇御林〕云:"和东风吹绽了袍花衬。"〔尾〕云:"眉黄喜入春多分,酒冷香销少个人。"字字皆烹炼,字字皆自然也。盖烹炼者笔意,自然者笔机,意机交美,斯为妙句。若只顾烹炼,乃至语意晦塞,是违填词贵浅显之道矣。

(三) 宾白宜优美

自来填词，止重曲词，置宾白于不问，作者辄随笔杂凑，不能引起人优美观念。其意谓既是宾白，明言白文处于宾位，可以稍省心力也。且元人杂剧中，以宾白叙事，以词曲写情。每折之首，先将此一折中人出场齐备，说明事迹，而后作大套长曲。是故宾白仅供点清眉目之用，似乎不必求工。噫！为此说者，真谬见也。亦思元杂剧之演法，与近今传奇演法大异乎？歌者自歌，白者自白，一人居中，专司歌唱，其馀宾白诸人，环侍左右。先是司宾白者出场，使两旁分立，徐待一折中人登场齐集，然后正末登场，引吭高歌，众人或和歌，或介白。其有邦老、孛儿（邦老即南曲中之副净，孛儿即南词中之末、外），与正末为难事者，方出位演串，而旁侍者依然也，非若今日演戏之状也。据是则宾白在元剧，确为点清眉目而设，诚不必求工。即使每折抹去宾白，单读曲词，亦皆一气呵成，虽不用宾白，亦文理周匝。惟在今日，则情形不同。传奇一折，唱者多人，曲白既不分司，步立亦无定位。主戏固属费力，搭头亦要传神（俗以每折重要脚色为主戏，不重要诸人谓之搭头）。若宾白不工，则唱时可听，演时难看，且场面一冷，亦引不起曲情。此宾白不可不工者一也。元词用力在弦索，字多腔简，一人司唱，虽曲文甚长，亦可一泄而尽。至昆调悠扬，一字数转，数人分唱，仍苦其劳，曲中所有宾白，万不可少，一则节唱者之劳，二则宣曲文之意，非如元剧，止供和声介曲之用也。此宾白之不可不工者二也。元人各曲，善用腾挪之法，每一套中，其开首数曲，必装点饱满，而于本事上，入手时不即擒题，须至四五曲后，方才说到。是一套曲文，不啻一篇文字，不必上下文换一曲牌，更别换一意思也，故视宾白为无足轻重。南词则一套之中，唱者多人，意境势难合一，不独生旦同场，必须分清口角，即同是一生，同是一旦，措词亦须各有分寸，名为一套，实则一曲一意，而于关捩转折之处，能显其优美之趣者，全在宾白。设阳春白雪之曲词，而下里巴人之谈吐，不几令人失笑乎？且曲中词句，歌唱时丝竹嗷嘈，一时未必领会，十分佳妙，只显七分。若宾白则一字一语，人人皆知，不分雅俗，使翰苑衣冠而市井吐属，听者有不齿冷乎？况当笔酣墨饱之际，往往因得一二句好白，而使词句亦十分畅达，加倍生色者，是曲之佳否，亦系于宾白也。此宾白之不可不工者三也。惟宾白如何能工，则确有难言者。曲有谱韵可守，白文则无之；曲有平仄可遵，白则有时要分平仄，有时尽可不拘；即偶用小词小诗，又不妨袭用古人成作，或改易一二字，似乎做宾白较词曲为易。顾往往文人作传奇，曲则仍旧本歌唱，而宾白则全行移易。如《杀狗》、《寻亲》及《白兔》诸古本，其中宾白，几无一字相同者。何哉？盖由作者卑视宾白，且以轻心出之耳。宾白虽不论平仄，顾亦须协律调声。例如传奇第一折，长引子下，必有一段长白，俗名定场白。白中必有三四联四六句，语语须调平仄，此凡能作传奇者，无不知之矣。抑知宾白中调声协律之处，不独首折中之定场白乎？如上句末一字用平，则下句末一字必须要用仄，连用二平，则声音壅塞，不能动听矣。今试择一幼稚生，令读一篇四六文，必且对仗不整，平仄不协，上下倒置。夫平仄调协之四六文，使不明文理对仗者读之，犹且动辄乖方，况伶人本无文理，而以平仄不合之宾白，责诸以委宛动人，不几如却行求前哉？夫歌舞之佳与不佳，为伶人之责；文字之合用不合用，此是文人之责，不能全委诸优人也。或曰：子言宾白亦须调协平仄，敬闻命矣，何以又言有时不分也？曰：皆是也。传奇中情节错杂，往往限于事实，不尽可绳以平仄，此亦应变从权之道。

又丑净花面口吻，亦有谐合平仄，反觉斯文周身不称者。此中变换之妙，操纵在心，不可以言语传也。总之，生旦之白宜谐，净丑之白宜宽，会心人自能领悟耳。此宾白须谐平仄之说也。传奇中之有生旦与净丑，所以分别君子小人，使人一望而知贤不肖也。是故作生旦之曲白，务求其雅，作净丑之曲白，务求其俗。谚语云"作那等人，说那等话"，此语竟似专为传奇而发。无论彼立心端正者，我当设身处地，代生端正之思，即遇立心邪僻者，我亦当舍经从权，暂作邪僻之想。要须心曲隐微，随口唾出，如吴道子之写生，须眉毕现，斯为得之。顾如近世词家，摹写生旦，则夐乎莫尚；规模净丑，则戞乎其难。此无他，因填词者系文人，只能就风雅一方面着想。若净丑，则龌龊琐碎，颇难下笔，非惟书卷气息，一些都不能阑入笔端，即如诗头曲尾、市井猥谈，下至签诀、星历、卜筮、千字文、百家姓、八股、尺牍等，一切无谓之口头禅语，无一不当熟悉。故净丑曲文，已倍难于生旦，而其宾白，则难之又难。此所以净丑曲白，工者少也。余谓净丑曲白，不作则已，作则勿畏其难，务求其肖。体贴物情，摹写世态，一字不安，立时改易。此宾白须肖似之说也。又传奇中南北各曲，用法无定，则宾白中字音，亦须依曲之南北，而分定其声音。何也？北曲有北音之字，南曲有南音之字。今人但知曲内宜分，不知白随曲转，不应两截乎？此折为南曲，则宾白悉当用南音；此折为北曲，则宾白悉当用北音。今人念北曲中宾白，辄以南音就之，歌场颇多，殊堪发噱。玉茗《邯郸·度世》一折（俗名《扫花三醉》），此北曲也。开场吕纯阳一段定场白，字字应作北音（北音非北京话），至于入声诸字，尤须谨严。白中自"蓬岛何曾见一人"起，至"何姑笑舞而来"云云，不下四百馀字。如此长白，原是费力，乃今之歌者，满口胡柴，实是梦呓。余此说，为全套南曲与全套北曲言之，若南北合套，则可以不拘（南北合套为元末沈和所创)。是宾白之字音宜慎也。我国幅员广大,言语颇难一致。吴越方言,不通于秦晋;燕齐土语,又不通于关陇。填词家局故乡之闻见,肆梓里之科诨,乃至听者茫然,不能一解人颐者,多用方言之过也。余以为填词用韵,既一本《中州》,则宾白亦当以中州音为断。院本中净丑口角,往往以苏州口语出之,亦是厌套。此以填词者南人居多,而南人中又以苏人为多,生此一方,未免为一方所囿,故摇笔即来,一也。净丑口角,其出语总以发笑为主,填词者既系南人,自当取悦乡人之耳,若用中州之音,恐听者未必雅俗俱解,二也。不知曲中韵律,既不专用乡音,则白中字眼,亦当一律,曲白两音,终非所宜。但使作者于宾白及科介之际,将乡土之语,逐一检点删削,则自无此等病矣。此宾白之方言宜少也。以上数则,皆填词者应守者,既备述于右。尚有一事,则剧中一切科诨处也。科诨之道,虽不可雅,雅则令人难解,然亦不可太俗,俗则令人欲呕。前人院本,遇科诨处,辄书"随意作科诨"数字,令伶工自作,俾得即景言情,可以一新耳目。但今伶工,辄不能文,于作者之旨,不能领会,点金成铁,所在多有。惟孔东堂《桃花扇》科诨,出自己作,不许伶人增损,其意诚是,然通本殊少解颐语。此以知科诨虽小道,其难且过填词也。今人逢科诨,往往作淫亵语,以便引人发笑。有房中不能出口之语,公然播诸大庭广众之前者,此亦有关风化也,亟宜避去。

第七章　作法下

南曲自梁、魏创立水磨调后,其作法大有变革。良辅仅点《琵琶记》板,而不点《幽闺记》板(《幽闺》为施君美作。君美名惠)。故词家宜恪守《琵琶》。惟东嘉用韵夹杂,不尽可依,取舍从违之际,颇费裁酌,非老于词学者,不无窒碍。旧谱中最知名者,曰《南音三籁》,曰《骷髅格》,曰《九宫谱》,俱不盛传。惟沈宁庵之《南九宫谱》,沈伯明之《南词新谱》,藏书家间有储弆者,顾亦不多见矣。余谓诸谱论词句之格式虽详,而于填词时按谱寻声之道,尚未深论,是犹有罅漏也。康熙时《南词定律》一书,考订最精,填词者当以此为样本(今人填词,率取旧本传奇,如《西厢记》、《牡丹亭》、《桃花扇》数部作样本,或取《长生殿》与《倚晴七种》者亦有之。余谓《牡丹亭》衬字太多,《桃花扇》平仄欠合,皆未便效法,惟学《长生殿》,尚无纰缪),庶有所依据,不误歧途也。尚有数事,为备论之。

(一) 词牌之体式宜别也

词牌诸名,备载各谱。兹所谓体式者,盖自来沿误之处,自应辨别而已。每一牌必有一定之声,移动不得些微。往往有标名某宫某曲,而所作句法,全非本调者,令人无从制谱,此不得以"不知音"三字诿罪也。(此误《牡丹亭》最多,多一句,少一句,触目皆是,故叶怀庭改作集曲。）又传奇情节，某处宜悲戚，某处宜欢乐，某处宜用急曲，某处宜用慢曲，皆各视戏情酌用之。今一切不论，任取一曲填之，以致丑角或唱〔懒画眉〕，生旦反用〔普贤歌〕，张冠李戴，实为笑柄。故体式不可不知。今略举数例。如〔点绛唇〕，引子也，南曲中属于黄钟宫也。《琵琶·陈情》（俗名《辞朝》）折内云："月淡星稀，建章宫里千门晓。御炉烟袅，隐隐鸣梢杳。"此真黄钟引子之正格，故"建章宫里"之"里"字，并不押韵，显与北曲之仙吕〔点绛唇〕大异也。顾今之歌者，皆用六凡工度之，则南词之黄钟〔点绛唇〕，尽变为仙吕〔点绛唇〕矣。又如正宫〔倾杯序〕，其第一句为四字叶韵者，元人所作，无不如是也。至明景泰时，邱琼山所作之《纲常记》，用〔倾杯序〕，第一句为"步蹑云霄句际圣朝读叨沐恩波浩句"，此正元调体式。不知何人，妄以此二句，改作"步蹑云霄际圣朝句叨沐恩波浩句"，既不顾文理，又不顾句法，直至今日，牢不可破。即淹雅如杨升庵，亦承其讹。升庵《陶情乐府》内，〔倾杯序〕云："隔墙新月上梅花句绣阁吹灯罢。"可知此误由来旧矣。又如〔针线箱〕与〔解三酲〕，其实一牌也。〔针线箱〕八句二十八板，〔解三酲〕亦八句二十八板。其所以名〔针线箱〕者，实始于古曲《东墙记》。词云："为薄情使人萦系。终日把围屏闷倚。恹恹顿觉贪春睡，一日瘦如一日。有时重整残针指，拈起东来忘却西。香闺里，无言空对，针线箱儿。"（词中点画处为板，、为头板，凵为腰板，－为截板）因末句有"针线箱"三字，遂以为名，其实与〔解三酲〕有何区别？昧者以〔解三酲〕属仙吕，以〔针线箱〕属南吕，殊不知笛色同用六调，如何能入仙吕？此大愦愦也。又如《西厢》之《佳期》折，所用〔十二红〕（即"小姐小姐多丰采"一支），系仙吕集曲，非商调集曲，其第一牌〔醉扶归〕，是仙吕宫也。（凡集曲总以第一牌为标准，第一牌为某宫，则以下诸曲,宜均在此宫,若犯别调之曲,亦须取笛色相同者。)既是仙吕,则笛色当用小工,今律以所犯牌名,杂出不伦,纰缪甚多,且笛色又用凡字调,则一若南吕宫矣。叶怀庭云:"《佳期》曲刺谬不少,今骤然订正,恐有郢客寡和之憾,姑仍旧贯,识者无讥。"则此曲之误,怀庭固知之焉。李笠翁讥此曲为鄙俗,犹从文字着想,实则岂仅"鄙俗"二字足蔽之哉!《南词定律》以此曲属仙吕犯调,确当不易,并分注各牌,以〔醉扶归〕、〔惜黄花〕、〔皂罗袍〕、〔傍妆台〕、〔耍鲍老〕、〔罗帐里坐〕、〔江儿水〕、〔玉娇枝〕、〔山坡羊〕、〔东瓯令〕、〔排歌〕、〔太平歌〕诸名,逐句配合,尤为允惬。)诸如此类,不胜枚举,取其最著者言之,已如此繁夥矣。

(二)曲音之卑亢宜调也

南曲之声,最易辨析,而亦最不易辨析。何也?以宫调论,则每宫有每宫之声,至易分辨。以每支论,则同属一宫之曲,其声有不能分辨者,要在句法板式之间,寻其异同之处而已。如〔忒忒令〕之与〔园林好〕,〔莺啼序〕之与〔集贤宾〕,〔好事近〕之与〔泣颜回〕,乍听其声,几难分别,直至察其板式,乃能清晰。故填词家凡遇声音相类之曲,其四声阴阳,宁守定旧谱,可免舛错。大抵字音与曲调,鏊然相反。四声中字音,以上声为最高,而在曲调中,则上声诸字,反处极低之度。又去声之音,读之似觉最低,不知在曲调中,则去声最易发调,最易动听。故逢去上两字连用之处(谓一句中相连处),用去上者最佳,用上去者次之,所谓卑亢之间,最难联贯也。凡事自上而下较易,自下而上较难。自去声至上声,由上而下也;自上声至去声,由下而上也。所以去上之声,必优于上去。总之,就曲调之高低,以律字音之卑亢,调之低者,宜用上声字,调之高者,宜用去声字,总以文字优美为旨。能上声字少用,则所填诸词,无不可被弦管矣。

更有一事当注意者,前曲与后曲联缀之处,不独与别宫曲联络,有卑亢不相入之理,即同宫同调,亦有高低不同者。同一双调也,〔步步娇〕之高亢,与〔朝元令〕之低抑,相去不可以道里计也。故自来曲家,卒未有以此二曲联为一套者。《牡丹亭·冥誓》折,所用诸曲,有仙吕者,有黄钟者,强联一处,杂出无序,《纳书楹》节去数曲,始合管弦。以若士之才,而疏于曲律如是,甚矣填词之难也!

(三) 曲中之板式宜检也

板拍所以为曲中之节奏,北曲无定式,视文字中衬字之多少为衡,所谓死腔活板是也。南曲则每宫每支,除引子及〔本宫赚〕、〔不是路〕外,无一不立有定式。如仙吕宫之〔河传序〕共三十二板,〔桂枝香〕二十三板,其下板处,各有一定不可移动之处,谓之板式。(每曲第几字下板,毫无假借。)文人善歌者少,往往不明板式之理,或任意多加衬字(衬字详后文"十知"篇中),以至上一板与下一板,相隔太远,遂令唱者赶板不及,甚则落出腔调者,皆填词时不检板式之病也。欲免此病,只在未填词之先,将欲填之曲检出,细察此曲之板式,其疏密若何。若板式至简,或上句之末一板,与下句之第一板,中间间隔多字者,则下句之首,万不可再加衬字矣。今姑举一例以明之。如仙吕〔桂枝香〕,共十一句廿三板,《琵琶·拒婚》折云:"书生愚见,忒不通变。不肯坦腹东床,漫自去哀求金殿。想他们就里,他们就里,将人轻贱。非爹胡缠,怕被人传。相府公侯女,不能嫁状元。"第一句"书生愚见"与第二句"忒不通变",下板处,同在第一字与第四字上,而"见"字一板,与"忒"字一板,恰好相联。故〔桂枝香〕曲第二句上,不妨加几个衬字,歌时两板相去甚近,尽赶得上板也。"将人轻贱","非爹胡缠"二句,亦然。而"被人传"之"被"字一板,与上句"缠"字一板,又是相联,亦可加入衬字。"相府公侯女,不能嫁状元"二句,其"女"字一板,与"不"字一板,又是相联,亦可加入衬字。再以《红梨·亭会》折证之,自豁然矣。词云:"月圆明镜,好笑我贪杯酩酊。忽听窗外喁喁,似唤我玉人名姓。我魂飞魄惊,我魂飞魄惊。便欲私窥动静。争奈我酒魂难定,我睡薯腾,只落得细数三更漏,长吁千百声。"词中所用"好笑我"、"便欲"、"争奈我"、"只落得"诸字,皆是衬字,皆就板式紧密处加入之。歌者全不费力,且反有疏密清逸之致,此真词林老手也。(《红梨》为明徐复祚撰。复祚字阳初,自号洛诵生。常熟人。所作颇多,以《一文钱》、《红梨》为佳。)

(四)曲牌之套数宜酌也

南曲套数,至无一定,然自梁伯龙《江东白苎》词后,其联络贯串处,又似有一定不可更改之处。大抵小出可以不拘(所谓小出者,为丑净过脉戏,俗谓之饶戏,或用〔驻云飞〕数支,每支换韵者,如《长生殿·看袜》之类,或用〔水底鱼〕数支,有换韵有不换韵,《长生殿·陷关》之类是也),大出则全套曲牌,各有定次,前后联串,不能倒置。(若用集曲,则亦可不拘,如《独占》之〔十二红〕,散曲之〔巫山十二峰〕,《思乡》之〔雁鱼锦〕是也。)作者顺其次序,按谱填之,不可自作聪明,致有冠履倒易之诮。惟用同牌曲四支,与〔换头〕并用者,则〔尾声〕可以不用矣。《琵琶》中如《规奴》之〔祝英台〕四支,《梳妆》之〔风云会四朝元〕四支,《登程》之〔甘州歌〕四支,及《紫钗》中《插钗》之〔绵搭絮〕四支皆是也。顾间亦有用〔尾声〕者,文人笔墨歌舞之际,一时收束不来,明知破例为之而已。盖南曲套数之收束,全在〔尾声〕之得宜。沈宁庵作《南曲谱》,其于〔尾声〕,再三注意。词人填词时,至〔尾声〕处,已是强弩之末,其能兴会淋漓,如前所云收束不来者,十中难见一二也。故填词家若欲套数得宜,牌名匀称者,宜取元明以来传奇、散曲效法之。所谓效法者,当择传奇、散曲中之佳者,如《琵琶》、《幽闺》、《浣纱》诸记是也。先将戏中情节悲欢喜怒之异,辨析清楚,然后择定用某宫某套(如仙吕宫之〔忒忒令〕一套"宜清新绵邈",越调之〔小桃红〕一套宜"淘写冷笑",皆详《南曲谱》中),再将《南词定律》,检出所用各曲,依谱填之,则自无位置舛错之病。虽然,此特为守定旧谱成套而言也,若欲自立新套,则〔尾声〕不可不注重矣。即如仙吕一宫,其旧套所存者尚多,如〔步步娇〕、〔醉扶归〕、〔皂罗袍〕、〔好姐姐〕、〔尾声〕一套,或〔忒忒令〕一套,或〔叠字锦〕一套,普通所用者,不下六七套。至于自联套数,则前后位置,颇宜斟酌,而〔尾声〕平仄,尤须因时制宜,不可拘定旧式焉。大抵曲有粗细,细者可用赠板,宜置前列,粗者仅用正板,宜列后幅,〔尾声〕则视所用宫调为准。说详后"十知"篇。(凡〔尾声〕,总用十二板,无论句法若何,统计总不出此数,故又谓〔十二时〕,又谓〔意不尽〕。)

　　以上四条,为南曲家必须留意处,非谓以此范天下之人也。套式之最不可遵守者,莫如李日华之《南西厢》。何也?《西厢》之所以改为南曲者,以王实甫北词,止便于弦索,不利于笙笛,止便于弋阳俗腔,不利于昆调雅奏。日华即以北词之句读,改为南词之音律,可谓煞费苦心。顾以字句之勉强,本宫套中不能联络者,往往借别宫调中与北词原文句法相类之曲(如〔寄生草〕改为〔江儿水〕之类),任填一曲,乃至套式前后,高亢不伦,一折之中,出宫犯调,至少终有一二处。学者苟照此填词,未有不声律怪异者,万不可从。

第八章　论韵

欲明曲韵者,先须识声、音、韵三说。盖一字之成,必有首、有腹、有尾。声者,出声也,是字之首。孟子云:"金声而玉振之。"声之为名,盖始事也。音者,度音也,是字之腹。韵者,收韵也,是字之尾,故曰馀韵。三者之中,韵居其殿而最为要。凡字之有韵,如水之趋海,其势始定。故古来律学之士,于声与音,虽讨论至精,而唯审韵,尤兢兢焉。然韵理精微,而法又烦苛。又古今诗骚词曲,体质不同,因造损益,相沿亦异,拟为指示,益增眩惑。今姑以唐人诗韵为准,而约以六条,简之则统韵之繁,精之则悉韵之变,标位明白,庶便通晓。一曰穿鼻,二曰展辅,三曰敛唇,四曰抵腭,五曰直喉,六曰闭口。穿鼻者,口中得字之后,其音必更穿鼻而出,作收韵也,东、冬、江、阳、庚、青、蒸七韵是也。展辅者,口之两旁角为辅,凡字出口之后,必展开两辅,微如笑状,作收韵也,支、微、齐、佳、灰五韵是也。敛唇者,口半启半闭,聚敛其唇,作收韵也,鱼、虞、萧、肴、豪、尤六韵是也。抵腭者,其字将终时,以舌抵上腭,作收韵也,真、文、元、寒、删、先六韵是也。直喉者,收韵直如本音者也,歌、麻二韵是也。闭口者,却闭其口,作收韵也,侵、覃、盐、咸四韵是也。凡三十平声已尽于此,上去即可缘是推之。唯入声有异。因列《唐人韵四声表》以钩稽之,斯理尽矣。凡是六条,其本条之内,往往可通,其外者即不相借假。或有通者,必竟作别读,乃相通耳。古今韵学,离合递变,原其大略,不外于斯。能缘是六条，极求精诣，一贯之悟，于是乎在。因先列唐人韵目，后列四声表。

唐人韵目

上平声十五部：据孙愐《唐韵》目而更详唐人所并用者，凡一百零七部。一东、二冬钟并用、三江、四支脂之并用、五微、六鱼、七虞模并用、八齐、九佳皆并用、十灰咍并用、十一真谆臻殷并用、十二文、十三元魂痕并用、十四寒桓并用、十五删山并用。

下平声十五部：一先仙并用、二萧宵并用、三肴、四豪、五歌戈并用、六麻、七阳唐并用、八庚耕清并用、九青、十蒸登并用、十一尤侯幽并用、十二侵、十三覃谈并用、十四盐添严并用、十五咸衔凡并用。

上声三十部：一董、二肿、三讲、四纸旨止并用、五尾、六语、七麌姥并用、八荠、九蟹、十贿海并用、十一轸准隐并用、十二吻、十三阮、十四旱缓并用、十五潸、十六铣狝并用、十七筱小并用、十八巧、十九皓、二十哿果并用、二十一马、二十二养荡并用、二十三梗耿静并用、二十四迥、二十五拯等并用、二十六有厚黝并用、二十七寝、二十八敢、二十九琰忝俨并用、三十豏槛范并用。

去声三十部：一送、二宋用并用、三绛、四寘至志并用、五未、六御、七遇暮并用、八霁祭并用、九泰卦怪夬并用、十队代废并用、十一震稕焮并用、十二问、十三愿恩恨并用、十四翰换并用、十五谏裥并用、十六霰线并用、十七啸笑并用、十八效、十九号、二十箇过并用、二十一祃、二十二漾宕并用、二十三映净劲并用、二十四径、二十五证嶝并用、二十六宥候幼并用、二十七沁、二十八勘阚并用、二十九艳㮇酽并用、三十陷鉴梵并用。

入声十七部：一屋、二沃烛并用、三觉、四质术栉并用、五物迄并用、六月没并用、七曷末并用、八黠鎋并用、九屑薛并用、十药铎并用、十一陌麦昔并用、十二锡、十三职德并用、十四缉、十五合盍并用、十六叶帖业并用、十七洽狎乏并用。

称唐人韵者,别于孙愐之《唐韵》也。愐韵本冬复有钟,支复有脂之者,殆是沈约之古本。今既并用,为一百七部,平三十;上三十,去三十,入十七。细案唐人用韵,无弗相符,故列其目。

唐人韵四声表

	平	上	去	入	
穿鼻	东	董	送		入声无穿鼻韵
穿鼻	冬	肿	宋		入声无穿鼻韵
穿鼻	江	讲	绛		入声无穿鼻韵
展辅	支	纸	寘	质陌职	质陌职俱承寘,陌又承泰,职又承泰、又承队
展辅	微	尾	未	物	
敛唇	鱼	语	御	药	药两承御遇,又三承啸效号
敛唇	虞	麌	遇		
展辅	齐	荠	霁	月屑锡	月屑锡俱承霁,月又承队
展辅	佳	蟹	泰	陌职	陌职俱承泰,陌又承寘,职又承寘、又承队
展辅	灰	贿	队	月职	月职俱承队,月又承霁,职又承寘、又承泰
抵腭	真	轸	震		入声无抵腭韵
抵腭	文	吻	问		入声无抵腭韵
抵腭	元	阮	愿		入声无抵腭韵
抵腭	寒	旱	翰		入声无抵腭韵
抵腭	删	潸	谏		入声无抵腭韵
抵腭	先	铣	霰		入声无抵腭韵
敛唇	萧	筱	啸	沃觉药	沃觉药俱三承啸效号,药又两承御遇(沃觉药派入萧肴豪内皆可通用)
敛唇	肴	巧	效		
敛唇	豪	皓	号		
直喉	歌	哿	个	曷	
直喉	麻	马	祃	黠	
穿鼻	阳	养	漾		入声无穿鼻韵

续表

	平	上	去	入	
穿鼻	庚	梗	映		入声无穿鼻韵
穿鼻	青	迥	径		入声无穿鼻韵
穿鼻	蒸	拯	证		入声无穿鼻韵
敛唇	尤	有	宥	屋	
闭口	侵	寝	沁	缉	
闭口	覃	感	勘	合	
闭口	盐	琰	艳	叶	
闭口	咸	豏	陷	洽	

四声表者，统四声于六条者也。六条者，穿鼻，展辅之分，计凡六也。何以托诸《唐韵》？因古近之适中也。其法一经一纬，六条为经，四声纬之。其表韵之理有二，一曰案文，二曰寻声。夫穿鼻，抵腭无入，故入之部少。然入与三声，又不相为伦，故表韵莫难于判入。质之承寘，显矣，犹亲嫡也。质去声为交质之质，即四寘之音也。郅侄之属从至，崒崪之属从粹，此案文得之也。思入为虱，离入为栗，此寻声得之也。陌则半寘半泰，何也？易，即容易之易为入也。刺，即刺客之刺为入也。此从寘来者也。画之去声在泰，陌有益嗌，泰有隘搤，文与声俱近也。又如白伯魄客之属，曲韵俱派入皆来。而曲韵皆来，即诗韵佳灰，又可引伸其类者也。夫泰佳之裔也，此所以半寘半泰也。职则半寘半泰半队，何也？食织之去声皆在寘，而亿臆从意，意亦寘也。北塞之去声皆在队，而色侧测墨之属，曲韵亦俱派入皆来。而曲韵皆来，即诗韵佳灰，泰与队，俱灰之裔也。此所以半寘半泰半队也。物微之入也，亦可以寻声得之也。尉也乞也，亦未亦物，此可以案文得之也。药，鱼虞之入也。朝列之位为著，而著亦入药。汉廉范之谣曰："廉叔度，来何莫。不禁火，民安作。昔无襦，今五

裤。""度"、"莫"、"作"皆入药也。去之御遇,即平之鱼虞也。药又承萧肴豪,何也?二萧有熇,而熇亦入药,十八啸有约有爚,而约爚亦入药,十九效有乐,而乐亦入药,二十号有凿,而凿亦入药,此其验也。月承霁又承队,何也?厥、揭,霁之入也。字,队之入也。屑锡之俱承霁者何?切、契、闭、说从霁来入屑者也。梁沈约《郊居赋》曰:"雌霓连蜷","霓"从齐来入锡者也。从齐,即从霁也。泰承蟹不承贿,贿之于队,犹蟹之于泰也,皆亲嫡也。一屋二沃,音本相近,而以沃承啸效号,何也?沃从夭也,鹄从告也,襮从暴也,纛告之去声入号,皆其验也。觉之承啸效号也,燋从焦也,箾从筲也,雹从包也,觉乐之去声入效也,皆其验也。歌之入为曷,而麻之入为黠也。古曲如渴字、喝字、葛字、割字、抹字、阔字、活字、夺字、脱字、豁字,皆七曷也,而唱入歌戈。八黠则读之自与六麻叶,可亡论已。屋之承宥何也?读音豆也,蔌音蒌也,柚音狄也,肉音輮也,宿音秀也,缪音谬也,皆其一系相承者也。《王风》:"中谷有蓷,暵其修矣。有女仳离,条其啸矣。条其啸矣,遇人之不淑矣。""修"、"淑"相叶,此古文可证也。北人呼六为溜,此方音可证也。缉、合、叶、洽四入声皆闭口,据柴氏《古韵通》之言,使缉非闭口必入职,使合洽非闭口必入黠,使叶非闭口必入屑。今皆别隶者,正与沁、勘、艳、陷相贯联,皆闭口矣。平上去相承易晓,而穿鼻、抵腭无入声,故无论焉。然声音万变而韵无方,未可摘次以求,辄约略其端,以俟神解。

  尚有注意者,南曲入声,俱可单押,不必叶入平上去三声是也。或有谓单押处,仍作三声唱。如〔画眉序〕单押入声,首句韵便应作平声唱,末句韵便应作去声唱。〔绛都春序〕单押入声者,首句韵便应作上声唱,是仍以入作平上去,何不仍隶入三声中邪?不知北曲之以入隶于三声也,音变腔不变。如元人《张天师》剧〔一枝花〕"老老实实",

"实"字《中原音韵》作平声,绳知切,是变音也。〔一枝花〕第五句,谱原应用平声,而此处恰填平字,平声字以平声腔唱,是不须变腔也。《东堂老》〔醉春风〕"倘来之物","物"字《中原》作务,是变音也。〔醉春风〕末句韵,谱应去声,而此处恰填去字,去声字以去声腔唱,是不须变腔者也。若南曲〔画眉序〕,《明珠记》"金盏泛蒲绿","绿"字直作绿音,不必如北之作虑,此不变音也。〔画眉序〕首句韵应是平声,歌者虽以入声吐字,而仍须微以平声作腔也,此变腔也。其〔尾声〕云:"可惜明朝又初六","六"字竟作六音,不必如北之作溜,此不变音也。然〔画眉序〕〔尾声〕末句韵,应是平声,则歌者虽以入声吐字,而仍须微以平声作腔者也。此北之与南,虽均有入作三声之法,而实殊者也。又北曲之以入隶三声有定,如某入声字作平声,某入声字作上,某入声字作去,一定不移。若南之以入唱作三声也,无一定法,凡入声字俱可以作平、作上、作去,但随谱耳。如用縠字,而此字谱当是平声,则吐字唱縠,而作腔便可唱如窝;谱当上声,则吐字唱縠,而作腔便可唱如窝之上声;谱当去声,则吐字唱縠,而作腔便可唱如窝之去声,非如北曲縠字之定作古也。馀皆可推。此又与北曲殊者也。故混入三声,则与北曲无别,且亦难于分派。若如北曲法,竟废却入声,又四声不完,所以别出单押之法,而随谱变腔为定也。又南曲系本填词而来,词家原备有四声,而平上去韵可以通用,入声韵则独用,不溷三声。今南曲亦通三声,而单押入声,正与填词家法吻合,益明源流之有自矣。

第九章 正讹

　　戏曲有相传既久,致讹字间出,或系刻本之误,或为俗子所改,致撰人叫屈,识者贻噱,不一而足。如《西厢》"风欠酸丁"之"欠",俗子作耍字音,至去其字之转笔处一"丿",并字形亦为改削,不知字书从无此字。元贾仲名《萧淑兰》剧〔寄生草〕曲:"改不了强去声文憋醋饥寒脸,音敛,不作检音。断不了诗云子曰酸风欠,离不了之乎者也腌穷俭。"以"欠"与"脸"、"俭"叶韵,明白可证。盖起于南人但知有"风耍"俗语,不知北音,遂妄倡是说。不意金在衡辈,亦为所误,记之正讹。夫使果为"风耍"之义,何不径用"耍"字,而以"欠"字代之耶?其在《琵琶记》者尤多。如《请粮》〔普天乐〕,原以家麻、歌戈二韵通用。其云:"岂忍见公婆受饿",正与上"弟和兄更没一个",下"直恁摧挫"相叶,却改作"受馁"。又有从而附和之者,以为避俗。夫《琵琶》久用本色语矣,"饿"字亦何俗之有,乃妄改之,而反以不韵为快耶?《成亲》〔女冠子引〕"丈夫得志佳婿乘龙",与上下入声"簇"、"促"韵全不叶,或改作"坦腹",于韵是矣,而与后之"兀的东床难教我坦腹",又犯重复,直是难择,则是东嘉自误。〔双声子〕"娘介福",用《诗经》语,俗子改作"分福",以不识"介"字义,又与"分"字字形相近之故,后复改作"万福",又"万"与"分"相近之故也。《剪发》〔香罗带〕第三调:"堪怜愚妇人",下当云"单身又贫","贫"却易为"穷",亦误。记中每对偶甚整,或谓"孔雀屏开",当作"开屏",与下"芙蓉隐褥"相对,此词隐于考误已正之矣。又尝疑"新篁池阁"、"槐阴庭院"二语,"槐阴"与"新篁"不对,必有误字。"新篁"当以"高槐"为对乃的,孟郊诗"高槐结浮阴",非无出也。即此曲,前云"深院荷香满",又"只管打扇与烧香",又"一架荼蘼满院香",下又云"香肌无暑",又"一点风来暗香满",又"香奁日永",又"香消宝篆沉烟",又"怎还得黄香愿",又"猛然心地热透香汗",又"只觉荷香十里",又"清香泻下琼珠贱",连用十一"香"字,重叠之甚。而"香满"、"香奁"、"香消"三句叠用,尤为不妥。有改"香奁"作"湘帘"者,与上"蔷薇帘幕"又重,不可强为之解。本折落场诗"欢娱休问夜如何,此景良宵能几何。"两"何"字亦重,下"何"字盖"多"字之误耳。他如《明珠记》〔二郎神换头〕"果然是萍水相遭",与上文之"问分晓",下文之"郎年少"相叶,因坊本误刻,而皆唱作"相逢"。又《红拂记》〔古轮台〕"刺船陈儒","刺"字或作次音,或作辣音,皆非,当音作戚。陈儒谓陈平也,刺船事见《史记》,却无正音。《庄子・渔父篇》注音戚,此可为证。〔懒画眉〕"只得颠倒衣裳试觑渠","倒"字皆唱作上声。夫去声则颠倒之义也,上声则倾倒之倒,于义不协矣。此则起于朱子注诗,《诗》言:"东方未明,颠倒衣裳。颠之倒之,自公召之。"下"颠之倒之",即复说上文"颠倒"二字之辞,其实一也。却于上"倒"字音作上声,而下"倒"字音作去声,此何说也?又"撇道",北人调侃说脚也。汤海若《还魂记》末折"把那撇道儿搭长舌楂",是以"撇道"认作嗓子也,误甚。又散套"窥青眼"曲〔白练序换头〕"萧郎信渺茫下",旧谱原作"还追想当年处士庄",《词选》作"漫留下当年系马桩",俚甚,非。白语"眼望旌节旗,耳听好消息",出元人杂剧,今皆讹作"旌捷旗",然似不如"捷旌旗",与下"好消息"对为的。"凭君走到夜摩天","夜摩天"语出《藏经》,今皆讹作"焰摩天"。"不如意事常八九,可与言人无二三",谓可与语言之人难得也,今讹作"可与人言"。"两叶浮萍归大海",盖本白乐天"与君何处重相遇,两叶浮萍大海中"诗语。词隐唱曲当知,以为非是,或偶未见此诗耳。大抵刻本中误处,须以意理会,不可因仍其误。彼优人俗子,既不能晓,吾辈又不为是正,几何不令千古聩聩耶?

第十章　务头

务头之说,《中原音韵》于北曲胪列甚详,南曲则绝无语及。沈宁庵作《南曲谱》,但注意于去上之间,未尝斟酌此事。鞠通《新谱》,多取新声,而此意亦未论定,实一大缺点也。南北词总是一法,凡调中最紧要句字,揭起其音,而宛转其词,如俗所谓做腔处,每调或一句或二三句,每句或一字或二三字,即是务头。旧传〔黄莺儿〕第一七字句,〔皂罗袍〕第七句是务头。古人凡遇务头,皆施俊语,或用古人成语一句在上,昔人所谓如众星中显一月之孤明也。今以周德清之言释之。其言曰:"要知某调某句某字是务头,可施俊语于其上。"据此则每调务头,皆有定式。顾周氏书中,所列定格四十首,则又不尽然,往往注明务头在第几句上,又似可随意通融者。盖务头者,曲中平上去三音联串之处也。如七字句,则第三、第四、第五之三字,不可用同音。大抵阳去与阴上相联,阴上与阳平相联,或阴去与阳上相联,阳上与阴平相联。每一曲中必须有三音或二音相联之一二语,此即务头处也。(此就北曲言,与前《阴阳》篇中所论南曲不同。)即就周氏定格证之。如白仁甫〔寄生草〕曲云:"长醉后方何碍,不醒时有甚思。糟醃两个功名字,醅渰千古朝廷事,麴埋万丈虹蜺志。不达时皆笑屈原非,但知音尽说陶潜是。"词中用"醒时"二字,为阴上与阳平相联;"古朝"与"屈原"(屈作上)四字,亦然;"有甚"二字,为阴上与阳去;

"尽说陶"三字,为阳去阴上阳平,皆是务头也。又〔醉中天〕云:"疑是杨妃在,怎脱马嵬灾。曾与明皇捧砚来,美脸风流杀。叵奈挥毫李白,觑着娇态,洒松烟点破桃腮。"此咏佳人黑痣,词极佳妙。"马嵬"、"与明"四字,为阴上阳平;"捧砚"、"点破"为阴上阳去,皆是务头也。又宫大用〔醉扶归〕云:"十指如枯笋,和袖捧金尊。挡煞银筝事不真,揉痒天生钝。纵有相思泪痕,索把拳头揾。"词中"指如"、"煞银"、"把拳"六字,皆阴上阳平;"事不真"则阳去阴上阴平,皆是务头。故周氏所谓"要知某调某句某字是务头"者,盖填词时宜知某调某句某字是务头也,即谓当先自定以某句某字为务头,为之定上去、析阴阳也。所谓"可施俊语于其上"者,盖务头上须用俊语实之,不可拘牵四声阴阳之故,遂至文理不顺也。南曲则宁庵谱中所注去上、上去诸处,即可作为务头,皆当恪守之,再取合律好曲,反复歌唱,谛其曲折,然后命笔,自无不合务头之病。明初宁献王有《务头集韵》三卷,纯采古人妙语,辑以成书,惜乎不传。至杨用修不知务头之理,云是"部头"之误,宜为弇州所笑也。

第十一章 十知

前《作法》上下两篇,备言填词之理,专为作者立论。尚有数事,不论填词、度曲、制谱,皆当洞悉者,复条论之。

(一) 字义

识字之法,当本《中州》。而《中州》之音,未尝无土字,故当知反切。《乐府传声》所论开齐撮合及阴阳清浊之理甚详,不独度曲者当知,即作者亦当慎重用字也。至于字义,尤须考究,作曲者偶一误用,致为识者讪笑。如梁伯龙《浣纱记》〔金井水红花〕曲:"波冷溅芹芽。湿裙衩,娇羞谁讶。"此"衩"字法当用平。而"衣衩"之"衩"属去声。李义山诗云:"八岁偷照镜,长眉已能画。十岁去踏青,芙蓉作裙衩。"此其明证。于是改作"靫","靫"字平声,合律矣。然"靫",箭袋也,不可施诸女子之口,作谱者遂强作阴平声歌之,至今如故也。此其失自陈大声始。大声散套〔节节高〕云:"莲舟戏女娃,露裙衩。"伯龙和之。而汤若士《还魂·寻梦》折〔懒画眉〕云:"睡荼蘼抓住裙衩线。"歌者以去声叶之,至不合〔懒画眉〕腔格。又《浣纱》〔刘泼帽〕曲云:"娘行聪俊还娇倩,胜江南万马千兵。"不知"倩"有二音,一雇倩之倩,作清字去声读;一音茜,即巧笑倩兮之倩,言美也。此曲字义当作茜音,今却押庚青韵中。又车字有二音,一音尺遮切,《庄子》

"惠施多方,其书五车"是也;一音居。《拜月》〔玉芙蓉〕曲"胸中书富五车,笔下句高千古",此调当两句各押一韵。下句云"高千古",则上句作居音,而世无呼作"五车"(作居音)书之理。今歌者皆从尺遮切,宁韵不协,不作居音。此皆歌者不误而作者误也。叹字亦有二音,一平音为滩,一去声作炭。《琵琶·赴选》折末白:"仗剑对尊酒,耻为游子颜。所志在务名,离别何足叹?"此"叹"字平声,与上"颜"字叶。后〔玉交枝〕曲"别离休叹,我心中非不痛酸",此"叹"字当作去音,与下句"非爹苦要轻拆散"句互叶。今优人皆一律作去声唱,是作者不误而习者误也。他如瘿之音为颖,颈瘤也。郑虚舟《玉玦记》"却教愧杀瘿瘤妇",认作平声。《庄子》"藐姑射山"之"射"音亦,巾栉之栉音卒,而汪南溟《高唐梦》〔高阳台换头〕云:"姑射,山色岚光,神人绰约,云是肌肤冰雪。绝代无双,不数庄生陈说。停辙,倘然得遇春风面,又何用轻身巾栉。最关情,荒台云雨,楚宫湮灭。"是以"姑射"之"射","巾栉"之"栉",与"雪"、"灭"同押矣。又〔醉罗袍〕云:"玉貌玉貌多娇怯,象服象服称秾纤,蛾眉侵入鬓云斜。一曲初生月。"〔香柳娘〕曲云:"总千金莫邪,蛟龙可歼,恩情难绝。"又云:"笑长安狭邪,刻画自无盐,笙歌罢精列。"又以"纤"、"歼"、"盐"三字,押入车遮韵中。此皖人土音也。又云:"招魂未得,空歌楚些。""些"字本宋玉《大招》,音苏个切,作梭字去声读。惟些少之些,是平声,今与车遮同押,此又大误也。至《浣纱》又以"些"字与妻、飞、眉、翠同押,如〔出队子〕云:"描红贴翠,谁似当朝太宰妻。尺三小脚走如飞,八九寸弯弯两道眉。尽说轻盈,略觉胖些。"以"些"字作西字音,此又苏州土音矣。偶举数则,见世俗沿讹之多,然则填词与度曲,可不以考文为事耶?

(二) 章法

套数之曲，元人谓之乐府，与辞赋同一机轴，有起有止，有开有合，须先定下间架，立下主意，排下曲调，然后选句成章，切忌凑插，切忌将就，务如常山之蛇，首尾相应，又如鲛人之锦，不着一丝纰颣，意新语俊，字响调圆，增减一调不得，颠倒一调不得，有规有矩，有色有声，众美具矣。而其妙处，正不在声调之中，而在句字之外，又须烟波渺漫，姿态横逸，简之不得，挹之不尽，摹欢则令人神荡，写怨则令人肠断，不在快人，而在动人，此所谓风神，此所谓标韵，动吾天机，不知所以然而然，方是神品。求之古人中，亦不易多得。小令如唐六如、祝枝山辈，皆小有致，而祝多俚语。康对山、王渼陂、常楼居、冯海浮，直是粗豪，原非本色。陈秋碧、沈青门、梁伯龙、李日华、金白屿，时有合作，然较之元人，不止上下床之别也。以余所见散套，明人止一施子野，清人止一赵庆熺而已。云间许宝善亦善填词，著有《自怡轩乐府》，顾不及赵。古曲如"窥青眼"、"暗想当年罗帕上曾把新词写"、"因他消瘦"、"楼阁重重东风晓"、"人别后"诸曲，举世所谓绝妙好辞也，往往凑集掇拾，牵强失次，如理乱丝，不见头绪。今不具论。姑以"暗想当年"、"人别后"二套言，毋论意庸语腐，不足言曲，亦且疵病种种，不可胜举。"暗想当年"一套，首曲用〔步步娇〕，首句止应七字，而"暗想当年罗帕上曾把新诗写"，连用五衬字，已非法矣。第三句照格止五字，原文云："心猿乖意马劣"，改为折腰句。第四、五句"软玉温香，翠拥红遮"，语气不贯，且空无着落。末二句"琴瑟正和协，不觉花影转过梧桐月"，意复不接。第二曲〔沉醉东风〕，又起一意，特此曲语意颇佳，至末后亦词华烂熳，但只是一意敷衍，又不当与后曲〔忒忒令〕、〔湘江竭〕、〔燕山截〕、〔断鱼封雁贴〕相妨,盖真无足取也。"人别后"一套,旧谱云是高则诚作。其词云:"〔二郎神〕人别后,正七夕穿针在画楼。暮雨过、纱窗凉已透。夕阳影里,见一簇寒蝉衰柳。水绿蘋香人自愁,况轻折鸾交凤友。得成就,真个胜腰缠跨鹤扬州。〔前腔换头〕风流。恩情怎比,墙花路柳。记待月西厢携素手,匆匆话别,霎时雨散云收。一种相思两处愁,雁来时音书未有。(合前)〔集贤宾〕西风桂子香韵幽,奈虚度中秋。明月无情穿户牖,听寒蛩声满床头。空房自守,暗数尽谯楼更漏。如病酒,这滋味那人知否?〔前腔〕功名未遂姻缘未偶。共簇个眉头,恼乱春心卒未休。怕朱颜去也难留,明珠炫售。不如意十常八九。(合前)〔黄莺儿〕霜降水痕收,迅池塘已暮秋,满城风雨还重九。白衣人送酒,乌纱帽恋头,那人一似黄花瘦。强登楼,云山满目,遮不断许多愁。〔前腔〕惟酒可忘忧,奈愁怀不嫌酒。几番血泪抛红豆,相思未休,凄凉怎守。老天知道和天瘦。(合前)〔猫儿坠〕绿荷萧索,无可盖眠鸥。浅碧粼粼露远洲,羁人无力冷飕飕。添愁,悄一似宋玉高唐,对景伤秋。〔前腔〕一簇红蓼,相映白蘋洲。傍水芙蓉两岸秋,想他娇艳倦凝眸。(合前)〔尾〕一年好景还重九,正是橘绿橙黄时候,强把金尊断送秋。"此套首曲,以"七夕穿针"起,而"寒蝉衰柳"、"水绿蘋香"非七夕语。"得成就"二句,与上文不接。"腰缠跨鹤"句,比拟不伦。既曰"暮雨过,纱窗凉已透",又曰"雨散云收",又曰"满城风雨还重九",用"雨"字太多。〔集贤宾〕首调言"中秋",而"听寒蛩声满床头",非中秋语。次调起句用八字,非体。既曰"虚度中秋",又曰"见池塘已暮秋",又曰"对景伤秋",又曰"傍水芙蓉两岸秋",又曰"强把金尊断送秋",押"秋"字韵太多。既曰"水绿蘋香人自愁",又曰"一种相思两处愁",又曰"遮不断许多愁",又曰"添愁","愁"韵亦太多。既曰"如病酒",又曰"白衣人送酒",又曰"惟酒可忘忧",又曰"强把金尊断送秋";既曰"水绿蘋香",又曰"相映白蘋洲";既曰"绿荷",又曰"橘绿";既曰"一种相思",又曰"相思未休";既曰"空房自守",又曰"凄凉自守";既曰"满城风雨还重九",又曰"一年好景还重九"。一套中押二"柳"字,四"愁"字,五"秋"字,二"收"字,三"酒"字,二"头"字,三"九"字,二"瘦"字,杂凑可笑。其中"怕朱颜去也难留"三句,语意俱不相蒙,"白衣送酒"无谓,"几番血泪"句,与上文不接,"绿荷"、"红蓼"、"白蘋"、"芙蓉"、"橘绿"、"橙黄",何堆积至此！末句"断送秋",复不成语。弇州评此曲,谓"不免杂以凡语",疵病如此,讵止凡语已耶？总之,二曲无词家学问,一也;无大见识,二也;无巧思,三也;无俊语,四也;无次第,五也;无贯串,六也。故词家须扫去一切饾饤肤浅语为要。

（三）句法

一调有一调句法,当视板式为衡。如七字句,有宜上四下三者,有宜上三下四者。此间分别,都在板式。盖上四下三句法,如"锦瑟无端五十弦",其板在"无"字、"五"字、"弦"字上,读之如一句诗。若"五十弦锦瑟年华",则板在"十"字、"锦"字、"年"字,而于"华"字下用一截板,见得此句已完。故作者当知句法,句法一误,无从下板矣。《桃花扇·传歌》折〔琐窗寒〕云:"破瓜碧玉佳期,唱娇歌,细马骑。缠头掷锦,携手倾杯,催妆艳句,迎昏油壁。配他公子千金体,年年不放阮郎归,买宅桃叶春水。"此曲以文字论固佳,惟"配他公子千金体"句,法应上三下四。《荆钗》云:"反教人挂肠悬胆。"《紫钗》云:"还倚仗词锋八面。"板式皆合。今若依板法,则"子千金体",复成何语。余尝谓《桃花扇》有佳词而无佳调,盖谓此等处也。至就文律言之,则曲中句法,宜婉曲忌直致,宜藻艳忌枯瘁,宜溜亮不宜艰涩,宜轻俊不宜重滞,宜新采不宜陈腐,宜摆脱不宜堆垛,宜温雅不宜激烈,宜细腻不宜粗率,宜芳润不宜噍杀。又总宜自然不宜生造,意常则贵造新语,语常则倒换须奇。他人所道,我则引避,他人用拙,我独用巧。平仄调停,阴阳谐协,上下引带,无所不宜。减一句不得,增一句不得。我本新语,而使人闻之若是旧句。言机熟也,我本生曲,而使人歌之容易上口。言音调也,一调之中,句句琢炼,毋令有市井语,毋令有欺嗓语。上字声谨慎用之,知一调低腔在宜何处,则方可用,切勿随便。积以成章,自无疵病矣。

(四) 引子

此独传奇中有之,若作散套则不必用。盖一人出场,不能即说出剧中情节,于是假眼中景物,或意中情绪,略作笼盖词语,故谓之引,言引起下文许多话头也。北词中开首数曲,皆用散板,直至三四曲后,方用节拍,故不用引。南调则每曲有一定板式,惟〔赚曲〕、〔不是路〕及〔红衲袄〕、〔青衲袄〕无板。《燕子笺·骇像》折,引子后用〔不是路〕二曲,〔红衲袄〕二曲后,便直接〔尾声〕,通折无板,不足为法。而每色登场,势不能即唱曲词,乃用此法,则起讫有端,言之成章矣。通用诸牌,皆杂取词中小令、中令为之,间有长调如〔念奴娇〕、〔薄幸〕、〔东风第一枝〕、〔尾犯〕诸类,或摘用一支,或即用〔本序〕作过曲。如〔祝英台引子〕后,即用〔祝英台序〕作过曲,《琵琶·规奴》折。〔高阳台引子〕后,即用〔高阳台序〕作过曲同上《拒姻》折。是也。其作法须以自己之肾肠,代他人之口吻,却须调停句法,检点字面,使一折中事,先以数语涵盖,勿晦勿泛,此是上谛。《琵琶》引子，首首皆佳，所谓开门见山，自是东嘉独步。《浣纱》范蠡冲场，而曰"尊王定霸，不在桓文下"，施之越王则可，今出大夫之口，不合矣。又越夫人引〔卜算子〕云："金井辘轳鸣，上苑笙歌度。帘外忽闻宣召声，忙蹙金莲步。"是一宫人口吻。独西施一引〔绕池游〕颇佳："苎萝山下，村舍多潇洒。问莺花肯嫌孤寡？一段娇羞，春风无那。趁晴明溪边浣纱。"馀则非腐则漫。《玉玦》诸引，虽伤过文，然语俊调雅，不失文人之笔。《还魂》、《紫钗》各引，时见警策，此因若士寝馈元词至深，故有此境。《明珠》引子，常用古人旧词，或改易一二句，此法明人正多，如汤、沈辈皆有。究不足为法。向来唱引子者，皆于句尽处用一底板。词隐于用韵句下板，其不韵句止以小鼓点之，分清句读，最是妙法。今歌者每句用小锣小鼓，实是不当。

（五）过曲

过曲即是正曲。所以云过者，谓从引子过脉到正曲也。南词套数，虽不如北曲之严，然一宫之中，苟无他情节，终联成一套。即有间入他宫他调者，而其所用管色，仍复相同也。散套难于传奇，以有宾白相间，可各就白文之意，试填一二曲，后文再就宾白生意，故通套重复者少。散曲则不然，须先谋篇幅，一意贯串，不比传奇中每支可逐段生意也。其间换头正曲之别，前后脉落之微，皆须留意。宫调中可以通用者，如正宫、中吕诸曲，不妨互相借用。至若不可相通之调，如商调与中吕，南吕与道宫，则万不能联作一套。此格律宜细也。又南词每套，自二三曲后，必须抽板。此抽板曲上，切勿多用衬字，缘板式既简，唱来自快，衬字一多，赶板不及。〔尾声〕首句用腰板，切勿加衬字（见前《作法下》）。若就文字言之，大抵不外两途：大曲宜施文藻，然忌太深；小曲宜用本色，然忌太俚，须奏之场上，不论衣冠市井，以及村童野老，无不通晓，始称通方。最要落韵稳当，如《琵琶》"手指上血痕尚在衣麻"，将"麻衣"二字倒用，《红拂》"鬓云撩"，下无"乱"字，是歇后语矣，此皆趁韵，切须检点。又不可令有败笔语。《琵琶》〔侥侥令〕既云"但愿岁岁年年人常在，父母共夫妻相劝酬"，下又云"夫妻长厮守，父母愿长久"，说过又说，至"两山排闼"二句，与上下文何涉？〔尾声〕"惟有快活是良谋"，直张打油语矣。用韵须是一韵到底方妙。屡屡换韵，毕竟才短，不得以《琵琶》、《拜月》为藉口。若重韵则正不必拘，古剧皆然，避而牵强，不若重而稳协也。然如"人别后"套，重韵至四五处，则又万万不可。

（六）尾格

〔尾声〕结束一篇之曲，须是愈着精神，末句尤须以极俊语收之方妙。凡北曲，〔煞尾〕定佳。作南曲者，往往潦草收场，徒取完局，戏曲中佳者绝少。惟汤若士"四梦"中〔尾声〕，首首皆佳，顾又多衬字。如《紫钗·钗圆》折云："再替俺烧一炷誓盟香，写向乌丝阑凑尾。"竟如北词，亦不病也。各宫调尾，或平煞，或仄煞，各有定格。词隐虽胪列谱中，顾但有其名，未实以词，学者往往误用。又〔尾声〕总论，虽注定平仄板式，亦无词句，究不能引起填词人兴味。今列下：

㈠ 仙吕羽调之尾，名〔情未断煞〕，"衷肠闷损"套尾是：
向人家忙投奔，解鞍沽酒共论文，雨打梨花深闭门。

㈡ 黄钟尾，名〔三句儿煞〕，"春容渐老"套尾是：
潜踪蹑足行来到，切莫使夫人知道，受过凄凉休忘了。

㊂ 正宫调大石调尾，名〔尚轻圆煞〕，“祝融南度”套尾是：

银河动玉露低，且一向南窗少憩，明夜纳凉又这里。

㊃ 商调尾，名〔尚绕梁煞〕，“那日忽睹多情”套尾是：

冤家下得忒薄幸，割舍的将人孤另，那世恩情做画饼。

㊄ 中吕低一格尾，般涉调尾，名〔尚如缕煞〕，“料峭东风”套尾是（即世所谓〔意不尽〕也）：

从今酩酊眠芳草，高把银烛花下烧。韶光易老，休将春色辜负了。“韶光易老”句止用一板，或在“易”字上，或在“老”字下皆可。

㊅ 中吕高一格尾，名〔喜无穷煞〕，“子规声里”套尾是：

欲凭妙手良工笔，仔细端相仔细题，做个丹青扇面儿。

㊆ 道宫尾，名〔尚按节拍煞〕，“新篁池阁”套尾是：

光阴迅速如飞电，好凉宵可惜渐阑，拚取欢娱歌笑喧。

又一体

是则春光今已去，频使人伤情怨忆，梅也酸心柳皱眉。

㊇ 南吕尾，名〔不绝令煞〕，“明月双溪”套尾是：

神思恹恹如病酒，房栊寂静忆凤俦，十二珠帘懒上钩。

㊈ 越调尾，名〔有馀情煞〕，“炎光谢了”套尾是：

观花爱月人年少，但对酒当歌欢笑，月夕花朝蹉过了。

㊉ 小石调尾，名〔收好因煞〕，“花底黄鹂”套尾是：

今宵共约同欢会，先教个从人归去，安排办了筵席。

(十一) 双调尾，名〔有结果煞〕，“箫声唤起”套尾是：

饶君使尽机谋彻，止不过负心薄劣，梦儿里对他分说。

共十一格。学者各就本宫调用之，勿乱次序。平仄板式，皆当遵守之。又有所谓〔本音煞〕者,谓之〔随煞〕,盖不用〔尾声〕,将本套末句,唱得缓些,即作煞声是也。如《琵琶·陈情》折,〔归朝欢〕第二曲末句"也只是为国忘家敢惮劳",唱时略缓,摇曳其音,即作收尾也。又凡一调作二曲,或四曲、六曲、八曲,及两调各止一二曲者,俱不用尾。

(七) 集曲

集曲本名犯调,乾隆时修《大成谱》,乃改此名。盖取各曲中一二语,联缀合成一曲,而别立一名。自有此法,而新声乃日出不穷矣。大抵曲中之犯,与词中之犯大异。词注重于起调毕曲,其所犯者声。姜尧章所谓仙吕宫上字住,道调宫亦上字住,故于仙吕曲中犯道调,或道调曲中犯仙吕是也。惟刘改之〔四犯剪梅花〕,实是曲家犯调之法。曲家所云犯调,竟是割裂词句,于结声起调,毫无关系,独宫调中须取管色相同者用之。王伯良谓诸宫调惟仙吕可与双调出入,其馀界限綦严,不得陵犯。又云高平调与诸调皆可出入,此说不甚合也。仙吕用工调,双调用正工调,旧谱中仙吕入双调一门,有用工调者,有用正工者,颇不一律。且如〔步步娇〕、〔忒忒令〕,既入仙吕入双调,而〔皂罗袍〕、〔好姐姐〕,又入仙吕,夹杂无伦,实不足为法。高平一调,系用小工,所订字谱,又高亢激耳。藉曰诸调皆可出入,试用〔清平乐〕今入小石、〔蓦山溪〕、〔夜合花〕今入大石诸曲,与〔二郎神〕、〔集贤宾〕合奏,可乎不可乎?即如商黄调一门,《新谱》中亦载之。其实以商调、黄钟两调合成,亦集曲耳,今别立一调名,则凡集曲中诸宫调出入者,皆可自立名目,不亦太繁乎?总之集曲之法,须看曲之粗细,板之紧慢,前调后调,配置须匀,前调板与后调板,须要联属,此与联套法相同。此最为紧要。古人集曲，如〔巫山十二峰〕、〔金络索〕、〔十样锦〕、〔五月红楼别玉人〕皆佳，《长生殿·舞盘》折，用仙吕而夹入中吕，腔不能美听矣。或谓南曲本不配弦索，既云集曲，何必又拘宫调？不知南人固取按板，然未尝不合弦索也。且既集为一曲，须使唱得接贴融化，令不见痕迹，若乱次以济，卑亢不相入，即在一套中过搭偶误，如《还魂·冥誓》折。尚且棘口，何况一曲中乎？何元朗谓北曲大和弦是慢板，俗名清点。花和弦是紧板。如中吕〔快活三〕末句，放缓出口，接唱〔朝天子〕，皆是大和弦慢板，与上文紧板相错，何等节奏？今集曲中，长支者前半皆用赠板，亦是紧慢相错，但后半一紧而不复收，则不如北词缓急互用之为愈耳。

（八）衬字

古诗馀无衬字，衬字自南北二曲始。北曲配弦索，虽繁声稍多，不妨引带。南曲取按拍板，板眼紧慢，皆有定数，衬字一多，抢带不及，调中正字，反不分明。大凡对口曲，不能不用衬字。各同场大曲及散套，能不用愈佳。细调板缓，多用二三字，尚不妨。紧调板急，若多用一二字，便躲闪不迭。凡曲自一字句起，至二字、三字、四字、五字、六字、七字句止。惟〔虞美人〕调有九字句，然是引曲，又非上二下七，即上四下五。若八字、十字以外，大半皆是衬字。今人不解，将衬字多处，亦下实板，乃至主客不分，此是大误也。如《古荆钗记》〔锦缠道〕云："说什么晋陶潜认作阮郎。""说什么"三字，是衬字也。而张伯起《红拂》〔锦缠道〕云："我有屠龙剑钓鳌钩射雕宝弓。"增入"屠龙剑"三字，是以"说什么"三字作实字也。《拜月亭》〔玉芙蓉〕末句："望当今圣明天子诏贤书"，本七字句，"望当今"三字系衬字。后人连衬字入句,如《千钟禄》"谁识我一瓢一笠到襄阳",遂成十字句,此亦误也。又《琵琶记》三换头曲,原无正腔可对,前调"这其间只是我不合来长安看花",后调"这其间只得把那壁厢且都拚舍",以为是本腔耶,不应有此长句;以为有衬字耶,不应于衬字上着板。《浣纱》却字字效之,亦是无可奈何之法。殊不知"这其间只是我"与"这其间只得把",原是两正句,以"我"字、"把"字叶韵。盖东嘉此曲,原以歌戈、家麻二韵同用,"他"音拖,上"我"字与调中"锁"、"挫"、"他"、"堕"、"何"五字相叶,下"把"字与调中"驾"、"挂"二字相叶。历查《明珠》、《紫钗》、《南柯》,凡此二句皆韵,皆可为《琵琶》用韵之证。故知《浣纱》之不韵殊谬也。又如散套〔越恁好〕"闹花深处"一曲,纯是衬字,无异缠令,今皆着板,至不可句读。凡此皆衬字太多之故。临川"四梦",犯此颇多,钮少雅、叶怀庭制谱,往往改作集曲,煞费苦心。周挺斋论乐府,以不重韵,无衬字,韵险语俊为上。世间恶曲,必拖泥带水,难辨正腔,文人自寡此等病也。

(九)板眼

古乐无拍,魏晋之间,有宋纤者,善击节,始制为拍。古用九板,今五板或四板。古拍板无谱,唐明皇命黄旛绰始造为之。牛僧孺目拍板为乐句,言以拍板节词句也,故又谓之节拍。凡曲,句有长短,字有多寡,调有紧慢,一视板以为节制,故总谓之板眼。初启声即下者,为实板,亦曰头板,遇紧调随字即下,细调亦俟声出徐徐而下。字半下者为掣板,亦曰腰板。声尽而下者为截板,亦曰底板。场上前一人唱前调末一板,与后一人唱次调初一板,齐下者为合板。其板先于曲者,病曰促板。其板后于曲者,病曰滞板。古皆谓之䬃拍,言不中拍也。唐

《霓裳羽衣曲》,初散声无拍,至中序始有拍,今引曲无板,过曲始有板,盖其遗法。古今之腔调既变,板亦不同,于是有古板新板之说。古板者,即每曲最初相传板式也。新板者,以旧板式不合搬演,于是为之上下挪移,或加浪板是也。沈宁庵《南曲谱》,于板眼之间,一以反古为事,其中如〔薄媚曲破〕、〔三十腔〕之类,皆不定板式,其郑重可知。其言谓清唱,则板之长短,任意按之,试以鼓板夹定,则锱铢可辨。又言古腔古板,必不可增损,歌之善否,正不在增损腔板。又言板必依清唱而后为可守,至于搬演,或稍损益之,究不可为法。具属名言,皆当遵守。据王伯良云:闻之先辈,有传腔递板之法,以数人暗中围坐,将旧曲每人歌一字,即以板轮流递按,令数人歌之如一声,按之如一板,稍有紧缓先后之误,辄记字以罚。如此庶不致腔调参差,即古所谓累累如贯珠者,亦无以加焉。明代嘌唱家守律之严如此。今人歌者,止知腔格之高下,板眼之紧慢,并正赠且不知,是叶广明所谓趁谱者是也。难矣哉!

(十) 四十禁

余读王伯良《曲律》,有曲禁四十条。其间所列,亦有不尽律曲者。余因疏释之。学者能守其禁固佳,然为法至苛也。

重韵:古曲重韵,原无妨碍。兹首禁者,谓一字三四用之,或一曲中重见也。如《活捉》〔梁州新郎〕"枉称南国佳人",末又云"花不醉下泉人"是也。

借韵:杂押旁韵,如支思韵中忽用齐微是也。《大成谱》凡遇用韵错误时,或书押,或书借,皆不合法也。

犯韵:谓句中字,不得与所押之韵相混。如冬犯东类。

犯声：谓不押韵处亦不可有同声字。如"故国观光"四字，是犯双声，"汪洋滉荡"四字，是犯叠韵是也。

平头：第二句第一字，不得与第一句第一字同音。

合脚：第二句末一字，不得与第一句末一字同音。

上去叠用：上去字须间用，不得用两上两去。

上去去上倒用：宜上去不得用去上，宜去上不得用上去，苟一颠倒，便易拗嗓。参观前《平仄》篇。

入声三用：叠三入声。

一声四用：不论平上去入，不得叠用四字（〔长拍〕四上声句不在此例）。

阴阳错用：宜阴用阳字，宜阳用阴字，皆不发调。

闭口叠用：凡闭口字，只可单用。如用侵字不得又用寻字，或又用监、咸、廉、纤等字。又：用双字，如深深、恹恹、毵毵类，则不禁。

韵脚多以入代平：此类不免，但不可多用。如纯用入声韵，及用在中句者，俱不禁。

叠用双声：字母相同，如玲珑、皎洁类，止许用二字，不可连用至四五字。

叠用叠韵：二字同韵，如逍遥、灿烂类，亦止许用二字，不许连用四五字。

开闭口韵同押：凡闭口如侵寻等韵，不可与开口韵同押。

陈腐：不新采。

生造：不现成。

俚俗：不文雅。

謇涩：不顺溜。

粗鄙：不细腻。

错乱：无次序。

蹈袭：忌用旧曲语意，若成语则不妨。

沾唇：不脱口。

拗嗓：平仄不顺。

方言：他方人不晓。

语病：声不雅。如王西楼小令〔朝天子〕"杏花为鼠啮倒"，有云毛诗中"谁道鼠无牙"，乍听如毛厕中杏花类。

请客：如咏春说夏，题柳说花类。

太文语：不当行。

太晦语：费解说。

经史语：如《西厢》"靡不有初，鲜克有终"类。

学究语：头巾气。

书生语：科举文气。

重字多：不论散套小令，重字俱须检出。

衬字多：衬至五六七字。

堆积学问：搬运类书，如《借茶》、《活捉》诸曲。

错用故事。

宫调乱用。

紧慢失次。

对偶不整。

右诸禁四十条，在知音高手，自无此病。如不能尽守，须检点去其甚者，使不碍目，不然终非法家也。

至如咏物诙谐之作更难。咏物毋得骂题，却要开口便见是何物，不贵说体，只贵说用，不即不离，得其风韵，令人仿佛如灯镜传影，了然目中，却摸捉不得，方是妙手。如元人王和卿咏大蝴蝶云："挣破庄周梦,两翅驾东风。三百座名园,一采一个空。谁道风流种,吓杀寻芳的蜜蜂。轻轻飞动,把卖花人扇过桥东。"只起首一句,便知是大蝴蝶。下文势如破竹,却无一句不是俊语。古词如咏柳〔白练序〕云"窥青眼",开口便知是柳。下文"偏宜向朱门羽戟,画桥游舫,又倚阑凝望。消得几番,暮雨斜阳"等,皆从柳外做去,所以多韵致也。俳谐之曲,非绝颖之资,绝俊之笔,又运以绝圆之机,不易出色。着不得一太文字,又着不得一打油语,以俗为雅,一语出口,令人绝倒,乃妙。元人《秃指甲》"十指如枯笋"一首,周挺斋以为至佳,弇州亦极赏之。徐天池此体最善,如《嘲歪嘴妓》〔黄莺儿〕云:"一个海螺儿,在腮边不住吹。面前说话倒与旁人对。"又云:"抹胭脂,樱桃一点,搓过鼻梁西。"大为士林传诵,惟究非正道,偶一为之可也。

第十二章　家数

　　金元以来，士大夫好以俚语入诗词，酒边灯下，四字〔沁园春〕，七字〔瑞鹧鸪〕，粗豪横决，动以稼轩、龙洲自况。自董解元作《西厢》，以方言俗语杂砌成文，世多诵习。于是杂剧作者，大率以谐俗之词实之，如《天宝遗事》、《王焕》、《乐昌分镜》、《王魁》等。今所传者，皆道路悠谬之语。故杂剧之始，仅有本色一家，无所谓辞藻缤纷，纂组缜密也。王实甫作《西厢》，始以研炼秾丽为能，此是词中异军，非曲家出色当行之作。观其《丽春堂》一剧，〔耍孩儿〕云："睁开你那驴眼可便觑着阿谁，我便更歹杀者波，是将相的苗裔。"可知元人曲，本无藻饰之功。即如《西厢》中，"鹘伶渌老不寻常"及"老的少的"、"村的俏的"、"没颠没倒"，亦非雅人口吻。是故知元人以本色见长，方可追论流别也。元人善词曲者，以大都、东平及浙中最盛。平阳亦盛，惟传作少见。其散处行省者，又皆浮沉下僚不得志之士。见李中麓《小山小令序》。而江西嘌唱，尤能变易故常，别创南北合套之格。繁声一启，词法大备。《辍耕录》所载家门，有和尚、先生、秀才、列良、禾下、大夫、卒子、良头、邦老、都子、孤下、司吏、件作诸种，不过剧中角目分析之，无当于文字之高下。即《正音谱》所列，黄冠、江东、承安诸体，亦就剧情言之，而于作家无涉焉。大抵元剧之盛，首推大都。自实甫继解元之后，创为妍丽之言。而关汉卿以雄肆易其赤帜，所作《救风尘》、《玉镜台》、《谢天香》诸剧,类皆奔放滉漾,跅弛以自喜。东篱又以清俊开宗,《汉宫》、《荐福》,允推大家。自是三家鼎立,矜式群英。仲文骚雅,服膺实甫,《五丈原》剧,蜚声日下,今惜不传。显之撰述,低首已斋,《临江》、《酷寒》,悉经藻饰,虎贲中郎,持论太严。子章《听琴》,自谓得东篱神髓,而幽艳过之。真定一隅,作者亦富。《天籁》一集,质有其文,"秋雨梧桐"直驾"碧云黄花"之上,盖亲炙遗山謦欬,斯咳唾不同流俗也。"圯桥进履"、"石州醉词",瓣香兰谷,实近江右。他如尚仲贤《夺槊》、石君宝《戏妻》*、戴善甫"邮亭记梦",论其高下,若分天壤矣。东平高氏,力追汉卿,毕生绝艺,雕缋梁山。文秀善记梁山事,谱黑旋风剧多至八种。上较王关,差觉才弱,享年不永,悼惜尤深,锲而不舍,可推作者。时起擅名,仅在《出塞》、《垓下别姬》,即为明代练川之本,其词散佚,无可评骘,丹丘谓"雁阵惊寒",意者植基不厚欤?仲清《伏剑》,寿卿《红梨》,风格翩翩,居然二甫也。大名宫天挺,襄陵郑光祖,平江姚守中,山东王廷秀,或以豪迈胜,或以艳冶胜,或以恬淡胜,要皆不出三家范围。至江州沈氏,作《潇湘八景》、《欢喜冤家》,以南北词合成,极为工巧。参军代面,蛮子关卿,开后代传奇之先,结金元散套之局,可谓豪杰之士矣。浙中学术,夙号彬彬,填词名家,指不胜数。仁杰"西湖之梦",金仁杰有《文姬还朝》、《西湖梦》等剧,刊自建康。范康"竹叶之舟",天祐言情,肇"眉山之秀",仲彬写怨,吟"杜曲之诗",人文蔚起,他方不逮焉。周文质有《春风杜韦娘》、《苏武还乡》等剧。流寓中如乔梦符、曾瑞卿等又皆一时彦士,雍容坛坫,啸傲湖山,极裙屐之胜概矣。尝谓元人之词,约分三端:喜豪放者学关卿,工妍炼者宗二甫,尚

---

* 底本无"石君宝"三字,当补。——校者注

轻俊者效东篱。而张小山以小令著称,不入戾家羼弄,斯又词品之高卓者也。明代作家,符采辉映,咸有可观。开国之初,若王子一十六家,半承元季馀习,今读《城南柳》、《误入桃源》,其词绮组纷纶,不若前元之沉着。自《琵琶》、《拜月》出,而作者多喜拙素;自《香囊》、《连环》出,而作者又尚辞采。自玉茗"四梦"以北词之法作南词,而偭越规矩者多;自吴江诸传以俚俗之语求合律,而打油钉铰者众。于是矫拙素之弊者用骈语,革辞采之繁者尚本色。正玉茗之律,而复工于琢词者,吴石渠、孟子塞是也;守吴江之法,而复出以都雅者,王伯良、范香令是也。夫词曲之道,夐尚本色。《香囊》以文人藻采为之,遂泛滥而有文词家一体。及《玉玦》、《玉合》诸记作,益工修词,本质几掩。抑知曲以模写物情,体贴入理,所贵委曲宛转,以代说词,一涉藻缋,即蔽本来。而文人学子,积习未忘,不胜其靡,此体遂不能废,犹诗文之有六朝三唐也。今复备论之。《琵琶》尚矣。《荆》、《刘》、《拜》、《杀》,固世所谓四大传奇也,而《白兔》、《杀狗》,俚鄙腐俗,读者至不能终卷。正统间,丘文庄以元老大儒,惓志音乐,《五伦》、《投笔》、《举鼎》、《香囊》,虽迂叟之谰言,实盛世之鼓吹,惟其时专工写实,不尚摹情。且青矜城阙,既放佚于少年;而白纻管弦,欲弥缝于晚岁。伯玉寡过,殊苦未能矣。邵氏《香囊》,独工写怨;雨舟《连环》,仅尚涂泽,非作者之极轨也。而好之者珍若璠玙,转相摹拟。郑若庸之《玉玦》,屠长卿之《昙花》,喜以骈语入科白。伯龙《浣纱》,伯起《祝发》,至通本皆作俪语,《江东白纻》有《补明珠》一折,通首亦作骈语。斯又变之极者矣。《琵琶》、《拜月》,古今咸推圣手也。则诚以本色见长,而未尝不事采饰;记中《赏荷》、《赏秋》亦工绮语,不尚白描,惟末后八折为后人所补。君美以浑脱著誉,而间亦伤于俚俗。君美此记为后人羼杂,殊失旧观,故魏良辅不点拍板。是以学则诚易失之腐,学君美易失之嚺,画虎不成,此类是也。而献王《荆钗》,且直摩则诚之垒,出词鄙俗,亦十倍于永嘉。继之者涅川《双珠》,弇州《鸣凤》,叔回《八义》、道行《青衫》,肤浅庸劣,皆学则诚之失也。近充《绣襦》,工于调笑,中麓《断发》,不喜词华,虽追步《幽闺》,终伤粗率,反不如槎仙《蕉帕》、秭玉《红梅》,俊词翩翩,不失雅范焉。吴江诸传,独知守法,《红蕖》一记,足继高、施,其馀诸作,颇伤庸率,虽持法至严,而措词殊拙。临川天才,不甘羁鞿,天葩耀采,争巧天孙,而诘屈聱牙,歌者咋舌。吴江尝谓:"宁协律而词不工,读之不成句,而讴之始协,是为中之之巧。"曾为临川改易《还魂》字句之不协者,吕玉绳以致临川。临川不怿,复书玉绳曰:"彼恶知余意哉?余意所至,不妨拗折天下人嗓子。"世谓临川近狂,吴江近狷,自是持平之论。惟宁庵守法,可以学力求之;若士修辞,不可勉强企及,大匠能与人规矩,不能使人巧也。于是为两家之调人者,如梅鼎祚《玉合》、《昆仑》,陆天池《怀香》、《明珠》,吴石渠《情邮》、《疗妒》,孟称舜《娇红》、《节义》,此以临川之笔,协吴江之律也。自词隐作谱,海内向风,衣钵相承,不失矩度者,如吕勤之《烟鬟》、《神女》,卜大荒《乞麾》、《冬青》,王伯良《男后》、《题红》,范文若《鸳鸯》、《花》、《梦》,吕天成字勤之,会稽人,自号郁蓝生,有《神女》、《金合》、《戒珠》、《神镜》、《三星》、《双栖》、《双阁》、《四相》、《四元》、《二婬》、《神剑》十一种,皆佚。皆承词隐之法。而大荒《冬青》,终帙不用上去叠字;勤之《神剑》、《二婬》等记,并科段转折,亦效宁庵,其境益苦矣。此又以宁庵之律,学若士之词也。他若冯梦龙《太霞新奏》,史叔考《梦磊》、《合纱》,徐复祚《红梨》、《宵光》,沈孚中《绾春》、《息宰》,修词协律,并臻妙境。而袁凫公奉谱严整,辞韵恬和,《西楼》一帙,即能引用谱书,以畅己意,笔端慧识,迥异诸家。《九宫谱》词,为声音滞义,藉作者疏通之,凫公诚出昆山上也。郑若庸,字中伯,昆山人,有《玉玦》《大节》《五福》诸记。有明曲家,作者至多,论其家数,实不出吴江、临川、昆山三家。惟昆山一席,衣钵无传,伯龙客游,家居绝少,吴中绝艺,仅在歌伶,斯由太仓传宗,故工伎独冠一世。中秋虎阜,斗韵流芬,沿至清初,斯风未泯。世祖入关,南方作者,盛称百子,梅村、展成,咸工此技。一时坛坫,宗仰吴门,而措词亦复美善。湖上笠翁,仅供优孟衣冠而已。乾嘉以后,作者渐少,间有操翰,大抵宗法藏园,嗣徽湖上,而能洞悉正变者少矣。当明崇、弘间,皖人阮圆海,瓣香汤奉常,以尖刻为能,所作《燕子笺》《春灯谜》《牟尼盒》《双金榜》诸种,布局造事,务极诡秘,亟欲一新词场之耳目。而湖上、笠翁、红友、花农,亦以新颖之思,状物情之变,论其优劣,阳羡实远胜湖上,即就曲律言,红友尤兢兢慎守也。笠翁十五种,文词至劣,独排场角目新俊可喜。红友《拥双艳》三种而外,他不多见,布局既新,措词尤雅,清初作者莫能及也。至取订律诸家言之,自宁庵作谱,殊未尽善。伯明新谱,就正犹龙,沧桑一更,缃帙遂逸。墨憨定谱,灵昭新书,埋没不传,更可悼惜。康熙间,吴县张心其,长洲钮少雅,咸以审音博洽,驰誉词坛,而心其所作,未读一字,少雅心力,仅见《还魂》。少雅《南词谱》未刊。追《南词定律》《九宫大成》出,而博综旧籍,汇补新腔,虽互有纯疵,不相掩蔽,自后作者,寂无闻矣。曲阜孔尚任,钱塘洪昇,先后以传奇进御,世称"南洪北孔"是也。顾《桃花》《长生》二剧,仅以文字观之,似孔胜于洪,不知排场布置,宫调分配,则昉思远出东塘之上。余尝谓《桃花扇》有佳词而无佳调,深惜云亭不谙度声,三百年来,词场不祧,独有稗畦而已。二家既出,于是词人各以征实为尚,不复为凿空之谈。所谓陋巷言怀,人人青紫,香闺寄怨,字字桑间者,此风几乎革尽。曲家中兴,断推洪、孔焉。至如马佶人、有《梅花楼》、《荷花荡》、《十锦塘》三种。刘晋充、有《罗衫合》、《天马媒》、《小桃源》三种。薛既扬、有《书生愿》、《醉月缘》、《战荆轲》、《芦中人》等。叶稚斐、有《琥珀匙》、《女开科》、《开口笑》、《铁冠图》等。朱良卿、有《乾坤啸》、《艳云亭》、《渔家乐》等三十种。丘屿雪有《虎囊弹》、《党人碑》、《蜀鹃啼》等九种。之徒,虽一时传唱,遍于旗亭,而律以文辞,正如面墙而立。独李玄玉《一》、《人》、《永》、《占》,《一捧雪》、《人兽关》、《永团圆》、《占花魁》。直可追步奉常,且《眉山》一剧,尤非明季诸家所及,而朱素臣苼庵二十种,一时称瑜亮,李笠翁虽刻意诋排,实不足以服素臣之心也。若周坦纶《火阵》、《绨袍》,《火牛阵》、《绨袍赠》,为果庵最得意作。张大复《菩提》、《如是》,《醉菩提》、《如是观》。心其共二十三种。高晋音《风雪》、《貂裘》,《风雪缘》、《貂裘赚》。盛际时《双虬》、《飞盖》,《双虬判》、《飞龙盖》。平正无奇,止足供优孟之搬美。惟西堂乐府,陶铸古今,熟探三藏,不独前无古人,抑且后无来者。虽坦庵《转轮》,抱犊《续骚》,玉叔之《祭皋陶》,而农之《龙舟会》,持较工拙,亦难分轩轾。至若元恭《万古愁》,虽受九重殊遇,而实非词家之正则也。乾、嘉之际,首推藏园,《临川》、《冬青》,《临川梦》、《冬青树》,九种中之最佳者。尤推杰作。一传为黄韵珊,尚不失矩矱,再传为杨恩寿,已昧厥本来。阳湖陈烺,宣城李文瀚,等诸自桧,更无讥焉。其有拔类超群,直追金元者,如唐蜗寄之改易旧词,有《女弹词》、《长生殿补阙》等。唐名英,官九江关监督。舒铁云之自制《箫谱》,不袭金元之格,独抒性情,斯又非元明诸家可束缚矣。雅雨《旗亭》,恒岩《芝龛》,一拾安史之昔尘,一志边徼之逸史,骎骎入南声之奥室。而陈厚甫《红楼》一记,好摹《紫钗》,曲律乖方,亦与相等,不知妄作,宜其取讥于后人,益信荆石山民之高雅矣。陈厚甫《红楼梦》传奇,一无足取,远不及荆石山民散套十六折。咸同以还,作者绝响,惟

《梨花雪》、《芙蓉碣》二记，略传述士大夫之口，顾皆拾藏园之馀唾，且耳不闻吴讴，又何从是正其句律。盖当时学子，皆注意于决科射策之文，经籍史材，且置不论，遑及音乐。况光、宣间，黄冈俗剧，正遍海内，内廷宴集，大率北鄙噍杀之声，词曲之道，几几亡失矣。夫词家正轨，亦有三长：文人作词，名工制谱，伶家度声，苟失其一，即难奏弄。自文人不善讴歌，而词之合律者渐少；俗工不谙谱法，而曲之见弃者遂多。重以胡索淫哇，充盈里耳，伶人习技，率趋时尚，而度曲之道尽废。居今之世，求负此一长者，渺不可得，而况斟酌古今之宜，损益点拍之节。茫茫天壤，又孰能启予之益也？

中国戏曲概论

序

犹忆三十年前,余在吴门办学,与黄子摩西订忘形交,休沐之暇,借茗寮为谈话所。黄子广交游,庄士狎友,不介自来,团坐放言,间及时事。一少年手拍案,足蹋地,时而笑骂,时而痛哭,寮之人佥目为狂。询诸黄子,则吴其姓,瞿庵其字,枕葃经史外,癖嗜词曲,英雄肝胆,儿女心肠,往往流露于文字间。所著《血花飞》传奇,乃其出手之初著也。心异其人,因与定交。民国以来,黄子以心疾死,宿草离离矣。瞿庵亦不通讯问者十馀年。嗣闻其至京师,入某大学,拥皋比,某年移砚南来,主东南大学讲席,大名雷颠,词曲家推为牛耳,信乎艺成而上,可以傲文长而压清容矣。去岁冬因事至苏,邂逅于茗寮桂芳园,故地重逢,互相惊喜,为言别后情事。君为学究,仆老书佣,江河日下,我生不辰,同情之泪,盖有不能自已者。既而询君近作,出示《曲学概论》一编,自金元以至清代,溯流派,明正变,指瑕瑜,辨盛衰,举平日目所浏览,心所独得者,原原本本,倾箧倒篋而出之,都五万馀言。搜索之博,判别之确,评论之精,仆虽门外汉,亦觉昭然若发蒙矣。惜乎黄子之不及见此也。嗟乎!吴子以和声鸣盛之才,而青毡讲学,成效止斯,论者至谓与曲子相公争一艺之长,同类而并观焉。吾为瞿庵悲,益为世道慨矣。

民国十五年十月吴兴王文濡序于沪上望古遥集楼

卷　　上

一　金元总论

　　乐府亡而词兴,词亡而曲作,大率假仙佛里巷任侠及男女之词,以舒其磊落不平之气。宋人大曲,为内廷赓歌飚拜之言,不足见民风之变,虽《武林旧事》所记官本杂剧段数,多市井琐屑,非尽庙堂雅奏。然其辞尽亡,无从校理。今所存者,仅乐府致语,散见诸家文集而已。苏轼、王珪诸作,敷扬华藻,岂可征民情风俗哉？自杂剧有十二科,而作者称心发言,不复有冠带之拘束。论隐逸则岩栖谷汲,俨然巢许之风；言神仙则霞佩云裾,如骖鸾鹤之驾。其他万事万物,一一可上氍毹。余尝谓天下文字,惟曲最真,以无利禄之见,存于胸臆也。今日流传古剧,其最古者出于金元之间,而其结构,合唐之参军、代面,宋之官剧、大曲而成,故金源一代,始有剧词可征。第参军、代面,以言语动作为主；官剧、大曲,虽兼歌舞,而全体亦复简略。若合诸曲以成全书,备纪一人之始末,则诸宫调词,实为元明以来杂剧、传奇之鼻祖。且金代院本,今皆不存,独诸宫调词,犹存规范,未始非词家之幸也。余今论次,首从金代云。

二　诸杂院本

两宋戏剧,均谓之杂剧,至金而有院本之名。院本者,《太和正音谱》云"行院之本也"。初不知行院为何语,后读元刊《张千替杀妻》剧云"你是良人良人宅眷,不是小末小末行院",则行院者,大抵金元人谓倡伎所居,其所演唱之本,即谓之院本云尔。王国维《宋元戏曲史》六章。余按陶九成《辍耕录》云:"金有杂剧、院本、诸宫调,院本、杂剧,其实一也。国朝院本、杂剧,始厘而二之。"又按《太和正音谱》"倡夫词不入群贤乐府",则静庵此说,足破数百年之疑。今就《辍耕录》所载,则皆为金人所作,其中名目诡谲,未必尽出文人,而九成概称曰院本,所谓"院本、杂剧,其实一也"。更就子目分析之,曰和曲院本者十有四种,其所著曲名,皆大曲、法曲,则和曲殆大曲、法曲之总名也。曰上皇院本者十有四种,中如《金明池》、《万岁山》、《错入内》、《断上皇》等,皆明示徽宗时事,则上皇者谓徽宗也。曰题目院本者二十种,按题目即唐以来合生之别名。高承《事物纪原》卷九引《唐书·武平一传》:"平一上书:比来妖伎胡人于御座之前,或言妃主情貌,或列王公名质,咏歌舞踏,名曰合生。始自王公,稍及闾巷。"即合生之原起于唐中宗时也。今人亦谓之唱题目。曰霸王院本者六种,疑演项羽之事。曰诸杂大小院本者一百八十有九。曰院幺者二十有一种。曰诸杂院爨者一百有七种,陶氏云:"院本又谓之五花爨弄",则爨亦院本之异名也。曰冲撞引首者一百有十种。曰拴搐艳段者九十有二种。案《梦粱录》云:"杂剧先做寻常熟事一段,名曰艳段,次做正杂剧。"则引首与艳段疑各相类。艳段,《辍耕录》又谓之"焰段",曰:"焰段亦院本之意,但差简耳。取其如火焰,易明而易灭也。"曰打略拴搐者八十有八种。曰诸杂砌者三十种。案《芦浦笔记》谓："街市戏谑,有打砌打调之类。"疑杂砌亦滑稽戏之流。然其目则颇多故事,则又似与打砌无涉。今列其目如下。

(一) 和曲院本

《月明法曲》　《郓王法曲》　《烧香法曲》　《送香法曲》
《上坟伊州》　《烧花新水》　《熙州骆驼》　《列良瀛府》
《病郑逍遥乐》《四皓逍遥乐》《四酸逍遥乐》
《贺贴万年欢》《挦廪降黄龙》《列女降黄龙》

(二) 上皇院本

《壶春堂》　《太湖石》　《金明池》　《恋鳌山》
《六变妆》　《万岁山》　《打草阵》　《赏花灯》
《错入内》　《问相思》　《探花街》　《断上皇》
《打球会》　《春从天上来》

(三) 题目院本

《柳絮风》　《红索冷》　《墙外道》　《共粉泪》
《杨柳枝》　《蔡消闲》　《方偷眼》　《呆太守》
《画堂前》　《梦周公》　《梅花底》　《三笑图》
《窄布衫》　《呆秀才》　《隔年期》　《贺方回》
《王安石》　《断三行》　《竞寻芳》　《双打梨花院》

（四）霸王院本

《悲怨霸王》　《范增霸王》　《草马霸王》　《散楚霸王》
《三官霸王》　《补塑霸王》

（五）诸杂大小院本

《乔托孤》　《旦判孤》　《计算孤》　《双判孤》
《百戏孤》　《哨啅孤》　《烧枣孤》　《孝经孤》
《菜园孤》　《货郎孤》　《合房酸》　《麻皮酸》
《花酒酸》　《狗皮酸》　《还魂酸》　《别离酸》
《王缠酸》　《谒食酸》　《三揲酸》　《哭贫酸》
《插拨酸》　《酸孤旦》　《毛诗旦》　《老孤遣旦》
《缠三旦》　《禾哨旦》　《哮卖旦》　《贫富旦》
《书柜儿》　《纸栏儿》　《蔡奴儿》　《剁毛儿》
《喜牌儿》　《卦册儿》　《绣箧儿》　《粥碗儿》
《似娘儿》　《卦铺儿》　《师婆儿》　《教学儿》
《鸡鸭儿》　《黄丸儿》　《棱角儿》　《田牛儿》
《小丸儿》　《丑奴儿》　《病襄王》　《马明王》
《闹学堂》　《闹浴堂》　《宽布衫》　《泥布衫》
《赶汤瓶》　《纸汤瓶》　《闹旗亭》　《芙蓉亭》
《坏食店》　《闹酒店》　《坏粥店》　《庄周梦》
《花酒梦》　《蝴蝶梦》　《三出舍》　《三入舍》
《瑶池会》　《八仙会》　《蟠桃会》　《洗儿会》

《藏阄会》	《打五脏》	《兰昌宫》	《广寒宫》
《闹结亲》	《倦成亲》	《强风情》	《大论情》
《三园子》	《红娘子》	《太平还乡》	《衣锦还乡》
《四论艺》	《殿前四艺》	《竞敲门》	《都子撞门》
《呆大郎》	《四酸擂》	《问前程》	《十样锦》
《长庆馆》	《癞将军》	《两相同》	《竞花枝》
《五变妆》	《白牡丹》	《洪福无疆》	《赤壁鏖兵》
《穷相思》	《金坛谒宿》	《调双渐》	《官吏不和》
《闹巡铺》	《判不由己》	《大勘刀》	《同官不睦》
《闹平康》	《赶门不上》	《卖花容》	《同官贺授》
《无鬼论》	《四酸讳喏》	《闹棚阑》	《双药盘街》
《闹文林》	《四国来朝》	《双捉婿》	《酒色财气》
《医作媒》	《风流药院》	《监法童》	《渔樵问话》
《斗鹌鹑》	《杜甫游春》	《鸳鸯简》	《四酸提猴》
《满朝欢》	《月夜闻筝》	《鼓角将》	《闹芙蓉城》
《双斗医》	《张生煮海》	《赊馒头》	《文房四宝》
《谢神天》	《陈桥兵变》	《双揭榜》	《瞢哑质库》
《双福神》	《院公狗儿》	《告和来》	《佛印烧猪》
《酸卖徕》	《琴剑书箱》	《花前饮》	《五鬼听琴》
《白云庵》	《迓鼓二郎》	《坏道场》	《独脚五郎》
《卖花声》	《进奉伊州》	《错上坟》	《医五方》
《打五铺》	《拷梅香》	《四道姑》	《隔帘听》
《硬行蔡》	《义养娘》	《咭师姨》	《论秋蝉》
《刘盼盼》	《墙头马》	《刺董卓》	《锯周朴》
《四拍板》	《大论谈》	《摔龙舟》	《击梧桐》

《潝蓝桥》	《入桃园》	《双防送》	《海棠春》
《香药车》	《四方和》	《九头顶》	《闹元宵》
《赶村禾》	《眼药孤》	《两同心》	《更漏子》
《阴阳孤》	《提头巾》	《三索债》	《防送哨》
《偌卖旦》	《是耶酸》	《怕水酸》	《回回梨花院》
《晋宣成道记》			

(六)院幺

《海棠轩》	《海棠园》	《海棠怨》
《海棠院》	《鲁李王》	《庆七夕》
《再相逢》	《风流婿》	《王子端卷帘记》
《紫云迷四季》	《张与孟梦杨妃》	《女状元春桃记》
《粉墙梨花院》	《妮女梨花院》	《庞方温道德经》
《大江东注》	《吴彦举》	《不抽关》
《不掀帘》	《红梨院》	《玎珰天赐暗姻缘》

(七)诸杂院爨

《闹夹棒六幺》	《闹夹棒法曲》	《望瀛法曲》
《分拐法曲》	《送宣道人欢》	《逍遥乐打马铺》
《撺采延寿乐》	《讳老长寿仙》	《夜半乐打明皇》
《欢呼万里》	《山水日月》	《集贤宾打三教》
《打白雪歌》	《地水火风》	《夜深深三磕炮》
《佳景堪游》	《琴棋书画》	《喜迁莺剁草鞋》

《太公家教》	《十五郎》	《滕王阁闹八妆》
《春夏秋冬》	《风花雪月》	《上小楼衮头子》
《喷水胡僧》	《订注论语》	《恨秋风鬼点偌》
《诗书礼乐》	《论语谒食》	《下角瓶大医淡》
《再游恩地》	《累受恩深》	《送羹汤枚火子》
《擂鼓孝经》	《香茶酒果》	《船子和尚四不犯》
《徐演黄河》	《单兜望梅花》	《皇都好景》
《四偌大提猴》	《双声叠韵》	《上皇四轴画》
《三偌一卜》	《调猿挂铺》	《倬刀馒头》
《河转迓鼓》	《背箱伊州》	《酒楼伊州》
《襄衣百家诗》	《埋头百家诗》	《偷酒牡丹香》
《雪诗打樊哙》	《抹面长寿仙》	《四偌贾诩》
《四偌祈雨》	《松竹龟鹤》	《王母祝寿》
《四偌抹紫粉》	《四偌劈马桩》	《截红闹浴堂》
《和燕归梁》	《苏武和番》	《羹汤六幺》
《河阳舅舅》	《偌请都子》	《双女赖饭》
《一贯质库儿》	《私媒质库儿》	《清朝无事》
《丰稔太平》	《一人有庆》	《四海民和》
《金皇圣德》	《皇家万岁》	《背鼓千字文》
《变龙千字文》	《摔盒千字文》	《错打千字文》
《木驴千字文》	《埋头千字文》	《讲来年好》
《讲圣州序》	《讲乐章序》	《讲道德经》
《神农大说药》	《食店提猴》	《人参脑子爨》
《断朱温爨》	《变二郎爨》	《讲百果爨》
《讲百花爨》	《讲蒙求爨》	《讲百禽爨》

《讲心字爨》　　《变柳七爨》　　《三跳涧爨》
《打王枢密爨》　《水酒梅花爨》　《调猿香字爨》
《三分食爨》　　《煎布衫爨》　　《赖布衫爨》
《双揲纸爨》　　《谒金门爨》　　《跳布袋爨》
《文房四宝爨》　《开山五花爨》

（八）冲撞引首

《打三十》　《打谢乐》　《打八哥》　《错打了》
《错取儿》　《说狄青》　《憨郭郎》　《枝头巾》
《小闹掴》　《鹦哥猫儿》《大阳唐》　《小阳唐》
《歇贴韵》　《三般尿》　《大惊睡》　《小惊睡》
《大分界》　《小分界》　《双雁儿》　《唐韵六贴》
《我来也》　《情知本分》《乔捉蛇》　《铛锅釜灶》
《代元保》　《母子御头》《觜苗儿》　《山梨柿子》
《打淡的》　《一日一个》《村城诗》　《胡椒虽小》
《蔡伯喈》　《遮截架解》《窄砖儿》　《三打步》
《穿百倬》　《盘榛子》　《四鱼名》　《四坐山》
《提头带》　《天下乐》　《四怕水》　《四门儿》
《说古人》　《山麻秸》　《乔道场》　《黄风荡荡》
《贪狼观》　《通一母》　《串梆子》　《拖下来》
《哑伴哥》　《刘千刘义》《欢会旗》　《生死鼓》
《捣练子》　《三群头》　《酒糟儿》　《净瓶儿》
《卖官衣》　《苗青根白》《调笑令》　《斗鼓笛》
《柳青娘》　《调刘衮》　《请车儿》　《身边有艺》

《论句儿》	《霸王草》	《难古典》	《左必来》
《香供养》	《合五百》	《奶奶嗔》	《一借一与》
《已己巳》	《舞秦始皇》	《学像生》	《支道馒头》
《打调劫》	《驴城白守》	《呆木大》	《定魂刀》
《说罚钱》	《年纪大小》	《打扇》	《盘蛇》
《相眼》	《告假》	《捉记》	《照淡》
《矇哑》	《投河》	《略通》	《调贼》
《多笔》	《金押》	《扯状》	《罗打》
《记水》	《求楞》	《烧奏》	《转花枝》
《计头儿》	《长娇怜》	《歇后语》	《芦子语》
《回且语》	《大支散》		

(九) 拴搐艳段

《襄阳会》	《驴轴不了》	《鞭敲金镫》	《门帘儿》
《天长地久》	《衙府则例》	《金含楞》	《天下太平》
《归塞北》	《春夏秋冬》	《斗百草》	《叫子盖头》
《大刘备》	《石榴花诗》	《哑汉书》	《说古棒》
《唱柱杖》	《日月山河》	《胡饼大》	《觜揾地》
《屋里藏》	《骂吕布》	《张天觉》	《打论语》
《十果顽》	《十般乞》	《还故里》	《刘金带》
《四草虫》	《四厨子》	《四妃艳》	《望长安》
《长安住》	《骂江南》	《风花雪月》	《错寄书》
《睡起教柱》	《打婆束》	《三文两扑》	《大对景》
《小护乡》	《少年游》	《打青提》	《千字文》

《酒家诗》	《三拖旦》	《睡马杓》	《四生厉》
《乔唱诨》	《桃李子》	《麦屯儿》	《大菜园》
《乔打圣》	《杏汤来》	《谢天地》	《十只脚》
《请生打纳》	《建成》	《缚食》	《球棒艳》
《破巢艳》	《开封艳》	《鞍子艳》	《打虎艳》
《四王艳》	《蝗虫艳》	《撅子艳》	《七捉艳》
《修行艳》	《般调艳》	《枣儿艳》	《蛮子艳》
《快乐艳》	《慈乌艳》	《眼里乔》	《访戴》
《众半》	《陈蔡》	《范蠡》	《扯休书》
《鞭寨》	《枕机扫竹》	《感吾智》	《诸宫调》
《金铃》	《雕出板来》	《套靴》	《舌智》
《俯饮》	《钗发多》	《襄阳府》	《仙歌儿》

（十）打略拴搐

分目类列如下：

（1）星象名　缺

（2）果子名　缺

（3）草　名　缺

（4）军器名　缺

（5）神道名　缺

（6）灯火名　缺

（7）衣裳名　缺

（8）铁器名　缺

（9）书籍名　缺

（10）节令名　缺

(11) 齑菜名　缺

(12) 县道名　缺

(13) 州府名　缺

(14) 相扑名　缺

(15) 法器名　缺

(16) 门　名　缺

(17) 草　名　缺 与前(3)项重复,疑衍文。

(18) 军　名　缺

(19) 鱼　名　缺

(20) 菩萨名　缺 以上二十种有目无曲,原书列入曲名中,误。今分排之。

(21) 赌扑名　《照天弄》《琴家弄》《衮骰子》《闷葫芦》《握龟》

(22) 著棋名　缺

(23) 乐人名　缺 以上二种在赌扑名内,实亦子目,非曲也。因分排之。

(24) 官职名　《说驾顽》《敲待制》《上官赴任》《押剌花赤》

(25) 飞禽名　《青鹎》《老鸦》《斯料》《鹰鹞雕鹘》

(26) 花　名　《石竹子》《调狗》《散水》

(27) 吃食名　《厨难偌》《蘑菇菜》

(28) 佛　名　《成佛板》《爷娘佛》

(29) 难字儿　《盘驴》《害字》《刘三》《一板子》

(30) 酒下栓　《数酒》《三元四子》

(31) 唱尾声　《孟姜女》《遮盖了》《诗头曲尾》《虎皮袍》

(32) 猜　谜　《杜大伯》《大黄》

(33) 和尚家门　《唐三藏》《秃丑生》《窗下僧》《坐化》

(34) 先生家门　《入口鬼》《则要胡孙》《大烧饼》《清闲真

　　　　　道本》

(35) 秀才家门　《大口赋》《六十八头》《拂袖便去》《绍运图》《十二月》《胡说话》《风魔赋》《疗丁赋》《摔着骆驼》《看马胡孙》

(36) 列良家门　《说卦篆》《由命赋》《混星图》《柳簸箕》《二十八宿》《春从天上来》

(37) 禾下家门　《万民快乐》《咬的响》《莫延》《九斗一石》《共牛》

(38) 大夫家门　《三十六风》《伤寒》《合死汉》《马屁勃》《安排锹镬》《三百六十骨节》《便痈赋》

(39) 卒子家门　《针儿线》《甲仗库》《军闹》《阵败》

(40) 良头家门　《方头赋》《水龙吟》

(41) 邦老家门　《脚言脚语》《则是便是贼》

(42) 都子家门　《后人收》《桃李子》《上一上》

(43) 孤下家门　《朕闻上古》《刁包待制》《绢儿来》

(44) 司吏家门　《罢笔赋》《是故榜》

(45) 忤作行家门　《一遍生活》

(46) 撅俫家门　《受胎成气》

(十一) 诸杂砌

《模石江》	《梅妃》	《浴佛》	《三教》
《姜武》	《救驾》	《赵娥》	《石妇吟》
《变猫》	《水母》	《玉环》	《走鹦哥》
《上料》	《瞎脚》	《易基》	《武则天》

243

《告子》	《拔蛇》	《鹿皮》	《新太公》
《黄巢》	《恰来》	《蛇师》	《没字碑》
《卧草》	《衲袄》	《封碑》	《锯周朴》
《史弘肇》	《悬头梁上》		

右杂剧院本共六百九十种，诸宫调词不在内，虽拴搐艳段中有诸宫调目，然是院本之名，非诸宫调词体也。又打略拴搐内共列四十九目，九成原书，颇有涽乱。如星象等名二十门，误列剧名内。著棋名、乐人名二目，列入赌扑名内。今已一一厘正。细按此目，虽诙奇万状，而其中分配亦有端倪。如诸杂大小院本内，以孤名者十，孤为装官者，见《太和正音谱》；以酸名者十一，金元间以秀才为细酸，又谓措大，见《少室山房笔丛》；以旦名者七，旦为装女者，元曲中有《切脍旦》、《货郎旦》，即本此格；凡此皆以角色名者也。又以爨名者二十一，盖出宋官本杂剧。《武林旧事》所载杂剧，以爨标目者颇多，金剧即依此例。宋徽宗见爨国人来朝，衣服诡异，令优人效之，此爨之原起也。又有说唱杂戏，混入其内，如《讲来年好》、《讲圣州序》、《讲乐章序》、《讲道德经》等是也。至剧中事实，虽已久佚，而元剧中时有祖述之者。如《蔡消闲》一本，元李文蔚有《蔡萧闲醉写石州慢》，当从此出。案金相蔡松年，号萧闲老人，奉使高丽还，作此词赠伎，《明秀集》残本未载此作，见杨朝英《阳春白雪》卷首。则是剧与戴善夫之《陶学士风光好》剧相类矣。又《芙蓉亭》一本，元王实甫有《韩彩云丝竹芙蓉亭》，当从此出，今略存古本《西厢》校注中。又《蝴蝶梦》一本，元关汉卿有《包待制三勘蝴蝶梦》。《兰昌宫》一本，元庚天锡有《薛昭误入兰昌宫》。《十样锦》一本，元无名氏有《十样锦诸葛论功》。《杜甫游春》一本，元范康有《曲江池杜甫游春》。《鸳鸯简》一本，元白朴有《鸳鸯简墙头马上》。《月夜闻筝》一本，元郑光祖亦有此剧。《张生煮海》

一本，元尚仲贤、李好古亦有此剧。《刘盼盼》一本，元关汉卿有《刘盼盼闹衡州》。《渰蓝桥》一本，元李直夫有《水渰蓝桥》。诸如此类，不胜条举。凡此皆足考古今剧情之沿革也。若夫此等剧曲，概定为金人所作者，亦有数证。目中有《金皇圣德》一本，明为金人所作，一也。目中故事，关涉开封者颇多。开封为宋之东都，金之南都，"上皇院本"且勿论，他如郓王、蔡奴，汴京之人也，金明池、陈桥，汴京之地也。敷衍故事，必在事过未久之日，而又为当时人民所共知共见者，方足鼓动人心，故决为金人所作，二也。中如〔水龙吟〕、〔双声叠韵〕等牌，仅见董词，不见元曲，足证此等剧曲在元曲之先，三也。第此等剧曲，今皆不传，无研究之法，今可见者，止诸宫调词，董解元《西厢》是也。

三　诸宫调

诸宫调者，小说之支流，而被之以乐曲者也。《碧鸡漫志》、《梦粱录》、《东京梦华录》皆载泽州孔三传，始作诸宫调古传，则其来已久矣。董词据《正音谱》，以为创作北曲，胡元瑞、焦理堂、施研北均有考订，迄不知为何体，实则诸宫调词而已。本书卷一〔太平赚〕词云："俺平生情性好疏狂，疏狂的情性难拘束。一回家想么，诗魔多，爱选多情曲。比前贤乐府不中听，在诸宫调里却着数。"此开卷自叙作词缘起，而自云"在诸宫调"，其证一也。元凌云翰《柘枝轩词》，有〔定风波〕词，赋《崔莺莺传》云："翻残金旧日诸宫调本，才入时人听。"则金人所赋《西厢》词，自为诸宫调，其证二也。此书体例，求之古曲，无一相似，独元王伯成《天宝遗事》，见于《雍熙乐府》、《九宫大成谱》所选者，大致相同。而元钟嗣成《录鬼簿》，于王伯成条下注云："有《天宝遗事》诸宫调行于世。"王词既为诸宫调,则董词之为诸宫调更无疑义,其证三也。其所以名诸宫调者,则由宋人所用大曲转踏,不过用一牌回环作之,其在同一宫调中甚明。惟此编每宫调中多或十馀曲,少或一二曲,即易他宫调,合若干宫调以咏一事,故谓之"诸宫调"。今列数词于下:

〔黄钟出队子〕最苦是离别,彼此心头难弃舍。莺莺哭得似痴呆,脸上啼痕多是血。有千种恩情何处说。　夫人道天晚教郎疾去,怎奈红娘心似铁,把莺莺扶上七香车。君瑞攀鞍空自撷,道得个冤家宁耐些。

〔尾〕马儿登程,坐车儿归舍。马儿往西行,坐车儿往东拽。两口儿一步儿离得远如一步也。

〔仙吕点绛唇〕缠令美满生离,据鞍兀兀离肠痛。旧欢新宠,变作高唐梦。　回首孤城,依约青山拥。西风送,戍楼寒重,初品梅花弄。

〔瑞莲儿〕衰草凄凄一径通,丹枫索索满林红。平生踪迹无定着,如断蓬。听塞鸿,哑哑的飞过暮云重。

〔风吹荷叶〕忆得枕鸳衾凤,今宵管半壁儿没用。触目凄凉千万种,见滴流流的红叶,淅零零的微雨,飒剌剌的西风。

〔尾〕驴鞭半袅吟肩双耸,休问离愁轻重,向个马儿上驼也驼不动。

〔仙吕赏花时〕落日平林噪晚鸦,风袖翩翩催瘦马,一径入天涯。荒凉古岸,衰草带霜滑。瞥见个孤林端入画,篱落萧疏带浅沙。一个老大伯捕鱼虾,横桥流水,茅舍映荻花。

〔尾〕驼腰的柳树上有鱼槎,一竿风旆茅檐上挂。澹烟潇洒横锁着两三家。

以上八曲,已易三宫调,全书体例皆如是,故名诸宫调也。施国祁《礼耕堂丛说》云:"此本为海阳黄嘉惠刻,定为《董西厢》,分上下二卷,无出名关目。行间全载宫调、引子、尾声,率填乐府方言,不采类书故实。曲多白少,不注工尺。是流传读本,与院伎刘丽华口授者不同。"余谓此书体格,固属诸宫调,实为北曲之开山。元词中所用词牌,如仙吕〔点绛唇〕、越调〔斗鹌鹑〕、正宫〔端正好〕,与此书全合,故《太和正音谱》谓解元始作北曲,亦非不经之论也。又诸宫调套数至短,最多不过七八曲。元剧套数有多至十七八支者,顾每支止用一叠。如〔点绛唇〕、〔斗鹌鹑〕、〔端正好〕等,仅用上叠,而后叠〔换头〕不用,故诸宫调虽短,词牌则全,元剧虽长,而每牌止有其半,此又可见金元间词体之变矣。又董词中各调,较元曲略多。元词诸牌,董词中多有之。董词各牌,如〔倬倬戚〕、〔墙头花〕、〔渠神令〕、〔哈哈令〕等,皆元人所不用,清代《九宫大成谱》始采录入谱,然板式腔格率多可疑。是北曲之不能完备,不在明嘉隆昆腔盛行以后,反在元人继述之不周,乃至解元各谱无形消灭,迨康乾时欲掇拾坠绪,已难免杜撰之讥焉。凌廷堪作《燕乐考原》,先列董词,次及元曲,可云特识。惟不知元曲即出于董词,强分疆界,不可谓非贤者之过。至《正音谱》、《辍耕录》各宫曲数,仅就北剧厘订之,尤不知董词为何物矣。至张、崔之事谱入弦管,实不始于解元,宋赵令畤已有商调〔蝶恋花〕十章,取《会真记》逐段分配,略具搬演形式,但不如解元之作,自布局势,别造伟词也。(案解元名号,今无可考。《辍耕录》谓金章宗时人。《西河词话》谓解元为金章宗学士,《正音谱》谓其仕元,初制北曲,皆未深考,不足为据。余谓解元之称,为金元人通称,凡读书应举者,皆以此呼之。如《鬼董》五卷末,有泰定丙寅临安钱孚跋云:"关解元之所传",是汉卿亦称解元也。又王实甫《西厢》第一折云"风魔了张解元",是君瑞亦称解元也。此等称谓至多,如公子称衙内,夫人称院君,和尚称洁郎,盗贼称帮老,概为一时方言,不必狃于旧习,以乡举首列者为解元也。)

四　元人杂剧

戏曲至元代,可为最盛时期。据《正音谱》卷首所录杂剧,共五百六十六本,钟嗣成《录鬼簿》所载,共四百五十八本,洋洋乎,一代巨观也。第今人所见者,如臧晋叔《元曲选》百种外,日本西京大学《覆刊杂剧三十种》内,有十七种,为臧选本所未及。而臧选本中,亦有六种为明初人作,《儿女团圆》、《金安寿》、《城南柳》、《误入桃源》、《对玉梳》、《萧淑兰》。去之合百十有一种。再加《西厢》五剧、罗贯中《风云会》、费唐臣《赤壁赋》、杨梓《豫让吞炭》,实得一百十有九种。吾人研究元曲尽此矣。或已佚各种,他日得复行于世者,要亦不多耳。今将仅存各种,列目如下。

元人杂剧,就可见者列目如下:

关汉卿十三本

　　《西蜀梦》　　《拜月亭》　　《谢天香》　　《金线池》

　　《望江亭》　　《救风尘》　　《单刀会》　　《玉镜台》

　　《诈妮子》　　《蝴蝶梦》　　《窦娥冤》　　《鲁斋郎》

　　《续西厢》

高文秀三本

《双献功》　　《谇范叔》　　《遇上皇》

郑廷玉五本

　　《楚昭王》　　《后庭花》　　《忍字记》　　《看钱奴》
　　《崔府君》

白朴二本

　　《梧桐雨》　　《墙头马上》

马致远六本

　　《青衫泪》　　《岳阳楼》　　《陈抟高卧》　　《汉宫秋》
　　《荐福碑》　　《任风子》

李文蔚一本

　　《燕青博鱼》

李直夫一本

　　《虎头牌》

吴昌龄二本

　　《风花雪月》　《东坡梦》

王实甫二本

　　《西厢记》四本　　　　　　《丽春堂》

武汉臣三本

　　《老生儿》　　《玉壶春》　　《生金阁》

王仲文一本

　　《救孝子》

李寿卿二本

　　《伍员吹箫》　《月明和尚》

尚仲贤四本

　　《柳毅传书》　《三夺槊》　　《气英布》　　《尉迟恭》

石君宝三本

　　《秋胡戏妻》《曲江池》　《紫云庭》

杨显之二本

　　《临江驿》　《酷寒亭》

纪君祥一本

　　《赵氏孤儿》

戴善甫一本

　　《风光好》

李好古一本

　　《张生煮海》

张国宾三本

　　《汗衫记》　《薛仁贵》　《罗李郎》

石子章一本

　　《竹坞听琴》

孟汉卿一本

　　《魔合罗》

李行道一本

　　《灰阑记》

王伯成一本

　　《贬夜郎》

孙仲章一本

　　《勘头巾》

康进之一本

　　《李逵负荆》

岳伯川一本

《铁拐李》

狄君厚一本

《介子推》

孔文卿一本

《东窗事犯》

张寿卿一本

《红梨花》

马致远、李时中、花李郎、红字李二合作一本

《黄粱梦》

宫天挺一本

《范张鸡黍》

郑光祖四本

《㑇梅香》　《周公摄政》《王粲登楼》《倩女离魂》

金仁杰一本

《萧何追韩信》

范康一本

《竹叶舟》

曾瑞一本

《留鞋记》

乔梦符三本

《玉箫女》　《扬州梦》　《金钱记》

秦简夫二本

《东堂老》　《赵礼让肥》

萧德祥一本

《杀狗劝夫》

朱凯一本

　　《昊天塔》

王晔一本

　　《桃花女》

杨梓二本

　　《霍光鬼谏》《豫让吞炭》

李致远一本

　　《还牢末》

杨景贤一本

　　《刘行首》

罗贯中一本

　　《风云会》

费唐臣一本

　　《赤壁赋》

无名氏二十七本

《七里滩》	《博望烧屯》	《替杀妻》	《小张屠》
《陈州粜米》	《鸳鸯被》	《风魔蒯通》	《争报恩》
《来生债》	《朱砂担》	《合同文字》	《冻苏秦》
《小尉迟》	《神奴儿》	《谢金吾》	《马陵道》
《渔樵记》	《举案齐眉》	《梧桐叶》	《隔江斗智》
《盆儿鬼》	《百花亭》	《连环计》	《抱妆盒》
《货郎旦》	《碧桃花》	《冯玉兰》	

　　杂剧体格，与诸宫调异。诸宫调不分出目，此则通例四折。虽纪君祥之《赵氏孤儿》统计五折，张时起之《花月秋千记》统计六折，顾不多见也。诸宫调不分角目，总以一人弹唱，与后世评话略同。此则分

末、旦、外、丑等诸目,而以末、旦为主,元人所谓"旦末双全"是也。诸宫调无动作状态,此则分为三类,纪动作者曰科,纪言语者曰白,纪歌唱者曰曲,是合歌舞言动而一之也,是剧曲之进境也。至论文字,则止有本色一家,无所谓词藻缤纷、纂组缜密也。王实甫作《西厢》,以研炼秾丽为能,此是词中异军,非曲家出色当行之作。观其《丽春堂》剧〔满庭芳〕云:"这都是托赖着大人虎势,赢的他急难措手,打的他马不停蹄。"又云:"则你那赤瓦不剌强嘴,犹自说兵机。"〔耍孩儿〕云:"这泼徒怎敢将人戏,你托赖着谁人气力,睁开你那驴眼可便觑着阿谁。我便歹杀者波,是将相的苗裔。"节录原曲。可云绝无文气,而气焰自不可及。即如《西厢》,亦不尽作绮语。如〔四边静〕云:"怕我是赔钱货,两当一便成合。凭着他举将除贼,消得个家缘过活。费了什么,古那便结丝萝。休波,省人情的奶奶忒虑过,恐怕张罗。"〔满庭芳〕云:"你休要呆里撒奸。您待恩情美满,教我骨肉摧残。他手搭着檀棍摩娑看,粗麻线怎过针关。直待教我拄着拐帮闲钻懒,缝合唇送暖偷寒。待去呵,消息儿踏着犯。待不去,教甜话儿热趱。教我左右做人难。"据古本,与通行金批本异。诸曲文字,亦非雅人吐属,顾亦令黠可喜。王元美以〔挂金索〕一支为佳,殊非公允。(词云:"裙染榴花,睡损胭脂皱。钮结丁香,掩过芙蓉扣。线脱珍珠,泪湿香罗袖。杨柳眉颦,人比黄花瘦。")仍不脱七子高华之习。是故知元人以本色见长,方可追论流别也。当时擅此技者,以大都、东平及浙中最盛,其散处各行省者,又皆浮沉下僚不得志之士。见李中麓《小山小令序》。而江西嚎唱,尤能变易故常,别创南北合套之格。繁声一启,词法大备,此其大较也。今更备论之。大抵元剧之盛,首推大都。自实甫继解元之后,创为研炼艳冶之词。而关汉卿以雄肆易其赤帜,所作《救风尘》、《玉镜台》、《谢天香》诸剧,见《元曲选》。类皆雄奇排奡,无搔头弄姿之态。东篱则以清俊开宗,《汉宫孤雁》,臧晋叔以为元剧之冠,论其风格,卓尔大家。自是三家鼎盛,矜式群英。后起如王仲文、杨显之,并称瑜亮。《救孝子》、《临江驿》、《酷寒亭》,见《元曲选》。足使已斋俯首,实甫服膺。石子章《竹坞听琴》,颇得东篱神髓,而幽艳过之。真定一隅,作者至富。《天籁》一集,质有其文,《秋雨梧桐》,实驾"碧云黄花"之上。盖亲炙遗山謦欬,斯咳唾不同流俗也。文蔚《博鱼》(李文蔚作曲十二种,为《张子房圯桥进履》、《汉武帝死哭李夫人》、《谢安东山高卧》、《蔡萧闲醉写石州慢》、《谢玄破苻坚》、《卢亭亭担水浇花旦》、《金水题红怨》、《秋夜芭蕉雨》、《燕青射燕》、《同乐院燕青博鱼》、《风月推车旦》、《濯锦江鱼雁传情》等名。今《燕青博鱼》见《元曲选》,馀皆不传),摹绘市井,声色俱肖,尤非寻常词人所及。尚仲贤《柳毅》、《英布》二剧,状难状之境,亦非《蜃中楼》可比拟(尚仲贤作曲十种,为《陶渊明归去来辞》、《海神庙王魁负桂英》、《凤凰坡越娘背灯》、《洞庭湖柳毅传书》、《张生煮海》,非李好古本。《崔护谒浆》、《没兴花前秉烛旦》、《武成庙诸葛论功》、《尉迟恭三夺槊》、《汉高祖濯足气英布》等名。今《柳毅传书》、《三夺槊》、《气英布》三种,见《元曲选》,馀不传)。戴善甫《风光好》(善甫作曲五种,为《陶秀实醉写风光好》、《柳耆卿诗称玩江楼》、《关大王三捉红衣怪》、《伯俞泣杖》、《诸宫调风月紫云亭》等名,今仅存《风光好》),俊语翩翩,不亚实甫也。东平高氏,力追汉卿,毕生绝艺,雕绘梁山(高文秀,东平府学生,作曲三十四种,为《黑旋风斗鸡会》、《黑旋风诗酒丽春园》、《黑旋风穷风月》、《黑旋风大闹牡丹园》、《黑旋风乔教学》、《黑旋风敷衍刘耍和》、《黑旋风双献功》、《老郎君养子不及父》、《病樊哙打吕青》、《黑旋风借尸还魂》、《刘先主襄阳会》、《禹王庙霸王举鼎》、《穷秀才双弃瓢》、《忠义士班超投笔》、《烟月门神诉冤》、《五凤楼潘安掷果》、《须贾大夫谇范叔》、《好酒赵元遇上皇》、《周瑜谒鲁肃》、《木叉行者锁水母》、《伍子胥弃子走樊城》、《豹子尚书谎秀才》、《豹子秀才不当差》、《豹子令史干请俸》、《太液池儿女并头莲》、《风月害夫人》、《相府门廉颇负荆》、《郑元和风雪打瓦罐》、《御史台赵尧辞金》、《醉秀才戒酒论杜康》、《志公和尚开哑禅》、《宣帝问张敞画眉》、《双献头武松大报仇》、《保成公竟赴渑池会》等名。今仅存《双献功》、《谇范叔》、《遇上皇》三种，馀皆不传），享年不永，悼惜尤深，锲而不舍，并辔王、关矣。时起擅名，在《昭君出塞》一剧（张时起，字才英，东平府学生，居长芦。作曲四种，为《霸王垓下别虞姬》、《昭君出塞》、《赛花月秋千记》、《沉香太子劈华山》等名，今皆不传），其《垓下别姬》即为明人《千金》之本。其词散佚，无可评骘，丹邱谓其"雁阵惊寒"，意者植基不厚欤？此外如顾仲清之《纪信》、《伏剑》（仲清作曲二种，为《荥阳城火烧纪信》、《陵母伏剑》等名，今不传），张寿卿之《诗酒红梨》（见《元曲选》），风格翩翩，皆东平之秀也。大名宫天挺（天挺，字大用，大名开州人，历学官，除钓台书院山长，为权豪所中，卒于常州。作曲六种，为《严子陵钓鱼台》、《会稽山越王尝胆》、《死生交范张鸡黍》、《济饥民汲黯开仓》、《宋仁宗御览托公书》、《宋上皇御赏凤凰楼》等名。今仅存《范张鸡黍》，见《元曲选》），襄陵郑光祖（光祖，字德辉，平阳襄陵人，以儒补杭州路吏。作曲十九种，为《李太白醉写秦楼月》、《丑齐后无盐破连环》、《陈后主玉树后庭花》、《放太甲伊尹扶汤》、《三落水鬼泛采莲船》、《秦赵高指鹿为马》、《𫢸梅香翰林风月》、《崔怀宝月夜闻筝》、《醉思乡王粲登楼》、《周公辅成王摄政》、《王太后摔印哭孺子》、《迷青琐倩女离魂》、《虎牢关三战吕布》、《齐景公哭晏婴》、《谢阿蛮梨园乐府》、《周亚夫细柳营》、《紫云娘》、《哭孙子》、《钟离春智勇定齐》等名。今仅存《𫢸梅香》、《王粲登楼》、《倩女离魂》三种，馀不传），名播省台，声振闺闼，或以豪迈相高，或以俳谐玩世，要皆不越三家范围焉。至江州沈和，作《潇湘八景》《欢喜冤家》，以南北词合腔，极为工巧（和，字和甫，杭州人，后徙江州。作曲六种，为《祈甘雨货郎朱蛇记》《徐驸马乐昌分镜记》《郑玉娥燕山逢故人》《闹法场郭兴何杨》《潇湘八景》《欢喜冤家》等名，今皆不传）。参军代面，蛮子关卿，开后代传奇之先，结金元剧曲之局，可谓不随风气，自辟蹊径者矣。浙中词学，风称彬彬，一时名家，指不胜数。金志甫《西湖梦》（金仁杰，字志甫，杭州人，授建康崇宁务官。作曲七种，为《蔡琰还朝》《秦太师东窗事犯》，非孔文卿作。《周公旦抱子设朝》《萧何月夜追韩信》《长孙皇后鼎镬谏》《玉津园智斩韩太师》《苏东坡夜宴西湖梦》等名，今皆不传），范子安《竹叶舟》（范康，字子安，杭人。作曲二种，为《陈季卿悟道竹叶舟》《曲江池杜甫游春》等名，今仅存《竹叶舟》），陈存甫《锦堂风月》（陈以仁，字存甫，作曲二种，为《十八骑误入长安》《锦堂风月》等名，今不传），皆脍炙人口也。而鲍天祐《史鱼尸谏》，流播诸路，腾誉宫廷，尤极文人之荣遇（天祐，字吉甫，杭人，昆山州吏。作曲七种，为《王妙妙死哭秦少游》《史鱼尸谏卫灵公》《忠义士班超投笔》《贪财汉为富不仁》《摘星楼比干剖腹》《英雄士杨震辞金》《汉丞相宋弘不谐》等名，而《史鱼尸谏》尤盛传于世。周定王《元宫词》云："《尸谏灵公》演传奇，一朝传到九重知。奉宣赍与中书省，诸路都教唱此词。"其盛可思也。今皆不传）。王日华《桃花女》《卧龙冈》《双买花》，亦怪谲可诵（日华三种，惟《桃花女》尚存，见《元曲选》）。人文蔚起，他方莫逮焉。流寓中，如乔梦符（乔吉，字梦符，太原人，号笙鹤翁，又号惺惺道人，居杭州太乙宫前。作曲十一种，为《怨风月娇云认玉钗》《杜牧之诗酒扬州梦》《玉箫女两世姻缘》《死生交托妻寄子》《马光祖勘风尘》《荆公遣妾》《唐明皇御断金钱记》《节妇牌》《贤孝妇》《九龙庙》、

《燕乐毅黄金台》等名,今惟《扬州梦》、《金钱记》、《两世姻缘》,见《元曲选》,馀不传),曾瑞卿等(曾瑞,字瑞卿,大兴人,寓杭州。有《才子佳人误元宵》一剧,颇负盛名,见《元曲选》,又名《留鞋记》),又皆一时彦士,雍容坛坫,啸傲湖山,极裙屐之胜概矣。尝谓元人剧词,约分三类,喜豪放者学关卿,工锻炼者宗实甫,尚轻俊者号东篱。一代才彦,绝少达官,斯更足见人民之宗尚,迥非台阁文章以颂扬藻绘者可比也。因疏论如此。至其剧词,世皆见之,故不赘云。

五 元人散曲

元人散曲,作者至多,其词清新俊逸,与唐诗、宋词可以鼎足。其有别集可考者,略纪如下:

张养浩《云庄乐府》

曾　瑞《诗酒馀音》

吴　本《本道斋乐府小稿》

吴弘道《金缕新声》

钱　霖《醉边馀兴》

顾德润《九山乐府》

朱　凯《升平乐府》

周月湖《月湖今乐府》

沈子厚《沈氏今乐府》

张可久《北曲联乐府》、《吴盐》、《苏堤渔唱》、《小山小令》

乔　吉《惺惺道人乐府》、《梦符小令》、《文湖州集词》

汪元亨《小隐馀音》、《云林清赏》

耶律铸《双溪醉隐乐府》

郑杓次《夹漈馀声乐府》

冯　华《乐府》

沈　禧《竹窗乐府》

至元人所编散曲总集，远不如明人之多，第就闻见所及，亦略记之：

《南北宫词》

《中州元气》

《仙音妙选》

《曲海》

《百一选曲》

《乐府群珠》

《乐府群玉》

《自然集》

杨朝英《太平乐府》、《阳春白雪》

元人乐府，盛称关、马、郑、白，其次为酸、甜乐府，而乔梦符、张小山、杨西庵辈，亦戛戛独造，洵文学界之奇观也。关、郑二家，以剧曲著，不以散曲名，兹不论。马致远小令，以〔天净沙〕为最，词云："枯藤老树昏鸦，小桥流水人家。古道西风瘦马。夕阳西下，断肠人在天涯。"明人辄喜摹此词，而终无佳者，于此见元人力厚。其套曲以《秋思》为最，词云：

〔夜行船〕百岁光阴如梦蝶，重回首往事堪嗟。昨日春来，今朝花谢，急罚盏夜阑灯灭。〔乔木查〕秦宫汉阙，都做了衰草牛羊野。不恁渔樵无话说。纵荒坟横断碑，不辨龙蛇。〔庆宣和〕投至狐踪与兔穴,多少豪杰!鼎足三分半腰折,魏也,晋也。〔落梅风〕天教富,莫太奢,无多时好天良夜。看钱奴硬将心似铁,空辜负锦堂风月。〔风入松〕眼前红日又西斜,疾似下坡车。晓来清镜添白雪,上床与鞋履相别。莫笑鸠巢计拙,葫芦提一任装呆。〔拨不断〕利名竭,是非绝,红尘不向门前惹。绿树偏宜屋角遮,青山正补墙头缺。竹篱茅舍。〔离亭宴带歇指煞〕蛩吟罢一枕才宁贴,鸡鸣后万事无休歇,争名利何年是彻。密匝匝蚁排兵,乱纷纷蜂酿蜜,闹穰穰蝇争血。裴公绿野堂,陶令白莲社。爱秋来那些,和露摘黄花,带霜烹紫蟹,煮酒烧红叶。人生有限杯,几个登高节。属付俺顽童记者:便北海探吾来,道东篱醉了也。

〔天净沙〕小令纯是天籁,仿佛唐人绝句。《秋思》一套,则直似长歌矣。且通篇无重韵,尤较作诗为难。周德清评为"元词之冠",洵定论也。

白有《天籁集》,诗词皆佳,末附《摭遗》一卷,皆北词。首录〔恼杀人〕一套,盖赋双渐、苏小卿事,元人常有之。第白作拙朴,雅近董词,与东篱异矣。词云:

〔恼杀人〕又是红轮西堕,残霞万顷银波。江上晚景寒烟,雾濛濛,雨细细,阻隔离人萧索。〔幺篇〕宋玉悲秋愁闷,江淹梦笔寂寞。人间岂无成与破。想别离情绪,世界里只有俺一个。〔伊州遍〕为忆小卿,牵肠割肚,凄惶悄然无底末。受尽平生苦,天涯海角,身心无个归着。恨冯魁趋恩夺爱,狗行狼心,全然不怕天折挫。到如今划地吃耽搁。禁不过,更那堪晚来,暮云深锁。〔幺篇〕故人杳杳,长江风送,胡笳呖呖声韵聒。一轮浩月朗,几处鸣榔,时复唱和渔歌。转无那,沙汀蓼岸,渔灯相照如梭。古渡停画舸,无语泪珠堕。呼仆隶,指拨水手,在意扶舵。〔尾〕兰舟定把芦花过,橹声省可里、高声和。恐惊散宿鸳鸯,两分飞也似我。

此等词绝非明人所能办。

至酸、甜乐府,乃贯酸斋与徐甜斋也。酸斋,畏吾人,为阿里海涯之孙,父名贯只哥,遂以贯为氏,自名小云石海涯。甜斋,名佚,扬州人。二家并以乐府著名,故有"酸甜乐府"之号。时阿里西瑛新筑别业,名"懒云窝",亦善曲词,尝作〔殿前欢〕云:"懒云窝,醒时诗酒醉时歌。瑶琴不理抛书卧,无梦南柯。得清闲尽快活。日月似撺梭过,富贵比花开落。青春去也,不乐如何。"酸斋和之云:"懒云窝,阳台谁与送姮娥。蟾光一任来穿破,遁迹由他。蔽一天星斗多。分半榻蒲团坐,尽万里鹏程挫。向烟霞啸傲,任世事蹉跎。"又云:"懒云窝,云窝客至欲如何。懒云窝里和云卧,打会磨陀,想人生待怎么。贵比我争些大,富比我争些个。呵呵笑我,我笑呵呵。"又云:"懒云窝,懒云窝里客来多。客来时伴我闲些个,酒灶茶锅。且停杯听我歌。醒时节披衣坐,醉后也和衣卧。兴来时玉箫绿绮,问什么天籁云和。"颇超妙可诵。甜斋词亦佳,如〔折桂令〕咏玉莲云:"荆山一片玲珑,分付冯夷,捧出波中。白羽香寒,琼衣露重,粉面冰融。知造化私加密宠,为风流洗尽娇红。月对芙蓉,人在帘栊。太华朝云,太液秋风。"又《题情》云:"平生不解相思,才会相思,便害相思。身似浮云,心如飞絮,气若游丝。空一缕馀香在此,盼千金游子何之。证候来时,正是何时?灯半昏时,月半明时。"正镂心刻骨之作,直开玉茗、粲花一派矣。又有〔水仙子〕二首,一咏佳人钉鞋,一咏红指甲,亦佳。《钉鞋》云:

"金莲脱瓣载云轻,红叶香浮带雨行。渍春泥印在苍苔径,三寸中数点星。玉玲珑环佩交鸣。溅越女红裙湿,沁湘妃罗袜冷。点寒波小小蜻蜓。"《红指甲》云:"落花飞上笋芽尖,宫叶犹将冰箸黏。抵牙关越显得樱唇艳,怕阳春不卷帘。捧菱花红印妆奁。雪藕丝霞十缕,镂枣斑血半点。掐刘郎春在纤纤。"语语俊,字字艳,直可压倒群英矣。

乔梦符(字里见前)博学多能,以乐府称重于时,尝云:作乐府亦有法,曰凤头、猪肚、豹尾,六字是也。大概起要美丽,中要浩荡,终要响亮。尤贵在首尾贯串,意思清新。能若是始可言乐府矣。尝记其《咏竹衫》词〔红绣鞋〕:"并刀剪龙须为本,玉丝穿龟背成文,襟袖清凉不染尘。汗香晴带雨,肩瘦冷搜云,是玲珑剔透人。"又《咏香茶》词〔卖花声〕:"细研片脑梅花粉,新剥珍珠豆蔻仁,依方修合凤团春。醉魂清爽,舌尖香嫩,这孩儿那些风韵。"又〔天净沙〕云:"莺莺燕燕春春,花花柳柳真真,事事风风韵韵。娇娇嫩嫩,停停当当人人。"诸作秀丽,无愧大家。

若张可久,则用全力于散曲,生平未作一剧,不屑戾家生活也。所作小令至多,美不胜录,录〔一半儿〕数首,藉见一斑云。《秋日宫词》云:"花边娇月静妆楼,叶底沧波冷翠沟,池上好风闲御舟。可怜秋,一半儿芙蓉,一半儿柳。"又云:"数层秋树隔雕檐,万朵晴云拥玉蟾,几缕夜香穿绣帘。等潜潜,一半儿开门,一半儿掩。"又《酬耿子春海棠》词云:"海棠香雨污吟袍,薜荔空墙闲酒瓢,杨柳晓风凉野桥。放诗豪,一半儿行书,一半儿草。"又云:"梅枝横翠暮寒生,花淡纱窗残月明,人倚画楼羌笛声。恼诗情,一半儿清香,一半儿影。"小山词佳处,约可见矣。

杨西庵,名果,词无专集,散见《阳春白雪》及各家选本者甚富。今录《春情》一套,词云:"〔赏花时〕花点苍苔绣不匀,莺唤杨枝语未真,帘外絮纷纷。日长人困,风暖兽烟喷。〔幺篇〕一自檀郎共锦茵,再不曾暗掷金钱卜远人,香脸笑生春。旧时衣裪,宽放出二三分。〔赚煞〕调养就旧精神,妆点出娇风韵,将息好护春纤一双玉笋。拂绰了香冷妆奁宝镜尘,舒展开系东风两叶眉颦。晓妆新高绾起乌云,再不管暖日珠帘鹊噪频。从今后鸦鸣不嗔,灯花休问,一任他子规声啼破海棠魂。"此套语语柔媚,可与《两世姻缘》、《萧淑兰》等剧媲美,他作亦相称。

元人套数,见诸总集者,不下数百家,取其著者论之而已。

卷　中

一　明总论

　　一代之文,每与一代之乐相表里。其制度虽定于瞽宗,而风尚实成于社会。天然之文,反胜于乐官之造作。故尼山正乐,雅颂始得所,而国风则不烦厘定。即后世飨祀符瑞、歌功颂德之作,亦每视为官样文章,不如闾巷琐碎、儿女尔汝之争相传述。由斯以例列代乐府之真际,于周代则属风骚,于汉则属古诗,于晋唐则属房中、竹枝、子夜、边调等,于两宋则属诗馀,于金元则属杂剧。其作者每多不知谁何之人,而流传特甚。若其摹赓扬而仿咸英者,徒为一时粉饰,供儒生之考订而已,盖与社会之风尚性情,绝不相入。不合于天然之乐,即不能为乐府之代表也。有明承金元之馀波,而寻常文字,尤易触忌讳。故有心之士,寓志于曲。则诚《琵琶》,曾见赏于太祖,亦足为风气之先导。虽南北异宜,时有凿枘,而久则同化,遂能以欧、晏、秦、柳之俊雅,与关、马、乔、郑之雄奇相调剂,扩而充之,乃成一代特殊之乐章,即为一代特殊之文学。当时作者,虽多以实甫、则诚二家为宗,而制腔尚留本色,不尽藻饰词华,立意能关身世,不独铺张故实,以较北部之音,似有积薪之势焉。大抵开国之初,半沿元季馀习,其后南剧日盛,家伶点拍,踵事增华,作家辈出,一洗古鲁兀剌之风。于是海内向风,遂得与古法部相骖靳,此一时也。澈川杨康惠公梓在元时,得贯云石之传,尝作《豫让》、《霍光》、《尉迟敬德》诸剧见前流传宇内,与中原弦索抗行。而长子国材,复与鲜于去矜交游,以乐府世其家,总得南声之秘奥,别创新声,号为海盐调,西江两京间,翕然和之,此一时也。嘉、隆间,太仓魏良辅、昆山梁辰鱼,以善讴名天下。良辅探讨声韵,坐卧一小楼者几二十年,考订《琵琶》板式,造水磨调。辰鱼作《浣纱记》付之,流丽稳协,远出弋阳、海盐旧调之上,历世三百,莫不俯首倾耳,奉为雅乐。此犹宋代嘌唱家,就旧声而加以泛艳者也,此又一时也。若夫论列词品,派别至繁,粗就管窥,述之于后。

二 明人杂剧

明人杂剧至多,苦无详备总目。今就近世可得见者录之,得若干种,列下。

宁献王今皆失传

周宪王廿五本

  《天香圃》　　《十美人》　　《兰红叶》　　《义勇辞金》
  《小桃红》　　《乔断鬼》　　《豹子和尚》　《庆朔堂》
  《桃源景》　　《复落娼》　　《仙官庆会》　《得驺虞》
  《仗义疏财》　《半夜朝元》　《辰勾月》　　《悟真如》
  《牡丹仙》　　《踏雪寻梅》　《曲江池》　　《继母大贤》
  《团圆梦》　　《香囊怨》　　《常椿寿》　　《献赋题桥》
  《苦海回头》

王子一一本

《误入桃源》

谷子敬一本

《城南柳》

贾仲名三本

《金童玉女》《对玉梳》《萧淑兰》

杨文奎一本

《儿女团圆》

王九思二本

《沽酒游春》《中山狼》

康海一本

《中山狼》

徐渭五本

《渔阳弄》《翠乡梦》《雌木兰》《女状元》
《歌代啸》

梁辰鱼一本

《红线女》

汪道昆四本

《远山戏》《高唐梦》《洛水悲》《五湖游》

冯惟敏二本

《不伏老》《僧尼共犯》

陈与郊三本

《昭君出塞》《文姬入塞》《义犬记》

梅鼎祚一本

《昆仑奴》

王衡二本

《郁轮袍》　《真傀儡》

许潮八本

《武陵春》　《兰亭会》　《写风情》　《午日吟》
《南楼月》　《赤壁游》　《龙山宴》　《同甲会》

叶宪祖九本

《北邙说法》　《团花凤》　《易水寒》　《夭桃纨扇》
《碧莲绣符》　《丹桂钿盒》　《素梅玉蟾》　《使酒骂座》
《寒衣记》

沈自征三本

《鞭歌伎》　《簪花髻》　《霸亭秋》

凌初成一本

《虬髯翁》

徐元晖二本

《有情痴》　《脱囊颖》

汪廷讷一本

《广陵月》

孟称舜二本

《桃花人面》《死里逃生》

卓人月一本

《花舫缘》

王应遴一本

《逍遥游》

陈汝元一本

《红莲债》

祁元儒一本

《错转轮》

车任远一本

　　《蕉鹿梦》

徐复祚一本

　　《一文钱》

徐士俊二本

　　《络冰丝》　　《春波影》

王澹翁一本

　　《樱桃园》

来集之三本

　　《碧纱》　　《红纱》　　《挑灯剧》

王夫之一本

　　《龙舟会》

叶小纨一本

　　《鸳鸯梦》

僧湛然二本

　　《曲江春》　　《鱼儿佛》

蘅芜室一本

　　《再生缘》

竹痴居士一本

　　《齐东绝倒》

吴中情奴一本

　　《相思谱》

共九十六种，皆今世所可见者。若余所未知，而世有藏弄者，当亦不少，闻见有限，不敢增饰也。明人杂剧，与元剧相异处，颇有数端。元剧多四折,明则不拘。如徐渭《四声猿》,沈自晋《秋风三叠》,则每种一折者。王衡《郁轮袍》,孟称舜《桃花人面》,多至七折、五折者,是折数不定也。元剧多一人独唱,明则不守此例。如《花舫缘》第三折是旦唱,《春波影》第二折杨夫人唱,第四折老尼唱,是唱角亦不定也。元剧多用北词,明人尽多南曲。如汪道昆《高唐梦》,来集之《挑灯剧》皆是,是南北词亦可通用也。至就文字论,大抵元词以拙朴胜,明则研丽矣;元剧排场至劣,明则有次第矣。然而苍莽雄宕之气,则明人远不及元,此亦文学上自然之趋向也。今略述之。

周宪王诸剧,余得见者有廿五本,已见前目。而廿五本中,尤以《献赋题桥》暨《烟花梦》为佳。《献赋题桥》中,如首折〔煞尾〕云:"莫不是月神乖,又不是花妖圣,元来是此处湘妃显灵。怎生得宋玉多才作赋成。静巉巉悄悄冥冥,支楞楞风轧窗棂。他那里卧看牵牛织女星。一会儿步香阶暗行,一会儿凭危栏独听。只落个曲终江上数峰青。"《烟花梦》第二折〔梁州〕云:"到今日可意种新婚燕尔,一回价上心来往事成空。穷则穷落一觉团圆梦。我和你知心可腹,百纵千容,声声相应,步步相从,赤紧地与才郎两意相浓。想天仙三事相同:恰便似行云雨阳台,梦神女和谐,赠玉杵蓝桥驿娇娥眷宠,泛桃花天台山仙子相逢。想俺心中意中,当日个未曾相许情先动,到如今遂于飞效鸾凤,抵多少翠袖殷勤捧玉钟。到今日百事从容。"此二词松秀绝伦,不让《㑇梅香》矣。馀佳处尽多,不赘。

明初十六家者,王子一、刘东生、王文昌、谷子敬、蓝楚芳、陈克明、李唐宾、穆仲义、汤舜民、贾仲名、杨景言、苏复之、杨彦华、杨文奎、夏均政、唐以初也。其中有撰述可称者,王子一有《误入桃源》、《海棠风》、《楚阳台》、《莺燕蜂蝶》四种,刘东生有《娇红记》、《世间配偶》二种,谷子敬有《城南柳》、《枕中记》、《闹阴司》三种,汤舜民有《娇红记》、《风月瑞仙亭》二种,杨景言有《风月海棠亭》、《生死夫妻》二种,苏复之有《金印记》一种,入传奇部。贾仲名有《金童玉女》、《对玉梳》、《萧淑兰》、《升仙梦》四种,杨文奎有《翠红乡》、《王魁不负心》、《封鹭遇上元》、《玉盒记》四种。他人仅见散曲而已。此二十三种中,惟《误入桃源》、《城南柳》、《金童玉女》、《对玉梳》、《萧淑兰》、《翠红乡》六种见《元曲选》,《金印记》一本,有明人传刻本,馀则亡佚矣。

王九思《沽酒游春》、《中山狼》二剧,名溢四海。《中山狼》仅一折,远逊康德涵。《沽酒游春》则力诋李西涯。王元美谓声价不在汉卿、东篱之下,固为溢美,实则词尚蕴蓄,非肆意诋諆,亦有足多者。

康对山《中山狼》一剧,为李献吉而发。牧斋《列朝诗集》云:"正德初,逆瑾恨李献吉代韩尚书草疏,系诏狱,必欲杀之。献吉狱急,出片纸曰:'对山救我。'秦人皆言瑾恨不能致德涵,德涵往,献吉可生也。德涵曰:'吾何惜一官,不救李死?'乃往谒瑾。瑾大喜,盛称德涵真状元,为关中增光。德涵曰:'海何足言,今关中自有三才,古今稀少。'瑾惊问曰:'何也?'德涵曰:'老先生之功业,张尚书之政事,李郎中之文章。'瑾曰:'李郎中非李梦阳耶? 应杀无赦。'德涵曰:'应则应矣,杀之,关中少一才矣。'欢饮而罢。明日,瑾奏上赦李。瑾遂欲超拜吏部侍郎,德涵力辞之,乃寝。……瑾败,坐落职为民。"此剧盖为李发也,东郭先生自谓也,狼谓献吉也。其词独擅澹宕,一洗绮靡。如〔混江龙〕云:"堪笑他、谋王图霸,那些个飘零四海便为家。万言书随身衣食,三寸舌本分生涯。谁弱谁强排蚁阵,争甜争苦闹蜂衙。但逢着称孤道寡,尽教他弄鬼抟沙。那里肯同群鸟兽,说什么吾岂瓠瓜。有几个东的就,西的凑,千欢万喜。有几个朝的奔,暮的走,短叹长呀。命穷时,镇日价河头卖水,运来时,一朝的锦上添花。您便是守寒酸枉饿杀断简走枯鱼,俺只待向西风恰消受长途敲瘦马。些儿撑达,恁地波查。"〔新水令〕云:"看半林黄叶暮云低,碧澄澄小桥流水。柴门无犬吠,古树有乌啼。茅舍疏篱,这是个上八洞闲天地。"〔得胜令〕云:"光灿灿匕首雪花吹,软哈哈力怯手难提。俺笑他今日里真狼狈,悔从前怎噬脐。须知,跳不出丈人行牢笼计。还疑,也是俺先生的命运低。"〔沽美酒〕云:"休道是这贪狼反面皮,俺只怕尽世里把心亏。少什么短箭难防暗里随,把恩情翻成仇敌,只落得自伤悲。"〔太平令〕云:"怪不得那私恩小惠,却教人便唱叫扬疾。若没有天公算计,险些儿被妖魔得意。俺只索含悲忍气,从今后见机,莫痴。哎呀,把这负心的中山狼做个旁州例。"诸首皆戛戛独造,余甚称之。

徐文长《四声猿》中《女状元》剧,独以南词作剧,破杂剧定格,自是以后,南剧孳乳矣。其词初出,汤临川目为词坛飞将,同时词家,如史叔考槃、王伯良骥德辈,莫不俯首。今读之,犹自光芒万丈。顾与临川之研丽工巧不同,宜其并擅千古也。王定柱云:"青藤佐胡梅林幕,平巨寇徐海,功由海妾翠翘。海平,翠翘失志死。又青藤以私愤,唆梅林戮某寺僧,后颇为厉。又青藤继室张,美而才,以狂疾手杀之,既瘳痛悔,为作《罗鞋四钩词》。故《红莲》忏僧冤也,《木兰》吊翠翘也,《女状元》悼张也。"余谓文人作词,不过直抒胸臆,未必影射谁某,琐琐附会,殊无谓也。文长词精警豪迈,如词中之稼轩、龙洲。如《狂鼓史》〔寄生草〕云:"仗威风只自假,进官爵不由他。一个女孩儿竟坐中宫驾,骑中郎直做了王侯霸。铜雀台直把那云烟架,僭车骑直按到朝廷胯。在当时险夺了玉皇尊,到如今还使得阎罗怕。"《翠乡梦》〔折桂令〕云:"这一个光葫芦按倒红妆,似两扇木木桄,一付磨磨浆。少不得磨来浆往,自然的桄紧糠忙。可不挣断了猿缰,保不定龙降。火烧的情金刚加大担芒硝,水忏的请饿鬼来监着厨房。"《雌木兰》〔混江龙〕云:"军书十卷,书书卷卷把俺爷来填。他年华已老,衰病多缠。

想当初搭箭追雕飞白羽,今日呵扶藜看雁数青天。呼鸡喂狗,守堡看田。调鹰手软,打兔腰拳。提携咱姊妹,梳掠咱丫鬟。见对镜添妆开口笑,听提刀厮杀把眉攒。长嗟叹,道两口儿北邙近也,女孩儿东坦萧然。"又〔尾声〕云:"我做女儿则十七岁,做男儿倒十二年。经过了万千,瞧那一个解雌雄辨,方信道辨雌雄的不靠眼。"此数首皆不拾人牙慧,临川所谓"此牛有万夫之禀"是也。(《女状元》〔北江儿水〕四支,《翠乡梦》〔收江南〕一支,亦佳,限于篇幅,不赘。)

梁伯龙以南词负盛名,北剧亦擅胜场。《红线》一剧,宾白科段,纯为南态,所异者止用北词耳。盖白语用骈俪,实不宜于北词。《西厢·酬韵》折白文"料得春宵"云云,系用解元旧语,挡弹词固应尔,不可借实甫文过也。惟曲文才华藻艳,亦一时之选。如〔油葫芦〕云:"万里潼关一夜呼,走的来君王没处宿,唬得那杨家姐姐两眉蹙。古佛堂西畔坟前土,马嵬驿南下川中路。方才想匡君的张九龄,误国的李林甫。雨零铃空响人何处,只落得渺渺独愁余。"〔天下乐〕云:"想四海分崩白骨枯,萧疏。短剑孤,拟何年尽将贼子诛。笑荆轲西入秦,羡专诸东入吴。那时节方显得女娘行的心性卤。"此二首英英露爽,颇合女侠身分。

沈君庸《秋风三叠》,篇幅充畅,明剧中最为上乘。君庸为词隐先生之侄,狂游边徼,意欲有所建树,卒偃蹇以终,牢骚幽怨,悉发诸词。余最爱《杜默哭庙》一折,较西堂《钧天乐》胜矣。中有〔六幺序〕一支,以项羽战绩,比拟文章,极诡谲可喜。词云:"破题儿是巨鹿初交,大股是彭城一着。不惑宋义之邪说,真叫做直写心苗,不寄篱巢。看他破王离时,墨落烟飘,声震云霄,心折目摇,魄吓魂消,那众诸侯一个个躬身请教。七十馀战,未尝败北,一篇篇夺锦标。日不移影,连斩汉将数十,不弱如倚马挥毫,横槊推敲,涂抹尽千古英豪。那区区樊哙,何足道哉!一个透关节莽樊哙来巡绰,吓得他屁滚烟逃。甫能够主了纵横约,大古里军称儒将,笔重文豪。"此等词后生读之,可悟作文之法。

来集之红、碧《纱》剧,以《饭后钟》为佳。《挑灯》剧,则取小青"冷雨幽窗"之句,为之敷衍,较《风流院》胜。中有商调〔十二红〕,颇韵。

叶小纨《鸳鸯梦》,寄情棣萼,词亦楚楚。惟笔力略孱弱,一望而知女子翰墨,第颇工雅。右论列者取其最著者,不欲详也。

以上杂剧。

三 明人传奇

明人传奇,多不胜纪。余箧中所有,不下二百馀种。诸家目录,互有详略。今择要录入,俾学者可得观览焉。

高明一本
　　《琵琶》
施惠一本
　　《幽闺》
宁献王一本
　　《荆钗》
徐畈一本
　　《杀狗》
邵弘治一本
　　《香囊》
苏复之一本

《金印》

王济一本

 《连环》

姚茂良一本

 《精忠》

沈采一本

 《千金》

王世贞一本

 《鸣凤》

梁辰鱼一本

 《浣纱》

郑若庸一本

 《玉玦》

薛近兖一本

 《绣襦》

沈璟一本

 《义侠》璟作传奇至多,大半亡佚,故录其一。凡余书所录者,皆近日坊间所有也。

汤显祖四本

 《紫钗》　　《还魂》　　《南柯》　　《邯郸》

梅鼎祚一本

 《玉合》

陆采三本

 《明珠》　　《怀香》　　《南西厢》

李日华一本

《南西厢》

周朝俊一本

　　《红梅》

张凤翼二本

　　《红拂》　　《灌园》

汪廷讷一本

　　《狮吼》

冯梦龙二本

　　《双雄》　　《万事足》

沈鲸一本

　　《双珠》

孙仁孺二本

　　《东郭》　　《醉乡》

徐复祚一本

　　《红梨》

高濂一本

　　《玉簪》

阮大铖四本

　　《双金榜》　《牟尼合》　《燕子笺》　《春灯谜》

吴炳五本

　　《疗妒羹》　《西园》　《画中人》　《绿牡丹》
《情邮》

共四十三种，传奇中佳者尽此矣。郁蓝生所品，种数虽富，颇杂下驷。就其自序观之，窃比于诗中钟嵘，画中谢赫，书中庾肩吾，顾其持论，雅多可议焉。若夫作家流别，约分四端。自《琵琶》、《拜月》出，而作者多喜拙素；自《香囊》、《连环》出，而作者乃尚词藻。自玉茗"四梦"以北词之法作南词，而僭越规矩者多；自词隐诸传，以俚俗之语求合律，而打油钉铰者众。于是矫拙素之弊者用骈语，革辞采之繁者尚本色。正玉茗之律，而复工于琢词者，吴石渠、孟子塞是也；守吴江之法，而复出以都雅者，王伯良、范香令是也。夫词曲之道，俨同乐府，而雕缋物情，模拟人理，极宇宙之变态，为文章之奇观，本不以俚鄙为讳也。《香囊》以文人藻采为之，遂滥觞而有文字家一体。及《玉合》、《玉玦》诸作，益工修词，本质几掩。抑知曲以模写人事为尚，所贵委曲宛转，以代说词，一涉藻绘，即蔽本来，而积习未忘，不胜其靡，此体亦不能偏废矣。今复备论之。《琵琶》尚矣。《荆》、《刘》、《拜》、《杀》，固世所谓四大传奇也，而《白兔》、《杀狗》，俚鄙腐俗，读者至不能终卷。虽此事所尚，不在词华，庸俗才弱，终不可以古拙二字文过也。正统间，邱文庄以大老名儒，惬志乐律，所作《五伦全备》、《投笔》、《举鼎》、《罗囊》等记，虽迂叟之谰言，实盛世之鼓吹。惟青衿城阙，既放佚于少年，而白纻管弦，欲弥缝于晚岁。（文庄曾作《钟情丽集》，记少年事，晚岁悔之，因作《五伦》。）伯玉寡过，殊苦未能矣。邵氏《香囊》，雨舟《连环》，工于涂泽，非作者之极则也，而好之者珍若璠玙，转相摹效。郑若庸之《玉玦》，梅鼎祚之《玉合》，喜以骈语入科介。伯龙《浣纱》，天池《明珠》，至通本皆作俪语，斯又变之极者矣（伯龙《江东白苎》内，有补陆天池《明珠》一折，所有白文亦全用骈句）。《琵琶》、《拜月》，古今咸推圣手也。则诚以本色长，而未尝不工藻饰（记中《赏荷》、《赏秋》，亦多绮语，不尚白描，惟末后八折，为朱教谕所补，词不称矣）；君美以质朴著誉，而间亦伤于庸俗（君美此记为后人羼杂，殊失旧观，《拜月》一折，亦全袭汉卿原文，故魏良辅不为点板）。是以学则诚易失之腐，学君美易失之粗，寿陵学步，腾笑万夫。而献王《荆钗》,且直摩则诚之垒,出词鄙俗,亦十倍于永嘉。继之者涅川《双珠》、弇州《鸣凤》、叔回《八义》、道行《青衫》(均见《六十种曲》),肤浅庸劣,皆学则诚之失也。《幽闺》嗣法,作家不多。槎仙《蕉帕》,夷玉《红梅》,俊词翩翩,雅负出蓝之誉矣。吴江诸传,独知守法(沈璟,字宁庵,吴江人。作曲十七种,仅存《义侠》一种),《红蕖》一记,足继高、施。其馀诸作,颇伤拙直,虽持法至严,而措词殊凡下。临川天才,不甘羁靮,异葩耀采,争巧天孙,而诘屈聱牙,歌者咋舌(汤显祖,字义仍,临川人。作曲五种)。吴江尝云:"宁协律而词不工,读之不成句,讴之始协,是为中之之巧。"曾为临川改易《还魂》字句,托吕玉绳以致临川。临川不怿,复书玉绳曰:"彼乌知曲意哉?余意所至,不妨拗折天下人嗓子。"世所谓临川近狂,吴江近狷,自是定论。惟宁庵定法,可以力学求之;若士修词,不可勉强企及,大匠能与人规矩,不能使人巧,此之谓也。于是为两家之调人者,如吴石渠之《粲花五种》(吴炳,字石渠,宜兴人。作曲五种,已见前目),孟称舜之《娇红》、《节义》(孟字子若,会稽人。有《娇红记》、《桃花人面》剧),此以临川之笔,协吴江之律也。自词隐作谱,海内承风,衣钵相传,不失矩度者,如吕勤之《烟鬟阁十种》(吕天成,字勤之,会稽人,自号郁蓝生。著有《神女》、《金合》、《戒珠》、《神镜》、《三星》、《双栖》、《双阁》、《四相》、《四元》、《二淫》、《神剑》十一种,皆不传),卜大荒之《乞麾》、《冬青》(卜世臣,字大荒,秀水人),王伯良之《男后》、《题红》(王骥德,字伯良,会稽人。有《曲律》四卷及《男王后》剧、《题红记》传奇),范文若之《鸳鸯》、《花》、《梦》(文若,字香令,号荀鸭,自称吴侬,松江人。有《花筵赚》、《鸳鸯棒》、《倩画姻》、《勘皮靴》、《梦花酣》、《花眉旦》、《雌雄旦》、《金明池》、《欢喜冤家》九种),皆承词隐之法。而大荒《冬青》,终帙不用上去叠字;勤之《神剑》、《二淫》等记,并转折科介,亦效吴江,其境益苦矣。此又以宁庵之律,学若士之词也。他若冯犹龙之《双雄》、《万事》(犹龙,字子犹,吴县人。尝取旧曲删改,成《墨憨斋十四种》。又作《双雄记》、《万事足》二种),史叔考之《梦磊》、《合纱》(叔考,名槃,会稽人。有《双丸》、《双梅》、《李瓯》、《梦磊》、《合纱》等十种),徐复祚之《红梨》、《宵光》(复祚,字阳初,常熟人。有《一文钱》、《红梨记》、《宵光剑》、《梧桐雨》四种),沈孚中之《绾春》、《息宰》(沈嵊,字孚中,钱塘人。有《绾春园》、《息宰河》二种),协律修辞,并臻美善,而词藻艳发,更推孚中,斯又非前人所及矣。有明曲家,作者至多,而条别家数,实不出吴江、临川、昆山三家。惟昆山一席,不尚文字,伯龙好游,家居绝少,吴中绝技,仅在歌伶,斯由太仓传宗(太仓魏良辅,曾订《曲律》,歌者皆宗之。吴江徐大椿,为再传弟子),故工艺独冠一世。中秋虎阜,斗韵流芬(吴中歌者,每逢中秋,必至虎阜献伎。见张宗子《陶庵梦忆》、沈宠绥《度曲须知》),沿至清初,此风未泯,亦足见一时之好尚,不独关于吴下掌故也。今就流传最著者,述之如下。

《琵琶》

中郎入赘牛府事,王凤洲极力申辩,固属无谓,惟所引《说郛》中唐人小说,最为可据。谓牛相国僧孺之子繁,与同郡蔡生邂逅文字交,寻同举进士,才蔡生,欲以女弟适之。蔡已有妻赵矣,力辞不得。后牛氏与赵处,能卑顺自将,蔡仕至节度副使。记中情节本此。此书与《西厢》齐名,而世多好《西厢》者,凡词章性质,多崇美而略善,孝悌之言,固不敌儿女喁喁之动人。实甫词藻,组织欧、柳,五光十色,眩人心目,则诚出以拙朴,自不免相形见绌。独明太祖比诸布帛菽粟,可云巨眼。盖欢娱难好,愁苦易工之说,不可例诸传奇,故《五伦》、

《投笔》,人皆目为笨伯,而红雪楼节义事实,必藻饰后出之,洵得机宜矣。

《幽闺》

本关汉卿《拜月亭》而作。记中《拜月》一折,全袭原文,故为全书最胜处,馀则颇多支离丛脞。余尝谓《拜月》多僻调,令人无从订板。魏良辅仅定《琵琶》板式,不及《幽闺》,于是作谱者咸宗《琵琶》,而《拜月》诸牌,如〔恤刑儿〕、〔醉娘儿〕、〔五样锦〕等,腔格板式,各无一定矣。又如《旅婚》、《请医》诸出,科白鄙俚,闻之喷饭,而嗜痂者反以为美,于是剧场恶诨,日多一日,此嘉、隆间梅禹金、梁少白辈作剧,所以用骈句入科白,亟革此陋习也。明人盛称《结盟》、《驿会》两折,亦未见佳。《结盟》折惟〔雁儿落〕一支差胜,顾亦袭元邓玉宾小令。《驿会》〔销金帐〕六支,情文亦生动,顾汤若士《紫钗》中,《女侠轻财》折,即依据此曲,持较优劣,若判霄壤,不止出蓝而已也。

《荆钗》

此记曲本不佳,惟以藩邸之尊,而能洞明音吕,故一时传唱,遍于旗亭,实则明曲中,尚属中下乘也。梅溪受诬,与中郎同,而为梅溪辩白者,亦不乏人。有谓梅溪为御史,弹劾丞相史浩,史门客因作此记。玉莲乃梅溪女,孙汝权为梅溪同榜进士,史客故谬其说耳(见《瓯江逸志》)。夫宋时安得有传奇?此言殊不足信。又有谓玉莲实钱氏,本倡家女,初王与之狎,钱心已许嫁,后王状元及第归,不复顾钱,钱愤投江死(见《剧说》)。又有谓孙汝权乃宋朝名进士,有文集行世,玉莲则王十朋女也。十朋劾史浩八罪,乃汝权唆之。理宗虽不听,而史氏子姓,怨两人刺骨,遂作《荆钗记》,以玉莲为十朋妻,而汝权有夺配之事,其实不根之论也(见《听雨笔记》)。又有谓钱玉莲宋名伎,从孙汝权。某寺殿成,梁上题"信士孙汝权同妻钱玉莲喜舍"(见《南窗闲笔》)。此亦以玉莲为伎,而前则失爱投江,后则委身施布,盖见缘传奇附会之耳,亦无足辨。明人以丹邱为柯敬仲,不知为宁献王道号,一切风影之谈,皆因是起也。《赴试》、《闺念》、《忆母》诸折,全摹则诚旧套,而出词平实,远逊《琵琶》,不独结构间多可议焉。

《香囊》

此记谱张九成、九思兄弟事。九成兄弟,同榜进士,以母老,同请终养。而九成对策时,适触秦桧之忌,遂矫旨参岳武穆军,九思归里养亲。武穆转战胜利,论功升转,九成授兵部侍郎,又奉使往五国城省视二帝,十年不归。所谓香囊者,盖九成母手制,临行佩带者也。参赞岳军,遗失战地,残军拾得,归报故乡,于是老母生妻,皆谓九成死矣。又值迁都临安,纷纷移徙,张氏姑妇,乃至散失,重历十载,始得完聚。此其大略也。记中颇袭《琵琶》、《拜月》格调,如《辞婚》、《驿会》诸折,皆胎脱二书。《艺苑卮言》云:"《香囊》雅而不动人。"余谓此记词藻,未见工丽,惟白文时有俪语,已开《浣纱》、《玉合》之先矣。

《金印》

此记苏秦事,自十上不遇,至佩六国相印止,通本皆依据《战国策》。惟云秦之兄素奸恶,屡谗秦于父母,此则由"嫂不为炊"一语而附会之也。

剧中文字古朴,确为明初人手笔。复之字里,竟无可考,亦一憾事。又支时、机微、苏模等韵,皆混合不分,是承东嘉之弊,明曲颇多,不能专责复之也。《往魏》折〔武陵花〕二曲,为记中最胜处,《种玉》之《往边》、《长生殿》之《闻铃》,概从此出。以此相较,则大辂椎轮,气韵较厚矣。

《浣纱》

此记吴越兴废事,以少伯、夷光为主人。鸱夷一事,本属传疑,今书谓二人先订婚约,后因国难,以聘妻为女戎,功成仍偕遁,殊觉可笑。《静志居诗话》云:"伯龙雅擅词曲,所撰《江东白苎》,妙绝时人。时邑人魏良辅,能喉啭音声,始改弋阳、海盐为昆腔,伯龙填《浣纱记》付之。王元美诗'吴闻白面冶游儿,争唱梁郎雪艳词'是也。同时又有陆九畴、郑思笠、包郎郎、戴梅川辈,更唱迭和,清词艳曲,流播人间,今已百年。传奇家曲别本,弋阳子弟,可以改调歌之,惟《浣纱》不能,故是词家老手。"据此则当时推崇之者,几风靡天下。今按其词,韵律时有错误,如第一折〔玉抱肚〕云:"感卿赠我一缣丝,欲报惭无明月珠。"以支、虞同协;第七折〔出队子〕云:"八九寸弯弯两道眉,尽道轻盈,略嫌胖些。"以齐、微与车、斜同协,皆误之甚者也。至《打围》折,〔南普天乐〕、〔北朝天子〕为伯龙创格,而〔朝天子〕每支换韵,此又不合法者。惟曲白研炼雅洁,无《杀狗》、《白兔》恶习,在明曲中,除《四梦》外,此种亦在佳构之列矣。

《还魂》

此记肯綮,在生死之际。《惊梦》、《寻梦》、《诊祟》、《写真》、《悼殇》五折,由生而之死。《魂游》、《幽媾》、《欢挠》、《冥誓》、《回生》五折,自死而之生。其中搜抉灵根,掀翻情窟,为从来填词家履齿所未及,遂能雄踞词坛,历劫不磨也。是记初出,度曲家多棘棘不上口,因有为之删改者。吴江沈宁庵璟首为笔削,嘱山阴吕玉绳转致临川。临川不怿,作小诗一首,有"纵饶割就时人景,却愧王维旧雪图"之句(沈本易名《合梦记》)。其后有硕园删定本(刊入《六十种曲》),有臧晋叔删改本,有墨憨斋改订本(易名《风流梦》),皆临川殁后行世,虽律度谐和,而文则远逊矣。又有谓临川此剧,为王氏昙阳子,此说不然。朱竹垞云:"义仍填词,妙绝一时,语虽崭新,源亦出于关、马、郑、白。其《牡丹亭》曲本,尤真挚动人。人或劝之讲学,答曰:'诸公所讲者性,仆所言者情也。'世或传刺昙阳子而作,然太仓相君,实先令家乐演之。且曰:'吾老年人,近颇为此曲惆怅。'假令人言可信,相君虽盛德有容,必不反演之于家也。"(《静志居诗话》)是则讥刺昙阳之说,不攻自息矣。而蒋心馀作《临川梦》,其《集梦》折中〔懒画眉〕曲云:"毕竟是桃李春风旧门墙,怎好把帷薄私情向笔下扬,他生平罪孽这词章。"未免轻议古人,余甚无取焉。惟记中舛律处颇多,往往标名某曲,而实非此曲之句读者。清初钮少雅,有《格正还魂》二卷,取此记逐句勘核《九宫》,其有不合,改作集曲,使通本皆被管弦,而原文仍不易一字,可谓曲学之健将,不独临川之功臣也。冰丝馆校刊此记,厘正曲牌,校对正衬,未尝不惨淡经营,以较少雅,实有天渊之别。《纳书楹》订定歌谱,自诩知音,亦以少雅作为蓝本,有识者自能辨之耳。临川此剧,大得闺阃赏音。小青"冷雨幽窗"一诗,最传人口,至有谱诸声歌,赓续此记者(如《疗妒羹》、《春波影》、《挑灯剧》等)。而娄江俞氏,酷嗜此词,断肠而死,藏园复作曲传之,媲美杜女。他如杭州女子之溺死(见西堂《艮斋杂说》),伶人商小玲之歌死(见里堂《剧说》),

此皆口孽流传,足为盛名之累。独吴山三妇,合评此词,名教无伤,风雅斯在,抉发幽蕴,动合禅机,尤非寻常文人所能及矣。

《紫钗》

此记原名《紫箫》。相传临川欲作酒、色、财、气四剧。《紫箫》色也,暗刺时相,词未成而讹言四起,然实未成书,因将草稿刊布,明无所与于时,事遂得解。此书即将《紫箫》原稿改易,临川官南都时所作。通本据唐人《霍小玉传》,而词藻精警,远出《香囊》、《玉玦》之上,"四梦"中以此为最艳矣。余尝谓工词者,或不能本色,工白描者,或不能作艳词。惟此记秾丽处实合玉谿诗、梦窗词为一手,疏隽处又似贯酸斋、乔梦符诸公。或云刻画太露,要非知言。盖小玉事非赵五娘、钱玉莲可比,若如《琵琶》、《荆钗》作法,亦有何风趣?惟曲中舛律处颇多,缘临川当时,尚无南北词谱,所据以填词者,仅《太和正音谱》、《雍熙乐府》、《词林摘艳》诸书而已,不得以后人之律,轻议前人之词也。且自乾隆间叶谱出世后,《紫钗》已盛行一时,其不合谱处,改作集曲者至多,其声别有幽逸爽朗处,非寻常洞箫玉笛可比。然则谓此记不合律者,亦皮相之论耳。试读臧晋叔删改本,律则合矣,其词何如?

《邯郸》

临川传奇,颇伤冗杂,惟此记与《南柯》,皆本唐人小说为之,直捷了当,无一泛语,增一折不得,删一折不得,非张凤翼、梅禹金辈所及也。记中备述人世险诈之情,是明季宦途习气,足以考万历年间仕宦况味,勿粗鲁读过。盖临川受陈眉公媒蘖下第,因作此泄愤,且藉此唤醒江陵耳。

《南柯》

此记畅演玄风,为临川度世之作,亦为见道之言。其自序云:"世人妄以眷属富贵影象,执为我想,不知虚空中一大穴也,倏来而去,有何家之可到哉?"是其勘破世幻,方得有此妙谛。"四梦"中惟此最为高贵。盖临川有慨于不及情之人,而借至微至细之蚁,为一切有情物说法;又有慨于溺情之人,而托喻乎沉醉落魄之淳于生,以寄其感喟。淳于未醒,无情而之有情也;淳于既醒,有情而之无情也。此临川填词之旨也。临川诸作,《离魂》最传人口,顾事由臆造,遣词命意,皆可自由。其馀三梦,皆依唐小说为本,其中层累曲折,不能以意为之,剪裁点缀,煞费苦心。《紫钗》之梦怨,离合悲欢,尚属传奇本色。《邯郸》之梦逸,而科名封拜,本与儿女团圞相附属,亦易逞曲子师长技。独《南柯》之梦,则梦入于幻,从蝼蚁社会杀青,虽同一儿女悲欢,官途升降,而必言之有物,语不离宗,庶与寻常科诨有间,使钝根人为之,虽用尽心力,终不能得一字。而临川乃因难见巧,处处不离蝼蚁着想,奇情壮采,反欲突出三梦之上。天才洵不可及也!

"四梦"总论

明之中叶,士大夫好谈性理,而多矫饰,科第利禄之见,深入骨髓。若士一切鄙弃,故假曼倩诙谐,东坡笑骂,为色庄中热者,下一针砭。其言曰:"理之所必无,安知情之所必有?"又曰:"人间何处说相思,我辈钟情似此。"盖惟有至情,可以超生死、忘物我而永无消灭,否则形骸且虚,何论勋业?仙佛皆妄,况在富贵?世人持买椟之见者,徒赏其节目之奇、词藻之丽,固非知音。而鼠目寸光者,至诃为绮语,诅以泥犁,尤为可笑。夫寻常传奇,必尊生角,若《还魂》柳生,则秋风一棍,黑夜发邱,而俨然状头也。《邯郸》卢生,则衾具夤缘,邀功纵敌,而俨然功臣也。至十郎慕势负心,襟裾牛马,废弁贪酒纵欲,匹偶虫蚁,一何深恶痛绝之至此乎?故就表面言之,则"四梦"中主人,为杜女也、霍郡主也、卢生也、淳于棼也。即在深知文义者言之,亦不过曰《还魂》鬼也,《紫钗》侠也,《邯郸》仙也,《南柯》佛也。殊不知临川之意,以判官、黄衫客、吕翁、契玄为主人,所谓鬼、侠、仙、佛,是曲中之主,非作者意中之主。盖前四人为场中之傀儡,后四人则提掇线索者也;前四人为梦中之人,后四人为梦外之人也。既以鬼、侠、仙、佛为曲意,则主观之主人,即属于判官等,而杜女、霍郡主辈,仅为客观之主人而已。玉茗天才,所以超出寻常传奇家者,即在此处。

《红梅》

此记久佚无存,余偶得诸破肆中,海内恐不多矣。记中情节,颇极生动,略述如下:钱塘裴禹,寓昭庆寺读书,社友郭子瑾、李子春,邀湖上看花。过断桥,适贾似道拥伎坐画船至。伎有李慧娘者,见裴年少,私云:"美哉少年!"贾怒其属意于裴也,归即手刃之。时总兵卢夫人崔氏,孀居湖上,一女曰昭容,颇具才貌,婢朝霞亦聪慧。春梅盛放,登楼闲眺。裴偶过墙外,见红梅可爱,因攀花仆地。婢以告女,女即以梅赠之,并述卢氏家世甚详。会似道诇知女美,欲谋为妾,卢母欲拒之,而苦无良策。裴适至,见卢母献策云:"贾氏人至,可绐云女已适人,吾即权充若婿。平章虽贵,不能强夺民妇也。"母用其计,贾亦无奈。继侦知为裴生计,假以礼聘裴,授餐适馆,极言钦慕。而阴使人告卢氏,谓裴感平章知遇,已赘府中,以绝卢女之望。卢知其伪,即避地至扬州,依姨母曹氏居。及贾使人强娶卢女,女已行矣。时裴居平章第后园,园即慧娘妆楼,时现形,与裴同处者几半年。贾以卢女远遁,迁怒于裴,急欲杀之。慧私告裴,裴即宵遁。既出府,往访郭谨,谨怂恿应试,场事甫毕,遇扬州卢氏使,云女将字曹姨子矣。裴往扬州,则曹姨子讦告江都县,谓裴夺其妻。时知县为李子春,即裴之旧识,知曹氏子诳告,因潜送卢氏母女回杭,为裴执柯。是时似道已贬死漳州,裴亦擢探花第矣。通本情节如此。余按元人稗史,有《绿衣人传》,与记中李慧娘事绝类,大抵此记事实皆本《绿衣传》也。万历间,袁弘道有删改本,清乾隆三十五年有重刻本,余皆未见。意乾隆本为伊龄阿设局扬州,修改词曲时所刊也。《杀妾》折〔绣带儿〕曲,按格少二句,与《玉簪》之"难提起"、《紫钗》之"金杯小",同犯一病。盖明人以〔绣带儿〕为〔素带儿〕,沿《南西厢·酬韵》折之讹也。此记传唱绝少,五十年前,有《鬼辨》、《算命》等折,偶现歌场,余生也晚,已不及见。近时戏中,有《红梅阁》一种,即檃括此记,今人知者鲜矣。

《东郭》

此记总四十四出,以《孟子》全部演之,为歌场特开生面。题"白雪楼主人编本","峨眉子评点",盖皆孙仁孺别号也。仁孺字里无考,亦一缺事。出目皆取孟子语,其意不出"富贵利达"一句,盖骂世事也。卷首有齐人本传,即引《孟子》原文。其赞语为仁孺自作,词云:

"齐人何始,未稽厥父。善处尔室,二美在户。出必餍饱,入每歌舞。问厥与者,云是贤主。室人疑之,未见显甫。循彼行迹,东郊之坞。乞而顾他,餍足何补。羞语尔娣,泪淫如雨。诅詈未毕,厥来我竖。未知尔朚,骄疾罔愈。君子念之,我目屡睹。朝有姬姁,士或商贾。蒙其二女,式喜无怒。一或见焉,有如尔祖。"文颇隽永,妙在不作滑稽语。书刊于崇祯三年庚午,是仁孺为光、熹间人。其时茄花委鬼,义子奄儿,簪绂厚结貂珰,衣冠等于妾妇,士大夫几不知廉耻为何物,宜其嬉笑怒骂,一吐胸中之抑郁也。此记以齐人与陈仲子对照,齐人之无耻,仲子之廉洁,各臻绝顶。而一则贵达,一则穷饿,正足见世风之变。此等词曲,若当场奏演,恐竹石俱碎矣。

《红梨》

此记谱赵伯畴、谢素秋事,颇为奇艳,明曲中上乘之作也。阳初,常熟人,所作有《宵光剑》、《梧桐雨》、《一文钱》诸剧,或改易元词,或自出机局,盛为歌场生色。而《红梨》尤为平生杰作。中记南渡遗事及汴京残破情形,大有故国沧桑之感。传奇诸作,大抵言一家离合之情,独此记家国兴衰,备陈始末,洵为词家异军。记中《错认》、《路叙》、《托寄》诸折,凄迷哀感,虽《狡童》、《禾黍》之歌,亦无以过此。而叶怀庭止取《诉衷》一折,且云:"《红梨》才弱,一二曲后,未免有捉衿露肘之态。"此言亦觉太过。《诉衷》折固佳,必谓他折皆捉衿露肘,殊失轻率。且其时尚无曲谱,而《亭会》、《三错》、《咏梨》数折,皆用犯调,稳惬美听,又非深于音律者不能。虽通本用《琵琶》格式至多,不免蹈袭,顾亦无妨也。

《石巢四种》

圆海诸作,自以《燕子笺》最为曲折,《牟尼合》最为藻丽。自叶怀庭讥其尖刻,世遂屏不与作者之林,实则圆海固深得玉茗之神也。四种中,《双金榜》古艳,《牟尼合》秾艳,《燕子笺》新艳。《春灯谜》为悔过之书,所谓"十错认",亦圆海平旦清明时,为此由衷之言也。自来大奸慝必有文才,严介溪之诗,阮圆海之曲,不以人废言,可谓三百年一作手矣。

《粲花五种》

粲花者,吴石渠别墅也。石渠,宜兴人,贞毓相国族叔。永历时,官至大学士。武冈陷,为孔有德所执,不食死。虽立朝无物望,要不失为殉节也。王船山仕永历朝,与五虎交好,所著《永历实录》,痛诋贞毓,并石渠死节亦矫诬之,谓强餐牛肉下痢死。明人党同伐异之风,贤如船山,且不能免,故略辨于此(乾隆时,石渠赐谥忠节)。石渠少时,填词与阮圆海齐名,而人品则薰莸矣。所著五种,虽《疗妒羹》最负盛名,而文心之细,独让《情邮》。《画中人》以唐小说《真真》为蓝本,今俗剧《斗牛宫》即从此演出。其词追仿《还魂》,太觉形似。《绿牡丹》则科诨至佳,《西园记》则排场近熟,终不如《情邮》之工密也。(《绿牡丹》为乌程温氏作,几兴大狱,详见《复社纪事》及《冬青馆集》。)其自序云:"莫险于海而海可航,则海可邮也;莫峻于山而山可梯,则山可邮也。"又云:"色以目邮,声以耳邮,臭以鼻邮,言以口邮,足以走邮。人身皆邮也,而无一不本于情;有情则伊人万里,可凭梦寐以符招；往哲千秋，亦借诗书而檄致。"是粉碎虚空，方有此慧解云。阳羡万红友树为石渠之甥，其词学即得诸舅氏，所作《拥双艳》三种，世称奇构，实皆石渠之馀绪耳。

四　明人散曲

明人散曲，作者至多，其有别集可考者，汇志如下。顾见闻有限，读者恕其疏拙也。

周宪王《诚斋乐府》

李　祯《侨庵小令》

王九思《碧山乐府》、《续乐府》、《南曲次韵》

康　海《沜东乐府》

杨循吉《南峰乐府》

杨　慎《陶情乐府》

王　磐《西楼乐府》

李开先《一笑散》

冯惟敏《海浮山堂词稿》

常　伦《楼居乐府》

王骥德《方诸馆乐府》

俞琬纶《自娱集》

陈鸣野《息柯馀韵》

陈　铎《秋碧轩稿》

王澹翁《欸乃编》

沈　璟《词隐新词》、《曲海青冰》

沈　仕《唾窗绒》

史　槃《齿雪馀香》

金　銮《萧爽斋乐府》

汪廷讷《环翠堂乐府》

刘效祖《词脔》

梁辰鱼《江东白苎》

张伯起《敲月轩词稿》

龙子犹《宛转歌》

朱应辰《淮海新声》

施绍莘《花影集》

《杨夫人辞》

无名氏《清江渔谱》

无名氏《义山乐府》

无名氏《清溪乐府》

明曲总集，可考者如下：

宁献王《北雅》

臧晋叔《元曲选百种》

毛　晋《六十种曲》以上二种，实是杂剧传奇，因前文无可附入，列此。

无名氏《中和乐章》

郭春岩《雍熙乐府》

无名氏《盛世新声》

张　禄《词林摘艳》

陈所闻《北宫词纪》、《南宫词纪》

张楚叔《吴骚合编》

张　栩《彩笔情词》

汪廷讷《四词宗合刻》

顾曲散人《太霞新奏》

方　悟《青楼韵语广集》

沈　璟《南词韵选》

无名氏《遴奇振雅》

无名氏《歌林拾翠》

孟称舜《酹江集》

无名氏《吴歈萃雅》

无名氏《情籁》

无名氏《南北词广韵选》

无名氏《明朝乐章》

许　宇《词林逸响》

明人散曲，既如是之富，而其间享盛名、传丽制者，当以康海、王九思、陈铎、冯惟敏、梁辰鱼、施绍莘为最著。今摘录若干首，以见一斑。康对山《秋兴》〔滚绣球〕云："铲畦塍作沼渠，架桑麻盖隐居。乐陶陶做一个傲羲皇人物，任天公加减乘除。兴来呵旋去沽，睡浓呵谁敢呼？世间情饱谙心目，苦依依落魄随俗。只为双栖被底难伸脚，七里滩头只钓鱼。撇下了玉廪天厨。"又《归田述喜》〔油葫芦〕云："丝盖酝醄入醉乡，端的是天赐将。华堂开宴列红妆，新醅饮尽奚童酿，新词撰就花奴唱。与知音三两人，对云山四五舫。逍遥散诞情舒放，抵多少法酒大官羊。"王渼陂《归兴》〔新水令〕云："忆秋风迁客走天涯，喜归来碧山亭下。水田十数亩，茅屋两三家。暮雨朝霞，妆点出辋川画。"又〔驻马听〕云："暗想东华，五夜清霜寒控马。寻思别驾，一天残月晓排衙。路危常与虎狼狎，命乖却被儿童骂。到今日谁管咱，葫芦提一任闲顽耍。"又〔沉醉东风〕云："露赤脚山巅水涯，科白头、柳堰桃峡。折角巾狂生袜,得清闲不说荣华。提起封侯几万家,把一个薄福的先生笑杀。"陈大声《秦淮渔隐》〔梁州〕云:"结交些鱼虾伴侣,搭识上鸥鹭亲邻,忘机怕与儿曹混。六朝往事,千古英魂,陈宫禾黍,梁殿荆榛。虚飘飘天地闲人,乐陶陶江汉逸民。鸣榔近白鹭洲笑采青蘋,推篷向朱雀桥闲看晚云,湾船在乌衣巷独步斜曛。满身,香薰,萧然爽透荷风润。旋折来柳条嫩,穿得鲜鲜出网鳞,归去黄昏。"冯海浮《访沈青门乞画》〔水仙子〕云:"青门地接凤凰楼,绿水波萦鹦鹉洲,朱英香泛麒麟囿,写生绡纪胜游。一行书铁画银钩,一联诗郊寒岛瘦,一度曲评花判柳,一腔春蕴藉风流。"梁伯龙《咏帘栊》〔白练序〕云:"风流,倚醉眸,湘裙故留。牵情处,分明送几声莺喉。绸缪,院宇幽,伴落日阴阴燕子愁。徘徊久,风惊翠竹,故人相候。"此数支皆清丽整炼,与元人手笔不同。而要以施绍莘为一代之殿,其《赋月》一套尤佳,选录数支,可见子野之工矣。〔梧桐树〕云:"松间渐渐明,柳外微微影。探出花梢,忽与东楼近。低低与几平,淡淡分窗进。云去云来,磨洗千年镜。照秋千院落人初静。"又〔东瓯令〕云:"山烟醒,柳烟晴,放出姮娥羞涩影。装成人世风流境,摇几树西厢杏。浩然风露夜冥冥,细语没人闻。"古今赋月之作,如此笨做,从来未有,而用笔轻倩,洵明人中独步。

卷　下

一　清总论

　　清人戏曲,逊于明代,推原其故,约有数端。开国之初,沿明季馀习,雅尚词章,其时人士,皆用力于诗文,而曲非所习,一也。乾、嘉以还,经术昌明,名物训诂,研钻深造,曲家末艺,等诸自郐,一也。又自康、雍后,家伶日少,台阁巨公,不喜声乐,歌场奏艺,仅习旧词,间及新著,辄谢不敏,文人操翰,宁复为此,一也。又光、宣之季,黄冈俗讴,风靡天下,内廷法曲,弃若土苴,民间声歌,亦尚乱弹,上下成风,如饮狂药,才士按词,几成绝响,风会所趋,安论正始,此又其一也。故论逊清戏曲,当以宣宗为断。咸丰初元,雅郑杂矣。光、宣之际,则巴人下里,和者千人,益无与于文学之事矣。今自开国以迄道光,总述词家,亦可屈指焉。大抵顺、康之间,以骏公、西堂、又陵、红友为能,而最著者厥惟笠翁。翁所撰述,虽涉俳谐,而排场生动,实为一朝之冠。继之者独有云亭、昉思而已,南洪北孔,名震一时,而律以词范,则稗畦能集大成,非东塘所及也。迨乾、嘉间,则笠湖、心馀、惺斋、蜗寄、恒岩耳。道、咸间,则韵珊、立人、蓬海耳。同、光间,则南湖、午阁,已不足入作家之列矣。一代人文,远逊前明,抑又何也?虽然，词家之盛，固不如前代，而协律订谱，实远出朱明之上，且剧场旧格，亦有更易进善者，此则不可没也。明代传奇，率以四十出为度，少者亦三十出，拖沓泛滥，颇多疵病，即玉茗《还魂》，且多可议。又事实离奇，至山穷水尽处，辄假神仙鬼怪，以为生旦团圆之地。清人则取裁说部，不事臆造，详略繁简，动合机宜，长剧无冗费之辞，短剧乏局促之弊。又如《拈花笑》、《浮西施》等，以一折尽一事，俾便观场，不生厌倦。杨笠湖之《吟风阁》，荆石山民之《红楼梦》，分演固佳，合唱亦善。此较明人为优者一也。明人作词，实无佳谱，《太和正音》正衬未明，宁庵《南谱》，搜集未遍。清则《南词定律》出，板式可遵矣；庄邸《大成谱》出，订谱亦有依据矣。合东南之隽才，备庙堂之雅乐，于是幽险逼仄，夷为康庄。此较明人为优者一也。曲韵之作，始于挺斋，《中原》一书，所分阴阳，仅及平韵，上去二声，未遑分配，操觚选声，辄多龃龉。清则履清《辑要》，已及去声，周氏《中州》，又分两上，凡宫商高下之宜，有随调选字之妙，染翰填辞，无劳调舌。此较明人为优者一也。论律之书，明代仅有王、魏，魏则注重度声，王则粗陈条例，其言虽工，未能备也。清则西河《乐录》，已启山林，东塾《通考》，详述本末。凌氏之《燕乐考原》，戴氏之《长庚律话》，凡所论撰，皆足名家，不仅笠翁《偶集》，可示法程，里堂《剧说》，足资多识也。此较明代为优者又一也。况乎记载目录，如黄文旸《曲海》，无名氏《汇考》，已轶《录鬼》、《曲品》之前；订定歌谱，如叶怀庭之《纳书楹》，冯云章之《吟香堂》，又驾临川、吴江而上。总核名实，可迈前贤，惟作者无多，未免见绌。才难之叹，岂独词林？此又尚论者所宜平恕也。因复汇次群书，述之如左。

二　清人杂剧

清人杂剧，就可见者，列目如下：

徐石麟四本*

  《拈花笑》　　《浮西施》　　《大转轮》　　《买花钱》

吴伟业二本

  《临春阁》　　《通天台》

袁于令一本

  《双莺传》

尤侗五本

  《读离骚》　　《吊琵琶》　　《桃花源》　　《黑白卫》

  《清平调》

宋琬一本

  《祭皋陶》

嵇永仁一本

  《续离骚》

孔尚任一本

  《大忽雷》

蒋士铨七本

  《四弦秋》　　《一片石》　　《第二碑》　　《康衢乐》

  《长生箓》　　《升平瑞》　　《忉利天》

---

* "徐石麟"，疑误，当作"徐石麒"，下同。——校者注

桂馥《后四声猿》四本

  《放杨枝》 《投溷中》 《谒府帅》 《题园壁》

舒位《瓶笙馆修箫谱》四本

  《卓女当垆》 《樊姬拥髻》 《酉阳修月》 《博望访星》

唐英《古柏堂》十本

  《三元报》 《芦花絮》 《梅龙镇》 《面缸笑》

  《虞兮梦》 《英雄报》 《女弹词》 《长生殿补》

  《十字坡》 《佣中人》

徐爔《写心杂剧》十八本

  《游湖》   《述梦》   《醒镜》   《游梅遇仙》

  《痴祝》   《虱谈》   《青楼济困》 《哭弟》

  《湖山小隐》 《酬魂》   《祭牙》   《月夜谈禅》

  《问卜》   《悼花》   《原情》   《寿言》

  《覆墓》   《入山》

周文泉《补天石》八本

  《宴金台》 《定中原》 《河梁归》 《琵琶语》

  《纫兰佩》 《碎金牌》 《纮如鼓》 《波弋香》

杨潮观《吟风阁》三十二本

  《新丰店》 《大江西》 《替龙行雨》 《黄石婆》

  《快活山》 《钱神庙》 《晋阳城》 《邯郸郡》

  《贺兰山》 《朱衣神》 《夜香台》 《矫诏发仓》

  《鲁连台》 《荷花荡》 《二郎神》 《笏谏》

  《配瞽》   《露筋》   《挂剑》   《却金》

  《下江南》 《蓝关》   《荀灌娘》 《葬金钗》

  《偷桃》   《换扇》   《西塞山》 《忙牙姑》

《凝碧池》　《大葱岭》　《罢宴》　《翠微亭》

陈栋三本

　　《苎萝梦》　《紫姑神》　《维扬梦》

黄宪清二本

　　《鸳鸯镜》　《凌波影》

杨恩寿三本

　　《桃花源》　《姽婳封》　《桂枝香》

梁廷枏四本

　　《圆香梦》　《断缘梦》　《江梅梦》　《昙花梦》

徐鄂一本

　　《白头新》

荆石山民《红楼梦》十六本

　　《归省》　《葬花》　《警曲》　《拟题》
　　《听秋》　《剑会》　《联句》　《痴诔》
　　《甓诞》　《寄情》　《走魔》　《禅订》
　　《焚稿》　《冥升》　《诉愁》　《觉梦》

蘅芷庄人《春水轩杂剧》九本

　　《讯翎》　《题肆》　《琴别》　《画隐》
　　《碎胡琴》《安市》　《看真》　《游山》
　　《寿甫》

瞿园杂剧十本

　　《仙人感》　《藤花秋梦》《孽海花》　《暗藏莺》
　　《卖詹郎》　《东家颦》　《钧天乐》　《一线天》
　　《望夫石》　《三割股》

共一百四十六种。清人所作，虽不尽此，第佳者殆少遗珠矣。中如

《写心剧》《后四声猿》《吟风阁》等,大率以一折赋一事,故分作若干本。即《红楼梦散套》,虽总赋宁国府事,然每折自为段落,不相联属,与传奇体制不同,因入杂剧。至各种佳处,亦复略述焉。

徐石麟四本,以《买花钱》为最,取俞国宝风入松事为本,复取杨驸马粉儿为辅,其事颇艳。至以粉儿归国宝,虽不合事实,而风趣更胜。〔解三酲〕四曲,字字馨逸,非明季人所及也。《拈花笑》摹妻妾妒状,秽亵可笑,《绿野仙踪》曾采录之,今人知者鲜矣。《大转轮》以刘、项事翻案,自云以两《汉书》翻成《三国志》,亦荒唐可乐。独《浮西施》一折,尽辟一舸五湖之谬,以夷光沉之于湖,虽煮鹤焚琴,太煞风景,顾亦有所本。墨子云:"西施之沉也,其美也。"是亦非又陵之创说矣。

梅村《临春阁》谱冼夫人勤王事,大为张孔吐冤,盖为秦良玉发也。第四折收尾云:"俺二十年岭外都知统,依旧把儿子征袍手自缝。毕竟是妇人家难决雌雄,则愿决雌雄的放出个男儿勇。"此又为左宁南讽也。《通天台》之沈初明,即骏公自况,至调笑汉武帝,殊令點可喜。首折〔煞尾〕云:"则想那山绕故宫寒,潮向空城打。杜鹃血拣南枝直下。偏是俺立尽西风搔白发,只落得哭向天涯。伤心地付与啼鸦,谁向江头问荻花。眼呵,盼不到石头车驾,泪呵,洒不上修陵松槚。只是年年秋月听悲笳。"其词幽怨慷慨,纯为故国之思。较之"我本淮南旧鸡犬,不随仙去落人间"句,尤为凄惋。

曲至西堂,又别具一变相。其运笔之奥而劲也,使事之典而巧也,下语之艳媚而油油动人也,置之案头,竟可作一部异书读。如《读离骚》之结局,以宋玉招魂;《吊琵琶》之结局,以文姬上冢,此等结构,已超轶前人矣。至其曲词,正如珊珊仙骨。《读离骚》中警句云:"便百千年难打破闷乾坤,只两三行怎吊得尽愁天下。"又云:"一篙争弄两头船,双鞭难走连环马。"又云:"似这般朝也在,暮也在,佳人难再,又何妨梦儿中住千秋万载。"《吊琵琶》警句云:"刚弹了离鸾离鸾小引,忽变做求凰求凰新本。喜结并头缘,好脱孤眠运,则你楚襄王先试一峰云。"又云:"可笑你围白登急死萧曹,走狼居吓坏嫖姚。只学得魏绛和戎嫁楚腰,亏杀你诗篇应诏,贺君王枕席平辽。"又云:"渡河而死公无吊,女子卿受不得冰天雪窖。这魂魄呵,一灵儿随着汉天子伴黄昏,这骸骨呵,半堆儿交付番可汗埋青草。"又云:"猛回头汉宫何处也?断烟中、故国天涯。"又云:"步虚声天风吹下,只指尖儿不会拨琵琶。"其他《黑白卫》之高浑,《桃花源》之旷逸,直为一朝之弁冕云。西堂曲世多有之,故不多列。

嵇永仁,字留山,又号抱犊山农。居范忠贞幕,耿精忠之乱,同及于难。困囹圄时,楮墨不给,乃烧薪为炭,写著作四壁皆满。其《续离骚》剧,即狱中作也。中有《杜默哭庙》,尤为悲壮,较沈自征作,亦难轩轾。如〔沉醉东风〕云:"学诗书头烘脑烘,学剑术心愲意愲。避会稽藏了锐气,练子弟熟了操纵。那怕赤帝枭雄,趁着那辇跸东巡想截龙,小可的扰不碎秦王一统。"〔得胜令〕云:"似这般、本色大英雄,煞强如谩骂假牢笼。宁可将三分业轻抛送,怎学那一杯羹造孽种。破百二秦封,秉烈炬咸阳恸。噪金鼓关中,吓得众诸侯拜下风。"〔七弟兄〕云:"酒席上杀风算什么勇,猛放一线走蛟龙,教千秋豪杰知轻重。割鸿沟无恙汉家翁,庆团圞吕雉谐鸳梦。"此数支皆雄恣可喜。

蒋心馀《四弦秋》剧,为旧曲《青衫记》鄙俚不文,遂填此作。凡所征引,皆出正史,并参以乐天年谱,故出顾道行作万倍。其中《送客》一出,为全剧最胜处,〔折桂令〕尤佳,词云:"住平康十字南街,下马陵边,贴翠门开。十三龄五色衣裁,试舞宜春,掌上飞来。第一所烟花锦寨,第一面风月牙牌。貼鸦鬟紫燕横钗,蹴罗裙金缕兜鞋。这朵云不借风行,这枝花不倩人栽。"极生动妍冶,余最喜诵之。《一片石》、《第二碑》中土地夫妇,最为绝倒,曲家每不善科诨,惟此得之。至《长生箓》等四剧,皆迎銮应制之作,可勿论也。

舒铁云《瓶笙馆修箫谱》,以《当垆》为艳冶。余最爱《拥髻》一折,论断史事,极有见地。如〔桂枝香〕云:"远条仙馆,迤逦着含风别殿。那里是弄风弦泛沕同心,倒变做羞月貌尹邢避面。"又云:"放一雏开场龙战,留双燕收场鱼贯。恨无边,早只见殿上黄貂出,楼中赤凤眠。"颇为工巧。《访星》折〔玉交枝〕云:"趁着天风颠播,看枯木在长流倒拖。有天无地人一个,早二十八宿胸罗。"又〔三月海棠〕云:"为治河,看宣房瓠子连年破。要崇根至本,永镇烟波。难妥,文武盈廷无一可。饥来吃饭闲来卧,因此勤宵旰,作诗歌。客星一个应该我。"此二曲别有风趣,与铁云诗不同。

杨笠湖以名进士宦蜀,就文君妆楼故址,筑吟风阁,更作散套以庆落成。而《却金》折则思祖德,《送风》折则自为写照也。是书共三十二折,每折一事。而副末开场,又袭用传奇旧式,是为笠湖独创,但甚合搬演家意也。此曲警策语颇多,如《钱神庙》之豪迈,《快活山》之恬退,《黄石婆》、《西塞山》之别出机杼,皆非寻常传奇所及。而最著者,惟《罢宴》一折,记寇莱公寿,思亲罢贺事,其词足以劝孝。如〔满庭芳〕云:"想当初辛勤教养,他挑灯伴读,落叶寒窗,那有馀辉东壁分光亮。单仗着十指缝裳,继膏油叫你读书朗朗。拈针线见他珠泪双双,真凄怆。到如今,怎金莲银炬,照不见你憔悴老萱堂?"〔朝天子〕云:"抚孤儿暗伤,代先人义方。为延师尽把钗梳当,只要你成名不负十年窗。倚定门闾望,怎知他独自支当,背地糟糠。要你男儿志四方,又怕你在那厢,我在这厢。眼巴巴到你学成一举登金榜。"此二支描写慈母情形,动人终天之恨,此阮文达所以罢酒也。

陈栋,字浦云,会稽人,屡试不第,游幕汴中。其稿名《北泾草堂集》,诗词皆有可观,而曲尤骚雅绝伦。清代北曲,西堂后要推昉思,昉思后便是浦云,虽藏园且不及也。余诣力北词,垂二十年,读浦云作,方知关、王、宫、乔遗法,未坠于地。阴阳务头,动合自然,布局联套,繁简得宜,隽雅清峭,触搊如志,全书具在,吾非阿好也。《苎萝梦》,记王轩梦遇西施事。以轩为吴王后身,生前尚有一月姻缘未尽,因示梦补欢,其事亦新。四折皆旦唱,语语本色,其艳在骨。第一折〔鹊踏枝〕云:"值什么小婵娟,丧黄泉。再不该污玉儿曾侍东昏,抱琵琶肯过邻船。多谢你母乌喙把蕙兰轻剪,倒作成了女三闾忠节双全。"〔六幺序〕云:"翻花色那千样,费春工只一年,簇新的改换从前。就是绿近阑干,红上秋千,也须要做意儿周旋。满庭除滚的春光遍,道不得这颜色好出天然。料天公肯与行方便,几时价暖风丽日,微雨疏烟。"〔柳叶儿〕云:"旧家乡桃花人面,老君王布袜青毡,打云头一霎都相见。堪消遣,好留连,这几日真有些不羡神仙。"第二折〔上京马〕云:"原来是擘花房巧构的小姑苏,艳影香尘乍有无,多谢他颠倒化工将恨补。只怕这一星星羽化凌虚,还不比兔丝葵麦,憔悴返玄都。"又〔醋葫芦〕第四支云:"则见他拂青霄气似虹,步苍苔形似虎。依然是江东伯主旧规模,怎眼乜斜盼不上捧心憔悴女。想我这容颜凋残非故,便不是转胞胎,也难认这幅换稿美人图。"皆精心结撰,直入元人之室。《紫姑神》、《维扬梦》亦佳,限于篇幅,不赘。

黄韵珊《鸳鸯镜》,余最爱其〔金络索〕数支。其第二支云:"情无半点真,情有千般恨,怨女痴儿,拉扯无安顿。蚕丝理愈棼,没来因,越是聪明越是昏。那壁厢梨花泣尽阑前粉,这壁厢蝴蝶飞来梦里裙。

堪嗟悯,怜才慕色太纷纷。活牵连一种痴人,死缠绵一种痴魂,参不透风流阵。"可为情场棒喝。《凌波影》空灵缥缈,较《洛水悲》为佳。

《坦园三剧》,以《桂枝香》为胜,但在词场品第,仅足为藏园之臣仆耳。

梁廷枬"小四梦",曲律多误。曼殊剧略优,排场太冷。

徐午阁《白头新》,科诨不恶。首折引子〔绛都春〕云:"春明梦后,剩十斛缁尘,归逐东流。叶落庭空,满阶凉月添偢僽。鹤氅氍氀自把梅花守,盼不到南枝春透。"此数语甚佳。其他《合婚》之〔风云会〕、〔四朝元〕亦可读。馀则平平,然较《梨花雪》,却无时文气矣。

荆石山民黄兆魁《红楼梦散套》,脍炙人口,远胜仲、陈两家。世赏其《葬花》,余独爱其《警曲》〔金盏儿〕二支,可云压卷。首支云:"猛听得风送清讴,是梨香演习歌喉。一声声绿怨红愁,一句句柳眷花羞。教我九曲回肠转,蹙损了双眉岫。姹紫嫣红尽日留,怎不怨着他锦屏人看贱得韶光透。想伊家也为着好春偢僽。黄土朱颜,一霎谁长久?岂独我三月厌厌,三月厌厌,度这奈何时候。"次支云:"那里是催短拍低按梁州,也不是唱前溪轻荡扁舟。一心儿凤恋凰求,一弄儿软款绸缪。这的是有个人知重,着意把微词逗。真个芳年水样流,怎怪得他惜花人,掌上儿奇擎毂。想从来如此的钟情原有,今古如花一例,一例的伤心否。把我体软哈哈,体软哈哈,坐倒这苔钱如绣。"似此丰神,直与玉茗抗行矣。

《春水轩》九种,以《陈伯玉碎琴》为痛快,较孔东塘《大忽雷》更觉紧凑。《琴别》折,亦较心馀《冬青树》胜。

右所论列,独缺闺秀作,第作者殊不多,除吴蘋香《饮酒读骚图》、《古香十种》外,亦寥寥矣。

三　清人传奇

清人传奇，取余所见者列下：

内廷编辑本四本
　　《劝善金科》　《升平宝筏》　《鼎峙春秋》　《忠义璇图》

慎郡王岳端一本
　　《扬州梦》

袁晋一本
　　《西楼记》

吴伟业一本
　　《秣陵春》

范文若一本
　　《花筵赚》

马佶人一本
　　《荷花荡》

李玉五本
　　《一捧雪》　《人兽关》　《占花魁》　《永团圆》
　　《眉山秀》

朱素臣一本
　　《秦楼月》

尤侗一本
　　《钧天乐》

嵇永仁二本

《扬州梦》　《双报应》

李渔十五本
　　《奈何天》　《比目鱼》　《蜃中楼》　《怜香伴》
　　《风筝误》　《慎鸾交》　《凰求凤》　《巧团圆》
　　《玉搔头》　《意中缘》　《偷甲》　　《四元》
　　《双锤》　　《鱼篮》　　《万全》

张大复一本
　　《快活三》

陈二白一本
　　《称人心》

查慎行一本
　　《阴阳判》

周稚廉三本
　　《双忠庙》　《珊瑚玦》　《元宝媒》

孔尚任二本
　　《桃花扇》　《小忽雷》

洪昇一本
　　《长生殿》

万树三本
　　《风流棒》　《空青石》　《念八翻》

唐英三本
　　《转天心》　《巧换缘》　《梁上眼》

张坚四本
　　《梦中缘》　《梅花簪》　《怀沙记》　《玉狮坠》

夏纶六本

《无瑕璧》　　《杏花村》　　《瑞筠图》　　《广寒梯》
　　　《南阳乐》　　《花萼吟》
王墅一本
　　　《拜针楼》
蒋士铨六本
　　　《雪中人》　　《香祖楼》　　《临川梦》　　《桂林霜》
　　　《冬青树》　　《空谷香》
仲云涧一本
　　　《红楼梦》
陈钟麟一本
　　　《红楼梦》
金椒一本
　　　《旗亭记》
董榕一本
　　　《芝龛记》
张九钺一本
　　　《六如亭》
沈起凤四本
　　　《文星榜》　　《报恩缘》　　《才人福》　　《伏虎韬》
陈烺十本
　　　《仙缘记》　　《海虬记》　　《蜀锦袍》　　《燕子楼》
　　　《梅喜缘》　　《同亭宴》　　《回流记》　　《海雪吟》
　　　《负薪记》　　《错因缘》
李文瀚四本
　　　《紫荆花》　　《胭脂鸟》　　《凤飞楼》　　《银汉槎》

黄宪清六本

《茂陵弦》 《帝女花》 《脊令原》 《桃溪雪》

《居官鉴》 《玉台秋》

张云骧一本

《芙蓉碣》

杨恩寿三本

《麻滩驿》 《理灵坡》 《再来人》

王筠一本

《全福记》

释智达一本

《归元镜》

右传奇计百种，清人佳构，固尽于此。即次等及劣者，亦见一斑，如陈烺、李文瀚、张云骧诸本是也。大抵清代曲家，以梅村、展成为巨擘。而红友、山农，承石渠之传，以新颖之思，状物情之变，论其优劣，远胜笠翁。盖笠翁诸作，布局虽工，措词殊拙，仅足供优孟之衣冠，不足入词坛之月旦。即就曲律言，红友尤兢兢慎守也。曲阜孔尚任、钱塘洪昇，先后以传奇进御，世称"南洪北孔"是也。顾《桃花扇》、《长生殿》二书，仅论文字，似孔胜于洪，不知排场布置、宫调分配，昉思远驾东塘之上。《桃花扇》耐唱之曲，实不多见。即《访翠》、《寄扇》、《题画》三折，世皆目为佳曲。而《访翠》仅〔锦缠道〕一支可听，《寄扇》则全袭《狐思》，《题画》则全袭《写真》，通本无新声，此其短也。《长生殿》则集古今耐唱耐做之曲于一传中，不独生旦诸曲，出出可听，即净丑过脉各小曲，亦丝丝入扣，恰如分际。《舞盘》折〔八仙会蓬海〕一套，《重圆》折〔羽衣第二叠〕一支，皆自集新腔，不墨守《九宫》旧格。而《侦报》之〔夜行船〕，《弹词》之〔货郎儿〕，《觅魂》之〔混江龙〕，试问云亭有此魄力否?)余尝谓《桃花扇》有佳词而无佳调,深惜云亭不谙度声,二百年来词场不祧者,独有稗畦而已。二家既出,于是词人各以征实为尚,不复为凿空之谈,所谓"陋巷言怀,人人青紫,闲闺寄怨,字字桑濮"者,此风几乎革尽。曲家中兴,断推洪、孔焉。他若马佶人(有《梅花楼》、《荷花荡》、《十锦塘》三种)、刘晋充(有《罗衫合》、《天马媒》、《小桃源》三种)、薛既扬(有《书生愿》、《醉月缘》、《战荆轲》、《芦中人》四种)、叶稚斐(有《琥珀匙》、《女开科》、《开口笑》、《铁冠图》四种)、朱良卿(有《乾坤啸》、《艳云亭》、《渔家乐》等三十种)、邱屿雪(有《虎囊弹》、《党人碑》、《蜀鹃啼》等九种)之徒,虽一时传唱,遍于旗亭,而律以文辞,正如面墙而立。独李玄玉"一人永占"(《一捧雪》、《人兽关》、《永团圆》、《占花魁》),直可追步奉常。且《眉山秀》剧(《眉山秀》谱苏小妹事,而以长沙义伎辅之,词旨超妙),雅丽工炼,尤非明季诸子可及,与朱素臣茞庵诸作,可称瑜亮(茞庵诸作,以《秦楼月》、《翡翠园》为佳)。西堂《钧天乐》,痛发古今不平,《地巡》一折,自来传奇家无此魄力,洵足为词苑之飞将也。乾、嘉以还,铅山蒋士铨、钱塘夏纶,皆称词宗,而惺斋头巾气重,不及藏园,《临川梦》、《桂林霜》允推杰作。一传为黄韵珊,尚不失矩度,再传为杨恩寿,已昧厥源流。宣城李文瀚、阳湖陈烺等诸自郐,更无讥焉。金氏《旗亭》、董氏《芝龛》,一拾安史之昔尘,一志边徼之逸史,骎骎入南声之室,惜董作略觉冗杂耳。陈厚甫《红楼梦》,曲律乖方,未能搬演,益信荆石山民之雅矣。同、光之际,作者几绝,惟《梨花雪》、《芙蓉碣》二记,略传人口,顾皆拾藏园之馀唾,且耳不闻吴讴,又何从是正其句律乎?因取最著者,论次如左。

内廷七种

内廷供奉曲七种，大半出华亭张文敏之手。乾隆初，纯庙以海内升平，命文敏制诸院本进呈，以备乐部演习。凡各节令皆奏演，其时典故，如"屈子竞渡"、"子安题阁"诸事，无不谱入，谓之《月令承应》。其于内廷诸庆事，奏演祥征瑞应者，谓之《法官雅奏》。其于万寿令节前后，奏演群仙神道添筹锡禧，以及黄童白叟含哺鼓腹者，谓之《九九大庆》。又演目莲尊者救母事，析为十本，谓之《劝善金科》，于岁暮奏之，以其鬼魅杂出，以代古人傩祓之意。演唐玄奘西域取经事，谓之《升平宝筏》，于上元前后日奏之。其曲文皆文敏亲制，词藻奇丽，引用内典经卷，大为超妙。其后又命庄恪亲王谱蜀汉三国典故，谓之《鼎峙春秋》，又谱宋政和间梁山诸盗，及宋金交兵、徽、钦北狩诸事，谓之《忠义璇图》。其词皆出日下游客之手，惟能敷衍成章。又钞袭元明《水浒》、《义侠》、《西川图》诸院本，不及文敏多矣。

《西楼》

袁籜庵《西楼记》，颇负盛名，歌场盛传其词，然魄力薄弱，殊不足法。惟《侠试》北词，尚能稳健，而收尾不俊，已如强弩之末，盖才不丰也。即世传〔楚江情〕一曲，亦钞袭周宪王旧词，见《诚斋乐府》。籜庵不过改易一二语而已，而能倾动一时，殊出意外。

《秣陵春》

此记谱徐适、黄展娘事,又名《双影记》。以玉杯、古镜、法帖作媒介,而寄慨于沧海之际。虽摹写艳情颇类玉茗,而整齐紧凑,可与《钧天乐》相颉颃。余最爱《赋玉杯》之〔宜春令〕、《咏法帖》之〔三学士〕,此等文字,曲家从来所未有,非胸有书卷,不能作也。〔宜春令〕云:"司徒卣,尚父彝,拜恩回朱衣捧持。到如今锦茵雕几,一朝零落瓶罍耻。河如带赵玉今完,瓯无缺紫窑同碎。晴窗,斗茗持杯,旧朝遗惠。"〔三学士〕云:"秘阁牙签今已矣,过江十纸差池。想不到城南杜姥凄凉第,倒藏着江上曹娥绝妙碑。只是留香帖付阿谁?"其意致新颖,实则沉痛。又〔泣颜回〕云:"藓壁画南朝,泪尽湘川遗庙。江山馀恨,长空黯淡芳草。莺花似旧,识兴亡断碣先臣表。过夷门梁孝台空,入西洛陆机年少。"又末折〔集贤宾〕云:"走来到寺门前记得起初敕造,只见赭黄罗帕御床高。这壁厢摆列着官员舆造,那壁厢布设些法鼓钟铙。半空中一片祥云,簇拥着香烟缥缈。如今呵,新朝改换了旧朝,把御牌额尽除年号。只落得江声围古寺,塔影挂寒潮。"沉郁感叹,不啻庾信之《哀江南》也。

《钧天乐》

尤西堂《钧天乐记》,世谓影射叶小鸾,见汪允庄诗。记中魏母登场,即云"先夫魏叶",盖指其姓也。寒簧登场,〔点绛唇引子〕云:"午梦惊回",盖指其堂也。而《叹榜》、《嫁殇》、《悼亡》诸折,尤觉显然。所传杨墨卿,即指西堂总角交汤传楹也。其词戛戛生新,不袭明人牙慧,而牢落不偶之态,时见于楮墨之外。《送穷》、《哭庙》,几令人搔首问天。余最爱《哭庙》折,〔四门子〕词云:"你入秦关烧破咸阳道,救邯郸受六国朝。彭城鏖战兵非弱,谁料得走乌江没下梢。楚军尽逃,汉军又挑,悔不向鸿门把玉玦了。雅兮正骁,虞兮尚娇,怎重见江东父老?"他如《歌哭》折〔金络索〕云:"我哭天公,颠倒儿曹做哑聋。黄衣不告相如梦,白眼谁怜阮客穷。真懵懂,区区科目困英雄。一任你小技雕虫,大笔雕龙,空和泪铭文冢。"又《嫁殇》折〔懒画眉〕云:"为甚的恹恹鬼病困婵娟,半卷湘帘袅药烟,可怜他空房小胆怯春眠。你看流莺如梦东风懒,一枕春愁似小年。"又《蓉城》折〔二郎神〕云:"年龀稚,护春娇小窗深闭,画卷诗笺怜薄慧。心香自袅,讳愁无奈双眉。看飞絮帘栊芳草醉,咒金铃花花衔泪。锁空闺,镇无聊孤宵梦影低徊。"皆卓绝时流者也。

《眉山秀》

玄玉所作有三十三种,"一人永占"说见前。最著盛名,而《眉山秀》尤出各种之上。长沙义伎事,见洪容斋《夷坚志》,玄玉本此,又以苏小妹、秦少游事为一书之主。《赚娟》折殊堪发噱,义伎本无名字,此作文娟,当是玄玉臆造。又少游客死藤州,未及还朝,此作小妹假托少游,南游时再赚文娟,及少游返长沙,娟复拒绝,迎归京邸,以东坡一言而解。虽足见贞操,而于本事欠合,不如依原书殉节逆旅之为愈矣。记中《婚试》一折,《纳书楹》录之,词颇精警。

《扬州梦》

留山《扬州梦》,以绿叶成阴事为主,又以紫云为副,而往来怂合者,杜秋娘也,与陈浦云《维扬梦》略同。《水嬉》一折,极为热闹。传奇家作曲,每易犯枯寂之弊,此作不然,故佳。《双报应》则粗率矣。

《笠翁十五种曲》

翁作取便梨园,本非案头清供,后人就文字上寻瘢索垢,虽亦言之有理,而翁心不服也。科白之清脆,排场之变幻,人情世态,摹写无遗,此则翁独有千古耳。十五种中自以《风筝误》为最,《玉搔头》次之。《慎鸾交》,翁虽自负,未免伤俗。他如《四元》、《偷甲》、《双锤》、《万全》诸本,更无论矣。

《桃花扇》

东塘此作,阅十馀年之久,自是精心结撰,其中虽科诨亦有所本。观其自述本末及历记考据各条,语语可作信史。自有传奇以来,能细按年月、确考时地者,实自东塘为始。传奇之尊,遂得与诗文同其声价矣。通体布局,无懈可击,至《修真》、《入道》诸折,又破除生旦团圆之成例,而以中元建醮收科,排场复不冷落。此等设想,更为周匝。故论《桃花扇》之品格,直是前无古人,后无来者。所惜者,通本乏耐唱之曲,除《访翠》、《眠香》、《寄扇》、《题画》外,恐亦寥寥不足动听矣。马、阮诸曲,固不必细腻,而生旦则不能草草也。《眠香》、《却奁》诸折,世皆目为妙词,而细唱曲不过一二支,亦太简矣。东塘《凡例》中,自言曲取简单,多不逾七八曲,弗使伶人删薙。其意虽是,而文章却不能畅适,此则东塘所未料也。云亭尚有《小忽雷》一种,谱唐人梁生本事,皆顾天石为之填词。文字平庸,可读者止一二套耳,而自负不浅。又为云亭作《南桃花扇》，使生旦团圆，以悦观场者之目，更属无谓。

《长生殿》

此记始名《沉香亭》，盖感李白之遇而作，因实以开、天时事。继以排场近熟，遂去李白入李泌，辅肃宗中兴，更名《舞霓裳》。又念情之所钟，帝王罕有，马嵬之变，势非得已，而唐人有玉妃归蓬莱仙院、明皇游月宫之说，因合用之，更名《长生殿》。盖历十馀年，三易稿而始成，宜其独有千秋也。曲成，赵秋谷为之制谱，吴舒凫为之论文，徐灵胎为之订律，尽善尽美，传奇家可谓集大成者矣。初登梨园，尚未盛行，后以国忌装演，得罪多人，于是进入内廷，作法部之雅奏，而一时流转四方，无处不演此记焉。叶怀庭云："此记上本杂采开、天旧事，每多佳构。下半多出稗畦自运，遂难出色。"实则下卷托神仙以便绾合，略觉幻诞而已。至其文字之工，可云到底不懈。余服其北词诸折，几合关、马、郑、白为一手。限于篇幅，不能采录。他如《闹高唐》、《孝节坊》、《天涯泪》、《四婵娟》等，更无从搜罗矣。

《惺斋六种曲》

惺斋作曲，皆意主惩劝。尝举忠孝节义事，各撰一种。其《无瑕璧》言君臣，教忠也；其《杏花村》言父子，教孝也；其《瑞筠图》言夫妇，教节也；其《广寒梯》言师友，教义也；其《花萼吟》言兄弟，教弟也。事切情真，可歌可泣。妇人孺子，尤可劝厉，洵有功世道之文，惜头巾气太重耳。惟《南阳乐》谱武侯事，颇为痛快。如第三折诛司马师，第四折武侯命灯倍明,第八折病体全愈,第九折将星灿烂,十五折子午谷进兵,偏获奇胜,十六折杀司马昭,擒司马懿,十七折曹丕就擒,并杀华歆,十八折掘曹操疑冢,二十二折诛黄皓,二十五折陆逊自裁,孙权投降,孙夫人归国,三十折功成身退,三十二折北地受禅,皆大快人心之举。屠门大嚼,聊且称意,固不必论事之有无也。

《藏园九种曲》

心馀诸作,皆述江右事,独《桂林霜》不然,而文字亦胜。九种中,《四弦秋》等已入杂剧,不论。传奇中以《香祖楼》、《空谷香》、《临川梦》为胜,《雪中人》、《桂林霜》次之,《冬青树》最下,叙述南宋事多,又无线索也。《空谷香》、《香祖楼》二种,梦兰、若兰,同一淑女也;孙虎、李蚓,同一继父也;吴公子、扈将军,同一樊笼也;红丝、高驾,同一介绍也;成君美、裴畹,同一故人也;姚、李两小妇,同一短命也;王、曾两大妇,同一贤媛也。各为小传,尚且难免雷同。作者偏从同处见异,梦兰启口便烈,若兰启口便恨;孙虎之愚,李蚓之狡;吴公子之戆,扈将军之侠;红丝之忠,高驾之智;王夫人则以贤御下,曾夫人因爱生怜;此外如成、裴诸君,各有性情,各分口吻。无他,由于审题真,措辞确也。至《临川梦》,则凭空结撰,灵机往来。以若士一生事实,现诸氍毹,已是奇特,且又以"四梦"中人一一登场,与若士相周旋,更为绝倒。记中《隐奸》一折,相传讽刺袁简斋,亦令黜可喜。盖若士一生,不迕权贵,递为执政所抑,一官潦倒。里居二十年,白首事亲,哀毁而卒,固为忠孝完人。而心馀自通籍后,亦不乐仕进,正与临川同,作此曲亦有深意也。其自题诗云:"腐儒谈理俗难医,下士言情格苦卑。苟合皆无持正想,流连争赏诲淫词。人间世布珊瑚网,造化儿牵傀儡丝。脱屣荣枯生死外，老夫叉手看多时。"可知其填词之旨矣。

《芝龛》

恒岩此记，以秦良玉、沈云英二女帅为经，以明季事涉闺阁暨军旅者为纬，穿插野史，颇费经营。惟分为六十出，每出正文外，旁及数事，甚至十馀事者，隶引太繁，止可于宾白中带叙，篇幅过长，正义反略，喧宾夺主，眉目不清，此其所短也。论者谓轶《桃花扇》而上，非深知《芝龛》者。又记中每曲点板，但往往有板法与句法不合者，如上四下三句法，而点以上三下四板式，不知当日奏演时何若也（此病最坏，实则填词时未明句读）。第五十七出中有悼南都〔渔歌〕三首，酣畅淋漓，记中仅见。〔满江红〕词云："如此江山，又见了永嘉南渡。可念取衣冠原庙，龙蟠虎踞。白水除新啼泪少，青山似洛豪华故。视眈眈定策入纶扉，奇功据。燕子叫，春灯觑。瑶池宴，迷楼住。看畴咨献纳，者般机务。蟒玉江干杨柳态，貂蝉河榭芙蓉步。召南薰歌舞奏中兴，风流足。"又云："芳乐莺声，已忘却杜鹃啼血。淆混着孤鸿群雀，淮扬旄节。半壁山川防御缓，六朝金粉征求切。问无愁天子为何愁，梨园缺。挺击变，妖书揭。红丸反，移宫掣。又重钩党祸，仍依珰辙。玉合王孙耽玉笛，金貂宦孽操金钺。听秦淮遗韵似天津，鸣鹧鸪。"又云："尘浣西风，昏惨惨台城秋柳。竞填补伏波前欠，明珠论斗。监纪中书随地是，职方都督盈街走。拥貂冠鱼袋出私门，多于狗。练湖佃，洋船搂。芦洲课，爪仪斛。更分文斤两，旎亭税酒。磺使又差肥豕腹，宫娃再选惊蛾首。唱江风鼓棹说兴衰，渔婆口。"

《六如亭》

此记叙次,悉本正史及东坡年谱,无颠倒附会之处。观空于佛,结穴于仙,使放逐之臣,离魂之女,仗金刚忍辱波罗蜜,同解脱于梦幻泡影电露,而证无上菩提,洵卫道之奇文,参禅之妙曲也。记中《伤歌》一折,乃坡公挈朝云,在海外嘉祐寺松风亭觞咏,命唱自制送春词。至"枝上柳绵吹又少"句,呜咽不成声。公叹曰:"吾正悲秋,而汝又伤春矣。"折中用〔二郎神〕、〔集贤宾〕,最合缠绵之意,虽本稗畦《密誓》,然亦沉郁有致。记中以此折及温都监女一节事最胜。

沈氏四种

龚渔四种,以《才人福》为最,《伏虎韬》次之,《报恩缘》、《文星榜》又次之。此曲颇不易见,各家曲话,皆未著录。事迹之奇,排场之巧,洵推杰作。《才人福》以张幼于为主,以希哲、伯虎为配。吴人好谈六如,此曲若登场,可以笑倒万夫矣。记中有诗翁、诗伯、诗祖宗三诗,极嬉笑怒骂之致,为全书最生动处。又希哲舆夫联元,与厨娘之女有染,《淫诨》一折,语语是轿夫口吻,且无十分淫亵语,所以为佳。《伏虎韬》则本《子不语》中"医妒"一事为之,布局绝奇。惟四种说白,皆作吴谚,则大江以上,皆不能通,此所以流传不广欤?

《倚晴楼六种》

韵珊诸作,《帝女花》、《桃溪雪》为佳,《茂陵弦》次之,《居官鉴》最下,此正天下之公论也。《帝女花》二十折,赋长平公主事,通体悉据梅村挽诗,而文字哀感顽艳,几欲夺过心馀,虽叙述清代殊恩,而言外自见故国之感。惟《佛贬》、《散花》两折,全拾藏园唾馀,于是陈烺、徐鄂辈,无不效之,遂成剧场恶套矣。《桃溪雪》记吴绛雪事。绛雪善书画,通音律,尤工于诗,永康人。归诸生徐明英,未几而寡。康熙十三年,耿精忠叛于闽,其伪总兵徐尚朝等寇,陷浙东,及攻取金华,过永康,艳绛雪名,欲致之。永康故无城可守,众虑蹂躏,邑父老与其夫族谋,以绛雪纾难。绛雪夷然就道,至三十里坑,以渴饮绐贼,即坠崖死。通本事迹如是。其词精警浓丽,意在表扬节烈。盖自藏园标下笔关风化之旨,而作者皆矜慎属稿,无青衿挑达之事,此是清代曲家之长处。韵珊于《收骨》、《吊烈》诸折,刻意摹神,洵为有功世道之作。惟净丑角目,止有《绅哄》一折,似嫌冷淡。此盖文人作词,偏重生旦,不知净丑衬托愈险,则词境益奇。余尝谓乾隆以上,有戏有曲;嘉、道之际,有曲无戏;咸、同以后,实无戏无曲矣。此中消息,可与韵珊诸作味之也。他作从略。

坦园三种

蓬海三记,余最喜《再来人》,摹写老儒状态,殊可酸鼻。《麻滩》、《理灵》,不脱藏园窠臼。

《全福》

长安女士王筠撰,词颇不俗。有朱珪序,略谓女士先成《繁华梦》，阅之觉全剧过冷，搬演未宜。越年乃有《全福记》，则春光融融矣。此记事实，未脱窠臼，惟曲白尚工整耳。

《归元镜》

演莲池大师事，文颇工雅，结构与《昙花》同。

以上传奇。

四　清人散曲

清人散曲，传者寥寥，其有专集者，不过数家，列下。

归元恭《万古愁》

朱彝尊《叶儿乐府》

尤　侗《百末词馀》

厉　鹗《北乐府小令》

许宝善《自怡轩乐府》

吴锡麒《南北曲》

赵对澂《小罗浮馆杂曲》

谢元淮《养默山房散套》

凌　霄《振檀集》

赵庆熺《香消酒醒曲》

蒋士铨《南北曲》

吴　藻《南北曲》

至曲选总集,可云绝少,兹录四种,此外恐已无多矣。

叶　堂《纳书楹曲谱》四集

钱思霈《缀白裘》十集

菰芦钓叟《醉怡情》

武林曲痴《怡春锦》六集

右散曲别集十二种,总集四种。而总集中《纳书楹》为曲谱,《缀白裘》、《醉怡情》为戏曲,《怡春锦》止第六集为散曲。求如前明《雍熙乐府》、《词林摘艳》诸书,竟无有也。此亦见清人不重曲词矣。即此十二家言之,亦不过馀事及此,非专门之盛业。元恭《恒轩集》,以古文雄,不以《万古愁》著也。惟其词瑰瓌恣肆,于古之圣贤君相,无不诋诃,而独流涕于桑海之际。此曲之传,在意境不在文章也。沈绎堂云章皇帝尝见此曲,大加称赏,命乐工每膳歌以侑食,此亦一奇事也。今盛传于世,不复摘录。(今人有以此曲为熊开元作者,余不之信。)竹垞《叶儿乐府》,仅有小令,无套曲。而词多俊语,如〔折桂令〕四支,〔朝天子〕《送分虎南归》,〔一半儿〕《咏名胜十二首》,殊隽。西堂《百末词馀》即附词后,《秋闺》〔醉扶归〕套最胜。樊榭亦止工小令,不及大套。吴穀人《南北曲》,在集后有二卷。《钱塘观潮》之〔好事近〕,《盂兰会》之〔混江龙〕,《喜洪稚存自塞外归》〔新水令〕诸套,颇见本领。许穆堂自怡轩曲,亦多佳构,《题邵西樵酿花小圃》、《陶然亭眺望》、《题张忆娘柳如是像》、《赠萧兰生》诸套,圆美可诵,盖深于词律,故语无拗涩也。(许有《自怡轩词谱》,极佳。)赵对澂杂曲,佳者不多。《养默山房散曲》仅存三套,无可评骘。独赵秋舲刻意学施子野,故词境亦相类。《有感对月》二套,尤为脍炙人口。而余所爱者〔二郎神〕《题谢文节琴》,气息高雅,无滑易之病。至月下老人祠中签诀,各以

〔黄莺儿〕写之,亦属仅见。其词轻圆流利,俨然《花影集》也。蒋士铨曲,附见集末,中有《题迦陵填词图》北套,可与洪昉思南词并传,为集中最胜处。蘋香诸作,意境雅近秋舲,与所作《饮酒读骚》剧,更觉清俊,盖散曲文情闲适,《读骚图》未免牢愁故也。一代名手,不过数家,清曲衰息,固天下之公论也。

词 学 通 论

第一章　绪论

　　词之为学，意内言外，发始于唐，滋衍于五代，而造极于两宋，调有定格，字有定音，实为乐府之遗，故曰诗馀。惟齐梁以来，乐府之音节已亡，而一时君臣，尤喜别翻新调，如梁武帝之《江南弄》，陈后主之《玉树后庭花》，沈约之《六忆诗》，已为此事之滥觞。唐人以诗为乐，七言律绝，皆付乐章，至玄、肃之间，词体始定，李白〔忆秦娥〕，张志和〔渔歌子〕，其最著也。或谓词破五七言绝句为之，如〔菩萨蛮〕是。又谓词之〔瑞鹧鸪〕即七律体，〔玉楼春〕即七古体，〔杨柳枝〕即七绝体，欲实诗馀之名，殊非确论。盖开元全盛之时，即词学权舆之日，"旗亭画壁"，本属歌诗，"陵阙西风"，亦承乐府，强分后先，终归臆断。自是以后，香山、梦得、仲初、幼公之伦，竞相藻饰。"调笑转应"之曲，"江南春去"之词，上拟清商，亦无多让。及飞卿出而词格始成，《握兰》、《金荃》，远接骚辨，变南朝之宫体，扬北部之新声。于是皇甫松、郑梦复、司空图、韩偓、张曙之徒，一时云起，"杨柳"、"大堤"之句，"芙蓉"、"曲渚"之篇，自出机杼，彬彬称盛矣。

　　作词之难，在上不似诗，下不类曲，不淄不磷，立于二者之间。要须辨其气韵。大抵空疏者作词易近于曲，博雅者填词不离乎诗，浅者深之，高者下之，处于才不才之间，斯词之三昧得矣。惟词中各牌，有与诗无异者，如〔生查子〕，何殊于五绝？〔小秦王〕、〔八拍蛮〕、〔阿那曲〕，何殊于七绝？此等词颇难著笔，又须多读古人旧作，得其气味，去诗中习见辞语,便可避去。至于南北曲,与词格不甚相远,而欲求别于曲,亦较诗为难。但曲之长处在雅俗互陈,又熟谙元人方言,不必以藻缋为能也。词则曲中俗字,如"你"、"我"、"这厢"、"那厢"之类,固不可用,即衬贴字,如"虽则是"、"却原来"等,亦当舍去。而最难之处,在上三下四对句,如史邦卿《春雨》词云:"惊粉重蝶宿西园,喜泥润燕归南浦",又"临断岸新绿生时,是落红带愁流处",此词中妙语也。汤临川《还魂》云:"他还有念老夫诗句男儿,俺则有学母氏画眉娇女。又没乱里春情难遣,蓦忽地怀人幽怨。"亦曲中佳处,然不可入词。由是类推,可以隅反,不仅在词藻之雅俗而已。宋词中尽有俚鄙者,亟宜力避。

小令、中调、长调之目,始自《草堂诗馀》,后人因之,顾亦略云尔。《词综》所云,以臆见分之,后遂相沿,殊属牵强者也。钱塘毛氏云:"五十八字以内为小令,五十九字至九十字为中调,九十一字以外为长调,古人定例也。"此亦就《草堂》所分而拘执之,所谓定例,有何所据?若以少一字为短,多一字为长,必无是理。如〔七娘子〕有五十八字者,有六十字者,将为小令乎,抑中调乎?如〔雪狮儿〕有八十九字者,有九十二字者,将为中调乎,抑长调乎?此皆妄为分析,无当于词学也。况《草堂》旧刻,止有分类,并无小令、中调、长调之名。至嘉靖间,上海顾从敬刻《类编草堂诗馀》四卷,始有小令、中调、长调之目,是为别本之始。何良俊序称从敬家藏宋刻,较世所行本多七十馀调,明系依托。自此本行而旧本遂微,于是小令、中调、长调之分,至牢不可破矣。

词中调同名异,如〔木兰花〕与〔玉楼春〕,唐人已有之。至宋人则多取词中辞语名篇,强标新目,如〔贺新郎〕为〔乳燕飞〕,〔念奴娇〕为〔酹江月〕,〔水龙吟〕为〔小楼连苑〕之类,此由文人好奇,争相巧饰,而于词之美恶无与焉。又有调异名同者，如〔长相思〕、〔浣溪沙〕、〔浪淘沙〕，皆有长调，此或清真提举大晟时所改易者，故周集中皆有之。此等词牌，作时须依四声，不可自改声韵，缘舍此以外，别无他词可证也。又如〔江月晃重山〕、〔江城梅花引〕、〔四犯剪梅花〕类，盖割裂牌名为之。此法南曲中最多，凡作此等曲，皆一时名手游戏及之，或取声律之美，或取节拍之和，如〔巫山十二峰〕、〔九回肠〕之目，歌时最为耐听故也。词则万不能造新名，仅可墨守成格。何也？曲之板式，今尚完备，苟能遍歌旧曲，不难自集新声。词则拍节既亡，字谱零落，强分高下，等诸面墙，间释工尺，亦同向壁。集曲之法，首严腔格，亡佚若斯，万难整理，此其一也。六宫十一调，所隶诸曲，管色既明，部署亦审，各宫互犯，确有成法。词则分配宫调，颇有出入，管色高低，万难悬揣，而欲汇集美名，别创新格，即非惑世，亦类欺人，此其二也。至于明清作者，辄喜自度腔，几欲上追白石、梦窗，真是不知妄作。又如许宝善、谢淮辈，取古今名调，一一被诸管弦，以南北曲之音拍，强诬古人，更不可为典要，学者慎勿惑之。

沈伯时《乐府指迷》云："音律欲其协，不协则成长短之诗。下字欲其雅，不雅则近乎缠令之体。用字不可太露，露则直突而无深长之味。发意不可太高，高则狂怪而失柔婉之意。"此四语为词学之指南，各宜深思也。夫协律之道，今不可知，但据古人成作，而勿越其规范，则谱法虽逸，而字格尚存，揆诸按谱之方，亦云弗畔。若夫〔缠令〕之体，本于乐府《相和》之歌，沿至元初，其法已绝，惟董词所载，犹存此名。清代《大成谱》，备录董词，而于〔缠令〕格调，亦未深考，亡佚既久，可以不论。至用字发意，要归蕴藉，露则意不称辞，高则辞不达意，二者交讥，非作家之极轨也。故作词能以清真为归，斯用字发意，皆有法度矣。

咏物之作，最要在寄托。所谓寄托者，盖借物言志，以抒其忠爱绸缪之旨。《三百篇》之比兴，《离骚》之香草美人，皆此意也。沈伯时云："咏物须时时提调，觉不分晓，须用一两件事印证方可。如清真《咏梨花》〔水龙吟〕第三、第四句，须用'樊川'、'灵关'事，又'深闭门'及'一枝带雨'事，觉后段太宽。又用'玉容'事，方表得梨花。若全篇只说花之白，则是凡白花皆可用，如何见得是梨花？"（见《乐府指迷》）案伯时此说，仅就运典言之，尚非赋物之极则，且其弊必至探索隐僻，满纸谰言，岂词家之正法哉！惟有寄托，则辞无泛设，而作者之意，自见诸言外，朝市身世之荣枯，且于是乎觇之焉。如碧山《咏蝉》〔齐天乐〕，"宫魂"、"馀恨"，点出命意。"乍咽凉柯，还移暗叶"，慨播迁之苦。"西窗"三句，伤敌骑暂退，燕安如故。"镜暗妆残，为谁娇鬓尚如许"二语，言国土残破。而"修容饰貌，侧媚依然。衰世臣主，全无心肝"，千古一辙也。"铜仙"三句，言宗器重宝，均被迁夺，泽不下逮也。"病翼"二句，更痛哭流涕，大声疾呼，言海岛栖迟，断不能久也。"馀音"三句，遗臣孤愤，哀怨难论也。"漫想"二句，责诸臣苟且偷安，视若全盛也。如此立意，词境方高。顾通首皆赋蝉，初未逸出题目范围，使直陈时政，又非词家口吻。其他赋白莲之〔水龙吟〕，赋绿阴之〔琐窗寒〕，皆有所托，非泛泛咏物也。会得此意，则绿芜台城之路，斜阳烟柳之思，感事措辞，自然超卓矣。（碧山此词，张皋文、周止庵辈，皆有论议。余本端木子畴说诠释之，较为确切。他如白石〔暗香〕、〔疏影〕二首，亦寄时事，惟语意隐晦，仅"江国正寂寂。叹寄与路遥，夜雪初积"数语，略明显耳。故不具论。）

沈伯时云："前辈好词甚多，往往不协律腔，所以无人唱和。秦楼、楚馆之词，多是教坊乐工及闹井做赚人所作，只缘音律不差，故多唱之，求其下语用字，全不可读，甚至咏月却说雨，咏春却说凉。"（《乐府指迷》)余案此论出于宋末,已有不协腔律之词,何况去伯时数百年,词学衰熄如今日乎?紫霞论词,颇严协律,然协律之法,初未明示也。近二十年中,如沤尹、夔笙辈,辄取宋人旧作,校定四声,通体不改易一音。如〔长亭怨〕依白石四声,〔瑞龙吟〕依清真四声,〔莺啼序〕依梦窗四声。盖声律之法无存,制谱之道难索,万不得已,宁守定宋词旧式,不致偭越规矩,顾其法益密,而其境益苦矣。(余案定四声之法,实始于蒋鹿潭。其《水云楼词》,如〔霓裳中序第一〕、〔寿楼春〕等,皆谨守白石、梅溪定格,已开朱、况之先路矣。)余谓小词如〔点绛唇〕、〔卜算子〕类,凡在六十字下者,四声尽可不拘。一则古人成作,彼此不符;二则南曲引子,多用小令,上去出入,亦可按歌,固无须斤斤于此。若夫长调,则宋时诸家,往往遵守,吾人操管,自当确从,虽难付管丝,而典型具在,亦告朔饩羊之意。由此言之,明人之自度腔,实不知妄作,吾更不屑辨焉。

杨守斋《作词五要》,第四云:"要随律押韵。如越调〔水龙吟〕、商调〔二郎神〕,皆用平入声韵。古词俱押去声,所以转折怪异,成不祥之音。昧律者反称赏之,真可解颐而启齿也。"守斋名缵,周草窗《蘋洲渔笛谱》中所称紫霞翁者即是。尝与草窗论五凡工尺义理之妙,未按管色,早知其误,草窗之词,皆就而订正之。玉田亦称其持律甚严,一字不苟作,观其所论可见矣。戈顺卿又从其言推广之,于学词者颇多获益。其言曰:"词之用韵,平仄两途。而有可以押平韵,又可以押仄韵者,正自不少其所谓仄,乃入声也。如越调又有〔霜天晓角〕、〔庆春宫〕,商调又有〔忆秦娥〕,其馀则双调之〔庆佳节〕,高平调之〔江城子〕,中吕宫之〔柳梢青〕,仙吕宫之〔望梅花〕、〔声声慢〕,大石调之〔看花回〕、〔两同心〕,小石调之〔南歌子〕,用仄韵者,皆宜入声。〔满江红〕有入南吕宫者,有仙吕宫者。入南吕宫者,即白石所改平韵之体,而要其本用入声，故可改也。外此又有用仄韵，而必须入声者，则如越调之〔丹凤吟〕、〔大酺〕，越调犯正宫之〔兰陵王〕，商调之〔凤凰阁〕、〔三部乐〕、〔霓裳中序第一〕、〔应天长慢〕、〔西湖月〕、〔解连环〕，黄钟宫之〔侍香金童〕、〔曲江秋〕，黄钟商之〔琵琶仙〕，双调之〔雨霖铃〕，仙吕宫之〔好事近〕、〔蕙兰芳引〕、〔六幺令〕、〔暗香〕、〔疏影〕，仙吕犯商调之〔凄凉犯〕，正平调之〔淡黄柳〕，无射宫之〔惜红衣〕，中吕宫之〔尾犯〕，中吕商之〔白苎〕，夹钟羽之〔玉京秋〕，林钟商之〔一寸金〕，南吕商之〔浪淘沙慢〕，此皆宜用入声韵者，勿概之曰仄，而用上去也。其用上去之调，自是通协，而亦稍有差别。如黄钟商之〔秋宵吟〕，林钟商之〔清商怨〕，无射商之〔鱼游春水〕，宜单押上声。仙吕调之〔玉楼春〕，中吕调之〔菊花新〕，双调之〔翠楼吟〕，宜单押去声。复有一调中必须押上，必须押去之处，有起韵结韵，互皆押上，宜皆押去之处，不能一一胪列。"（《词林正韵·发凡》）顺卿此论，可云发前人所未发，应与紫霞翁之言相发明。作者细加考核，随律押韵，更随调择韵，则无转折怪异之病矣。

　　择题最难。作者当先作词，然后作题，除咏物、赠送、登览外，必须一一细讨，而以妍雅出之，又不可用四六语（间用偶语亦不妨）。要字字秀冶，别具神韵方妙。至如有感、即事、漫兴、早春、初夏、新秋、初冬等类，皆选家改易旧题，别标一二字为识，非原本如是也。《草堂诗馀》诸题，皆坊人改易，切不可从。学者作题，应从石帚、草窗。石帚题，如〔鹧鸪天〕"予与张平甫自南昌同游"云云，〔浣溪纱〕"予女须家沔之山阳"云云，〔霓裳中序第一〕"丙午岁留长沙"云云，〔庆宫春〕"绍熙辛亥除夕，予别石湖"云云，〔齐天乐〕"丙辰岁，与张功甫会饮张达可之堂"云云，〔一萼红〕"丙午人日，予客长沙别驾之观政堂"云云，〔念奴娇〕"予客武陵，湖北宪治在焉"云云；草窗题，如〔渡江云〕"丁卯岁末除三日"云云,〔采绿吟〕"甲子夏,霞翁会吟社诸友"云云,〔曲游春〕"禁烟湖上薄游"云云,〔长亭怨〕"岁丙午丁未,先君子监州太末"云云,〔瑞鹤仙〕"寄闲结吟台"云云,〔齐天乐〕"丁卯七月既望"云云,〔乳燕飞〕"辛未首夏以书舫载客"云云,叙事写景,俱极生动,而语语研炼,如读《水经注》,如读"柳州游记",方是妙题,且又得词中之意。抚时感事,如与古人晤对(清真、梦窗词题至简,平生事实,无从讨索,亦词家憾事),而平生行谊,即可由此考见焉。若通本皆书感、漫兴,成何题目?

意之曲者词贵直,事之顺者语宜逆,此词家一定之理。千古佳词,要在使人可解。尝有意极精深,词涉隐晦,翻绎数过,而不得其意之所在者,此等词在作者固有深意,然不能日叩玄亭,问此盈篇奇字也。近人喜学梦窗,往往不得其精,而语意反觉晦涩。此病甚多,学者宜留意。

第二章　论平仄四声

平仄一道，童孺亦知之，惟四声略难，阴阳声则尤难耳。词之为道，本合长短句而成，一切平仄，宜各依本调成式。五季两宋，创造各调，定具深心。盖宫调管色之高下，虽立定程，而字音之开齐撮合，别有妙用。倘宜平而仄，或宜仄而平，非特不协于歌喉，抑且不成为句读。昔人制腔造谱，八音克谐，今虽音理失传，而字格具在。学者但宜依仿旧作，字字恪遵，庶不失此中矩矱。凡古人成作，读之格格不上口，拗涩不顺者，皆音律最妙处。张綖《诗馀图谱》遇拗句即改为顺适，无怪为红友所讥也。拗调涩体，多见清真、梦窗、白石三家。清真词如〔瑞龙吟〕之"归骑晚，纤纤池塘飞雨"，〔忆旧游〕之"东风竟日吹露桃"，〔花犯〕之"今年对花太匆匆"；梦窗词如〔莺啼序〕之"快展旷眼，傍柳系马"，〔西子妆〕之"一箭流光，又趁寒食去"，〔霜花腴〕之"病怀强宽，更移画船"；白石词如〔满江红〕之"正一望千顷翠澜"，〔暗香〕之"江国正寂寂"，〔凄凉犯〕之"怕匆匆，不肯寄与误后约"，〔秋宵吟〕之"今夕何夕恨未了"，此等句法，平仄拗口，读且不顺，而欲出辞尔雅，本非易易，顾不得轻易改顺也。虽然，平仄之道，仅止两途，而仄有上去入三种，又不可遇仄而概以三声统填也。一调之中，可以统用者，十之六七，不可统用者，十之三四，须斟酌稳惬，方能下字无疵，于是四声之说起矣。盖一调有一调之风度声响，若上去互易，则调不振起，便有落腔之弊。黄九烟论曲，有"三仄应须分上去，两平还要辨阴阳"之句,填词何独不然?如〔齐天乐〕有四处必须用去上声,清真词"云窗静掩","露萤清夜照书卷","凭高眺远","但愁斜照敛"是也。此四句中,如"静掩"、"眺远"、"照敛",万不可用他声。故此词切忌用入韵,虽入可作上,究不相宜。又〔梦芙蓉〕亦有五处必须去上声。梦窗词"西风摇步绮","应红绡翠冷,霜挽正慵起"、"仙云深路杳,城影蘸流水"是也。"步绮"、"翠冷"、"正起"、"路杳"、"蘸水",亦万不可用他声。此词亦忌入韵。又〔眉妩〕,亦有三处用去上声,白石词"信马青楼去","翠尊共款","乱红万点"是也。中如"信马"、"共款"、"万点",亦不可用他声。至如〔兰陵王〕之多仄声字,〔寿楼春〕之多平声字,又当一一遵守,不得混用上去入三声也。此法在词中虽至易晓,但所以必要遵守之理,实由发调。余尝作南曲〔集贤宾〕,据旧谱首句云:"西风桂子香正幽",用平平去上平去平,历按各家传作,如《西楼》云:"愁魔病鬼朝露捐",《长生殿》云:"秋空夜永碧汉清",皆守则诚格式。因戏改四声作之云:"烽烟古道人懒游",此"懒"字必须落下,而此处却宜高揭,遂至字顿喉间,方知旧曲中如"博山云袅鸡舌焚,寻常杏花难上头"类,歌时转揿怪异,拗折嗓子也。因曲及词,其理本同。清词名家,惟陈实庵、沈闱生、蒋鹿潭能合四声,馀皆不合律式。清初诸家,如陈迦陵、纳兰容若、曹溶辈,且不足以语此也。盖上声舒徐和软,其腔低,去声激厉劲远,其腔高,相配用之,方能抑扬有致。大抵两上两去,法所当避,阴阳间用,最易动听。试观方千里和清真词,于用字去上之间,一守成式,可知古人作词之严矣。万红友云:"名词转折跌荡处,多用去声。"此语深得倚声三昧。盖三仄之中,入可作平,上界平仄之间,去则独异,且其声由低而高,最宜缓唱,凡牌名中应用高音者,皆宜用此。如尧章〔扬州慢〕"过春风十里","自胡马窥江去后","渐黄昏,清角吹寒",凡协韵后转折处皆用去声,此首最为明显。

他如〔长亭怨慢〕"树若有情时","望高城不见","第一是早早归来","算空有并刀",〔淡黄柳〕之"看尽鹅黄嫩绿","怕梨花落尽成秋色",其领头处,无一不用去声者,无他,以发调故也。此意为昔人所未发,红友亦言之不详,因特著之。

入声之叶三声,《中原音韵》、《菉斐轩词林韵释》既备列之矣。但入作三声,仅有七部,支微、鱼虞、皆来、萧豪、歌戈、家麻、尤侯诸部是也。然此是曲韵,于词微有不合。就词韵论,当分八部,以屋、沃、烛为一部,觉、药、铎为一部,质、栉、迄、昔、锡、职、德、缉为一部,术、物为一部,陌、麦为一部,没、曷、末为一部,月、黠、鎋、屑、薛、叶、帖为一部,合、盍、业、洽、狎、乏为一部。如此分合,较戈氏《词林正韵》为当矣。其派作三声处,仍据高安旧例,分隶前列七部之内,则入作三声,亦一览而知(详后《论韵》篇),此其大较也。惟古人用入声字,其叶韵处,固不外七部之例。如晏几道〔梁州令〕"莫唱阳关曲","曲"字作邱雨切,叶鱼虞韵。柳永〔女冠子〕"楼台悄似玉","玉"字作于句切,又〔黄莺儿〕"暖律潜催幽谷","谷"字作公五切,皆叶鱼虞韵。辛弃疾〔丑奴儿慢〕"过者一霎","霎"字作始鲊切,叶家麻韵。张炎〔西子妆慢〕"遥岑寸碧","碧"字作邦彼切,叶支微韵。又〔征招〕换头"京洛染淄尘","洛"字须韵,作郎到切,叶萧豪韵。此与曲韵无所分别。至如句中用入,派作三声处,则大有不同。大抵词中入声协入三声之理,与南曲略同,不能谨守菉斐所派三声之例。如欧词〔摸鱼子〕"恨人去寂寂,凤枕孤难宿","寂寂"叶精妻切。苏轼〔行香子〕"酒斝时须满十分",周邦彦〔一寸金〕"便入渔钓乐","十"、"入"二字叶绳知切。秦观〔望海潮〕"金谷俊游","谷"叶公五切。又〔金明池〕"才子倒玉山休诉","玉"叶语居切。姜夔〔暗香〕"旧时月色","月"叶胡靴切。诸如此类,不可尽数。而按诸菉斐旧律,或有未尽合者,此不得责订韵者之误,亦不可责填词者之非也。盖入声叶韵处,其派入三声,本有定法,某字作上,某字作平,某字作去,一定不易,仅宗高安、菉斐二家,亦可勿畔。至于句中入声字,严在代平,其作上去,本不多见。词家用仄声处,本合上去入三声言之,即使不作去上,直读本声,亦无大碍。故句中入字,叶作三声,实无定法,既可作平,亦可上去,但须辨其阴阳而已。如用"十"字,其在平声格,固必须协绳知切,读若池音;苟在仄声格,上则作去,可作本字入声读,亦无不可。所谓词中之仄,本上去入三声统用也。故学者遇入作三声时,宜注意作平之际者,即此故也。又词有必须用入之处,不得易用上去者,如〔法曲献仙音〕首二句"虚阁笼寒,小帘通月","阁"、"月"宜入。〔凄凉犯〕首句"绿杨巷陌","绿"、"陌"宜入。〔夜飞鹊〕"斜月远堕馀辉,兔葵燕麦","月"、"麦"宜入。〔霜叶飞〕换头"断阕经岁慵赋",〔瑞龙吟〕"愔愔坊陌人家","侵晨浅约宫黄","吟笺赋笔","陌"、"约"、"笔"宜入。〔忆旧游〕末句"千山未必无杜鹃","必"字宜入。词中类此颇多,盖入声字重浊而断,词中与上去间用,有止如槁木之致。今南曲中遇入声字,皆重读而作断腔,最为美听。以词例曲,理本相同,虽谱法亡逸,而程式尚存,故当断断谨守之也。戈氏词韵,于入声字分为五部,虽失之太宽,而分派三声,仍分列各部之下,眉目既晰,而所分平上去三声,亦按图可索,学者称便利。且派作三声者,皆有切音,使人知有限度,不能滥施自便,尤有功于词学,非浅鲜矣。

第三章 论韵

　　词之有韵，所以谐节奏，调起毕也。是以多取同音，弗畔宫律，吐字开闭，畛域綦严。古昔作者，严于律度，寻声按谱，不逾别刌。其时词韵，初无专书，而操觚者出入阴阳，动中窍奥，盖深知韵理，方诣此境，非可望诸后人也。韵书最初莫如朱希真作《应制词韵》十六条，其后张辑释之，冯取洽增之。至元陶宗仪，曾讥其混淆，欲为更定，而其书久佚，无从扬榷矣。绍兴间，刻《菉斐轩词林要韵》一册，樊榭曾见之。其论词绝句，有"欲呼南渡诸公起，韵本重雕菉斐轩"之句，后果为江都秦氏刻入《词学全书》中，即今通行之本。词韵之书，此为最古矣。惟近人皆疑此书为北曲而设，又有谓元明之季伪托者，今不备论。自是而沈谦之《词韵略》，赵钥之《词韵》，李渔之《词韵》，胡文焕之《文会堂词韵》，许昂霄之《词韵考略》，吴烺之《学宋斋词韵》，纯驳不一，殊难全璧。至戈载《词林正韵》出，作者始有所依据。虽其中牴牾之处，或未能免，而近世词家，皆奉为令典，信而不疑也。夫填词用韵，大抵平声独押，上去通押。故凡作词韵者，俱总合三声分部，而中又明分平仄。至于入声，无与平上去统押之理，故入声须另立部目，不得如曲韵之例，分配三声以外，不再专立韵目，如《中原音韵》、《中州全韵》诸书也。

　　今先论诸韵。收声字音，不转收别韵，并不受别韵转收者，支时、家麻、歌罗是也。转收别韵，不受别韵转收者，皆来转齐微，萧豪转鱼模,幽尤转鱼模是也。不转收别韵,但受别韵转收者,齐微受皆来转,鱼模受萧豪转是也。收鼻音者,东同、江阳、庚亭三韵是也。收闭口音者,侵寻、监咸、纤廉三韵是也。收音时舌腭相抵,而略似鼻音,略似闭口者,真文、寒山、先田三韵是也。韵之与音,其关系如此。昔人谓皆来收齐微处,音如衣;萧豪收鱼模处,音如乌;东同收鼻音处,音如翁;江阳、庚亭二韵收鼻音处,又与东同小异,此说最精。惟所论不备,因详述如右。次论分韵标目。词韵与曲韵,须知有不同之处。曲中如寒山、桓欢分为两部,家麻、车遮亦分为二,词则通用,不相分别。且四声缺入声,而词则明明有必须用入之调。故曲韵不可用为词韵也。至标目,则参酌戈载《正韵》、沈谦《韵略》二书,并列其目。（韵目用《广韵》）

第一部：平一东 二冬 三钟

上一董 二肿

去一送 二宋 三用

第二部：平四江 十阳 十一唐

上三讲 二十六养 三十七荡

去四绛 四十一漾 四十二宕

第三部：平三支 六脂 七之 八微 十二齐 十五灰

上四纸 五旨 六止 七尾 十一荠 十四贿

去五寘 六至 七志 八未 十二霁 十三祭

十四太半 十八队 二十废

第四部：平九鱼 十虞 十一模

上八语 九麌 十姥

去九御 十遇 十一暮

第五部：平十三佳半 十四皆 十六咍

上十二蟹　十三骇　十五海

去十四太半　十五卦半　十六怪　十七夬　十九代

第六部：平十七真　十八谆　十九臻　二十文　二十一欣

二十三魂　二十四痕

上十六轸　十七准　十八吻　十九隐　二十一混

二十二很

去二十一震　二十二稕　二十三问　二十四焮

二十六圂　二十七恨

第七部：平二十二元　二十五寒　二十六桓　二十七删

二十八山　一先　二仙

上二十阮　二十三旱　二十四缓　二十五潸

二十六产　二十七铣　二十八狝

去二十五愿　二十八翰　二十九换　三十谏

三十一裥　三十二霰　三十三线

第八部：平三萧　四宵　五肴

上二十九篠　三十小　三十一巧　三十二皓

去三十四啸　三十五笑　三十六效　三十七号

第九部：平七歌　八戈

上三十三哿　三十四果

去三十八箇　三十九过

第十部：平十三佳半　九麻

上三十五马

去十五卦半　四十祃

第十一部：平十二庚　十三耕　十四清　十五青　十六蒸

十七登

　　　　　　上三十八梗　三十九耿　四十静　四十一迥
　　　　　　四十二拯　四十三等
　　　　　　去四十三映　四十四诤　四十五劲　四十六径
　　　　　　四十七证　四十八澄

第十二部：平十八尤　十九侯　二十幽
　　　　　　上四十四有　四十五厚　四十六黝
　　　　　　去四十九宥　五十候　五十一幼

第十三部：平二十一侵
　　　　　　上四十七寝
　　　　　　去五十二沁

第十四部：平二十二覃　二十三谈　二十四盐　二十五添
　　　　　　二十六咸　二十七衔　二十八严　二十九凡
　　　　　　上四十八感　四十九敢　五十琰　五十一忝
　　　　　　五十二俨　五十三豏　五十四槛　五十五范
　　　　　　去五十三勘　五十四阚　五十五艳　五十六㮇
　　　　　　五十七酽　五十八陷　五十九鉴　六十梵

第十五部：入一屋　二沃　三烛

第十六部：四觉　十八药　十九铎

第十七部：五质　七栉　九迄　二十二昔　二十三锡
　　　　　　二十四职　二十五德　二十六缉

第十八部：六术　八物

第十九部：二十陌　二十一麦

第二十部：十一没　十二曷　十三末

第二十一部：十月　十四黠　十五鎋　十六屑　十七薛
　　　　　　二十九叶　三十帖

第二十二部：二十七合　二十八盍　三十一洽　三十二狎　三十三业　三十四乏

右韵二十二部，不守高安旧例，大抵仍用戈氏分部。而入声则分八部，盖术、物二韵，与平上去之鱼、模、语、麌等，未便与质栉等同列。陌、麦又隶属于皆来，没、曷、末亦属于歌罗，故陌、麦不能与昔、栉同叶，没、曷、末不能与黠、屑同叶。戈氏合之，未免过宽，余故重为订核焉。

夫词中叶韵，惟上去通用，平入二声，绝不相混。有必用平韵者，有必用入韵者，《菉斐》无入，故疑为曲韵。沈去矜、李笠翁辈，分列入韵，妄以乡音分析，尤为不经，且以二字标目，实袭曲韵之旧。夫曲韵之以二字标目，盖一阴一阳也。今沈韵中之屋、沃，李韵中之支、纸、寘、围、委、未、奇、起、气，此何理也？高安所列东、钟、支、思等目，后人且有议之者矣。今不用《广韵》旧目，任取韵中一二字标题，而又不尽合阴阳之理，好奇炫异，又何为也？当戈韵未出以前，词家奉为金科玉律者，莫如吴烺、程名世等所著之《学宋斋词韵》。是书以学宋为名，宜其是矣。乃所学者，皆宋人误处。真、谆、臻、文、欣、魂、痕、庚、耕、清、青、蒸、登、侵皆同用。元、寒、桓、删、山、先、仙、覃、谈、监、沾、严、咸、衔、凡又皆并用。入声则术、物入质、栉韵，合、盍、洽、乏入月、屑韵。此皆滥通无绪，不可为法。且字数太略，音切又无分合，半通之韵，则臆断之，去上两见之字，则偏收之。种种疏缪，不可殚述，贻误后学，莫此为甚，远不及戈韵多矣。余故仍守戈氏之例，而于入声则较严云。

韵有开口闭口之分。第二部之江、阳，第七部之元、寒，此开口音也；第十三部之侵，第十四部之覃、谈，此闭口音也，最为显露，作者不致淆乱。所易混者，第六部之真、谆，第十一部之庚、耕，第十三部之侵,即宋词中亦有牵连混合者。张玉田《山中白云词》,至多此病。如〔琐窗寒〕之"乱雨敲春",〔摸鱼子〕之"凭高露饮",〔凤凰台上忆吹箫〕之"水国浮家",〔满庭芳〕之"晴卷霜花",〔忆旧游〕之"问蓬莱何处",皆混合不分。于是学者谓名手如玉田,犹不断断于此,不妨通融统叶,以宽韵脚。不知此三韵本非窄韵,即就本韵选字,已有馀裕,何必强学古人误处,且为之文过饰非也。即以诗论,此三韵亦无通押之理,何况拘守音律之长短句哉?其他第七部与第十四部韵,词中亦有通假者,此皆不明开闭口之道,而复自以为是,避难就易也。韵学之弊有四:浅学之士,妄选韵书,重误古人,贻误来学,其弊一也;次则蹇于牙吻,囿于偏方,虽稍窥古法,而吐咳不明,音注之间,毫厘千里,其弊二也;又有妄作之徒,不知稽古,孟浪押韵,其弊三也;才劣而口给者,操觚之际,利趁口而畏引绳,故乐就三弊,且为之张帜,其弊四也。余故严别町畦,为学者导,能不越此韵式,庶可言词矣。

第四章　论音律

音者何？宫、商、角、徵、羽、变宫、变徵七音也。律者何？黄钟、大吕、太簇、夹钟、姑洗、中吕、蕤宾、林钟、夷则、南吕、无射、应钟之十二律也。以七音乘十二律，则得八十四音。此八十四音，不名曰音，别名曰宫调。何谓宫调？以宫音乘十二律，名曰宫，以商、角、徵、羽、变宫、变徵乘十二律，名曰调。故宫有十二，调有七十二。表如下：

（一）（十二宫表）　　　（正名）　　　（俗名）

　　宫乘黄钟　　　黄钟宫　　　正黄钟宫
　　宫乘大吕　　　大吕宫　　　高宫
　　宫乘太簇　　　太簇宫　　　中管高宫
　　宫乘夹钟　　　夹钟宫　　　中吕宫
　　宫乘姑洗　　　姑洗宫　　　中管中吕宫
　　宫乘中吕　　　中吕宫　　　道宫
　　宫乘蕤宾　　　蕤宾宫　　　中管道宫
　　宫乘林钟　　　林钟宫　　　南吕宫
　　宫乘夷则　　　夷则宫　　　仙吕宫
　　宫乘南吕　　　南吕宫　　　中管仙吕宫
　　宫乘无射　　　无射宫　　　黄钟宫
　　宫乘应钟　　　应钟宫　　　中管黄钟宫

（二）（十二商表）　　　（正名）　　　（俗名）

商乘黄钟	黄钟商	大石调
商乘大吕	大吕商	高大石调
商乘太簇	太簇商	中管高大石调
商乘夹钟	夹钟商	双调
商乘姑洗	姑洗商	中管双调
商乘中吕	中吕商	小石调
商乘蕤宾	蕤宾商	中管小石调
商乘林钟	林钟商	歇指调
商乘夷则	夷则商	商调
商乘南吕	南吕商	中管商调
商乘无射	无射商	越调
商乘应钟	应钟商	中管越调
（三）（十二角表）	（正名）	（俗名）
角乘黄钟	黄钟角	正黄钟宫角
角乘大吕	大吕角	高宫角
角乘太簇	太簇角	中管高宫角
角乘夹钟	夹钟角	中吕正角
角乘姑洗	姑洗角	中管中吕角
角乘中吕	中吕角	道宫角
角乘蕤宾	蕤宾角	中管道宫角
角乘林钟	林钟角	南吕角
角乘夷则	夷则角	仙吕角
角乘南吕	南吕角	中管仙吕角
角乘无射	无射角	黄钟角
角乘应钟	应钟角	中管黄钟角

（四）（十二变徵表）　　　　（正名）　　　　（俗名）

　　变徵乘黄钟　　　　黄钟变徵　　　　正黄钟宫变徵
　　变徵乘大吕　　　　大吕变徵　　　　高宫变徵
　　变徵乘太簇　　　　太簇变徵　　　　中管高宫变徵
　　变徵乘夹钟　　　　夹钟变徵　　　　中吕变徵
　　变徵乘姑洗　　　　姑洗变徵　　　　中管中吕变徵
　　变徵乘中吕　　　　中吕变徵　　　　道宫变徵
　　变徵乘蕤宾　　　　蕤宾变徵　　　　中管道宫变徵
　　变徵乘林钟　　　　林钟变徵　　　　南吕变徵
　　变徵乘夷则　　　　夷则变徵　　　　仙吕变徵
　　变徵乘南吕　　　　南吕变徵　　　　中管仙吕变徵
　　变徵乘无射　　　　无射变徵　　　　黄钟变徵
　　变徵乘应钟　　　　应钟变徵　　　　中管黄钟变徵

（五）（十二徵表）　　　　（正名）　　　　（俗名）

　　徵乘黄钟　　　　黄钟徵　　　　正黄钟宫正徵
　　徵乘大吕　　　　大吕徵　　　　高宫正徵
　　徵乘太簇　　　　太簇徵　　　　中管高宫正徵
　　徵乘夹钟　　　　夹钟徵　　　　中吕正徵
　　徵乘姑洗　　　　姑洗徵　　　　中管中吕正徵
　　徵乘中吕　　　　中吕徵　　　　道宫正徵
　　徵乘蕤宾　　　　蕤宾徵　　　　中管道宫正徵
　　徵乘林钟　　　　林钟徵　　　　南吕正徵
　　徵乘夷则　　　　夷则徵　　　　仙吕正徵
　　徵乘南吕　　　　南吕徵　　　　中管仙吕正徵
　　徵乘无射　　　　无射徵　　　　黄钟正徵
　　徵乘应钟　　　　应钟徵　　　　中管黄钟正徵

(六)（十二羽表）	（正名）	（俗名）
羽乘黄钟	黄钟羽	般涉调
羽乘大吕	大吕羽	高般涉调
羽乘太簇	太簇羽	中管高般涉调
羽乘夹钟	夹钟羽	中吕调
羽乘姑洗	姑洗羽	中管中吕调
羽乘中吕	中吕羽	正平调
羽乘蕤宾	蕤宾羽	中管正平调
羽乘林钟	林钟羽	高平调
羽乘夷则	夷则羽	仙吕调
羽乘南吕	南吕羽	中管仙吕调
羽乘无射	无射羽	羽调
羽乘应钟	应钟羽	中管羽调

(七)（十二变宫表）	（正名）	（俗名）
变宫乘黄钟	黄钟变宫	大石角
变宫乘大吕	大吕变宫	高大石角
变宫乘太簇	太簇变宫	中管高大石角
变宫乘夹钟	夹钟变宫	双角
变宫乘姑洗	姑洗变宫	中管双角
变宫乘中吕	中吕变宫	小石角
变宫乘蕤宾	蕤宾变宫	中管小石角
变宫乘林钟	林钟变宫	歇指角
变宫乘夷则	夷则变宫	商角
变宫乘南吕	南吕变宫	中管商角
变宫乘无射	无射变宫	越角
变宫乘应钟	应钟变宫	中管越角

右八十四宫调，第一表为宫，二、三、四、五、六、七表为调。此但论律之排列，未及音之高下分配也。各宫调各有管色，各宫调各有杀声。何谓管色？即今西乐中 CDEFGAB 七调，所以限定乐器用调之高下也。何为杀声？每牌必隶属一宫或一调，而此宫调之起声与结声，又各有一定，此一定之声，即所谓杀声也。即以黄钟宫论，黄钟管色用六字，黄钟宫之各牌起结声，为合字或六字。故黄钟宫下各牌如〔侍香金童〕、〔传言玉女〕、〔绛都春〕诸词，皆用六字管色，而以合字或六字为诸牌之起结声。八十四宫调，各有管色及杀声。因总列十二表如下：

（一）黄钟　管色用（合）或（六）

- 宫 …………………………………… 正黄钟宫用（合）字杀
- 商 …………………………………… 大石调用（四）字杀
- 角 …………………………………… 正黄钟宫角用（一）字杀
- 变徵 ………………………………… 正黄钟宫变徵用（勾）字杀
- 徵 …………………………………… 正黄钟宫正徵用（尺）字杀
- 羽 …………………………………… 般涉调用（工）字杀
- 变宫 ………………………………… 大石角用（凡）字杀

（二）大吕　管色用（下四）或（下五）

- 宫 …………………………………… 高宫用（下四）字杀
- 商 …………………………………… 高大石调用（下一）字杀
- 角 …………………………………… 高宫角用（上）字杀
- 变徵 ………………………………… 高宫变徵用（尺）字杀
- 徵 …………………………………… 高宫正徵用（下工）字杀
- 羽 …………………………………… 高般涉调用（下凡）字杀
- 变宫 ………………………………… 高大石角用（合）字杀

(三) 太簇　管色用(四)或(五)

- 宫 …………………………… 中管高宫用(四)字杀
- 商 …………………………… 中管高大石调用(一)字杀
- 角 …………………………… 中管高宫角用(勾)字杀
- 变徵 ………………………… 中管高宫变徵用(下工)字杀
- 徵 …………………………… 中管高宫正徵用(工)字杀
- 羽 …………………………… 中管高般涉调用(凡)字杀
- 变宫 ………………………… 中管高大石角用(下四)字杀

(四) 夹钟　管色用(下一)或(高五)

- 宫 …………………………… 中吕宫用(下一)字杀
- 商 …………………………… 双调用(上)字杀
- 角 …………………………… 中吕正角用(尺)字杀
- 变徵 ………………………… 中吕变徵用(工)字杀
- 徵 …………………………… 中吕正徵用(下凡)字杀
- 羽 …………………………… 中吕调用(合)字杀
- 变宫 ………………………… 双角用(四)字杀

(五) 姑洗　管色用(一)

- 宫 …………………………… 中管中吕宫用(一)字杀
- 商 …………………………… 中管双调用(勾)字杀
- 角 …………………………… 中管中吕角用(下工)字杀
- 变徵 ………………………… 中管中吕变徵用(下凡)字杀
- 徵 …………………………… 中管仲吕正徵用(凡)字杀
- 羽 …………………………… 中管中吕调用(下四)字杀
- 变宫 ………………………… 中管双角用(下一)字杀

(六) 中吕　管色用(上)

$$\begin{cases}宫 \cdots\cdots\cdots\cdots\cdots\cdots\cdots\cdots\cdots\cdots 道宫用(上)字杀\\商 \cdots\cdots\cdots\cdots\cdots\cdots\cdots\cdots\cdots\cdots 小石调用(尺)字杀\\角 \cdots\cdots\cdots\cdots\cdots\cdots\cdots\cdots\cdots\cdots 道宫角用(工)字杀\\变徵 \cdots\cdots\cdots\cdots\cdots\cdots\cdots\cdots\cdots 道宫变徵用(凡)字杀\\徵 \cdots\cdots\cdots\cdots\cdots\cdots\cdots\cdots\cdots\cdots 道宫正徵用(合)字杀\\羽 \cdots\cdots\cdots\cdots\cdots\cdots\cdots\cdots\cdots\cdots 正平调用(四)字杀\\变宫 \cdots\cdots\cdots\cdots\cdots\cdots\cdots\cdots\cdots 小石角用(一)字杀\end{cases}$$

(七) 蕤宾　管色用(勾)

$$\begin{cases}宫 \cdots\cdots\cdots\cdots\cdots\cdots\cdots\cdots\cdots\cdots 中管道宫用(勾)字杀\\商 \cdots\cdots\cdots\cdots\cdots\cdots\cdots\cdots\cdots\cdots 中管小石调用(下工)字杀\\角 \cdots\cdots\cdots\cdots\cdots\cdots\cdots\cdots\cdots\cdots 中管道宫角用(下凡)字杀\\变徵 \cdots\cdots\cdots\cdots\cdots\cdots\cdots\cdots\cdots 中管道宫变徵用(合)字杀\\徵 \cdots\cdots\cdots\cdots\cdots\cdots\cdots\cdots\cdots\cdots 中管道宫正徵用(下四)字杀\\羽 \cdots\cdots\cdots\cdots\cdots\cdots\cdots\cdots\cdots\cdots 中管正平调用(下一)字杀\\变宫 \cdots\cdots\cdots\cdots\cdots\cdots\cdots\cdots\cdots 中管小石角用(上)字杀\end{cases}$$

(八) 林钟　管色用(尺)

$$\begin{cases}宫 \cdots\cdots\cdots\cdots\cdots\cdots\cdots\cdots\cdots\cdots 南吕宫用(尺)字杀\\商 \cdots\cdots\cdots\cdots\cdots\cdots\cdots\cdots\cdots\cdots 歇指调用(工)字杀\\角 \cdots\cdots\cdots\cdots\cdots\cdots\cdots\cdots\cdots\cdots 南吕角用(凡)字杀\\变徵 \cdots\cdots\cdots\cdots\cdots\cdots\cdots\cdots\cdots 南吕变徵用(下四)字杀\\徵 \cdots\cdots\cdots\cdots\cdots\cdots\cdots\cdots\cdots\cdots 南吕正徵用(四)字杀\\羽 \cdots\cdots\cdots\cdots\cdots\cdots\cdots\cdots\cdots\cdots 高平调用(一)字杀\\变宫 \cdots\cdots\cdots\cdots\cdots\cdots\cdots\cdots\cdots 歇指角用(勾)字杀\end{cases}$$

(九)夷则　管色用(下工)

- 宫 ················ 仙吕宫用(下工)字杀
- 商 ················ 商调用(下凡)字杀
- 角 ················ 仙吕角用(合)字杀
- 变徵 ················ 仙吕变徵用(四)字杀
- 徵 ················ 仙吕正徵用(下一)字杀
- 羽 ················ 仙吕调用(上)字杀
- 变宫 ················ 商角用(尺)字杀

(十)南吕　管色用(工)

- 宫 ················ 中管仙吕宫用(工)字杀
- 商 ················ 中管商调用(凡)字杀
- 角 ················ 中管仙吕角用(下四)字杀
- 变徵 ················ 中管仙吕变徵用(下一)字杀
- 徵 ················ 中管仙吕正徵用(一)字杀
- 羽 ················ 中管仙吕调用(勾)字杀
- 变宫 ················ 中管商角用(下工)字杀

(十一)无射　管色用(下凡)

- 宫 ················ 黄钟宫用(下凡)字杀
- 商 ················ 越调用(合)字杀
- 角 ················ 黄钟角用(四)字杀
- 变徵 ················ 黄钟变徵用(一)字杀
- 徵 ················ 黄钟正徵用(上)字杀
- 羽 ················ 羽调用(尺)字杀
- 变宫 ················ 越角用(工)字杀

(十二) 应钟　管色用(凡)

$\left\{\begin{array}{l}宫\cdots\cdots\cdots\cdots\cdots\cdots\cdots\cdots中管黄钟宫用(凡)字杀\\商\cdots\cdots\cdots\cdots\cdots\cdots\cdots\cdots中管越调用(下四)字杀\\角\cdots\cdots\cdots\cdots\cdots\cdots\cdots\cdots中管黄钟角用(下一)字杀\\变徵\cdots\cdots\cdots\cdots\cdots\cdots\cdots中管黄钟变徵用(上)字杀\\徵\cdots\cdots\cdots\cdots\cdots\cdots\cdots\cdots中管黄钟正徵用(勾)字杀\\羽\cdots\cdots\cdots\cdots\cdots\cdots\cdots\cdots中管羽调用(下工)字杀\\变宫\cdots\cdots\cdots\cdots\cdots\cdots\cdots中管越角用(下凡)字杀\end{array}\right.$

右八十四宫调,管色、杀声,一一备列。但能知某牌之属何宫调,即可知某牌用何管色,用何起结,其事极简,而探索极易。然而明清以来,何以不明此理乎?曰:管色、杀声,诸谱字备载《词源》,而玉田所书诸谱,皆为宋代俗乐之字,年代久远,乐工不能识,文人能歌者少,且妄加考订,而其理愈晦。且书经数刻,歌谱各字,渐次失真,于是毫厘千里,不可究诘矣。因取古今雅俗乐府字,列一对照表,又以中西律音,作一对照表,再取白石旁谱,以证管色、杀声之理,则前十二表可豁然云。

古今雅俗乐谱字对照

古俗	黄	大	太	夹	姑	中	蕤	林	夷	南	无	应	清黄	清大	清太	清夹
今俗	△	▽	▼	━	一	灬	ㄴ	人	㋿	フ	㋾	久	㋽	㇜		
古雅	合	下四	四	下一	一	上	勾	尺	下工	工	下凡	凡	六	下五	五	高五

右表即据《词源》排次,而旧刻多误。于夹钟本律,当以(下一)配之,《词源》讹作(一上)。下五为大吕清声,应加一〇,五字为太簇清,不当加〇,而《词源》互讹。高五即(㇜),当加小画,以别于五,而《词源》

亦加以○,于是知音者皆怀疑矣。勾字音义,今人度曲,皆不能识。方成培《词麈》疑为高上,亦未合。独凌廷堪《燕乐考原》引韩邦奇之言,始发明勾即下尺之义,近人皆遵信之,而宋词谱无窒碍矣。(宋乐俗谱,低音加○,高音加一,前代乐音皆低,故高音部字少见。)兹复列中西律表于下:

中西律音对照表

中律名	黄钟	大吕	太簇	夹钟	姑洗	中吕	蕤宾	林钟	夷则	南吕	无射	应钟
西律名	G	♯♭CD	D	♯♭DE	E	F	♯♭FG	G	♯♭GA	A	♯♭AB	B
中音名	宫		商		角	变徵		徵		羽		变宫
普通音名	1		2		3	4		5		6		7
俗音名	上		尺		工	凡		六		五		乙

右表自明。要知中西古今同此七音,是以理无二致,可以理测也。今再就白石旁谱,考其管色起结,即知《词源》列八十四调之理。今词谱虽亡,而慨想遗音,亦可略为推求焉。

白石自制曲〔扬州慢〕、〔长亭怨慢〕二词,皆注中吕宫。按中吕宫管色用下一或高五,即今俗乐之一字调,或正工调也。起结两声,亦当用下一或高五。今〔扬州慢〕"少驻初程"、"都在空城"、"知为谁生"三句,末字旁谱皆作"𠃓",此盖"一"字之声,加上底拍耳。"初程"之"程",为起声,"城"、"生"二韵为结声,其理显然也。〔长亭怨〕之"绿深门户"、"青青如此"、"离愁千缕",虽底拍不尽同,而住声于"一"字则同也。〔暗香〕、〔疏影〕二词,注仙吕宫,管色为工字,即今乐之小工词也。杀声亦作工字,起结二声,亦当用工字。白石二词中,"梅边吹笛"、"香冷人瑶席"、"几时见得",旁谱于末字皆作"彡",此盖用工字结声而加拍也。按诸律度,无不吻合。〔疏影〕词亦同,惟"小窗横幅",旁谱于"幅"字上作"彡",此盖形近之误。〔惜红衣〕为无射宫,俗名黄钟宫,管色用下凡,即今乐之凡字调也,起结声同。姜词"睡馀无力"、"西风消息"、"三十六陂秋色"三韵,谱声"彡",此盖用凡字结声而加拍也。按诸律度,亦全吻合。其他各词,无一不同前义,是可知管色起结,各宫调自有一定,知音者无不遵守之。白石于新曲作谱,如此谨严,则旧调从可知矣。

两宋诸词宫调可考者,如清真、屯田,皆自注各牌之下,梦窗亦然。其谱固亡佚,而宫调格式仍在,就其起结声之高下,而分配平仄阴阳,便是合律之作。大抵声音之高下,以工字为标准。工字以上声为高音,工字以下声为低音。(此约略言之,勿过拘泥。)高者宜阴字,低者宜阳字,此大较也。惟八十四调中,非每调各有曲子,据《词源》所列,止七宫十二调有曲耳。七宫者,黄钟宫、仙吕宫、正宫、高宫、南吕宫、中吕宫、道宫也;十二调者,大石调、小石调、般涉调、歇指调、越调、仙吕调、中吕调、正平调、高平调、双调、黄钟羽调、商调也。盖八十四调者,音律之次第也;七宫十二调者,音律之应用也。此意不可不知。

第五章　作法

作词之法，论其间架构造，却不甚难，至于撷芳佩实，自成一家，则有非言语可以形容者。所谓能与人规矩，不能使人巧也。有一成不变之律，无一定不易之文。南宋时修内司所刊《乐府混成集》，巨帙百馀，周草窗《齐东野语》称其古今歌词之谱，靡不备具，而有谱无词者，实居其半。当时词家，但就已定之谱，为之调高下，定句读，叶四声，而实之以俊语。故白石集中，自度腔皆有字谱，其他则否，非不知旧词之谱也。盖是时通行诸谱，完全无缺，作者按谱以下字，字范于音，音统于律，正不必琐琐缮录也（此意余别有考订，今省）。是以在宋时，多有谱而无词，至今则有词而无谱。惟无谱可稽，斯论律之书愈多矣，要皆扣槃扪烛也。余撰此篇，亦匠氏之规矩耳。律可合，而音不可求，余亦无如何焉。

（一）结构

词之为调，有六百六十馀，其体则一千一百八十有奇。学者就万氏《词律》按律谐声，不背古人之成法，亦可无误。惟律是成式，文无成式也，于是不得不论结构矣。全词共有几句，应将意思配置妥帖后，然后运笔。凡题意宽大，宜抒写胸襟者，当用长调。而长调中就以苏、辛雄放之作为宜。若题意纤仄，模山范水者，当用小令或中调。

惟境有悲欢，词亦有哀乐。大抵商调、南吕诸词，皆近悲怨，正宫、高宫之词，皆宜雄大，越调冷隽，小石风流，各视题旨之若何，以为择调张本。若送别用〔南浦〕，祝嘏用〔寿楼春〕，皆毫厘千里之谬。（〔南浦〕系欢词，〔寿楼春〕为悼亡。）此择调之大略也。至每调谋篇之法，又各就词之长短以为衡。短令宜蕴藉含蓄，令人得言外之意，方为合格。如李后主词"别有一般滋味在心头"，不说出苦字；温飞卿词，"杨柳又如丝，驿桥春雨时"，不说出别字，皆是小令作法。长调则布置须周密，有先将题面说过，至下叠方发议论者，如王介甫〔桂枝香〕《金陵怀古》；有直赋一物，寄寓感喟者，如东坡〔水龙吟〕《杨花》。而凭高念旧，枨触无端，又复用意明晰，措词娴雅者，莫如草窗〔长亭怨〕《怀旧》。词云：

记千竹万荷深处。绿净池台，翠凉亭宇。醉墨题香，闲箫横玉尽吟趣。胜流星聚。知几诵燕台句。零落碧云空，叹转眼岁华如许。　　凝伫。望涓涓一水，梦到隔花窗户。十年旧事，尽消得庾郎愁赋。燕楼鹤表半飘零，算惟有盟鸥堪语。谩倚遍河桥，一片凉云吹雨。

盖草窗之父，曾为衢州倅官，时刺史为杨泳斋（按即草窗之外舅），别驾为牟存斋，郡博士为洪恕斋，一时名流星聚。倅衙在龟阜，有堂曰"啸咏"，为琴尊觞咏之地。是时草窗尚少，及后数十年，再过是地，则水逝云飞，无人识令威矣。词中"千竹万荷"，指啸咏堂也；"醉墨题香"、"胜流星聚"指一时裙屐也；"隔花窗户"、"燕楼"、"飘零"指目前景物也；"谩倚遍河桥"、"凉云吹雨"是直抒葵麦之感矣。此等词结构布局，最是匀称，可以为法。（宋词佳构，浩如烟海，安得一一引入，仅举一例，以俟隅反。）

（二）字义

我国文字，往往有一字两三音，而解释殊者，词家当深明此义。如萧索之"索"，当叶速，索取之"索"，当叶啬。数日之"数"当叶素，烦数之"数"当叶朔。睡觉之"觉"当去声，知觉之"觉"当入声。其他专名如嫪毐、仆射、龟兹等，尤宜留意。作词者一或不慎，动辄得咎。词为声律之文，苟失黏错误，便无意致。草窗〔玉漏迟〕题《吴梦窗霜花腴词集》，首云"老来欢意少"，又云"与君共是承平年少"。两用"少"字，非复韵也。盖多少之"少"是上声，老少之"少"是去声，本系两字，尽可同叶。又如些字，一入麻韵，一入个韵，盖些儿之"些"为平，楚些之"些"为仄也。因略举数则：

屈信申　信义迅　造作早　造就糙　矛盾忍　甲盾遁　窒塞色

边塞赛　冯妇逢　冯河平　女红工　红紫洪　戕害祥　戕牁臧

诸如此类，不胜其多。学者平时诵习，一加考核，则音读既正，自无误用矣。

（三）句法

积字成句，叶以平仄，此填词者，尽人知之也。但句法之异，须在作者研讨。一调有一定之平仄，而句法亦有成规，若乱次以济，未有不舛谬者。今自一字句至七字句止，逐句核订如左：

（1）一字句。此种甚少，惟〔十六字令〕首句有之。其他皆用作领字，而实未断句者。（领不外正、甚、怎、奈、渐、又、料、怕、是、证、想等数字,用平声者不多。)

(2) 二字句。此种大概用于换头首句,其声平仄者最多。又或用于句中暗韵处。用在换头者,如王沂孙〔无闷〕云:"清致,悄无似",周邦彦〔琐窗寒〕云:"迟暮,嬉游处",此用平仄者。又如东坡〔满庭芳〕"无何,何处是",张炎〔渡江云〕"愁馀,荒洲古溆",此用平平者。用在暗韵者,如〔木兰花慢〕梦窗《寿秋壑》云:"金狨,锦鞯赐马","兰宫,系书翠羽",此用平平者。又如白石〔惜红衣〕云:"故国,渺天北",是用仄仄者。二字句法,不外此数例矣。

(3) 三字句。通常以仄平平为多,如〔多丽〕之"晚山青"是也。他如平平仄者,如〔万年欢〕之"仁恩被"、"封人祝"是。仄平仄者,如平〔满江红〕之"奠淮右"。平平平者,如〔寿楼春〕之"今无裳"皆是。若仄仄平、仄仄仄类,大半是领头句矣。

(4) 四字句。平平仄仄、仄仄平平,固四字句普通句法,无须征引古词。然如〔水龙吟〕末句,辛稼轩云:"揾英雄泪",苏东坡云:"是离人泪",是上一下三句法也。又如杨无咎〔曲江秋〕云:"银汉坠怀,渐觉夜阑",是平仄仄平也。

(5) 五字句。按此亦只有上二下三与上一下四两种。平平平仄仄、仄仄仄平平、仄仄平平仄、平平仄仄平,此四种皆上二下三句法也。若如〔燕归梁〕云:"记一笑千金",是上一下四也。惟〔寿楼春〕"裁春衫寻芳"用五平声字,则殊不多耳。

(6) 六字句。此有二种:一为普通用于双句对下;一为折腰句,如〔清平乐〕之下叠,〔风入松〕之末二句,则词中不经见者。平仄无定。

(7) 七字句。此亦有二种:一为上四下三,如诗一句者,如〔鹧鸪天〕"小窗愁黛淡秋山",〔玉楼春〕"棹沉云去情千里"之类;一为上三下四者,若〔唐多令〕"燕辞归客尚淹留",〔洞仙歌〕"金波淡玉绳低转"之类。平仄无定,作时须留意。

以上七格,词中句法略备矣。至八字句,如〔金缕曲〕"枉教人梦断瑶台月";九字句,如〔江城子〕"锦帽貂裘,千骑卷平冈"类,实皆合"三五"、"四五"成句耳。句至七字,诸体全矣。盖歌之节奏,全视句法之何若。今南曲板式,即为限定句法而设,故曰"乐句"。曲与词固是一例,词谱虽亡,而句法未改,守定成式,自无偭规越矩之诮。至就文律言之,则出句宜雅艳,忌枯瘁,宜芳润,不宜噍杀。意常,则造语贵新;语常,则倒换须奇。一调之中,句句琢炼,语语自然,积以成章,自无疵病矣。

(四) 结声字

结声者,词中第一韵与两叠结韵处也。第一韵谓之起调,两结韵谓之毕曲。此三处下韵,其音须相等(说见前章)。近人作词,往往就古人成作,守定四声,通体不易一音,其用力良苦,然煞声字不合之弊,则无之也。此端昉于蒋鹿潭,近则朱、况,皆斤斤于此,一字不少假借,夔笙更欲调以清浊,分订八音,守律愈细,而填词如处桎梏,分毫不能自由矣。

(五) 杂述

古今诗话,汗牛充栋,词话则颇罕。然如玉田《词源》、辅之《词旨》,宋元时已有专书。而周公谨《浩然斋雅谈》末卷,吴曾《能改斋漫录》十六、十七两卷,亦皆词话之类也。至清则如刘公勇之《七颂堂词绎》、王阮亭之《花草蒙拾》、邹程村之《远志斋词衷》等书，亦皆有价值者。(《古今词话》一书，散见《词综》，无单行者。)而周氏《词辨》，又有独到语，概足为学者取法也。

"词以自然为宗，但自然不从追琢中来，便率易无味。"此彭金粟语，最是中肯。又云："用古人之事，则取其新僻，而去其陈因；用古人之语，则取其清隽，而去其平实；用古人之字，则取其轻丽，而去其浅俗。"近人好用僻典，颇觉晦涩，乃叹范赞之记《云仙》，陶谷之录《清异》，稍资谈柄，不是仙才。

吴子律云："词患堆积，堆积近缛，缛则伤意。词忌雕琢，雕琢近涩，涩则伤气。"又云："言情以雅为宗，语艳则意尚巧，意亵则语贵曲。"(按意亵亦是一病。)

学稼轩，要于豪迈中见精致。学梦窗，要于缜密中求清空。

咏物词须别有寄托，不可直赋。自诉飘零，如东坡之《咏雁》；独写哀怨，如白石之《咏蟋蟀》，斯最善矣。至如史邦卿之《咏燕》，刘龙洲之《咏指甲》，纵工摹绘，已落言诠。今之作者，即欲为刘、史之隶吏，亦不可得也。彼演肤词，此征僻典，夸多竞富，味同嚼蜡。况词之体格，微与诗异乎？比如咏梅花者，累代不能得数语，而鄙者或百咏，或数十咏，徒使开府汗颜，逋仙冷齿耳。且竹垞咏猫，武曾咏笋，辄胪故实，亦载鄙谚，偶一为之，亦才人忍俊不禁之故技。究之《静志居》、《秋锦山房》之联踪两宋，弁冕一朝者，谓区区在此，谅亦不然，顾奈何以俫色揣声为能事乎？

第六章　概论一　唐五代

词者,诗之馀也。诗莫古于《三百篇》,皆可以合乐。周衰,诗亡乐废,屈宋代兴,虽《九歌》侑乐,而已与诗异途矣。经秦之乱,古乐胥亡。汉武立乐府,作《郊祀》十九章,《铙歌》二十二章,历魏晋六朝,皆仍其节奏(其名历代不同,其歌法仍袭旧),于是诗与乐分矣。自魏武借乐府以写时事,《薤露歌》《蒿里行》,皆为董卓之乱而作,与原义不同。陈思王植作《鞞舞》新歌五章,谓古曲谬误至多,异代之文,不必相袭,爰依前曲,别作新歌。此说一开,后人乃有依乐府之题,而直抒胸臆者,于是乐府之真又失矣。两晋以下,诸家所作,不尽仿古,一时君臣,尤喜别翻新调,而民间哀乐缠绵之情,托诸长谣短咏以自见者,亦往往而有。如东晋无名氏作《女儿子》《休洗红》二曲,梁武帝之《江南弄》,沈约之《六忆诗》,其字句音节,率有定格,此即词之滥觞矣。盖诗亡而乐府兴,乐府亡而词作,变迁递接,皆出自然也。今自隋唐以迄五代,略为诠论如左。

第一　唐人词略

昔人论词,皆断自唐代。诚以唐代以前,如炀帝之"清夜游湖上"曲,侯夫人"看梅一点春"等,虽在李白、王维以前,而其词恐为后人伪托,不可据为典要,因亦以唐代为始。按赵璘《因话录》:唐初,柳范作江南〔折桂令〕,当在青莲〔忆秦娥〕、〔菩萨蛮〕之前。而各家选本,皆未及之,其词盖久佚矣。皋文以青莲首列者,有深意焉。大抵初唐诸作,不过破五七言诗为之;中盛以后,词式始定;迨温庭筠出,而体格大备,此唐词之大概也。爰为论列之。

(一)李白　白,字太白,蜀人,或云山东人。供奉翰林。录〔忆秦娥〕一首:

箫声咽,秦娥梦断秦楼月。秦楼月,年年柳色,灞陵伤别。　乐游原上清秋节,咸阳古道音尘绝。音尘绝,西风残照,汉家陵阙。

太白此词,实冠今古,决非后人可以伪托,非如〔菩萨蛮〕、〔桂殿秋〕、〔连理枝〕诸阕,读者尚有疑词也。盖自齐梁以来,陶弘景之〔寒夜怨〕、陆琼〔饮酒乐〕、徐孝穆〔长相思〕等,虽具词体,而堂庑未大,至太白而繁情促节,长吟远慕,遂使前此诸家,悉归笼化,故论词不得不首太白也。刘融斋以〔菩萨蛮〕、〔忆秦娥〕两首,足抵杜陵《秋兴》,想其情境,殆作于明皇西幸之后。此言前人所未发,因亟录之。(按太白前,不独柳范有〔折桂令〕一曲也。沈佺期有〔回波词〕,红友亦收入《词律》,实则六言诗耳。又明皇亦有〔好时光〕一首,见《尊前集》,亦系伪作。)

(二)张志和　志和,字子同。金华人。擢明经,肃宗命待诏翰林,坐贬,不复仕。自称烟波钓徒。录〔渔歌子〕一首:

> 西塞山前白鹭飞,桃花流水鳜鱼肥。青箬笠,绿蓑衣,斜风细雨不须归。

此词为七绝之变,第三句作六字折腰句。按志和所作,共五首,《词综》录其二,馀三首见《尊前集》。唐人歌曲,皆五七言诗。此〔渔歌子〕既与七绝异,或就绝句变化歌之耳。因念〔清平调〕、〔阳关曲〕,举世传唱,实皆是诗。〔清平调〕后人拟作者鲜,〔阳关曲〕则颇有慕效之者。如东坡〔小秦王〕词,四声皆依原作,盖音调存在,不妨被以新词也。至此词,音节或早失传,故东坡增句作〔浣溪纱〕,山谷增句作〔鹧鸪天〕,不得不就原词,以叶他调矣。

(三)**韦应物** 应物,京兆人。官左司郎中,历苏州刺史。录〔调笑〕一首:

> 胡马,胡马,远放燕支山下。跑沙跑雪独嘶,东望西望路迷。迷路,迷路,边草无穷日暮。

应物词见《尊前集》者共四首,〔调笑〕二,〔三台〕二也。唐人作〔调笑〕者至多,如戴叔伦之《边草词》,王建之《团扇词》,皆用此调。其后〔杨柳枝〕盛行,而此调鲜见。入宋以后,此调句法更变,专供大曲歌舞之用矣。(〔杨柳枝〕实即七绝耳。)

(四)**白居易** 居易,字乐天,下邽人。贞元十四年进士,历官中书舍人,以刑部尚书致仕。有《长庆集》。录〔长相思〕一首:

> 汴水流,泗水流,流到瓜洲古渡头。吴山点点愁。　思悠悠,恨悠悠,恨到归时方始休,月明人倚楼。

公所作词至富，如〔杨柳枝〕、〔竹枝〕、〔花非花〕、〔浪淘沙〕、〔宴桃源〕等，皆流丽稳协。而〔一七令〕体，尤为古今创作，后人塔体诗，即依此作也。余细按诸作，惟〔宴桃源〕与〔长相思〕为纯粹词体，馀若〔杨柳枝〕、〔竹枝〕、〔浪淘沙〕显为七言绝体，即〔花非花〕、〔一七令〕亦长短句之诗，不得概目之为词也。〔宴桃源〕云："前度小花静院，不比寻常时见。见了又还休，愁却等闲分散。肠断，肠断，记取钗横鬓乱。"按格直是〔如梦令〕，昔人以后唐庄宗所作为创，不知已始于白傅矣。余此录概取唐人之确凿为词者，彼长短句之诗勿入焉。

（五）刘禹锡　禹锡，字梦得，中山人。贞元中进士，仕为太子宾客。会昌中，检校礼部尚书。录〔忆江南〕一首：

春去也，多谢洛城人。弱柳从风疑举袂，丛兰浥露似沾巾。独坐亦含颦。

《尊前集》录梦得作，有〔杨柳枝〕十二首、〔竹枝〕十首、〔纥那曲〕二首、〔忆江南〕一首、〔浪淘沙〕九首、〔潇湘神〕二首、〔抛球乐〕二首。中惟〔忆江南〕为词，〔潇湘神〕亦长短句诗耳。（词云："斑竹枝，斑竹枝，泪痕点点寄相思。楚客欲听瑶瑟怨，潇湘深夜月明时。"与韩翃〔章台柳〕词，实是一格。韩词云："章台柳，章台柳，昔日青青今在否？纵使长条似旧垂，也应攀折他人手。"所异者一平韵，一仄韵而已。）〔忆江南〕一调，据韩偓《海山记》，隋炀帝泛东湖，制湖上曲八阕，即为〔忆江南〕句调。后人遂谓隋时所作。不知湖上八曲，皆是双叠，而双叠之体，实始于宋。唐人诸作，无一非单调，岂有炀帝时，反有是格哉？故论此调创始，不若以白傅、梦得辈为妥云。

（六）温庭筠　本名岐，字飞卿，太原人。官方山尉。有《握兰》、

《金荃》等集。录〔更漏子〕一首：

  玉炉香，红蜡泪，偏照画堂秋思。眉翠薄，鬓云残，夜长衾枕寒。 梧桐树，三更雨，不道离情正苦。一叶叶，一声声，空阶滴到明。

唐至温飞卿，始专力于词。其词全祖风骚，不仅在瑰丽见长。陈亦峰曰："所谓沉郁者，意在笔先，神馀言外，写怨夫思妇之怀，寓孽子孤臣之感，凡交情之冷淡，身世之飘零，皆可于一草一木发之。而发之又必若隐若现，欲露不露，反复缠绵，终不许一语道破，匪独体格之高，亦见性情之厚。"此数语惟飞卿足以当之。学词者从沉郁二字着力，则一切浮响肤词，自不绕其笔端，顾此非可旦夕期也。飞卿最著者，莫如〔菩萨蛮〕十四首。大中时，宣宗爱〔菩萨蛮〕，丞相令狐绹，乞其假手以进，戒令勿他泄，而遽言于人，由是疏之。今所传〔菩萨蛮〕诸作，固非一时一境所为，而自抒性灵，旨归忠爱，则无弗同焉。张皋文谓皆感士不遇之作，盖就其寄托深远者言之，即其直写景物，不事雕绘处，亦复绝不可追及。如"花落子规啼，绿窗残梦迷"，"杨柳又如丝，驿桥烟雨时"，"鸾镜与花枝，此情谁得知"等语，皆含思凄婉，不必求工，已臻绝诣，岂独以瑰丽胜人哉？（《词苑丛谈》载宣宗时，宫嫔所歌〔菩萨蛮〕一首，云在《花间集》外，其词殊鄙俚。如下半叠云："风流心上物，本为风流出。看取薄情人，罗衣无此痕。"决非飞卿手笔，故赵选不取。）至其所创各体，如〔归国遥〕、〔定西番〕、〔南歌子〕、〔河渎神〕、〔遐方怨〕、〔诉衷情〕、〔思帝乡〕、〔河传〕、〔蕃女怨〕、〔荷叶杯〕等，虽亦就诗中变化而出，然参差缓急，首首有法度可循，与诗之句调，绝不相类，所谓解其声，故能制其调也。彭孙遹《词统源流》，以为词之长短错落,发源于《三百篇》。飞卿之词,极长短错落之致矣,而出辞都雅,尤有怨悱不乱之遗意。论词者必以温氏为大宗,而为万世不祧之俎豆也,宜哉!

(七)皇甫松　松,字子奇,湜之子。录〔摘得新〕一首:

　　酌一卮,须教玉笛吹。锦筵红蜡烛,莫来迟。繁红一夜经风雨,是空枝。

松为牛僧孺甥,以〔天仙子〕一词著名。词云:"晴野鹭鹚飞一只,水葓花发秋江碧。刘郎此日别天仙,登绮席,泪珠滴。十二晚峰青历历。"黄花庵谓不若〔摘得新〕,为有达观之见。余因录此。元遗山云:"皇甫松以〔竹枝〕、〔采莲〕排调擅场,而才名远逊诸人。《花间集》所载,亦止小令短歌耳。"余谓唐词皆短歌,《花间》诸家,悉传小令,岂独子奇?遗山此言,未为确当。松词殊不多,《尊前集》有十首,如〔怨回纥〕、〔竹枝〕、〔抛球乐〕等阕,实皆五七言诗之变耳。

右唐词凡七家,要以温庭筠为山斗。他如李景伯、裴谈之〔回波乐〕,崔液之〔踏歌词〕,刘长卿、窦弘馀之〔谪仙怨〕,概为五六言诗。杜甫、元结等所撰之新乐府,多至数十韵,自标新题,以咏时政,名曰乐府,实不可入词。无名氏诸作,如〔后庭宴〕之"千里故乡",〔鱼游春水〕之"秦楼东风里",虽证诸石刻,定为唐人所作,然〔鱼游春水〕为长调词,较杜牧之〔八六子〕字数更多,未免怀疑也。至若杨妃之〔阿那曲〕、柳姬之〔杨柳枝〕、刘采春之〔啰唝曲〕、杜秋娘之〔金缕曲〕、王丽真之〔字字双〕,更不能谓之为词,余故概行从略焉。

第二　五代十国人词略

陆放翁曰："诗至晚唐五季,气格卑陋,千人一律,而长短句独精巧高丽,后世莫及,此事之不可晓者。"盖其时君唱于上,臣和于下,极声色之供奉,蔚文章之大观。风会所趋,朝野一致,虽在贤知,亦不能自外于习尚也。《花间》辑录,重在蜀人。(赵录共十八人,词五百首,而蜀人有十三家,如韦庄、薛昭蕴、牛峤、毛文锡、牛希济、欧阳炯、顾敻、魏承班、鹿虔扆、阎选、尹鹗、毛熙震、李珣等,皆蜀人也。)并世哲匠,颇多遗佚。后唐西蜀,不乏名言,李氏君臣,亦多奇制,而屏弃不存,一语未采,不得不谓蔽于耳目之近矣。夫五代之际,政令文物,殊无足观,惟兹长短之言,实为古今之冠。大抵意婉词直,首让韦庄;忠厚缠绵,惟有延巳。其馀诸子,亦各自可传,虽境有哀乐,而辞无高下也。至若吴越王钱俶、闽后陈氏、蜀昭仪李氏、陶学士、郑秀才之伦,单词片语,不无可录,第才非专家,不妨从略焉。

(一) 后唐庄宗　录〔阳台梦〕一首：

> 薄罗衫子金泥缝,困纤腰怯铢衣重。笑迎移步小兰丛,鞾金翘玉凤。　娇多情脉脉,羞把同心撚弄。楚天云雨却相和,又入阳台梦。

按庄宗词之可考者,有〔忆仙姿〕、〔一叶落〕、〔歌头〕及此首而已,皆见《尊前集》。〔忆仙姿〕即〔如梦令〕。〔一叶落〕为自度曲,此取末三字为调名,意境却甚似飞卿也。〔歌头〕一首,分咏四季,其语尘下,疑是伪作。庄宗好优美,或伶工进御之言,故词中止及四时花事耳。五季君主之能词者,尚有蜀后主王衍,后蜀后主孟昶,而〔醉妆〕、〔甘州〕殊乏风致,"风殿水来"亦属赝作,余故阙之焉。

(二)南唐嗣主　录〔山花子〕一首:

菡萏香销翠叶残,西风愁起绿波间。还与韶光共憔悴,不堪看。　　细雨梦还鸡塞远,小楼吹彻玉笙寒。多少泪珠何限恨,倚阑干。

中宗诸作,自以〔山花子〕二首为最,盖赐乐部王感化者也。此词之佳,在于沉郁。夫菡萏销翠、愁起西风,与"韶光"无涉也,而在伤心人见之,则夏景繁盛,亦易摧残,与春光同此憔悴耳。故一则曰"不堪看",一则曰"何限恨"。其顿挫空灵处,全在情景融洽,不事雕琢,凄然欲绝。至"细雨"、"小楼"二语,为"西风愁起"之点染语,炼词虽工,非一篇中之至胜处,而世人竞赏此二语,亦可谓不善读者矣。余尝谓二主词,中主能哀而不伤,后主则近于伤矣,然其用赋体,不用比兴,后人亦无能学者也。此二主之异处也。

(三)南唐后主　录〔虞美人〕一首:

春花秋月何时了?往事知多少!小楼昨夜又东风,故国不堪回首月明中!　　雕阑玉砌应犹在,只是朱颜改。问君能有几多愁?恰似一江春水向东流!

前谓后主词用赋体,观此可信,顾不独此也。〔忆江南〕、〔相见欢〕、〔长相思〕("一重山"一首)等,皆直抒胸臆,而复宛转缠绵者也。

至〔浪淘沙〕之"无限江山",〔破阵子〕之"泪对宫娥",此景此情,安得不以眼泪洗面?东坡讥其不能痛哭九庙,以谢人民,此是宋人之论耳。余谓读后主词,当分为二类。〔喜迁莺〕、〔阮郎归〕、〔木兰花〕、〔菩萨蛮〕("花明月暗"一首)等,正当江南隆盛之际,虽寄情声色,而笔意自成馨逸,此为一类。至入宋后,诸作又别为一类(即前述〔忆江南〕、〔相见欢〕等),其悲欢之情固不同,而自写襟抱,不事寄托,则一也。今人学之,无不拙劣矣。("雕阑玉砌"云云,即〔浪淘沙〕"玉楼瑶殿","空照秦淮"之意也。)

(四)**和凝** 凝,字成绩。郓州人。唐举进士,官翰林学士。晋天福中,拜中书侍郎同平章事。入后汉,拜太子太傅,封鲁国公。有《红叶稿》。录〔喜迁莺〕一首:

> 晓月坠,宿烟披,银烛锦屏帷。建章钟动玉绳低,宫漏出花迟。　春态浅,来双燕,红日渐长一线。严妆欲罢啭黄鹂,飞上万年枝。

成绩有"曲子相公"之名,而《红叶稿》已佚。《词综》所录,仅〔春光好〕、〔采桑子〕、〔河满子〕、〔渔父〕四首,《尊前集》则〔江城子〕五首,〔麦秀两歧〕及此词而已,皆不如《花间集》之多也(《花间》录二十首)。余案成绩诸作,类摹写宫壶,不独此词"宫漏出花迟"也。(〔春光好〕之"苹叶软",〔薄命女〕之"天欲晓"皆是。)〔江城子〕五支,为言情者之祖,后人凭空结构,皆本此词。托美人以写情,指落花而自喻,古人固有之,亦未可轻议也。

(五)**韦庄** 庄,字端己,杜陵人。乾宁元年进士。入蜀,王建辟掌书记,寻召为起居舍人。建表留之,后官至散骑常侍,判中书门下事。有《浣花集》。录〔归国遥〕一首：

金翡翠，为我南飞传我意。罨画桥边春水，几年花下醉。别后只知相愧，泪珠难远寄。罗幕绣帏鸳被，旧欢如梦里。

端己〔菩萨蛮〕四章，惓惓故国之思，最耐寻味。而此词南飞传意，别后知愧，其意更为明显。陈亦峰论其词，谓似直而纡，似达而郁。洵然。虽一变飞卿面目，而绮罗香泽之中，别具疏爽之致。世以温、韦并论，当亦难于轩轾也。〔菩萨蛮〕云："未老莫还乡，还乡须断肠。"又云："凝恨对斜晖，忆君君不知。"〔应天长〕云："夜夜绿窗风雨，断肠君信否？"又云："难相见，易相别，又是玉楼花似雪。"皆望蜀思君之辞。时中原鼎沸，欲归未能，言愁始愁，其情大可哀矣。

又按《花间集》共录十八家，自温庭筠、皇甫松外，凡十六家，为五季时人。而十六家中，除韦庄外，蜀人有十二人之多。今附列韦庄之下，以见蜀中文物之盛云。

(1) **薛昭蕴** 〔小重山〕云："春到长门春草青。玉阶华露滴，月胧明。东风吹断紫箫声。宫漏促，帘外晓啼莺。 愁极梦难成。红妆流宿泪，不胜情。手挼裙带绕花行。思君切，罗幌暗尘生。"

(2) **牛峤** 〔江城子〕云："鵁鶄飞起郡城东。碧江空，半滩风。越王宫殿，蘋叶藕花中。帘卷水楼鱼浪起，千片雪，雨濛濛。"

(3) **毛文锡** 〔虞美人〕云："宝檀金缕鸳鸯枕，绶带盘宫锦。夕阳低映小窗明，南园绿树语莺莺，梦难成。 玉炉香暖频添炷，满地飘轻絮。珠帘不卷度沉烟，庭前闲立画秋千，艳阳天。"

(4) **牛希济** 〔谒金门〕云："秋已暮，重叠关山歧路。嘶马摇鞭何处去？晓禽霜满树。 梦断禁城钟鼓，泪滴枕檀无数。一点凝红和薄雾,翠蛾愁不语。"

(5) **欧阳炯** 〔凤楼春〕云:"凤髻绿云浓,深掩房栊,锦书通。梦中相见觉来慵,匀面泪,脸珠融。因想玉郎何处去,对淑景谁同?小楼中,春思无穷。倚阑凝望,暗牵愁绪,柳花飞趁东风。斜日照帘栊,(与前叠复)罗幌香冷粉屏空。海棠零落,莺语残红。"

(6) **顾敻** 〔浣溪沙〕云:"红藕香寒翠渚平,月笼虚阁夜蛩清,塞鸿惊梦两牵情。　宝帐玉炉残麝冷,罗衣金缕暗尘生,小窗孤烛泪纵横。"

(7) **魏承班** 〔谒金门〕云:"烟水阔,人值清明时节。雨细花零莺语切,愁肠千万结。　雁去音徽断绝,有恨欲凭谁说?无事伤心犹不彻,春时容易别。"

(8) **鹿虔扆** 〔临江仙〕云:"金锁重门荒苑静,绮窗愁对秋空。翠华一去寂无踪,玉楼歌吹,声断已随风。　烟月不知人事改,夜阑还照深宫。藕花相向野塘中,暗伤亡国,清露泣香红。"

(9) **阎选** 〔定风波〕云:"江水沉沉帆影过,游鱼到晚透寒波。渡口双双飞白鸟。烟袅,芦花深处隐渔歌。　扁舟短棹归兰浦。人去,萧萧竹径透青莎。深夜无风新雨歇。凉月,露迎珠颗入圆荷。"

(10) **尹鹗** 〔满宫花〕云:"月沉沉,人悄悄,一炷后庭香袅。风流帝子不归来,满地禁花慵扫。　离恨多,相见少,何处醉迷三岛?漏清宫树子规啼,愁锁碧窗春晓。"

(11) **毛熙震** 〔菩萨蛮〕云:"梨花满院飘香雪,高楼夜静风筝咽。斜月照帘帷,忆君和梦稀。　小窗灯影背,燕语惊愁态。屏掩断香飞,行云山外归。"

(12) **李珣** 〔定风波〕云:"帘外烟和月满庭,此时闲坐若为情。小阁拥炉残酒醒。愁听,寒风落叶一声声。　惟恨玉人芳信阻。

云雨,屏帷寂寞梦难成。斗转更阑心杳杳。将晓,银釭斜照绮琴横。"

右十二家,皆见《花间集》。崇祚为蜀人,故所录多本国人诸作。词家选本,以此集为最古,其有不见此选者,亦无从搜讨矣。夫蜀自王建戊辰改元武成,至后主衍咸康己酉亡,历十有八年;后蜀自孟知祥甲午改元明德,至后主昶广政甲子亡,历三十年。此选成于广政三年,是时孟氏立国,仅有七载,故此集所采,大抵前蜀人为多,而韦庄、牛峤、毛文锡且为唐进士也。五季之际,如沸如羹,天宇崩颓,彝教凌废,深识之士,浮沉其间,惧忠言之触祸,托俳语以自晦。吾知十国遗黎,必多感叹悲伤之作,特甄录无人,乃至湮没。后人籀讽,独有赵录,遂谓声歌之制,独盛于蜀,滋可惜矣。今就此十二家言之,惟欧阳炯、顾敻、鹿虔扆为孟蜀显官,至阎选、李珣,亦布衣耳,其他皆王氏旧属。是以缘情托兴,万感横集,不独醉妆薄媚,沦落风尘,睿藻流传,足为词谶也。牛希济之"梦断禁城",鹿虔扆之"露泣"、"亡国",言为心声,亦可得其大概矣。

(六)孙光宪 字孟文,陵州人。游荆南,高从晦署为从事,仕南平,累官检校秘书。曾劝高继冲献三州之地,宋太祖授以黄州刺史,将用为学士,未及而卒。有《荆台》、《笔佣》、《橘斋》、《巩湖》诸集。录〔谒金门〕一首。

　　留不得,留得也应无益。白纻春衫如雪色,扬州初去日。　　轻别离,甘抛掷,江上满帆风疾。却羡彩鸳三十六,孤鸾还一只。

陈亦峰云:"孟文词,气骨甚遒,措语亦多警炼。然不及温、韦处,亦在此,坐少闲婉之致。"余谓孟文之沉郁处,可与李后主并美,即如此词,已足见其不事侧媚,甘处穷寂矣。他如〔清平乐〕云:"掩镜无语眉低,思随芳草凄凄。"是自抱灵修楚累遗意也。〔菩萨蛮〕云:"碧烟轻袅袅,红战灯花笑。"盖讽弋取名利,憧憧往来者也。至闲婉之处,亦复尽多,如〔浣溪纱〕云:"目送征鸿飞杳杳,思随流水去茫茫。兰红波碧忆潇湘。"又云:"花冠闲上午墙啼。"〔思越人〕云:"渚莲枯,宫树老,长洲废苑萧条。想像玉人空处所,月明独上溪桥。"此等俊逸语,亦孟文所独有。

(七)冯延巳 字正中。唐末,徙家新安。事南唐,官至左仆射,同平章事。有《阳春集》一卷。录〔菩萨蛮〕一首:

画堂昨夜西风过,绣帘时拂朱门锁。惊梦不成云,双蛾枕上颦。 金炉烟袅袅,烛暗纱窗晓。残月尚弯环,玉筝和泪弹。

正中词缠绵忠厚,与温、韦相伯仲。其〔蝶恋花〕诸作,情词悱恻,可群可怨。张皋文云:"忠爱缠绵,宛然骚辨之义,"余最爱诵之。如"日日花前常病酒,不辞镜里朱颜瘦","泪眼倚楼频独语,双燕来时,陌上相逢否?""浓睡觉来莺乱语,惊残好梦无寻处",思深意苦,又复忠厚恻怛。词至此,则一切叫嚣纤冶之失,自无从犯其笔端矣。他如〔归国谣〕、〔抛球乐〕、〔采桑子〕、〔菩萨蛮〕等,亦含思凄惋,蔼然动人,俨然温、韦之意也。其〔谒金门〕一首,当系成幼文作。《古今词话》曰:"幼文为大理卿,词曲妙绝,尝作〔谒金门〕曰:'风乍起,吹皱一池春水。'为中主所闻,因按狱稽滞,召诘之。且谓曰:'卿职在典刑,"一池春水",干卿何事?'幼文顿首以谢。"《南唐书》以为冯词。陈振孙《书录解题》曰:"'风乍起'词,世多言冯作,而《阳春录》无之,当是成作,不独'庭院深深'一首,明是欧作,有李清照《漱玉词》可证也。"

又按南唐享国虽不久长,而文学之士,风发云举,极一时之盛。如张泌、成幼文、韩熙载、潘佑、徐铉兄弟、汤悦,俱有才名。即以词论,诸子皆有可观。而赵录于南唐诸人,自张泌外,概不置录,何也?因附见一二,如前韦端己条例。

(1) **张泌** 〔临江仙〕云:"烟收湘渚秋江静,蕉花露泣愁红。五云双鹤去无踪,几回魂断,凝望向长空。 翠竹暗留珠泪怨,闲调宝瑟波中。花鬟月鬓绿云重。古祠深殿,香冷雨和风。"

(2) **成幼文** 〔谒金门〕云:"风乍起,吹皱一池春水。闲引鸳鸯香径里,手挼红杏蕊。 斗鸭阑干遍倚,碧玉搔头斜坠。终日望君君不至,举头闻鹊喜。"

(3) **徐昌图** 〔临江仙〕云:"饮散离亭西去,浮生常恨飘蓬。回头烟柳渐重重。淡云孤雁远,寒日暮天红。 今夜画船何处?潮平淮月朦胧。酒醒人静奈愁浓。残灯孤枕梦,轻浪五更风。"

(4) **潘佑** 《题红罗亭梅花》残句云:"楼上春寒山四面,桃李不须夸烂熳,已失了东风一半。"

右四家,惟徐昌图一首,《词综》入宋词内,而成肇麟《唐五代词选》,则列入冯正中后,且徐籍莆田,是为南唐人无疑也。潘佑词不经见,此见罗大经《鹤林玉露》,惜全词佚矣。总之,五季时,词以西蜀南唐为最盛。而词之工拙,以韦庄为第一,冯延巳次之,最下为毛文锡。叶梦得尝谓:馆阁诸公评庸陋之词,必曰"此仿毛司徒",是在宋时已有定论,今亦赖赵录而传,崇祚洎词苑功臣哉。至诸家情至文生,缠绵忠爱,不独为苏、黄、秦、柳之开山,即宣和、绍兴之盛,皆兆于此矣。

第七章　概论二　两宋

　　论词至赵宋,可云家怀隋珠,人抱和璧,盛极难继者矣。然合两宋计之,其源流递嬗,可得而言焉。大抵开国之初,沿五季之旧,才力所诣,组织较工,晏、欧为一大宗,二主一冯,实资取法,顾未能脱其范围也。汴京繁庶,竞赌新声,柳永失意无憀,专事绮语,张先流连歌酒,不乏艳辞,惟托体之高,柳不如张。盖子野为古今一大转移也。前此为晏、欧,为温、韦,体段虽具,声色未开;后此为苏、辛,为姜、张,发扬蹈厉,壁垒一变;而界乎其间者,独有子野,非如耆卿专工铺叙,以一二语见长也。迨苏轼则得其大,贺铸则取其精,秦观则极其秀,邦彦则集其成,此北宋词之大概也。南渡以还,作者愈盛,而抚时感事,动有微言。稼轩之"烟柳斜阳",幸免种豆之祸;玉田之"贞芳清影"(〔清平乐〕《赋所南画兰》),独馀故国之思。至若碧山咏物,梅溪题情,梦窗之"丰乐楼头",草窗之"禁烟湖上",词翰所寄,并有微意,又岂常人所易及哉!余故谓绍兴以来,声律之文,自以稼轩、白石、碧山为优,梅溪、梦窗则次之,玉田、草窗又次之,至竹屋、竹山辈,纯疵互见矣,此南宋词之大概也。夫倚声之道,独盛天水,文藻留传,矜式万世。余之论议,不事广征者,亦聊见渊源而已。兹更分述之。

第一　北宋人词略

　　言词者必曰：词至北宋而大，至南宋而精。然而南北之分，亦有难言者也。如周紫芝、王安中、向子諲、叶梦得辈，皆生于北宋，没于南宋，论者以周、王属北，向、叶属南者，只以得名之迟早而已。盖混而不分，又不能明流别，尚论者约略言之，作一界限，实无与于词体也。毛晋刻《六十一家词》，北宋凡十九家：晏殊、欧阳修、柳永、苏轼、黄庭坚、秦观、晏几道、晁补之、程垓、陈师道、李之仪、毛滂、杜安世、葛胜仲、周紫芝、谢逸、周邦彦、王安中、蔡伸是也。此外若潘阆《逍遥词》一卷，王安石《半山词》一卷，张先《子野词》一卷，贺铸《东山寓声乐府》三卷，皆有成书，而见于他刻也。余谓承十国之遗者为晏、欧，肇慢词之祖者为柳永，具温、韦之情者为张先，洗绮罗之习者为苏轼，得骚雅之意者为贺铸，开婉约之风者为秦观，集古今之成者为邦彦。此外或力非专诣，或才工片言，要非八家之敌也。因论列如左。

　　（1）**晏殊**　字同叔，临川人。官至枢密使。有《珠玉词》一卷。录〔蝶恋花〕一首：

　　　　南雁依稀回侧阵，雪霁墙阴，偏觉兰芽嫩。中夜梦馀消酒困，炉香卷穗灯生晕。　　急景流年都一瞬，往事前欢，未免萦方寸。腊后花期知渐近，寒梅已作东风信。

　　宋初如王禹偁、钱惟演辈，亦有小词。王之〔点绛唇〕、钱之〔玉楼春〕，虽有佳处，实非专家。故宋词应以元献为首。所作〔浣溪沙〕，有

"无可奈何花落去,似曾相识燕归来"之语,为一时传诵,相传下语为王琪所对(见《后斋漫录》),无俟深考。即"重头歌韵响琤琮,入破舞腰红乱旋",亦仅形容歌舞之胜,非词家之极则,总不及此词之俊逸也。宋初诸家,靡不祖述二主,宪章正中,同叔去五代未远,馨烈所扇,得之最先。刘攽《中山诗话》谓:元献喜冯延巳词,其所自作,亦不减延巳。此语亦是。第细读全词,颇有可议者,如〔浣溪沙〕之"淡淡梳妆薄薄衣,天仙模样好容仪",〔诉衷情〕之"东城南陌花下,逢着意中人",又"心心念念,说尽无凭,只是相思"诸语,庸劣可鄙,已开山谷、三变俳语之体,余甚无取也。惟"满目山河空念远,落花风雨更伤春"二语,较"无可奈何",胜过十倍,而人未之知,可云陋矣。

(2)**欧阳修** 字永叔,庐陵人。官至兵部尚书。有《六一居士集》,词附。录〔踏莎行〕一首:

> 候馆梅残,溪桥柳细。草熏风暖摇征辔。离愁渐远渐无穷,迢迢不断如春水。 寸寸柔肠,盈盈粉泪。楼高莫近危阑倚。平芜尽处是春山,行人更在春山外。

宋初大臣之为词者,寇莱公、宋景文、范蜀公与欧阳公,并有声艺苑。然数公或一时兴到之作,未为专诣。独元献与文忠,学之既至,为之亦勤,翔双鹄于交衢,驭二龙于天路。且文忠家庐陵,元献家临川,词之有西江派,转在诗先,亦云奇矣。公词纯疵参半,盖为他人窜易。蔡绦《西清诗话》云:"欧词之浅近者,谓是刘辉伪作。"《名臣录》亦云:"修知贡举,为下第举子刘辉等所忌,以〔醉蓬莱〕、〔望江南〕诬之。"是读公词者,当别具会心也。至〔生查子〕《元夜灯市》,竟误载淑真词中,遂启升庵之妄论,此则深枉矣。余按公词以此为最婉转,以

〔少年游〕《咏草》为最工切超脱,当亦百世之公论也。

(3) 柳永　字耆卿,初名三变,崇安人。官至屯田员外郎。有《乐章集》。录〔雨霖铃〕一首:

寒蝉凄切,对长亭晚,骤雨初歇。都门帐饮无绪,方留恋处,兰舟催发。执手相看泪眼,竟无语凝噎。念去去千里烟波,暮霭沉沉楚天阔。　　多情自古伤离别,更那堪冷落清秋节。今宵酒醒何处?杨柳岸晓风残月。此去经年,应是良辰好景虚设。便纵有千种风情,更与何人说!

《能改斋漫录》云:"仁宗留意儒雅,务本向道,深斥浮艳虚华之文。初,进士柳三变,好为淫冶讴歌之曲,传播四方,尝有〔鹤冲天〕词云:'忍把浮名,换了浅斟低唱。'及临轩放榜,特落之曰:'且去浅斟低唱,何要浮名!'景祐元年,方及第。后改名永,方得磨勘转官。"《后山诗话》云:"柳三变游东都南北二巷,作新乐府,骩骳从俗,天下咏之,遂传禁中。仁宗颇好其词,每对宴,必使侍从歌之再三。三变闻之,作宫词,号〔醉蓬莱〕,因内官达后宫,且求其助。仁宗闻而觉之,自是不复歌其词矣。"黄花庵云:"永为屯田员外郎,会太史奏老人星现,时秋霁,宴禁中,仁宗命左右词臣为乐章,内侍嘱柳应制。柳方冀进用,作此词进(指〔醉蓬莱〕词)。上见首有'渐'字,色若不怿。读至'宸游凤辇何处',乃与御制真宗挽词暗合,上惨然。又读至'太液波翻',曰:'何不言波澄?'投之于地。自此不复擢用。"《钱塘遗事》云:"孙何帅钱塘,柳耆卿作〔望海潮〕词赠之,有'三秋桂子,十里荷香'之句。此词流播,金主亮闻之,欣然起投鞭渡江之志。"据此,则柳之侘傺无聊,与词名之远,概见一斑。余谓柳词仅工铺叙而已,每首中事实必清,点景必工,而又有一二警策语,为全词生色,其工处在此也。冯梦华谓其"曲处能直,密处能疏,鼻处能平,状难状之景,达难达之情,而出之以自然,自是北宋巨手。然好为俳体,词多媟黩,有不仅如《提要》所云以俗为病者。"此言甚是。余谓柳词皆是直写,无比兴,亦无寄托,见眼中景色,即说意中人物,便觉直率无味,况时时有俚俗语。如〔昼夜乐〕云:"早知恁地难拚,悔不当初留住。其奈风流端正外,更别有系人心处。一日不思量,也攒眉千度。"〔梦还京〕云:"追悔当初,绣阁话别太容易。"〔鹤冲天〕云:"假使重相见,还得似当初么?悔恨无计,那迢迢长夜,自家只恁摧挫。"〔两同心〕云:"个人人昨夜分明,许伊偕老。"〔征部乐〕云:"待这回好好怜伊,更不轻拆。"皆率笔无咀嚼处。诸如此类,不胜枚举,实不可学。且通本皆摹写艳情,追述别恨,见一斑已具全豹,正不必字字推敲也。惟北宋慢词,确创自耆卿,不得不推为大家耳。

(4) **张先** 字子野,吴兴人。为都官郎中。有《安陆集》。录〔卜算子慢〕一首:

> 溪山别意,烟树去程,日落采蘋春晚。欲上征鞍,更掩翠帘。回面相盼,惜弯弯浅黛长长眼。奈画阁欢游,也学狂花乱絮轻散。 水影横池馆,对静夜无人,月高云远。一晌凝思,两眼泪痕还满。难遣恨,私书又逐东风断。纵梦泽层楼万尺,望湖城那见。

《古今诗话》云:"有客谓子野曰:'人皆谓公张三中,即心中事,眼中泪,意中人也。'公曰:'何不目之为张三影?'客不晓。公曰:'"云破月来花弄影","娇柔懒起,帘压卷花影","柳径无人,堕飞絮无影",此皆余平生所得意也。'"《石林诗话》云:"张先郎中,能为诗及乐府,至老不衰。居钱塘,苏子瞻作倅时,先年已八十馀,视听尚精强,犹有声妓。子瞻尝赠以诗云:'诗人老去莺莺在,公子归来燕燕忙。'盖全用张氏故事戏之。"是子野生平亦可概见矣。今所传《安陆集》,凡诗八首,词六十八首。诗不论。词则最著者,为〔一丛花〕,为〔定风波〕,为〔玉楼春〕,为〔天仙子〕,为〔碧牡丹〕,为〔谢池春〕,为〔青门引〕。余谓子野词气度宛似美成,如〔木兰花慢〕云:"行云去后遥山暝,已放笙歌池院静。中庭月色正清明,无数杨花过无影。"〔山亭宴〕云:"落花荡漾怨空树,晓山静,数声杜宇。天意送芳菲,正黯淡疏烟短雨。"〔渔家傲〕云:"天外吴门清霅路,君家正在吴门住。赠我柳枝情几许。春满缕,为君将入江南去。"此等词意,同时鲜有及者也。盖子野上结晏、欧之局,下开苏、秦之先,在北宋诸家中适得其平。有含蓄处,亦有发越处,但含蓄不似温、韦,发越亦不似豪苏、腻柳。规模既正,气格亦古,非诸家能及也。晁无咎曰:"子野与耆卿齐名,而时以子野不及耆卿,然子野韵高,是耆卿所乏处。"余谓子野若仿耆卿,则随笔可成珠玉;耆卿若效子野,则出语终难安雅。不独泾渭之分,抑且有雅郑之别,世有识者,当不河汉。

(5) **苏轼** 字子瞻,眉山人。嘉祐初,试礼部第一,历官翰林学士。绍圣初,安置惠州,徙昌化。元符初,北还,卒于常州。高宗朝,谥文忠。有《东坡居士词》二卷。录〔水龙吟〕一首赋杨花:

> 似花还似非花,也无人惜从教坠。抛家傍路,思量却是,无情有思。萦损柔肠,困酣娇眼,欲开还闭。梦随风万里,寻郎去处,又还被莺呼起。　　不恨此花飞尽,恨西园落红难缀。晓来雨过,遗踪何在,一池萍碎。春色三分,二分尘土,一分流水。细

看来不是杨花,点点是离人泪。

东坡词在宋时已议论不一。如晁无咎云:"居士词,人多谓不谐音律,然横放杰出,自是曲子内缚不住者。"陈无己云:"东坡以诗为词,如教坊雷大使之舞,虽极天下之工,要非本色。"陆务观云:"世言东坡不能词,故所作乐府,词多不协。晁以道谓绍圣初,与东坡别于汴下,东坡酒酣,自歌古《阳关》,则公非不能歌,但豪放不喜裁剪以就声律耳。"又云:"东坡词,歌之曲终,觉天风海雨逼人。"胡致堂云:"词曲至东坡,一洗绮罗香泽之态,摆脱绸缪宛转之度,使人登高望远,举首高歌,逸怀浩气,超乎尘垢之外,于是《花间》为皂隶,而耆卿为舆台矣。"张叔夏云:"东坡词清丽舒徐处,高出人表。周、秦诸人,所不能到。"此在当时毁誉已不定矣。至《四库提要》云:"词至晚唐五季以来,以清切婉丽为宗。至柳永而一变,如诗家之有白居易;至轼而又一变,如诗家之有韩愈,遂开南宋辛弃疾等一派。寻源溯流,不能不谓之别格,然谓之不工,则不可。"此为持平之论。余谓公词豪放缜密,两擅其长。世人第就豪放处论,遂有铁板铜琶之诮,不知公婉约处,何让温、韦!如〔浣溪沙〕云:"彩索身轻长趁燕,红窗睡重不闻莺。"〔祝英台〕云:"挂轻帆,飞急桨,还过钓台路。酒病无聊,欹枕听鸣橹。"〔永遇乐〕云:"天涯倦客,山中归路,望断故园心眼。燕子楼空,佳人何在?空锁楼中燕。"〔西江月〕云:"高情已逐晓云空,不与梨花同梦。"此等处,与"大江东去"、"把酒问青天"诸作,如出两手,不独"乳燕飞华屋"、"缺月挂疏桐"诸词,为别有寄托也。要之公天性豁达,襟抱开朗,虽境遇迍遭,而处之坦然,即去国离乡,初无羁客迁人之感,惟胸怀坦荡,词亦超凡入圣。后之学者,无公之胸襟,强为摹仿,多见其不知量耳。

(6) **贺铸** 铸,字方回,卫州人。孝惠皇后族孙。元祐中,通判泗州,又倅太平州。退居吴下,自号庆湖遗老。有《东山寓声乐府》。录〔柳色黄〕一首:

> 薄雨收寒,斜照弄晴,春意空阔。长亭柳荫才黄,倚马何人先折?烟横水漫,映带几点归鸿,平沙销尽龙沙雪。犹记出关来,恰而今时节。　　将发,画楼芳酒,红泪清歌,便成轻别。回首经年,杳杳音尘都绝。欲知方寸,共有几许新愁?芭蕉不展丁香结。憔悴一天涯,两厌厌风月。

张文潜云:"方回乐府,妙绝一世,盛丽如游金、张之堂,妖冶如揽嫱、施之袪,幽索如屈、宋,悲壮如苏、李。"周少隐云:"方回有'梅子黄时雨'之句,人谓之'贺梅子'。方回寡发,郭功父指其髻谓曰:'此真贺梅子也。'"陆务观云:"方回状貌奇丑,俗谓之'贺鬼头'。其诗文皆高,不独长短句也。"据此,则方回大概可见矣。所著《东山寓声乐府》,宋刻本从未见过,今所据者,只王刻、毛刻、朱刻而已。所谓"寓声"者,盖用旧调谱词,即摘取本词中语,易以新名,后《东泽绮语债》略同此例。王半塘谓如平园近体、遗山新乐府类,殊不伦也。(词中〔清商怨〕名〔尔汝歌〕,〔思越人〕名〔半死桐〕,〔武陵春〕名〔花想容〕,〔南歌子〕名〔醉厌厌〕,〔一落索〕名〔窗下绣〕,皆就词句改易,如"如此江山"、"大江东去"等是也。)方回词最传述人口者,为〔薄倖〕、〔青玉案〕、〔望湘人〕、〔踏莎行〕诸阕,固为杰出之作。他如〔踏莎行〕云:"断无蜂蝶梦幽香,红衣脱尽芳心苦。"又云:"当年不肯嫁东风,无端却被西风误。"〔下水船〕云:"灯火虹桥,难寻弄波微步。"〔诉衷情〕云:"秦山险,楚山苍,更斜阳。画桥流水,曾见扁舟,几度刘郎。"〔御街行〕

云:"更逢何物可忘忧?为谢江南芳草。断桥孤驿,冷云黄叶,想见长安道。"诸作皆沉郁,而笔墨极飞舞,其气韵又在淮海之上,识者自能辨之。至〔行路难〕一首,颇似玉川长短句诗,诸家选本,概未之及。词云:"缚虎手,悬河口,车如鸡栖马如狗。白纶巾,扑黄尘,不知我辈、可是蓬蒿人。衰兰送客咸阳道,天若有情天亦老。作雷颠,不论钱,谁问旗亭、美酒斗十千。 酌大斗,更为寿,青鬓常青古无有。笑嫣然,舞翩然,当垆秦女、十五语如弦。遗音能寄秋风曲,事去千年犹恨促。揽流光,系扶桑,争奈愁来、一日却为长。"与〔江南春〕七古体相似,为方回所独有也。要之骚情雅意,哀怨无端,盖得力于风雅,而出之以变化,故能具绮罗之丽,而复得山泽之清。(《别东山》词云:"双携纤手别烟萝,红粉清泉相照。"可云自道词品。)此境不可一蹴即几也。世人徒知"黄梅雨"佳,非真知方回者。

(7)**秦观** 观,字少游,高邮人。登第后,苏轼荐于朝,除太学博士,迁正字,兼国史院编修。坐党籍遣戍。有《淮海词》三卷。录〔踏莎行〕一首:

雾失楼台,月迷津渡,桃源望断无寻处。可堪孤馆闭春寒,杜鹃声里斜阳暮。 驿寄梅花,鱼传尺素,砌成此恨无重数。郴江幸自绕郴山,为谁流下潇湘去。

晁无咎云:"近来作者,皆不及少游。如'斜阳外,寒鸦数点,流水绕孤村',虽不识字人,亦知是天生好言语。"蔡伯世云:"子瞻辞胜乎情,耆卿情胜乎辞,辞情相称者,惟少游而已。"张綖云:"少游多婉约,子瞻多豪放,当以婉约为主。"叶少蕴云:"少游乐府,语工而入律,知乐者谓之作家歌。子瞻戏之'山抹微云秦学士,露花倒影柳屯田',微以气格为病也。"诸家论断,大抵与子瞻并论,余谓二家不能相合也。子瞻胸襟大,故随笔所之,如怒澜飞空,不可狎视。少游格律细,故运思所及,如幽花媚春,自成馨逸。其〔满庭芳〕诸阕,大半被放后作,恋恋故国,不胜热中,其用心不逮东坡之忠厚,而寄情之远,措语之工,则各有千古。他作如〔望海潮〕云:"柳下桃蹊,乱分春色到人家。西园夜饮鸣笳。有华灯碍月,飞盖妨花。"〔水龙吟〕云:"花下重门,柳边深巷,不堪回首。"〔风流子〕云:"斜日半山,暝烟两岸,数声横笛,一叶扁舟。"〔鹊桥仙〕云:"两情若是久长时,又岂在朝朝暮暮。"〔千秋岁〕云:"春去也,飞红万点愁如海。"〔浣溪沙〕云:"自在飞花轻似梦,无边丝雨细如愁。"此等句皆思路沉着,极刻画之工,非如苏词之纵笔直书也。北宋词家以缜密之思,得道炼之致者,惟方回与少游耳。今人以秦、柳并称,柳词何足相比哉!(《高斋诗话》云:"少游自会稽入都,见东坡。东坡曰:'不意别后却学柳七作词。'少游曰:'某虽无学,亦不如是。'东坡曰:'"销魂当此际",非柳七语乎?'"据此则少游雅不愿与柳齐名矣。)惟通观集中,亦有俚俗处。如〔望海潮〕云:"妾如飞絮,郎如流水,相沾便肯相随。"〔满园花〕云:"近日来、非常罗皂丑,佛也须眉皱,怎掩得旁人口。"〔迎春乐〕云:"怎得香香深处,作个蜂儿抱。"〔品令〕云:"幸自得一分索强,教人难吃。好好地恶了十来日,恰而今较些不。"又云:"帘儿下时把鞋儿踢,语低低,笑咭咭。"又云:"人前强不欲相沾识,把不定、脸儿赤。"竟如市井荒伧之言,不过应坊曲之请求,留此恶札。词家如此,最是魔道,不得以宋人之作,为之文饰也。但全集止此三四首,尚不足为盛名之累。

(8)周邦彦 字美成,钱塘人。元丰中,献《汴都赋》,召为太学正。徽宗朝,仕至徽猷阁待制,提举大晟府,出知顺昌府。晚居明州,卒。自号清真居士。有《清真集》。录〔瑞龙吟〕一首:

章台路,还见褪粉梅梢,试花桃树。愔愔坊陌人家,定巢燕子,归来旧处。　　黯凝伫,因记个人痴小,乍窥门户。侵晨浅约宫黄,障风映袖,盈盈笑语。　　前度刘郎重到,访邻寻里,同时歌舞。惟有旧家秋娘,声价如故。吟笺赋笔,犹记燕台句。知谁伴名园露饮,东城闲步。事与孤鸿去。探春尽是伤离意绪。官柳低金缕,归骑晚,纤纤池塘飞雨。断肠院落,一帘风絮。

陈郁《藏一话腴》云:"美成自号清真,二百年来,以乐府独步。贵人、学士、市侩、妓女,皆知美成词为可爱。"楼攻愧云:"清真乐府播传,风流自命,'顾曲'名堂,不能自已。"《贵耳录》云:"美成以词行,当时皆称之。不知美成文章大有可观,可惜以词掩其他文也。"强焕序云:"美成模写物态,曲尽其妙。"陈质斋云:"美成词多用唐人诗,櫽括入律,混然天成。长调尤善铺叙,富艳精工,词人之甲乙也。"张叔夏云:"美成词浑厚和雅,善于融化诗句。"沈伯时云:"作词当以清真为主,盖清真最为知音,且下字用意,皆有法度。"此宋人论清真之说也。余谓词至美成,乃有大宗,前收苏、秦之终,后开姜、史之始,自有词人以来,为万世不祧之宗祖。究其实,亦不外"沉郁顿挫"四字而已。即如〔瑞龙吟〕一首,其宗旨所在,在"伤离意绪"一语耳。而入手先指明地点曰"章台路",却不从目前景物写出,而云"还见",此即沉郁处也。须知"梅梢"、"桃树",原来旧物,惟用"还见"云云,则令人感慨无端,低徊欲绝矣。首叠末句云:"定巢燕子,归来旧处。"言燕子可归旧处。所谓"前度刘郎"者,即欲归旧处而不得,徒彳亍于"愔愔坊陌",章台故路而已,是又沉郁处也。第二叠"黯凝伫"一语为正文,而下文又曲折,不言其人不在,反追想当日相见时状态,用"因记"二字,则通体空灵矣,此顿挫处也。第三叠"前度刘郎",至"声价如故",言个人不见,但见同里秋娘,未改声价,是用侧笔以衬正文,又顿挫处也。"燕台句",用义山柳枝故事,情景恰合。"名园露饮,东城闲步",当日已亦为之,今则不知伴着谁人,赓续雅举,此"知谁伴"三字,又沉郁之至矣。"事与孤鸿去"三语,方说正文,以下说到归院,层次井然,而字字凄切。末以"飞雨"、"风絮"作结,寓情于景,倍觉黯然。通体仅"黯凝伫"、"前度刘郎重到"、"伤离意绪"三语,为作词主意。此外则顿挫而复缠绵,空灵而又沉郁,骤视之,几莫测其用笔之意,此所谓神化也。他作亦复类此,不能具述。总之,词至清真,实是圣手,后人竭力摹效,且不能形似也。至说部纪载,如〔风流子〕为溧水主簿姬人作,〔少年游〕为道君幸李师师家作,〔瑞鹤仙〕为睦州梦中作,此类颇多,皆稗官附会,或出之好事忌名,故作讪笑,等诸无稽。倘史传所谓"邦彦疏隽少检,不为州里推重"者,此欤?

右北宋八家,皆迭长坛坫,为世诵习者也。其有词不甚高,声誉颇盛,题襟点笔,间亦不俗,虽非作家之极,亦在附庸之列,成作咸在,不可废也。因复总述之。

(1) 王安石 《金陵怀古》

> 登楼送目,正故国晚秋,天气初肃。千里澄江似练,翠峰如簇。征帆去棹斜阳里,背西风,酒旗斜矗。彩舟云淡,星河鹭起,画图难足。　念自昔,豪华竞逐。叹门外楼头,悲恨相续。千古凭高对此,漫嗟荣辱。六朝旧事随流水,但寒烟衰草凝绿。至今商女,时时犹唱,后庭遗曲。〔桂枝香〕

荆公不以词见长,而〔桂枝香〕一首,大为东坡叹赏,各家选本,亦皆采录,第其词只稳惬而已。他如〔菩萨蛮〕、〔渔家傲〕、〔清平乐〕、

〔浣溪沙〕等,间有可观。至〔浪淘沙〕之"伊吕两衰翁",〔望江南〕之"归依三宝赞",直俚语耳。

(2) **晏几道** 〔临江仙〕

> 梦后楼台高锁,酒醒帘幕低垂。去年春恨却来时,落花人独立,微雨燕双飞。　　记得小蘋初见,两重心字罗衣,琵琶弦上说相思。当时明月在,曾照彩云归。

小山词之最著者,如此词之"落花"二句。及〔鹧鸪天〕之"舞低杨柳楼心月,歌尽桃花扇底风",又"今宵剩把银釭照,犹恐相逢是梦中",又"梦魂惯得无拘检,又踏杨花过谢桥",〔浣溪沙〕之"户外绿杨春系马,床头红烛夜呼卢",皆为世人盛称者。余谓艳词自以小山为最,以曲折深婉,浅处皆深也。

(3) **李之仪** 〔卜算子〕

> 我住长江头,君住长江尾。日日思君不见君,共饮长江水。　　此水几时休,此恨何时已。只愿君心似我心,定不负,相思意。

此词盛传于世,以为古乐府俊语是也。但不善学之,易流于滑易。《姑溪词》中佳者殊鲜,如〔千秋岁〕之"东风半落梅梢雪",〔南乡子〕之"西墙,犹有轻风递暗香"亦工。此外皆平直而已。

(4) **周紫芝** 〔朝中措〕

> 雨馀庭院冷萧萧,帘幕度轻飙。鸟语唤回残梦,春寒勒住花

梢。　　无聊睡起,新愁黯黯,归路迢迢。又是夕阳时候,一炉沉水烟销。

孙竞谓:"竹坡乐章,清丽婉曲,非苦心刻意为之。"此言极是。竹坡少师张耒,行辈稍长李之仪,而词则学小山者也。人第赏其〔鹧鸪天〕之"梧桐叶上三更雨,叶叶声声是别离",〔醉落魄〕之"晓寒谁看伊梳掠,雪满西楼,人在阑干角",〔生查子〕之"不忍上西楼,怕看来时路"诸语,实皆聪俊句耳。余最爱〔品令〕登高词,其后半云:"黄花香满,记白苎吴歌软。如今却向、乱山丛里,一枝重看。对着西风搔首,为谁肠断?"沉着雄快,似非小山所能也。

(5) 葛胜仲　〔鹧鸪天〕

小榭幽圆翠箔垂,云轻日薄淡秋晖。菊英露浥渊明径,藕叶风吹叔宝池。　　酬素景,泥芳卮,老人痴钝强伸眉。欢哗莫遣笙歌散,归路从教灯影稀。

鲁卿与常之,亦如元献、小山也。然门第誉望,可以齐驱,至论词,则虎贲之与中郎矣。鲁卿以〔蓦山溪〕、〔天穿节〕二首得盛誉,其词亦平平,盖名高而实不足副也。余爱其〔点绛唇〕末语"乱山无数,斜日荒城鼓",可与范文正"长烟落日孤城闭"并美。馀不称矣。

(6) 黄庭坚　〔虞美人〕

天涯也有江南信,梅破知春近。夜阑风细得香迟,不道晓来开遍向南枝。　　玉台弄粉花应妒,飘到眉心住。平生个里愿杯深,去国十年老尽少年心。《宜州见梅作》

晁无咎谓："山谷词，不是当行家，乃着腔唱好诗。"此言洵是。陈后山乃云："今代词手，惟秦七与黄九。"此实阿私之论，山谷之词，安得与太虚并称？较耆卿且不逮也。即如〔念奴娇〕下片，如"共倒金尊家万里，难得尊前相属。老子平生，江南江北，爱听临风曲。"世谓可并东坡，不知此仅豪放耳，安有东坡之雄俊哉？

（7）张耒 〔风流子〕

亭皋木叶下，重阳近，又是捣衣秋。奈愁入庾肠，老侵潘鬓，漫簪黄菊，花也应羞。楚天晚，白蘋烟尽处，红蓼水边头。芳草有情，夕阳无语，雁横南浦，人倚西楼。　玉容知安否？香笺共锦字，两处悠悠。空恨碧云离合，青鸟沉浮。向风前懊恼，芳心一点，寸眉两叶，禁甚闲愁。情到不堪言处，分付东流。

此词仅"芳草"四语为俊语，通体布局，宛似耆卿，故下片说到本事，即如强弩之末矣。元祐诸公，皆有乐府，惟张仅见〔少年游〕、〔秋蕊香〕及此词。胡元任以为不在元祐诸公之下，非公论也。（〔少年游〕、〔秋蕊香〕二词，为营妓刘淑奴作。）

（8）陈师道 〔清平乐〕

秋光烛地，帘幕生秋意。露叶翻风惊鹊坠，暗落青林红子。　微行声断长廊，熏炉衾换生香。灭烛却延明月，揽衣先怯微凉。

胡元任云："后山自谓他文未能及人，独于词不减秦七、黄九。"其自矜如此。而放翁题跋则云:"陈无己诗妙天下,以其馀作词,宜其工矣。顾乃不然,殆未易晓也。"余谓后山词,较文潜为优。如〔菩萨蛮〕云:"急雨洗香车,天回河汉斜",〔蝶恋花〕云:"路转河回寒日暮,连峰不许重回顾"等语,皆胜。放翁所云,亦非公也。

(9) 程垓 〔南浦〕

金鸭懒薰香,向晚来,春醒一枕无绪。浓绿涨瑶窗,东风外,吹尽乱红飞絮。无言伫立,断肠惟有流莺语。碧云欲暮,空惆怅,韶华一时虚度。 追思旧日心情,记题叶西楼,吹花南浦。老去觉欢疏,伤春恨,多付断云残雨。黄昏院落,问谁犹在凭阑处?可堪杜宇,空只解声声,催他春去。

毛子晋云:"正伯与子瞻,中表兄弟也,故集中多涉苏作,如〔意难忘〕、〔一剪梅〕之类。"余按今传《书舟词》,已无苏作,子晋已删汰矣。其〔酷相思〕、〔四代好〕、〔折红英〕诸作,盛为升庵推许。盖其词以凄婉绵丽为宗,为北宋人别开生面,自是以后,字句间凝炼渐工,而昔贤疏宕之致微矣。

(10) 毛滂 〔临江仙〕

闻道长安灯夜好,雕轮宝马如云。蓬莱清浅对觚棱,玉皇开碧落,银界失黄昏。 谁见江南憔悴客?端忧懒步芳尘。小屏风畔冷香凝,酒浓春入梦,窗破月寻人。《都城元夕》

滂以〔惜分飞〕赠伎词得盛名。陈质斋且云:"泽民他词虽工,未有能及此者。"所见太狭矣。《东堂词》中佳者殊多,如〔浣溪沙〕云:

"小雨初收蝶做团,和风轻拂燕泥干,秋千院落落花寒。"〔七娘子〕云:"云外长安,斜晖脉脉,西风吹梦来无迹。"〔蓦山溪〕《杨花》云:"柔弱不胜春,任东风吹来吹去。"皆俊逸可喜,安得云〔惜分飞〕为最乎?即此词之"酒浓"二句,何减"云破月来"风调。

(11) **晁补之** 〔摸鱼儿〕

买陂塘旋栽杨柳,依稀淮岸湘浦。东皋雨足轻痕涨,沙觜鹭来鸥聚。堪爱处,最好是,一川夜月光流渚。无人自舞,任翠幕张天,柔茵藉地,酒尽未能去。　　青绫被,休忆金闺故步,儒冠曾把身误。弓兵千骑成何事,荒了邵平瓜圃。君试觑,满青镜,星星鬓影今如许。功名浪语,便做得班超,封侯万里,归计恐迟暮。

无咎词酷似东坡,不独此作然也。如〔满江红〕之"东武南城",〔永遇乐〕之"松菊堂深",皆直摩子瞻之垒,而灵气往来,自有天然之秀。胡元任盛称其〔洞仙歌〕《泗州中秋作》,谓如常山之蛇,救首救尾,可云知无咎者矣。

(12) **晁端礼** 〔水龙吟〕

倦游京洛风尘,夜来病酒无人问。九衢雪少,千门月淡,元宵灯近。香散梅梢,冻销池面,一番春信。记南城醉里,西城宴阕,都不管人春困。　　屈指流年未几,早惊人潘郎双鬓。当时体态,而今情绪,多应瘦损。马上墙头,纵教瞥见,也难相认。凭阑干,但有盈盈泪眼,把罗襟搵。

次膺为无咎叔,蔡京荐于朝,诏乘驿赴阙。次膺至,适禁中嘉莲生,遂属词以进,名〔并蒂芙蓉〕。上览称善,除大晟府协律,不克受而卒。今《琴趣外篇》有〔鸭头绿〕、〔黄河清慢〕,皆所创也。其才亦不亚于清真云。

(13)万俟雅言　〔昭君怨〕

　　春到南楼雪尽,惊动灯期花信。小雨一番寒,倚阑干。
　　莫把阑干频倚,一望几重烟水。何处是京华?暮云遮。

雅言自号词隐,与清真堂名顾曲,其旨相同。崇宁中,充大晟府制撰,又与清真同官。今《大声集》虽不传,而如〔春草碧〕、〔三台〕、〔卓牌儿〕诸词,固流播千古也。黄叔旸谓其词"平而工,和而雅",洵然。

右附录十三家。姑溪、竹坡、丹阳三家,则学晏氏父子者也;文潜、后山、正伯、东堂、无咎,则属于苏门者也。次膺、词隐为邦彦同官,讨论古音古调,又复增演慢、曲、引、近,或为三犯、四犯之曲,皆知音之士,故当系诸清真之下。荆公、山谷,实非专家,盛誉难没,因附入焉。

第二　南宋人词略

词至南宋,可云极盛时代。黄升散花庵《中兴以来绝妙词选》十卷,始于康与之,终于洪瑹;周密《绝妙好词》七卷,始于张孝祥,终于仇远,合订不下二百家。二书皆选家之善本,学者必须探讨,顾由博返约，首当抉择。兹选论七家，为南渡词人之表率，即稼轩、白石、玉田、碧山、梅溪、梦窗、草窗是也。此外附录所及，各以类聚，亦可略见大概矣。

（1）**辛弃疾** 字幼安，历城人。耿京聚兵山东，节制忠义军马，留掌书记。绍兴中，令奉表南归，高宗召见，授承务郎，累官浙东安抚使，进枢密都承旨。有《稼轩长短句》十二卷。

贺新郎　独坐停云作

甚矣吾衰矣！怅平生交游零落，只今馀几？白发空垂三千丈，一笑人间万事，问何物能令公喜？我见青山多妩媚，料青山见我亦如是。情与貌，略相似。　　一尊搔首东窗里，想渊明停云诗就，此时风味。江左沉酣求名者，岂识浊醪妙理？回首叫云飞风起。不恨古人吾不见，恨古人不见吾狂耳。知我者，二三子。

陈子宏云："蔡元工于词，靖康中，陷金。辛幼安以诗词谒蔡，曰：'子之诗则未也。他日当以词名家。'"刘潜夫云："公所作大声镗鞳，小声铿钧，横绝六合，扫空万古。其秾丽绵密者，又不在小晏、秦郎之下。"毛子晋云："词家争斗秾纤，而稼轩率多抚时感事之作，磊落英多，绝不作妮子态。宋人以东坡为词诗，稼轩为词论，善评也。"陈亦峰云："稼轩词自以〔贺新郎〕一篇为冠，《别茂嘉十二弟》沉郁苍凉，跳跃动荡，古今无此笔力。"余谓学稼轩词，须多读书，不用书卷，徒事叫嚣，便是蒋心馀、郑板桥，去"沉郁"二字远矣。辛词着力太重处，如〔破阵子〕《为陈同甫赋壮诗以寄之》、〔瑞鹤仙〕《南涧双溪楼》等作，不免剑拔弩张。至如〔鹧鸪天〕云："却将万字平戎策,换得东郊种树书。"读之不觉衰飒。〔临江仙〕云："别浦鲤鱼何日到?锦书封恨重重。海棠花下去年逢。也应随分瘦,忍泪觅残红。"婉雅芊丽,孰谓稼轩不工致语耶?又〔蝶恋花〕《元日立春》云："今岁花期消息定,只愁风雨无凭准。"盖言荣辱不定,遭谪无常,言外有多少疑惧哀怨,而仍是含蓄不尽。此等处,虽迦陵且不能知,遑论馀子。世以〔摸鱼子〕一首为最佳,亦有见地,但启讥讽之端。陈藏一之《咏雪》,德祐太学生之〔百字令〕,往往易招愆尤也。

(2)姜夔　字尧章,鄱阳人。萧东父识之于年少,妻以兄子,因寓居吴兴之武康,与白石洞天为邻,自号白石道人。庆元中,曾上书乞正太常雅乐。有《白石诗》一卷,词五卷。录词一首:

霓裳中序第一

亭皋正望极,乱落江莲归未得。多病却无气力,况纨扇渐疏,罗衣初索。流光过隙,叹杏梁、双燕如客。人何在?一帘淡月,仿佛照颜色。　　幽寂,乱蛩吟壁。动庾信、清愁似织。沉思年少浪迹。笛里关山,柳下坊陌。坠红无信息,漫暗水、涓涓流碧。漂零久,而今何意?醉卧酒垆侧。

宋人词如美成乐府,仅注明宫调而已。宫调者,即说明用何等管色也,如仙吕用小工,越调用六字类,盖为乐工计耳。白石词,凡旧牌皆不注明管色,而独于自度腔十七支,不独书明宫调,并乐谱亦详载之。宋代曲谱,今不可见,惟此十七阕,尚留歌词之法于一线。因悟宋人歌词之法,皆用旧谱,故白石于旧牌各词,概不申说,而于自作诸谱，不殚详录也。何以明之？白石词〔满江红〕序云："〔满江红〕旧词用仄韵，多不协律。如末句云'无心扑'三字，歌者将'心'字融入去声，方谐音律。"又云："末句云'闻珮环'，则协律矣。"是白石明知旧谱"心"字之不协，乃为此"珮"字之去声以就歌谱焉。故此词不注旁谱，以见韵虽用平，而歌则仍旧也。又吴梦窗〔西子妆〕，亦自度腔也。而张玉田和之，且云："梦窗自制此曲，余喜其声调娴雅，久欲效而未能。"又云："惜旧谱零落，不能倚声而歌也。"据此，则宋调之能歌者，皆非旧谱零落之词。梦窗此调，虽娴雅可观，而谱法已佚，无从按拍。苟可不拘旧谱，则玉田尽可补苴罅漏，别订新声。今宁使阙疑，不敢妄作者，正足见宋人歌词之法，概守旧腔，非如南北曲之随字音清浊而为之挪移音节也。是以吴词自制腔九支，以不自作谱，元明以来，赓和者绝少；姜词十七谱具存，故继姜而作者至多。于此见谱之存逸，关系于词之隆替者至重。而宋词谱之守定成式者，亦缘此可悟矣。南渡以后，国势日非，白石目击心伤，多于词中寄慨，不独〔暗香〕、〔疏影〕，发二帝之幽愤，伤在位之无人也。特感慨全在虚处，无迹可寻，人自不察耳。盖词中感喟，只可用比兴体，即比兴中亦须含蓄不露，斯为沉郁，若慷慨发越，终病浅显。如〔扬州慢〕"自胡马窥江去后，废池乔木，犹厌言兵"，已包涵无数伤乱语。又如〔点绛唇〕《丁未冬过吴淞作》，通首只写眼前景物，至结处云："今何许？凭阑怀古，残柳参差舞。"其感时伤事，只用"今何许"三字提唱，无穷哀感，都在虚处。他如〔石湖仙〕、〔翠楼吟〕诸作，自是有感而发，特未敢臆断耳。（姜词十七谱，余别有释词，今不论。）

(3) **张炎** 字叔夏，号玉田。循王后裔。居临安，自号乐笑翁。有《玉田词》三卷，郑思肖为之序。录〔南浦〕一首：

南浦　春水

波暖绿粼粼,燕飞来,好是苏堤才晓。鱼没浪痕圆,流红去、翻唤东风难扫。荒桥断浦,柳阴撑出扁舟小。回首池塘青欲遍,绝似梦中芳草。　　和云流出空山,甚年年净洗,花香不了。新绿乍生时,孤村路、犹忆那回曾到。馀情渺渺,茂林觞咏如今悄。前度刘郎归去后,溪上碧桃多少?

玉田词皆雅正,故集中无俚鄙语,且别具忠爱之致;玉田词皆空灵,故集中无拙滞语,且又多婉丽之态。自学之者多效其空灵,而立意不深,即流于空滑之弊。岂知玉田用笔,各极其致,而琢句之工,尤能使意笔俱显。人仅赏其精警,而作者诣力之深,曾未知其甘苦也。如〔忆旧游〕《大都长春宫》云:"古台半压琪树,引袖拂寒星。"结云:"鹤衣散彩都是云。"〔壶中天〕《夜渡古黄河》云:"扣舷歌断,海蟾飞上孤白。"〔渡江云〕《山阴久客寄王菊存》云:"山空天入海,倚楼望极,风急暮潮初。"〔湘月〕《山阴道中》云:"疏风迎面,湿衣原是空翠。"〔清平乐〕云:"只有一枝梧叶,不知多少秋声。"〔甘州〕《寄沈尧道》云:"短梦依然江表,老泪洒西州。一字无题处,落叶都愁。"又云:"折芦花赠远,零落一身秋。"又《饯草窗西归》云:"料瘦筇归后,闲锁北山云。"〔台城路〕《送周方山》云:"暗草埋沙,明波洗月,谁念天涯羁旅。"又《寄太白山人陈又新》云:"虚沙动月,叹千里悲歌,唾壶敲缺。"又云:"回潮似咽,送一点愁心,故人天末。江影沉沉,夜凉鸥梦阔。"〔长亭怨〕《饯菊泉》云:"记横笛玉关高处,万叠沙寒,雪深无路。"〔西子妆〕《江上》云:"杨花点点是春心,替风前万花吹泪。"〔忆旧游〕《登蓬莱阁》云:"海日生残夜,看卧龙和梦,飞入秋冥。还听水声东去,山冷不生云。"此类皆精警无匹,可与尧章颉颃。又如〔迈陂塘〕结处云:"深更静,待散发吹箫,鹤背天风冷。凭高露饮,正碧落尘空,光摇半壁,月在万松顶。"沉郁以清超出之,飘飘有凌云气概,自在草窗、西麓之上。至如〔长亭怨〕《饯菊泉》结云:"且莫把孤愁,说与当时歌舞",〔三姝媚〕《送舒亦山》云:"贺监犹存,还散迹,千山风露",又云:"布袜青鞋,休误入桃源深处",盖是时菊泉、亦山,各有北游,语带箴规,又复自明不仕之志。君国之感,离别之情,言外自见,此亦足见玉田生平矣。

玉田用韵至杂,往往真文、青庚、侵寻同用,亦有寒删间杂覃监者,此等处实不足法。惟在入声韵,则又谨严,屋沃不混觉药,质陌不混月屑,亦不杂他韵。学者当从其谨严处,勿藉口玉田,为文过之地也。

(4) **王沂孙** 字圣与,号碧山,又号中仙,会稽人。至元中,曾官庆元路学正。有《碧山乐府》二卷。录词一首:

齐天乐 馀闲书院拟赋蝉

一襟遗恨宫魂断,年年翠阴庭宇。乍咽凉柯,还移暗叶,重把离愁深诉。西窗过雨,渐金错鸣刀,玉筝调柱。镜掩残妆,为谁娇鬓尚如许。　　铜仙铅泪似洗,叹移盘去远,难贮零露。病翼惊秋,枯形阅世,消得斜阳几度。馀音更苦,甚独抱清商,顿成凄楚。漫想薰风,柳丝千万缕。

大抵碧山之词,皆发于忠爱之忱,无刻意争奇之意,而人自莫及。论词品之高,南宋诸公,当以《花外》为巨擘焉。其咏物诸篇,固是君国之忧,时时寄托,却无一笔犯复,字字贴切故也。〔天香〕《龙涎香》一首,当为谢太后作。其前半多指海外事,惟后叠云:"荀令如今渐老,总忘却尊前旧风味。"必有寄托,但不知何所指耳。至如〔南浦〕《春水》云:"帘影蘸楼阴,芳流去,应有泪珠千点。沧浪一舸,断魂重唱蘋花怨。"寄慨处清丽纡徐,斯为雅正。又〔庆宫春〕《水仙》云:"岁华相误,记前度湘皋怨别。哀弦重听,都是凄凉未须彻。"后叠云:"国香到此谁辨?烟冷沙昏,顿成愁绝。"结云:"试招仙魄,怕今夜瑶簪冻折。携盘独出,空怨咸阳,故宫落月。"凄凉哀怨,其为王清惠辈作乎?(清惠等诗词具见汪水云《湖山类稿》。)又〔无闷〕《雪意》后半云:"清致,悄无似。有照水南枝,已搀春意。误几度凭阑,暮愁凝睇。应是梨云梦好,未肯放东风来人世。待翠管吹破苍茫,看取玉壶天地。"无限怨情,出以浑厚之笔。张皋文《词选》,碧山词止取四首,除〔齐天乐〕《赋蝉》外,有〔眉妩〕《新月》、〔高阳台〕《梅花》、〔庆清朝〕《榴花》三阕,且于每词下各注案语。〔眉妩〕云:"此喜君有恢复之志,而惜无贤臣也。"〔高阳台〕云:"此伤君臣宴安,不思国耻,天下将亡也。"〔庆清朝〕云:"此言乱世尚有人才,惜世不用也。"是知碧山一片热肠,无穷哀感,《小雅》怨诽不乱之旨,诸词有焉。以视白石之〔暗香〕、〔疏影〕,亦有过之无不及。词至此,蔑以加矣。

(5)**史达祖** 字邦卿,汴人。有《梅溪词》。《四朝闻见录》:"韩侂胄为平章,专倚省吏史达祖举行文字,拟帖拟旨,皆出其手,侍从柬札,至用申呈。韩败,遂黥焉。"有《梅溪词》一卷。录词一首:

三姝媚

烟光摇缥瓦,望晴檐多风,柳花如洒。锦瑟横床,想泪痕尘影,凤弦长下。倦出犀帷,频梦见、王孙骄马。讳道相思,偷理绡裙,自惊腰衩。　　惆怅南楼遥夜,记翠箔张灯,枕肩歌罢。又入铜驼,遍旧家门巷,首讯声价。可惜东风,将恨与,闲花俱谢。记取崔徽模样,归来暗写。

邦卿为平原堂吏,千古无不惜之。楼敬思云:"史达祖南宋名士,不得进士出身,以彼文采,岂无论荐?乃甘作权相堂吏,至被弹章,不亦降志辱身之至耶?"读其《书怀》〔满江红〕词:"好领青衫,全不向诗书中得。""三径就荒秋自好,一钱不值贫相逼。"亦自怨自艾者矣。又读其《出京》〔满江红〕词:"更无人摩笛傍宫墙,苔花碧。"又云:"老子岂无经世术,诗人不预平戎策。"是亦善于解嘲焉。然集中又有《留别社友》〔龙吟曲〕:"楚江南每为神州未复。阑干静,慷登眺。"新亭之泣,未必不胜于兰亭之集也。乃以词客终其身,史臣亦不屑道其姓氏,科目之困人如此,岂不可叹!然则词人立品,为尤要矣。戈顺卿谓:"周清真善运化唐人诗句,最为词中神妙之境。而梅溪亦擅其长,笔意更为相近。"又云:"若仿张为作词家主客图,周为主,史为客,未始非定论也。"其倾倒梅溪,可为尽至。余谓白石、梅溪,皆祖清真,白石化矣,梅溪或稍逊耳。至其高者,亦未尝不化。如〔湘江静〕云:"三年梦冷,孤吟意短,屡烟钟津鼓。屐齿厌登临,移橙后、几番凉雨。"又〔临江仙〕结句云:"枉教装得旧时多。向来箫鼓地,曾见柳婆娑。"慷慨生哀,极悲极郁,居然美成复生,较"临断岸新绿生时,是落红带愁流处",尤为沉着。此种境地,却是梅溪独到处。

(6)吴文英　字君特,四明人。从吴履斋诸公游。有《梦窗甲乙丙丁稿》四卷。录词一首:

莺啼序

残寒正欺病酒，掩沉香绣户。燕来晚、飞入西城，似说春事迟暮。画船载、清明过却，晴烟冉冉吴宫树。念羁情游荡，随风化为轻絮。　　十载西湖，傍柳系马，趁娇尘软雾。溯红渐招入仙溪，锦儿偷寄幽素。倚银屏、春宽梦窄，断红湿、歌纨金缕。暝堤空，轻把斜阳，总还鸥鹭。　　幽兰旋老，杜若还生，尚水乡寄旅。别后访、六桥无信，事往花委，瘗玉埋香，几番风雨。长波妒盼，遥山羞黛，渔灯分影春江宿。记当时、短楫桃根渡，青楼仿佛。临分败壁题诗，泪墨渗漫尘土。　　危亭望极，草色天涯，叹鬓侵半苎。暗点检、离痕欢唾，尚染鲛绡。𬈑凤迷归，破鸾慵舞。殷勤待写，书中长恨，蓝霞辽海沉过雁，漫相思、弹入哀筝柱。伤心千里江南，怨曲重招，断魂在否？

按梦窗词，以绵丽为尚，运意深远，用笔幽邃，炼字炼句，迥不犹人。貌观之，雕缋满眼，而实有灵气行乎其间。细心吟绎，觉味美于方回，引人入胜，既不病其晦涩，亦不见其堆垛。此与清真、梅溪、白石并为词学之正宗，一脉真传，特稍变其面目耳。犹之玉谿生之诗，藻采组织，而神韵流转，旨趣永长，未可妄讥其獭祭也。昔人评骘，多有未当，即如尹惟晓以梦窗并清真，不知置东坡、少游、方回、白石等于何地，誉之未免溢量。至沈伯时谓其太晦，其实梦窗才情超逸，何尝沉晦？梦窗长处，正在超逸之中，见沉郁之思，乌得转以沉郁为晦耶？若叔夏"七宝楼台"之喻，亦所未解。窃谓东坡〔水调歌头〕、介甫〔桂枝香〕有此弊病，至梦窗词，合观通篇，固多警策，即分摘数语，亦自入妙，何尝不成片段耶？张皋文《词选》，独不收梦窗词，而以苏、辛为正声,此门户之见,乃以梦窗与耆卿、山谷、改之辈同列,此真不知梦窗也。董氏《续词选》,只取梦窗〔唐多令〕、〔忆旧游〕两篇,此二篇绝非梦窗高诣。〔唐多令〕一篇,几于油腔滑调,在梦窗集中最属下乘。《续选》独取此两篇,岂故收其下者,以实皋文之言耶?谬矣。

梦窗精于造句,超逸处,则仙骨珊珊,洗脱凡艳;幽索处,则孤怀耿耿,别缔古欢。如〔高阳台〕《落梅》云:"宫粉雕痕,仙云堕影,无人野水荒湾。古石埋香,金沙锁骨连环。南楼不恨吹横笛,恨晓风千里关山。半飘零,庭院黄昏,月冷阑干。"又云:"细雨归鸿,孤山无限春寒。"〔瑞鹤仙〕云:"怨柳凄花,似曾相识。西风破屐,林下路,水边石。"〔祝英台近〕《除夜立春》云:"剪红情,裁绿意,花信上钗股。残日东风,不放岁华去。"又《春日客龟溪游废园》云:"绿暗长亭,归梦趁风絮。"〔水龙吟〕《惠山酌泉》云:"艳阳不到青山,淡烟冷翠成秋苑。"〔满江红〕《淀山湖》云:"对两蛾犹锁,怨绿烟中。秋色未教飞尽雁,夕阳长是坠疏钟。"〔点绛唇〕《试灯夜初晴》云:"情如水,小楼薰被,春梦笙歌里。"又云:"征衫贮,旧寒一缕,泪湿风帘絮。"〔八声甘州〕《游灵岩》云:"箭径酸风射眼,腻水染花腥。"又云:"连呼酒,上琴台去,秋与云平。"俱能超妙入神。

(7) **周密** 字公谨,号草窗,济南人。流寓吴兴,居弁山。自号弁阳啸翁,又号萧斋,又号四水潜夫。淳祐中,为义乌令。有《蜡屐集》、《草窗词》二卷,一名《蘋洲渔笛谱》。录词一首:

曲游春

禁苑东风外,飔暖丝晴絮,春思如织。燕约莺期,恼芳情偏在,翠深红隙。漠漠香尘隔,沸十里、乱丝丛笛。看画船尽入西泠,闲却半湖春色。　　柳陌,新烟凝碧,映帘底宫眉,堤上游勒。轻暝笼烟,怕梨云梦冷,杏香愁幂。歌管酬寒食,奈蝶怨良宵岑寂。正恁醉月摇花,怎生去得?

按草窗词,尽洗靡曼,独标清丽,有葱茜之色,有绵渺之思,与梦窗旨趣相侔。二窗并称,允矣无忝。其于词律,亦极严谨,盖交游甚广,深得切劘之益。如集中所称霞翁,乃杨守斋也。守斋名缵,字继翁,又号紫霞翁,善弹琴,明宫调词法,周美成有《紫霞洞箫谱》。尝著《作词五要》,于填词按谱、随律押韵二条详言之,守律甚细,一字不苟作。草窗与之交,宜其词律之细矣。观其〔一萼红〕《登蓬莱阁有感》一阕,苍茫感慨,情见乎词,当为草窗集中压卷,虽使美成、白石为之,亦无以过,惜不多觏耳。词云:"步深幽,正云黄天淡,雪意未全休。鉴曲寒沙,茂林烟草,俯仰今古悠悠。岁华晚,飘零渐远,谁念我同载五湖舟。磴古松斜,崖阴苔老,一片清愁。　　回首天涯归梦,几魂飞西浦,泪洒东州。故国山川,故园心眼,还似王粲登楼。最负他秦鬟妆镜,好江山何事此时游?为唤狂吟老监,共赋销忧。"又〔法曲献仙音〕《吊雪香亭梅》云:"一片古今愁,但废绿平烟空远。无语消魂,对斜阳衰草泪满。又西泠残笛,低送数声春怨。"即杜诗"回首可怜歌舞地"之意。以词发之,更觉凄惋。〔水龙吟〕《白莲》云:"擎露盘深,忆君凉夜,时倾铅水。想鸳鸯正结,梨云好梦,西风冷,还惊起。"词意兼胜,似此亦不亚碧山也。

右七家,皆南宋词坛领袖,历百世不祧者也。其他潜研音吕,敷陈华藻,正不乏人。复择其著者,附录之,得十四家。

(1) **陆游**　字务观,山阴人。以荫补登仕郎。隆兴初,赐进士出身。范成大帅蜀,为参议官。人讥其颓放,因自号放翁。有《剑南

集》,词二卷。录〔水龙吟〕一首:

> 摩诃池上追游路,红绿参差春晚。韶光妍媚,海棠如醉,桃花欲暖。挑菜初闲,禁烟将近,一城丝管。看金鞍争道,香车飞盖,争先占、新亭馆。　　惆怅年华暗换,黯消魂、雨收云散。镜奁掩月,钗梁拆凤,秦筝斜雁。身在天涯,乱山孤垒,危楼飞观。叹春来只有,杨花和恨,向东风满。《春日游摩诃池》

刘潜夫云:"放翁、稼轩,一扫纤艳,不事斧凿,但时时掉书袋,要是一癖。"余谓务观与稼轩,不可并列。放翁豪放处不多,今传诵最著者,如〔双头莲〕、〔鹊桥仙〕、〔真珠帘〕等,字字馨逸,与稼轩大不相同。至《南园》一记,蒙垢今古,〔钗头凤〕寄慨家庭,平生家国间,真有隐痛矣。

(2) **张孝祥**　字安国,历阳人。绍兴二十四年,廷试第一,历官至显谟阁直学士。有《于湖词》一卷。录〔念奴娇〕一首:

> 洞庭青草,近中秋、更无一点风色。玉界琼田三万顷,着我扁舟一叶。素月分辉,明河共影,表里俱澄澈。悠然心会,妙处难与君说。　　应念岭表经年,孤光自照,肝胆皆冰雪。短鬓萧疏襟袖冷,稳泛沧溟空阔。尽吸西江,细斟北斗,万象为宾客。叩舷独啸,不知今夕何夕。《过洞庭》

此作《绝妙好词》冠诸简端,其气象固是豪雄,惟用韵不甚合耳。于湖他作,如〔西江月〕之"东风吹我过湖船,杨柳丝丝拂面",〔满江红〕之"点点不离杨柳外,声声只在芭蕉里",皆俊妙可喜。陈郡汤衡序《于湖词》云:"元祐诸公,嬉弄乐府,寓以诗人句法,无一毫浮靡之气,实自东坡发之也。于湖紫微张公之词,同一关键。"以于湖并东坡,论亦不误,惟才气较薄弱耳。

(3) **陈亮** 字同甫,婺州人。绍熙四年,擢进士第一。有《龙川集》,词三卷。录〔水龙吟〕一首:

闹红深处层楼,画帘半卷东风软。春归翠陌,平莎茸嫩,垂杨金浅。迟日催花,淡云阁雨,轻寒轻暖。恨芳菲世界,游人未赏,都付与、莺和燕。　　寂寞凭高念远,向南楼、一声归雁。金钗斗草,青丝勒马,风流云散。罗绶分香,翠绡封泪,几多幽怨。正消魂,又是疏烟淡月,子规声断。

叶水心云:"同甫长短句四卷,每一章成,辄自叹曰:'平生经济之怀,略已陈矣。'"周草窗云:"龙川好谈天下大略,以节气自居,而词亦疏宕有致。"毛子晋云:"龙川词读至卷终,不作一妖语媚语,殆所称不受人怜者欤?"余谓龙川与幼安,往来至密,集中〔贺新郎〕三首,足见气谊,故词境亦近之。而如此作,又复幽秀妍丽,能者固无所不能也。

(4) **刘过** 字改之,太和人。尝伏阙上书,请光宗过宫。复以书抵时宰,陈恢复方略,不报,放浪湖海间。有《龙洲词》一卷。录〔沁园春〕一首:

古岂无人,可以似吾,稼轩者谁?拥七州都督,虽然陶侃,机明神鉴,未必能诗。当衮何如,公羊聊尔,千骑东方候会稽。中原事,纵匈奴未灭,毕竟男儿。　　平生出处天知,算整顿乾坤终有时。问湖南宾客,侵寻去矣,江西户口,流落何之?尽日楼

台,四边屏障,目断江山魂欲飞。长安道,算世无刘表,王粲畴依。《寄辛稼轩》

改之词学幼安,而横放杰出,尤较幼安过之。叫嚣之风,于此开矣。黄花庵云:"如《别妾》〔天仙子〕、《咏画眉》〔小桃红〕诸阕,稼轩集中能有此纤秀语耶?"毛子晋又述此语为改之辨护。余以为改之诸作,如《美人指甲》、《美人足》,虽传述人口,实是秽亵,不足为法。至豪迈处又一放不可收,盖学幼安而不从"沉郁"二字着力,终无是处也。集中〔沁园春〕至多,"斗酒彘肩"一首尤著名,亦谰语耳。细检一过,惟〔贺新郎〕"老去相如"一阕,是其最胜者矣。

(5) **卢祖皋** 字申之,永嘉人。与四灵相唱和,盛称江湖间。庆元五年进士,为军器少监。嘉定十四年,擢直学士。有《蒲江词》。录〔水龙吟〕一首:

会昌湖上扁舟,几年不醉西山路。流光又是,宫衣初试,安榴半吐。千里江山,满川烟草,薰风淮楚。念离骚恨远,独醒人去,阑干外,谁怀古? 亦有鱼龙戏舞,艳晴川绮罗歌鼓。乡情节意,尊前同是,天涯羁旅。涨绿池塘,翠阴庭院,归期无据。问明年此夜,一眉新月,照人何处?《淮西重午》

《蒲江词》仅二十五阕,而佳者颇多。如〔贺新郎〕之《钓雪亭》,〔倦寻芳〕之《春思》,〔西江月〕之《中春》,〔清平乐〕之《春恨》,字字工协。毛子晋谓其有古乐府佳句,犹在字句间求之。论其词境,可与玉田、草窗并美云。

(6) **高观国** 字宾王,山阴人。有《竹屋痴语》一卷。录〔解连环〕一首：

> 浪摇新绿，漫芳洲翠渚，雨痕初足。荡霁色流入横塘，看风外漪漪，皱纹如縠。藻荇萦回，似留恋鸳飞鸥浴。爱娇云蘸色，媚日揉蓝，远迷心目。　仙源漾舟岸曲，照芳容几树，香浮红玉。记那回西泠桥边，裙翠传情，玉纤轻掬。三十六陂，锦鳞渺，芳音难续。隔垂杨，故人望断，浸愁千斛。《春水》

宾王与梅溪交谊颇挚，词亦各有长处。集中如〔贺新郎〕之《赋梅》，〔喜迁莺〕之《秋怀》，〔花心动〕之《梅意》，〔解连环〕之《咏柳》，〔瑞鹤仙〕之《筇枝》，皆情意悱恻，得少游之意。陈恺序其词云："高竹屋与史梅溪，皆出周、秦之词，所作要是不经人道语，其妙处，少游、美成亦未及也。"此论虽推崇过当，惟以竹屋为周、秦之词，是确有见地。大抵南宋以来，如放翁、如于湖，则学东坡，如龙川、如龙洲，则学稼轩。至蒲江、宾王辈，以江湖叫嚣之习，非倚声家所宜，遂瓣香周、秦，而词境亦闲适矣。诸家造诣，固有不同，论其大概，不外乎此。

(7) **张辑**　字宗瑞，号东泽，鄱阳人。冯深居目为东仙。有《欸乃集》、《东泽绮语债》二卷。录〔疏帘淡月〕一首：

> 梧桐雨细，渐滴做秋声，被风惊碎。润逼衣篝，线袅蕙炉沉水。悠悠岁月天涯醉，一分秋、一分憔悴。紫箫吟断，素笺恨切，夜寒鸿起。　又何苦凄凉客里，负草堂春绿，竹溪空翠。落叶西风，吹老几番尘世。从前谙尽江湖味，听商歌，归兴千里。露侵宿酒，疏帘淡月，照人无寐。

东泽得诗法于姜尧章,词亦学之,但少尧章清刚之气耳。集中词共二十三首,皆摘取词中语标作牌名,与方回《寓声》正同。顾贺、张二家则可,今人则万不能学也。诸作中亦有效苏、辛者,如〔貂裘换酒〕(即〔贺新郎〕)《乙未冬别冯可久》、〔淮甸春〕(即〔念奴娇〕)《访淮海事迹》、〔东仙〕(即〔沁园春〕)《冯可迁号余为东仙,故赋》,皆雄健可喜,不似〔疏帘淡月〕之婉约矣。惟〔杏梁燕〕(即〔解连环〕)则与"梧桐雨细"情韵相类,盖东泽能融合豪放婉丽为一也。

(8) 刘克庄　字潜夫,号后村,莆田人。以荫仕。淳祐中,赐同进士出身,官至龙图阁直学士。有《后村别调》五卷。录〔满江红〕一首:

> 赤日黄埃,梦不到清溪翠麓。空健羡,君家别墅,几株幽独。骨冷肌清偏要月,天寒日暮尤宜竹。想主人杖履绕千回,山南北。　宁委涧,嫌金屋。宁映水,羞银烛。叹出群风韵,背时装束。竞爱东邻姬傅粉,谁怜空谷人如玉。笑林逋何逊漫为诗,无人读。

《后村别调》一卷,张叔夏谓直致近俗,乃效稼轩而不及者,洵然。集中〔沁园春〕二十五首,〔念奴娇〕十九首,〔贺新郎〕四十二首,〔满江红〕三十一首,可云多矣。而奔放跅弛,殊无含蕴。且寿人自寿诸作,触目皆是,词品实不高也。《古今词话》以〔清平乐〕"贪与萧郎眉语,不知舞错伊州"二句为妙语,亦不过聪俊人口吻,非词家之极则。惟《南岳》一稿,几兴大狱,诏禁作诗,词学遂盛,此则于倚声家颇有关系。今读《访梅》绝句,虽可发一粲,而当时禁网可知矣。(后村〔贺新郎〕云:"君向柳边花底问,看贞元朝士谁存者。桃满观,几开谢。"又云:"老子平生无他过,为梅花受取风流罪。"皆为江湖集狱而发。)

(9) **蒋捷** 字胜欲,阳羡人。德祐进士。自号竹山,遁迹不出。有《竹山词》。录〔高阳台〕一首:

> 燕卷晴丝,蜂黏落絮,天教绾住闲愁。闲里清明,匆匆粉涩红羞。灯摇缥缈茸窗冷,语未阑、娥影分收。好伤情,春也难留,人也难留。　　芳尘满目悠悠,为问萦云佩响,还绕谁楼?别酒才斟,从前心事都休。飞莺纵有风吹转,奈旧家苑已成秋。莫思量,杨柳湾西,且掉吟舟。《送翠英》

竹山词亦有警策处,如〔贺新郎〕之"浪涌孤亭起"、"梦冷黄金屋"二首,确有气度。竹垞《词综》推为南宋一家,且谓源出白石,亦非无见。惟其学稼轩处,则叫嚣奔放,与后村同病。如《水龙吟》《落梅》一首,通体用"些"字韵,无谓之至。〔沁园春〕云:"若有人寻,只教童道,这屋主人今自居。"又《次强云卿韵》云:"结算平生,风流债负,请一笔勾。盖攻性之兵,花园锦阵,毒身之鸩,笑齿歌喉。"又云:"迷因底叹,晴干不去,待雨淋头。"〔念奴娇〕《寿薛稼堂》云:"进退行藏,此时正要,一着高天下。"又云:"自古达官酣富贵,往往遭人描画。"〔贺新郎〕《钱狂士》云:"据我看来何所似?一似韩家五鬼,又一似杨家风子。"此等处令人绝倒。学稼轩至此,真属下下乘矣。大抵后村、竹山未尝无笔力,而风骨气度,全不讲究,是心馀、板桥辈所祖,乃词中左道。有志复古者,当从梅溪、碧山用力也。

(10) **陈允平** 字君衡,四明人。有《日湖渔唱》二卷,《继周集》一卷。录〔酹江月〕一首:

霁空虹雨,傍啼螀莎草,宿鹭汀洲。隔岸人家砧杵急,微寒先到帘钩。步幄尘高,征衫酒润,谁暖玉香篝。风灯微暗,夜长频换更筹。　　应是雁柱调筝,鸳梭织锦,付与两眉愁。不似尊前今夜月,几度同上南楼。红叶无情,黄花有恨,孤负十分秋。归心如醉,梦魂飞趁东流。

张叔夏云:"词欲雅而正,志之所之,一为物所役,则失其雅正之音。近代陈西麓所作平正,亦有佳者。"夫平正则难见其佳,平正而有佳者,乃真佳也。其词取法清真,刻意摹效,《继周》一集,皆和周韵,多至百二十一首。(《继周集》共词百二十三首,和周韵者百二十一首。惟〔过秦楼〕前一首、〔琴调相思引〕并非周韵,疑宋本《片玉词》,别有存此二首者也。)其倾倒美成,可与方千里、杨泽民并传。然其面目,并不十分相似,此即脱胎法,可见古人用力之方矣。集中诸词,喜改平韵,如〔绛都春〕、〔永遇乐〕及此词,别具幽秀之致,亦白石法也。《西湖十咏》多感时之语,时时寄托,忠厚和平,真可亚于中仙,非草窗所可及。其词作于景定癸亥岁,阅十馀年宋亡矣。是故读西麓词,一切流荡忘返之失,自然化去耳。

(11) **施岳**　字仲山,号梅川,吴人。其词无专集。录〔曲游春〕一首:

画舸西泠路,占柳阴花影,芳意如织。小楫冲波,度麹尘扇底,粉香帘隙。岸转斜阳隔,又过尽、别船箫笛。傍断桥翠绕红围,相对半篙晴色。　　顷刻,千山暮碧。向沽酒楼前,犹系金勒。乘月归来,正梨花夜缟,海棠烟幂,院宇明寒食。醉乍醒、一庭春寂。任满身露湿,东风欲眠未得。《清明湖上》

梅川词见于《绝妙好词》者，止有六首。其词亦法清真，如〔水龙吟〕、〔兰陵王〕二作可知也。此清明词，盖与草窗同作者。草窗和词有："看画船尽入西泠，闲却半湖春色"之句，为一时传诵。此云"相对半篙晴色"，可云工力悉敌。《西湖游幸记》云："西湖，杭人无时不游。凡缔姻赛社，会亲送葬，经会献神，无不在焉。故杭谚有'销金锅'之号。"观草窗、梅川二词，可见盛况矣。沈义甫云："梅川音律有源流，故其声无舛误。读唐诗多，故语雅淡。"此数语论梅川至当。

（12）**孙惟信** 字季蕃，号花翁，开封人。尝有官，弃去不仕。录〔烛影摇红〕一首：

  一朵鞓红，宝钗压鬓东风溜。年时也是牡丹时，相见花边酒。初试夹纱半袖，与花枝盈盈斗秀。对花临景，为景牵情，因花感旧。 题叶无凭，曲沟流水空回首。梦云不入小山屏，真个欢难偶。别后知他安否？软红街清明还又。絮飞春尽，天远书沉，日长人瘦。《牡丹》

花翁集今不传，其词仅见《绝妙好词》所录五首而已。刘后村《花翁墓志》云："始婚于婺。后去婺游，留苏杭最久。一榻之外无长物，躬爨而食。书无乞米之帖，文无逐贫之赋，终其身如此。"是花翁平生亦略见矣。沈伯时云："孙花翁有好词，亦善运意，但雅正中时有一二市井语。"余谓翁集既佚，无可评骘，就弁阳历录，固无此病也。

（13）**李清照** 自号易安居士，济南人。格非女，赵明诚妻。有《漱玉集》。录〔壶中天〕一首：

  萧条庭院，又斜风细雨，重门须闭。宠柳娇花寒食近，种种恼人天气。险韵诗成,扶头酒醒,别是闲滋味。征鸿过尽,万千心事谁寄? 楼上几日春寒,帘垂四面,玉阑干慵倚。被冷香消新梦觉,不许愁人不起。清露晨流,新桐初引,多少游春意。日高烟敛,更看今日晴未。

易安词最传人口者,如〔如梦令〕之"绿肥红瘦",〔一剪梅〕之"红藕香残",〔醉花阴〕之"帘卷西风",〔凤凰台〕之"香冷金猊",世皆谓绝妙好词也。其〔声声慢〕一首,尤为罗大经、张端义所激赏,其实此词收二语,颇有伧气,非易安集中最胜者。大抵易安诸作,能疏俊而少沉着,即如〔永遇乐〕《元宵词》,人咸谓绝佳。此事感怀京洛,须有沉痛语方佳。词中如"如今憔悴,风鬟雾鬓,怕向花间重去",固是佳语,而上下文皆不称。上云:"铺翠冠儿,燃金雪柳,簇带争济楚。"下云:"不如向帘儿底下,听人笑语。"皆太质率。明者自能辨之。惟其论词语绝精,因摘录之。其言曰:"本朝柳屯田永,变旧声作新声,出《乐章集》,大得声称于世,虽协音律,而词语尘下。又有张子野、宋子京兄弟、沈唐、元绛、晁次膺辈继出,虽时时有妙语,而破碎何足名家。至晏丞相、欧阳永叔、苏子瞻,学际天人,作为小歌词,直如酌蠡水于大海,然皆句读不葺之诗耳。又往往不协音律。(中略)王介甫、曾子固,文章似西汉,若作小歌词,则人必绝倒,不可读也。乃知词别是一家,知之者少。后晏叔原、贺方回、黄鲁直出,始能知之。而晏苦无铺叙,贺苦少典重,秦少游专主情致,而少故实,譬如贫家美女,虽极妍丽丰逸,而终乏富贵态。黄即尚故实,而多疵病,譬如良玉有瑕,价自减半矣。"其讥弹前辈,能切中其病,世不以为刻论也。至玉壶献金之疑,汝舟改嫁之谬,俞理初、陆刚甫、李莼客辈,论之详矣,不赘述。

(14)**朱淑真** 自号幽栖居士,钱塘人。世居姚村,不得志殁。

宛陵魏仲恭辑其诗,名《断肠集》。录〔清平乐〕一首：

> 恼烟撩露，留我须臾住。携手藕花湖上路，一霎黄梅细雨。　　娇痴不怕人猜，随群暂遣愁怀。最是分携时候，归来懒傍妆台。

居士〔生查子〕一词，为升庵诬谤，今已大白于世，无庸赘论矣。余按《断肠词》止三十一首，且非全真，安得魏端礼原辑，及稽瑞楼注本，重付校雠也？就此三十一首中论之，如〔菩萨蛮〕之"湿云不度"，〔忆秦娥〕之"弯弯曲"，〔柳梢青〕之"玉骨冰肌"，〔蝶恋花〕之"楼外垂杨"，皆谐婉可诵。朱文公谓"本朝妇人能文者，唯魏夫人及李易安"，而不及淑真。今魏夫人词，仅有〔菩萨蛮〕一首，无可评论。而淑真尚存数十首，足资研讨。余故录以为殿焉。

右十四家，南宋词之著者略具矣。竹山、后村仍复论列者，盖以见苏、辛词，实不可学，虽宋人且不能佳也。至南宋词人之盛，实多不胜数，讲学家如朱元晦、胡澹庵辈，亦有小词流传（朱有〔水调歌头〕，胡有〔醉落魄〕）。大臣如真德秀、魏了翁、周必大等，又各有乐府名世（真有〔蝶恋花〕，魏有《寿词》一卷，周有《省斋近体乐府》）。缁流如仲殊、祖可，羽流如葛长庚、丘长春，所作亦冲雅俊迈（仲殊有〔诉衷情〕，祖可有〔小重山〕，长庚有〔酹江月〕，长春有〔无俗念〕）。名妓如苏琼、严蕊，复通词翰，斯已奇矣（苏有〔西江月〕，严有〔卜算子〕、〔鹊桥仙〕等）。至《词苑丛谈》载李全之子瑰〔水龙吟〕一首，有"投笔书怀，枕戈待旦，陇西年少"之语。是绿林之豪，亦知柔翰，更不胜胪举也。余故约略论之，聊疏流别而已。

第八章　概论三　金元

前述唐、五代、两宋人之作,为词学极盛之期,自是而后,此道衰矣。金、元诸家,惟吴、蔡、遗山为正,馀皆略事声歌,无当雅奏。元人以北词见长,文人心力,仅注意于杂剧,且有以词入曲者,虽有疏斋、仁近、蜕岩诸子,亦非专家之业也。今综金、元二代略论之。

第一　金人词略

完颜一朝,立国浅陋。金、宋分界,习尚不同。程学行于南,苏学行于北,一时文物,亦未谓无人,惟前为宋所掩,后为元所压,遂使豪俊无闻,学术未显,识者惜之。然而《中州》一编,悉金源之文献;《归潜》十卷,实艺苑之掌故,稽古者所珍重焉。至论词学,北方较衰,杂剧挡弹盛行,而雅词几废,间有操翰倚声,亦目为习诗馀技,远非两宋可比也。综其传作言之,风雅之始,端推海陵,南征之作,豪迈无及。章宗颖悟,亦多题咏,《聚骨扇》词,一时绝唱。密国公璹,才调尤富,《如庵小稿》,存词百首,宗室才望,此其选矣。至若吴、蔡体行,词风始正。于是黄华、玉峰、稷山二妙,诸家并起。而大集其成,实在《遗山乐府》,所集三十六家,知人论世,金人小史也。因就裕之所录,略志如左。

(1) **章宗** 《金史》称:"帝天资聪悟。"《归潜志》亦云:"诗词多有可称者,并纪其宫中绝句,命翰林待制朱澜侍夜饮诗。擘橙为《软金杯》词,皆清逸可诵,要未若《聚骨扇》词之胜也。"词云:

蝶恋花　聚骨扇

几股湘江龙骨瘦,巧样翻腾,叠作湘波绉。金缕小钿花草斗,翠绦更结同心扣。　　金殿日长承宴久,□□招来,暂喜清风透。忽听传宣须急奏,轻轻褪入香罗袖。

帝词仅见此首,虽为赋物,而雅炼不苟。自来宸翰,率多俚鄙,似此寡矣。他如《铁券行》、《送张建致仕归》、《吊王庭筠》诸作,今皆不可见。《飞龙记》亦不存。

(2) **密国公璹** 字仲宝,一字子瑜。世宗之孙,越王允常子。自号樗轩居士。著有《如庵小稿》。录〔沁园春〕词一首:

壮岁耽书,黄卷青灯,留连寸阴。到中年赢得清贫。更甚苍颜明镜,白发轻簪。衲被蒙头,草鞋着脚,风雨萧萧秋意深。凄凉否?瓶中匮粟,指下忘琴。　　一篇梁父高吟,看谷变陵迁古又今。便离骚经了,灵光赋就,行歌白雪,愈少知音。试问先生,如何即是,布袖长垂不上襟?掀髯笑,一杯有味,万事无心。

公词今止存七首,为〔朝中措〕、〔春草碧〕、〔青玉案〕、〔秦楼月〕、〔西江月〕、〔临江仙〕及此词也。宣宗南渡,防忌同宗,亲王皆有门禁。公以开府仪同三司,奉朝请家居,止以讲诵吟咏为乐,潜与士大夫唱酬,然不敢彰露,其遭遇亦有可悲者。观其〔西江月〕云:"一百八般佛事,二十四考中书。山林朝市等区区,着甚来由自苦。"〔临江仙〕云:

"醉向繁台台上问,满川细柳新荷。"及此词"谷变陵迁古又今",盖心中有难言之隐也。天兴初,北兵犯河南,公已卧疾,尝语人曰:"敌势如此,不能支,止可以降,全吾祖宗,且本边塞。如得完颜氏一族归我国中,使女真不灭,则善矣,馀复何望!"其言至沉痛也。公喜与文士游,一时学子如雷希颜、元裕之、李长源、王飞伯,皆游其门。飞伯尝有诗云:"宣平坊里榆林巷,便是临淄公子家。寂寞华堂豪贵少,时容词客听琵琶。"一时以为实录。刘君叔亦云:"其举止谈笑,真一老儒,殊无骄贵之态。"则其风度可思矣。

(3) **吴激** 激字彦高,建州人。宋宰相拭子,米芾婿。使金,留不遣,官翰林待制。皇统初,出知深州,卒。有《东山集》,词一卷。录〔风流子〕一首,盖感旧作也。

> 书剑忆游梁。当时事,底处不堪伤。望兰楫嫩漪,向吴南浦,杏花微雨,窥宋东墙。凤城外,燕随青步障,丝惹紫游缰。曲水古今,禁烟前后,暮云楼阁,春草池塘。　　回首断人肠。流年去如电,镜鬓成霜。独有蚁尊陶写,蝶梦悠扬。听出塞琵琶,风沙淅沥,寄书鸿雁,烟月微茫。不似海门潮信,犹到浔阳。

按"游梁"云云,即指使金事,故有"寄书鸿雁"、"潮信"、"浔阳"之语,盖亦故国之思也。彦高以〔人月圆〕一词得盛名,见《中州乐府》。先是宇文叔通主文盟,视彦高为后进,止呼为小吴。会饮酒间,有一妇人,宋宗室子流落,诸公感叹,皆作乐章一阕。宇文作〔念奴娇〕有云:"宗室家姬,陈王幼女,曾嫁钦慈族。干戈浩荡,事随天地翻覆。"次及彦高。彦高作〔人月圆〕词云:"南朝千古伤心事,犹唱后庭花。旧时王谢,堂前燕子,飞向谁家?恍然一梦,仙肌胜雪,宫鬓堆鸦。江州司马,青衫泪湿,同是天涯。"虚中览之,大惊。自后人求乐府者,叔通即云:"吴郎近以乐府名天下,可径求之。"余谓彦高词,篇数不多,皆精美尽善,虽多用前人语,而点缀殊自然也。

(4) **蔡松年** 松年字伯坚,真定人。累官至吏部尚书,参知政事。卒,封吴国公。著有《萧闲公集》,词名《明秀集》,见四印斋刻本,已残矣。录〔石州慢〕一首:

东海蓬莱,风鬟雾鬓,不假梳掠。仙衣卷尽,云霓方见,宫腰纤弱。心期得处,世间言语非真,海犀一点通寥廓。无物比情浓,觅无情相博。 离索。晓来一枕馀香,酒病赖花医却。滟滟金尊,收拾新愁重酌。片帆云影,载将无际关山,梦魂应被杨花觉。梅子雨疏疏,满江干楼阁。

按此词为高丽使还日作。故事上国使至,设有伎乐,此首即为伎作也。《明秀集》今止见残本,惟目录尚全(见四印斋刊词)。此词止载《中州乐府》而已。余尝考元以北散套见长,而杨朝英《阳春白雪集》,别有"大乐"一栏,以东坡〔念奴娇〕、无名氏〔蝶恋花〕、晏叔原〔鹧鸪天〕、邓千江〔望海潮〕、吴彦高〔春草碧〕、辛稼轩〔摸鱼子〕、柳耆卿〔雨霖铃〕、朱淑真〔生查子〕、张子野〔天仙子〕,及伯坚此词实之。盖当时此词,固盛传歌者之口也。元人杂剧,有《蔡翛闲醉写石州慢》,当即演此事,今虽不传,而其词之声价可知矣。伯坚他词尚富,《中州乐府》选十二首,多有四印斋刊本中未见者。

(5) **刘仲尹** 仲尹字致君,辽阳人。正隆中进士,以潞州节度副使,召为都水监丞。有《龙山集》。录〔鹧鸪天〕四首:

满树西风锁建章,官黄未裹贡前霜。谁能载酒陪花使,终日寻香过苑墙。　　修月客,弄云娘,三吴清兴入琳琅。草堂人病风流减,自洗铜瓶煮蜜尝。(其一)

骑鹤峰前第一人,不应着意怨王孙。当年艳态题诗处,好在香痕与泪痕。　　调雁柱,引蛾颦,绿窗弦管合筝篆。砌台歌舞阳春后,明月朱扉几断魂。(其二)

楼宇沉沉翠几重,辘轳亭下落梧桐。川光带晚虹垂雨,树影涵秋鹊唤风。　　人不见,思何穷,断肠今古夕阳中。碧云犹作山头恨,一片西飞一片东。(其三)

璧月池南剪木犀,六朝宫袖窄中宜。新声麼巧蛾颦黛,纤指移篆雁着丝。　　朱户小,画帘低,细香轻梦隔涪溪。西风只道悲秋瘦,却是西风未得知。(其四)

按《中州乐府》录龙山作十一首,而《词综》仅选其二。遗山选择至严,此十一首,无一草草,不知竹垞如何去取也。致君为李钦叔外祖,少擢第,终管义军节度副使,能诗,学江西诸公。其《墨梅》、《梅影》二诗,尤为人称重,世人知者鲜矣。

(6) **王庭筠**　字子端,熊岳人。大定中登第,官至翰林修撰。晚年卜居黄华山,自称黄华老人。《中州乐府》录词十二首。子端词无集,止以元选为准。录一首:

百字令　癸巳暮冬小雪家集作

山堂溪色,满疏篱寒雀,烟横高树。小雪轻盈如解舞,故故穿帘入户。埽地烧香,团圆一笑,不道因风絮。冰澌生砚,问谁先得佳句? 有梦不到长安,此心安稳,只有归耕去。试问雪溪无恙否?十里淇园佳处。修竹林边,寒梅树底,准拟全家住。柴门新月,小桥谁扫归路?

按黄华得名最早,赵闲闲曾赋赠一诗云:"寄语雪溪王处士,年来多病复何如?浮云世态纷纷变,秋草人情日日疏。李白一杯人影月,郑虔三绝画诗书。情知不得文章力,乞与黄华作隐居。"时闲闲尚未有盛名,由是益著称也。

(7) 赵可　字献之,高平人。贞元二年进士,仕至翰林直学士。有《玉峰散人集》。

蓦山溪　赋崇福荷花,崇福在太原晋溪

云房西下,天共沧波远。走马记狂游,正芙蕖半铺镜面。浮空阑槛,招我倒芳尊,看花醉,把花归,扶路清香满。　水枫旧曲,应逐歌尘散。时节又新凉,料开遍横湖清浅。冰姿好在,莫道总无情,残月下,晓风前,有恨何人见?

按献之少时,赴举,及御帘试《王业艰难赋》,呈文毕,于席屋上戏书小词云:"赵可可,肚里文章可可。三场捱了两场过,只有这番解火。恰如合眼跳黄河,知他是过也不过。试官道王业艰难,好交你知我。"时海陵御文明殿,望见之,使左右趣录以来。有旨谕考官:"此人中否,当奏之。"已而中选,不然,亦有异恩矣。后仕世宗朝,为翰林修撰,因夜览《太宗神射碑》,反复数四。明日,会世宗亲飨庙,立碑下,召学士院官读之。适有可在,音吐鸿畅,如宿习然。世宗异之,数日

迁待制。及册章宗为皇太孙,适可当笔,有云:"念天下大器,可不正其本欤?而世嫡皇孙所谓无以易者。"人皆称之。后章宗即位,偶问向者册文谁为之,左右以可对,即擢直学士。可少轻俊,尤工乐章,有《玉峰集》行世。晚年奉使高丽。故事,上国使至馆中,例有侍伎,献之作〔望海潮〕以赠,为世所传诵,与蔡伯坚后先辉映。惟蔡之"宫腰纤弱",与赵之"离觞草草",皆不免为人疵议也。

(8) **刘迎** 字无党,东莱人。大定中进士,除豳王府记室,改太子司经。有诗文集。乐府号《山林长语》。

乌夜啼

离恨远萦杨柳,梦魂常绕梨花。青衫记得章台月,归路玉鞭斜。　翠镜啼痕印袖,红墙醉墨笼纱。相逢不尽平生事,春思入琵琶。

(9) **韩玉** 字温甫,北平人。擢第,入翰林,为应奉文字,后为凤翔府判官。有《东浦词》。

贺新郎

柳外莺声醉。晚晴天,东风力软,嫩寒初退。花底觅春春已去,时见乱红飞坠。又闲傍阑干十二。阑外青山烟缥缈,远连空,愁与眉峰对。凝望处,两叠翠。　鸳鸯结带灵犀珮。绮屏深香罗帐小,宝檠灯背。谁道彩云和梦断,青鸟阻寻后会。待都把相思情缀。便做锦书难写恨,奈菱花都见人憔悴。那更有,函枕泪。

按玉词,《中州乐府》所未见,仅见《词综》。尚有〔感皇恩〕一首,题作《广东与康伯可》,是玉曾南游者矣。词中有"故乡何在?梦寐草堂溪友",又"老去生涯殢尊酒"。又"故人今夜月,相思否?"之句,则玉殆由南入北者也。

（10）**党怀英**　字世杰,其先冯翊人,后居泰安。官翰林承旨。有《竹溪集》。

鹧鸪天

云步凌波小凤钩,年年星汉踏清秋。只缘巧极稀相见,底用人间乞巧楼。　　天外事,两悠悠,不应也作可怜愁。开帘放入窥窗月,且尽新凉睡美休。

按世杰得第,适值章宗即位之初。是时诏修《辽史》,世杰与郝俣同充纂修官,一时辽时碑铭墓志及诸家文集,或记辽事者,悉上送官。至泰和初,诏分纪、志、列传刊修官,世杰寻卒,人咸以不观全史为恨。其后陈大任继成《辽史》,或不如世杰远矣。区区词曲,不足见其学也。

（11）**王渥**　字仲泽,太原人。擢第,令宁陵,召为省掾。使宋回,为太学助教。天兴中,出援武仙,战殁。录词一首：

水龙吟　从商帅国器猎,同裕之赋

短衣匹马清秋,惯曾射虎南山下。西风白水,石鲸鳞甲,山

川图画。千古神州,一时胜事,宾僚儒雅。快长堤万弩,平冈千骑,波涛卷,鱼龙夜。　　落日孤城鼓角,笑归来长围初罢。风云惨淡,貔貅得意,旌旗闲暇。万里天河,更须一洗,中原兵马。看鞬橐呜咽,咸阳道左,拜西还驾。

按仲泽使宋至扬州,应对华敏,宋人重之。其擢第时,为奥屯邦献完颜斜烈所知,故多在兵间。后援武仙于郑州,盖从赤盏合喜,道遇北兵,殁于军阵,时论惜之。渥性明俊不羁,博学无所不通,长于谈论,工尺牍,字画遒美,有晋人风。诗多佳句,其《过颍亭》云:"九山西络烟霞去,一水南吞涧壑流。宾主唱酬空翠琰,干戈横绝自沧洲。"又《赠李道人》云:"簿领沉迷嫌我俗,云山放浪觉君贤。"又《颍州西湖》云:"破除北客三年恨,惭愧西湖五月春。"世人多称道之。

（12）景覃　字伯仁,华阴人。自号渭滨野叟。录词一首:

天香

市远人稀,林深犬吠,山连水村幽寂。田里安闲,东邻西舍,准拟醉时欢适。社祈雩祷,有箫鼓喧天吹击。宿雨新晴,陇头闲看,露桑风麦。　　无端短亭暮驿,恨连年此时行役。何以临流萧散?缓衣轻帻。炊黍烹鸡自劳,有脆绿甘红荐芳液。梦里春泉,糟床夜滴。

（13）李献能　字钦叔,河中人。擢第,入翰林,为应奉文字。出为鄜州观察判官。再入,迁修撰。正大末,授河中帅府经历官。词不多作。录一首:

春草碧

紫箫吹破黄州月。簌簌小梅花,飘香雪。寂寞花底风鬟,颜色如花命如叶。千里涴兵尘,凌波袜。　　心事鉴影鸾孤,筝弦雁绝。旧时雪堂人,今华发。肠断金缕新声,杯深不觉琉璃滑。醉梦绕南云,花上蝶。

按《金史》,李家故饶财,尽于贞祐之乱,在京师无以自资。其母素豪奢,厚于自奉,小不如意,则必诃谴,人视之殆不堪忧,献能处之自若也。钦叔为人眇小而黑色,颇多髯,善谈论,工诗,有志于风雅,又刻意乐章,在翰院,应机得体。赵闲闲、李屏山尝云:"李钦叔今世翰苑才,故诸公荐之,不令出馆。"词虽不多见,而气度风格,酷似秦少游。《中州乐府》又录其〔江梅引〕、〔浣溪纱〕二首,卓然名手也。

(14)**赵秉文**　字周臣,磁州人。擢第,入翰林,因言事外补。后再入馆,为修撰,转礼部郎中,又出典郡守。南渡后,为直学士,拜礼部尚书。自号闲闲居士。有《滏水集》。

水调歌头

四明有狂客,呼我谪仙人。俗缘千劫不尽,回首落红尘。我欲骑鲸归去,只恐神仙官府,嫌我醉时嗔。笑拍群仙手,几度梦中身。　　倚长松,聊拂石,坐看云。忽然黑霓落手,醉舞紫毫春。寄语沧浪流水,曾识闲闲居士,好为濯冠巾。却返天台去,华发散麒麟。

按此词为公述志之作。公尝自拟苏子美。此词自序云:"昔拟栩仙人王云鹤赠余诗云：'寄与闲闲傲浪仙，柱随诗酒堕凡缘。黄尘遮断来时路，不到蓬山五百年。'其后玉龟山人云：'子前身赤城子也。'余因以诗记之云：'玉龟山下古仙真，许我天台一化身。拟折玉莲骑白鹤，他年沧海看扬尘。'吾友赵礼部庭玉，说：丹阳子，谓余再世苏子美也。赤城子则吾岂敢，若子美则庶几焉，尚愧词翰微不及耳。"据此则公之微尚可见矣。公幼年诗法王庭筠，晚则雄肆跌宕，魁然为一时文士领袖。金源一代，好奖励后进者，惟遗山与公而已。

（15）**辛愿** 字敬之，福昌人。自号女几山人，又号溪南诗老。录词一首：

临江仙 <small>河山亭留别钦叔裕之</small>

谁识虎头峰下客？少年有意功名。清朝无路到公卿。萧萧华屋，白发老诸生。　　邂逅对床逢二妙，挥毫落纸堪惊。他年联袂上蓬瀛。春风莲烛，莫忘此时情。

按敬之以诗名，《金史》入隐逸传。而此词"虎头"、"功名"、"蓬瀛"、"联袂"之句，是亦非忘情仕宦者。惟中年为人连诬，遂无远志耳。（《金史》："愿为河南府治中高廷玉客。廷玉为府尹温迪罕福兴所诬，愿亦被讯掠，几不得免。"）平生不为科举计，且未尝至京师，俨然中州一逸士也。尝谓王郁曰："王侯将相，世所共嗜者，圣人有以得之，亦不避。得之不以道，与夫居之不能行己之志，是欲澡其身，而伏于厕也。"其志趣如此。《金史》录其诗，独取"黄绮暂来为汉友，巢由终不是唐臣"二语，以为真处士语，洵然。词则仅见此阕而已。

（16）**元好问** 字裕之，秀容人。兴定五年进士。历官左司都事，转行尚书省，左司员外郎。金亡，不仕。有《遗山乐府》。

迈坡塘　雁邱

问世间,情是何物?直教生死相许。天南地北双飞客,老翅几回寒暑。欢乐趣,离别苦,就中更有痴儿女。君应有语,渺万里层云,千山暮雪,只影向谁去?　　横汾路,寂寞当年箫鼓,荒烟依旧平楚。招魂楚些何嗟及,山鬼暗啼风雨。天也妒,未信与莺儿燕子俱黄土。行秋万古,为留待骚人,狂歌痛饮,来访雁邱处。

按此词,裕之自序云:"太和五年乙丑岁,赴试并州,道逢捕雁者云:'今日获一雁,杀之矣。其脱网者,悲鸣不能去,竟自投于地而死。'余因买得之,葬之汾水之上,累石为识,号曰'雁邱'。"此词即遗山首唱也,诸人和者颇多。而裕之乐府,深得稼轩三昧。张叔夏云:"遗山词深于用事,精于炼句,风流蕴藉处,不减周、秦。"余谓遗山竟是东坡后身,其高处酷似之,非稼轩所可及也。其乐府自序云:"子故言宋诗大概不及唐,而乐府歌词过之,此论殊然。乐府以来,东坡为第一,以后便到辛稼轩,此论亦然。东坡、稼轩即不论,且问遗山得意时。自视秦、晁、贺、晏诸人为何如?予大笑拊客背云'那知许事,且哦蛤蜊。'"是遗山平昔之旨可见也。晚年尤以著作自任,以金源氏有天下,典章法度,庶几汉唐,国亡史作,己所当任。时金国《实录》,在顺天张万户家,乃言于张,愿为撰述。既而为乐夔所沮。好问曰:"不可令一代之迹,泯而不传。"乃构亭于家,著述其上,因名曰《野史》。凡金源君臣遗言往行,采摭所闻,辄以寸纸细字为记,录至百馀万言。其后纂修《金史》,多本其所著焉。是以遗山所作,辄多故国之思。如〔木兰花〕云:"冰井犹残石甃,露盘已失金茎。"〔石州慢〕云:"生平王粲,而今憔悴登楼,江山信美非吾土。"〔鹧鸪天〕云:"三山宫阙空银海,万里风埃暗绮罗。"又云:"旧时逆旅黄粱饭,今日田家白板扉。"又云:"墓头不要征西字,原是中原一布衣。"皆可见其襟抱也。(邓千江〔望海潮〕一首,在当时负盛名,元人且以之入大曲,实则寻常语耳,尚不如龙洲上郭殿帅之〔沁园春〕也。)

第二 元人词略

元人以北词登场,而歌词之法遂废。其时作者,如许鲁斋之〔满江红〕,张弘范之〔临江仙〕,不过馀技及之,非专家之业。即如刘太保之〔干荷叶〕,冯子振之〔鹦鹉曲〕,亦为北词小令,非真两宋人之词也。盖入元以来,词曲混而为一。(始自《董西厢》,如〔醉落魄〕、〔点绛唇〕、〔哨遍〕、〔沁园春〕之类,皆取词名入曲。元人杂剧,仍之不变。)而词之谱法,存者无多,且有词名仍旧,而歌法全非者。是以作家不多,即作亦如长短句之诗,未必如两宋之可按管弦矣。至如解语花之歌〔骤雨打新荷〕,陈凤仪之歌〔一络索〕,殊不可见也。总一朝论之,开国之初,若燕公楠、程钜夫、卢疏斋、杨西庵辈,偶及倚声,未扩门户。逮仇仁近振起于钱塘,此道遂盛。赵子昂、虞道园、萨雁门之徒,咸有文彩。而张仲举以绝尘之才,抱忧时之念,一身耆寿,亲见盛衰,故其词婉丽谐和,有南宋之旧格,论者谓其冠绝一时,非溢美也。其后如张埜、倪瓒、顾阿瑛、陶宗仪,又复赓续雅音,缠绵赠答。及邵复孺出,合白石、玉田之长,寄烟柳斜阳之感,其〔扫花游〕、〔兰陵王〕诸作,尤近梦窗,殿步一朝,良无愧怍。此其大较也。爰分述之如左。

(1) **燕公楠** 字国材,江州人。至元初,辟赣州通判,累官至湖广行中书省右丞。

摸鱼儿　答程雪楼见寿

又浮生平头六十,登楼怅望荆楚。出山小草成何事?闲却竹松烟雨。空自许,早摇落江潭,一似瑯琊树。苍苍天路,漫伏枥心长,衔图志短,岁晏欲谁与?　梅花赋,飞堕高寒玉宇。铁肠还解情语。英雄操与君侯耳,过眼群儿谁数?霜鬓缕,只梦听枝头,翡翠催归去。清觞飞羽,且细酌盱泉,酣歌郢雪,风致美无度。

按公楠即芝庵先生也。芝庵有《唱论》行世,历论古帝王善音律者,自唐玄宗至金章宗,得五人。又谓近世大曲,为苏小小〔蝶恋花〕,邓千江〔望海潮〕等十词。陶宗仪《辍耕录》所载,即本芝庵旧说也。又论歌之格调、节奏、门户、题目等,皆当行语。又云:"词山曲海,千生万熟,三千小令,四十大曲",亦为明李中麓所本。盖公深通音律,故议论亲切不浮如是也。其词不多见,所著《五峰集》,复不传。元人盛推刘太保、卢疏斋,盖就北曲言,非论词也。(刘秉忠有〔三奠子〕词,张弘范有〔鹧鸪天〕词,皆非当行语,不备录。)

(2)**程钜夫**　以字行,建昌人。仕世祖,官至翰林学士承旨。谥文宪。有《雪楼集》。

摸鱼子　次韵卢疏斋题岁寒亭

问疏斋湘中朱凤,何如江上鹦鹉?波寒木落人千里,客里与谁同住?茅屋趣,吾自爱吾亭,更爱参天树。劳君为赋,渺雪雁南飞,云涛东下,岁晚欲何处? 疏斋老,意气经文纬武。平生握手相许。江南江北寻芳路,共看碧云来去。黄鹄举,记我度秦淮,君正临清句(原注:宣城水名)。歌声缓与,怕径竹能醒,庭花起舞,惊散夜来雨。

按钜夫宏才博学,被遇四朝,忠亮鲠直,为时名臣。所传《雪楼集》,春容大雅,有北宋馆阁馀风。所作词不多。《词综》所录,尚有《寿燕五峰》〔摸鱼儿〕、《送王荩臣》〔点绛唇〕、《答西野使君》〔清平乐〕三首。

(3) **杨果** 字西庵,蒲阴人。金正大中进士。入元为北京宣抚使,出为淮孟路总管。谥文献。

摸鱼儿 同遗山赋雁邱

恨千年雁飞汾水,秋风依旧兰渚。网罗惊破双栖梦,孤影乱翻波素,还碎羽。算古往今来,只有相思苦。朝朝暮暮,想塞北风沙,江南烟月,争忍自来去。 埋恨处,依约并州旧路。一邱寂寞寒雨。世间多少风流事,天也有心相妒。休说与,还怕却、有情多被无情误。一杯待举,待细读悲歌,满倾清泪,为尔酹黄土。

遗山《雁邱》词见前,此为西庵和作。同时和者甚多,不让"双蕖怨"故事也。李仁卿亦有和作,见遗山词集中。西庵词无集,而其北词小令,散见《阳春白雪》、《太平乐府》中者至多。如〔小桃红〕云:"采莲人和采莲歌,柳外兰舟过。不管鸳鸯梦惊破。应如何?有人独上江楼卧。伤心莫唱,南朝旧曲,司马泪痕多。"又云:"玉箫声断凤凰楼,憔悴人非旧。留得啼痕满罗袖。去来休,楼前风景浑依旧。当初只恨无情烟柳,不解系行舟。"清新俊逸,不亚东篱、小山也。

(4) 仇远　字仁近,钱塘人。官溧阳州儒学教授。有《山村集》。

齐天乐　赋蝉

夕阳门巷荒城曲,清音早鸣秋树。薄剪绡衣,凉生影鬓,独饮天边风露。朝朝暮暮,奈一度凄吟,一番凄楚。尚有残声,蓦然飞过别枝去。　　齐宫前事漫省,行人犹说与。当日齐女,雨歇空山,月笼古柳,仿佛旧曾听处。离情正苦,甚懒拂冰笺,倦拈琴谱。满地霜红,浅莎寻蜕羽。

按远有《金渊集》,皆官溧阳日所作,故取投金濑事以为名。远在宋末,与白珽齐名,号曰"仇白"。厥后张翥、张羽,以诗词鸣于元代者,皆出其门。他所与唱和者,如周密、赵孟頫、吾丘衍、鲜于枢、方回、黄溍等,皆一时有名之士,故其所作,格律高雅,往往颉颃古人。其词亦清俊拔俗,与南宋诸公相类。盖远虽为元人,而所居在南方,且往来酬酢,多宋代遗臣,故所作与北人不同也。此词见《乐府补题》,是书皆宋末遗民唱和之作,共十三人,中如王沂孙、周密、唐珏、张炎,为尤著称。论元词者,当以远为巨擘焉。

(5) 王恽　字仲谋,汲县人。官至翰林学士承旨。谥文定。有《秋涧集》,词四卷。

水龙吟　赋秋日红梨花

纤苞淡贮幽香,玲珑轻锁秋阳丽。仙根借暖,定应不待,荆王翠被。潇洒轻盈,玉容浑是,金茎露气。甚西风宛转,东阑暮雨,空点缀、真妃泪。　　谁遣司花妙手,又一番角奇争异。使君高卧,竹亭闲寂,故来相慰。燕几螺屏,一枝披拂,绣帘风细。约洗妆快写玉屏,芳酒枕秋蟾醉。

按恽有《秋涧集》百卷,皆以论事见长。盖恽之文章,源出元好问,故其波澜意度,皆不失前人矩矱。其所作《中堂事纪》、《乌台笔补》、《玉堂嘉话》,皆足备一朝掌故。文章经济,照耀一时,不徒以词章著焉。其词精密弘博,自出机杼。〔春从天上来〕一支,尤多故国之感。自制腔如〔平湖乐〕直是小令。而〔后庭花〕、〔破阵子〕,即为北词仙吕〔后庭花〕之滥觞。词云:"绿树远连洲,青山压树头。落日高城望,烟霏翠满楼。木兰舟,彼汾一曲,春风佳可游。"较吕止庵小令无异。元人词中,往往有与曲相混处,不可不察,非独〔天净沙〕、〔翠裙腰〕而已也。(赵子昂亦有此调,较多一衬字。)

(6) **赵孟頫**　字子昂。宋宗室,侨湖州。至元中,以程钜夫荐,授兵部郎中,累官至翰林学士承旨。谥文敏。有《松雪斋词》一卷。

蝶恋花

侬是江南游冶子,乌帽青鞋,行乐东风里。落尽杨花春满地,萋萋芳草愁千里。　　扶上兰舟人欲醉,日暮青山,相映双蛾翠。万顷湖光歌扇底,一声吹下相思泪。

按孟頫以宋朝皇族,改节事元,遂不谐于物议。然其晚年和姚子敬诗,有"同学少年今已稀,重嗟出处寸心违"之句,是未尝不知愧悔。且风流文采,冠绝当时,不独翰墨为元代第一,即其文章亦揖让于虞、杨、范、揭之间,固非陋儒所可议也。其词迢逸,不拘拘于法度,而意之所至,时有神韵。邵复孺云:"公以承平王孙,晚婴世变,黍离之感,有不能忘情者,故长短句深得骚人意度。"其在李叔固席上赠歌者贵贵,有〔浣溪纱〕一首云:"满捧金卮低唱词,尊前再拜索新诗,老夫惭愧鬓成丝。 罗袖染将修竹翠,粉香须上小梅枝,相逢不似少年时。"说者谓承平结习,未能尽除,不知此正杜牧之鬓丝禅榻,粉碎虚空时也。读公词,宜平恕。

(7) **詹玉** 字可大,一号天游,郢人。官翰林学士。

霓裳中序第一　古镜

一规古蟾魄,瞥过宣和几春色。知那个柳松花怯。曾搓玉团香,涂云抹月。龙章凤刻,是如何,儿女消得。便孤了,翠鸾何限,人更在天北。　磨灭,古今离别。幸相从,蓟门仙客。萧然林下秋叶。对云淡星疏,眉青影白。佳人已倾国。漫赢得,痴铜旧画。兴亡事,道人知否?见了也华发。

按此词,天游至元间监醮长春宫,见羽士丈室古镜,状似秋叶,背有金刻"宣和御宝"四字,因赋此阕也。余见天游诸作,如〔三姝媚〕题云《古卫舟子谓曾载钱塘宫人》,〔齐天乐〕题云《赠童瓮天兵后归杭》,其故国之思,时流露于笔墨间,盖亦由宋入元者矣。

(8) **虞集** 字伯生,号邵庵,崇仁人。累官至翰林直学士,兼国子祭酒。有《道园集》。

苏武慢　和冯尊师

放棹沧浪,落霞残照,聊倚岸回山转。乘雁双凫,断芦飘苇,身在画图秋晚。雨送滩声,风摇烛影,深夜尚披吟卷。算离情何必,天涯咫尺,路遥人远。　　空自笑,洛阳书生,襄阳耆旧,梦底几时曾见?老矣浮邱,赋诗明月,千仞碧天长剑。雪霁琼楼,春生瑶席,容我故山高宴。待鸡鸣日出,罗浮飞度,海波清浅。

按公诗文,为四家之冠。当时虞、杨、范、揭并见称一时。而伯生自评所作,拟诸老吏断狱,则其自信有素也。词不多作,《辍耕录》载其短柱〔折桂令〕,极险窄之苦,而能挥翰自如,不为韵缚,才大者亦工小技,信为一代宗匠焉。

(9) **萨都剌**　字天锡,雁门人。登泰定进士,官镇江录事,终河北廉访经历。萨都剌者,汉言犹济善也。有《雁门集》,尚书干文传为之序。词学东坡,颇有豪致。

满江红　金陵怀古

六代豪华,春去也,更无消息。空怅望,山川形胜,已非畴昔。王谢堂前双燕子,乌衣巷口曾相识。听夜深、寂寞打孤城,春潮急。　　思往事,愁如织。怀故国,空陈迹。但荒烟衰草,乱鸦斜日。玉树歌残秋露冷,胭脂井坏寒螿泣。到如今,只有蒋山青,秦淮碧。

天锡词不多作,而长调有苏、辛遗响。大抵元词之始,实皆受遗山之感化。子昂以故国王孙,留意词翰,涵养既深,英才辈出。云石、海涯,以绮丽清新之派,振起于前,而天锡继之,元词以此时为盛矣。天锡小词,亦有法度,如〔小阑干〕云:"去年人在凤凰池,银烛夜弹丝。沉水消香,梨云梦暖,深院绣帘垂。　今年冷落江南夜,心事有谁知?杨柳风柔,海棠月澹,独自倚阑时。"殊清婉可诵。余按天锡以宫词得盛名,其诗清新绮丽,自成一家。虞道园作《傅若金诗序》,亦盛推之,而独不言其词。独明宁献王曾品评其词格,盖词为诗名所掩矣。

(10) **张翥**　字仲举,晋宁人。至正初,以荐为国子助教,累官至河南行省,平章政事,兼翰林学士承旨。有《蜕岩词》三卷。

　　　　多丽　　西湖泛舟

　　晚山青,一川云树冥冥。正参差烟凝紫翠,斜阳画出南屏。馆娃归,吴台游鹿,铜仙去,汉苑飞萤。怀古情多,凭高望极,且将尊酒慰飘零。目湖上,爱梅仙远,鹤梦几时醒?空留得,六桥疏柳,孤屿危亭。　待苏堤,歌声散尽,更须携妓西泠。藕花深,雨凉翡翠,菰蒲软,风弄蜻蜓。澄碧生秋,闹红驻景,采菱新唱最堪听。见一片水天无际,渔火两三星。多情月,为人留照,未过前汀。

仲举此词,气度冲雅,用韵尤严,较两宋人更细。〔多丽〕一调,终以此为正格。仲举他作皆佳,至此调三首,亦以此为首也。仲举少时,负才不羁,好蹴鞠,喜音乐,不以家业屑意。一旦翻然悔悟,受业于李存之门,又学于仇仁近,由是以诗文知名。薄游扬州,众闻其名,争延致之。仲举肢体昂藏,行则偏耸一肩。韩介玉以诗嘲之云:"垂柳阴阴翠拂檐,倚阑红袖玉纤纤。先生掉臂长街上,十里朱帘尽下帘。"坐中皆失笑。晚年尝集兵兴以来死节之人为一编,曰《忠义录》,识者韪之。仲举词为元一代之冠,树骨既高,寓意亦远,元词之不亡,赖有此耳。其高处直与玉田、草窗相骖靳,非同时诸家所及。如〔绮罗香〕云:"水阁云窗,总是惯曾经处。曾信有、客里关河,又怎禁夜深风雨。"刻意学白石,冲淡有致。又〔水龙吟〕《蓼花》云:"瘦苇黄边,疏蘋白外,满汀烟毯。"用"黄边"、"白外"四字殊新。又云:"船窗雨后数枝,低入香零粉碎。不见当年,秦淮花月,竹西歌吹。"系以感慨,意境便厚。"船窗"数语,更合蓼花神理。此等处皆仲举特长。规模南宋诸家,可云神似。

(11) **倪瓒**　字元镇,无锡人。有《清闷阁集》,词一卷。

人月圆

伤心莫问前朝事,重上越王台。鹧鸪啼处,东风草绿,残照花开。　　怅然孤啸,青山故国,乔木苍苔。当时明月,依依素影,何处飞来?

此词沉郁悲壮,即南宋诸公为之,亦无以过。吴彦高以此调得盛名,实不及元镇作也。他词如〔江城子〕《感旧》、〔柳梢青〕、〔小桃红〕诸作,亦蕴藉可喜。盖元镇先世以赀雄于乡,元镇不事生产,强学好修,藏书数千卷,手自勘定,性又好洁,避俗若浼,故所作无尘垢气。句曲张雨、钱塘俞和尝缮录其稿,论者谓"如白云流天,残雪在地",洵合其高洁也。元镇与陆友仁善,因得其词学。集中有《怀友仁诗》云:"归扫松阴苔,迟君践幽约。"可见两人之交谊,无怪其词之雅洁也。

(12) **顾阿瑛**　字仲瑛,昆山人。举茂才,署会稽教谕,力辞不就,后以子官封武略将军,钱塘县男。晚称金粟道人。有《玉山草堂集》。

青玉案

春寒恻恻春阴薄,整半月,春萧索。晴日朝来升屋角。树头幽鸟,对调新语,语罢还飞却。　　红入花腮青入萼,尽不爽,花期约。可恨狂风空自恶,朝来一阵,晚来一阵,难道都吹落。

阿瑛世居界溪之上,轻财结客。年三十,始折节读书,购古书名画,三代以来,彝鼎秘玩,集录鉴赏,殆无虚日。筑玉山草堂,园池亭馆,声伎之盛,甲于天下。四方名人,如张仲举、杨廉夫、柯九思、倪元镇、方外张伯雨辈,常主其家,日夜置酒赋诗,风流文雅,著称东南焉。淮张据吴,遁隐嘉兴之合溪。母丧,归绰溪。张氏再辟之,断发庐暮,缙阅释典,自称金粟道人云。其词不多作,竹垞《词综》仅录三首,〔青玉案〕外,尚有〔蝶恋花〕、〔清平乐〕二支,词境虽不高,而风趣特胜。遭世乱离,壮怀消歇,尝自题其像云:"儒衣僧帽道人鞋,天下青山骨可埋。若说当时豪侠兴,五陵鞍马洛阳街。"其晚境亦可悲焉。

(13) **白朴**　字太素,又字仁甫,真定人。有《天籁集》。

水龙吟

<small>遗山先生有《醉乡》一词,仆饮量素悭,不知其趣,独闲居嗜睡有味,因为赋此。</small>

醉乡千古人行,看来直到亡何地。如何物外,华胥境界,升平梦寐。鸾驭翩翩,蝶魂栩栩,俯观群蚁。恨周公不见,庄生一去,谁真解,黑甜味。　　闻说希夷高卧,占三峰华山重翠。寻常羡杀,清风岭上,白云堆里。不负平生,算来惟有,日高春睡。

有林间,剥啄忘机,幽鸟唤,先生起。

太素少时,鞠养于元遗山。元、白为中州世契,两家子弟,每举长庆故事,以诗文相往还。太素为寓斋仲子,于遗山为通家侄。甫七岁,遭壬辰之难,寓斋以事远适。明年春,京城变,遗山遂挈以北渡,自是不茹荤血。人问其故,曰:"俟见吾亲,即如故。"尝罹疫,遗山昼夜抱持,凡六日,竟于臂上得汗而愈。盖视亲子弟不啻过之。读书颖悟异常儿,日亲炙遗山謦欬谈笑,悉能默记。数年,寓斋北归,以诗谢遗山云:"顾我真成丧家狗,赖君曾护落巢儿。"居无何,父子卜居于滹阳。律赋为专门之学。而太素有能声,号后进之翘楚者。遗山每过之,必问为学次第。尝赠之诗曰:"元白通家旧,诸郎独汝贤。"未几,生长见闻,学问博览,然自幼经丧乱,仓皇失母,便有山川满目之叹。逮亡国,恒郁郁不乐,以故放浪形骸,期于适意。中统初,开府史公将以所业力荐之于朝,再三逊谢,栖迟衡门,视荣利蔑如也。其词出语道上,寄情高远,音节协和,轻重稳惬。凡当歌对酒,感事兴怀,皆自肺腑流出,真如天籁,因以天籁名集。江阴孙大雅云:"先生少有志于天下,已而事乃大谬。顾其先为金世臣,既不欲高蹈远引以抗其节,又不欲使爵禄以干其身,于是屈己降志,玩世滑稽。徙家金陵,从诸遗老,放情山水间,日以诗酒优游,用示雅志,以忘天下。"是仁甫身世亦可惋也。词中如《咸阳怀古》、《感南唐故宫》诸作,颇多故国之感。赋咏金陵名胜,亦有狡童禾黍之意。而〔沁园春〕"辞谢辟召"一词,竟拟诸嵇康、山涛绝交故事,是其志尚,非同时诸子所能默契也。今人读仁甫《梧桐雨》杂剧,仅目为词人,又乌知先生出处之大节哉!

(14) **邵亨贞** 字复孺,号清溪,华亭人。著有《野处集》及《蛾术词选》四卷。

兰陵王　岁晚忆王彦强而作

暮天碧,长是登临望极。松江上,云冷雁稀。立尽斜阳耿相忆,凭阑起太息。人隔吴王故国。年华晚,烟水正深,难折梅花寄寒驿。　　东风旧游历。记草暗书帘,苔满吟屐。无情征斾催离席。嗟月堕寒影,夜移清漏。依稀曾向梦里识,恍疑见颜色。　　空惜,鬓毛白。恨莫趁金鞍,犹误尘迹。何时弭棹苏台侧?共漉酒纱帽,放歌瑶瑟。春来双燕,定到否,旧巷陌。

按复孺以〔眉妩〕、〔沁园春〕二词,得盛名于时,实是侧艳语,不足见复孺之真面也。其自序云:"龙洲先生以此词咏指甲、小脚,为绝代脍炙,继其后者,独未之见。"是复孺仅学龙洲耳。不知龙洲二词,亦非刘改之最得意作,而世顾盛推之,世人遂以二词概复孺,亦可谓不知复孺者矣。复孺通博敏赡,虽阴阳、医卜、佛老书,靡弗精核。元时训导松江府学,以子讦误戍颍上,久乃赦还。入明方卒,年九十三。其词如《拟古十首》,凡清真、白石、梅溪、稼轩,学之靡不神似,即此可见词学之深。又和赵文敏十词,自序云:"余生十有四年而公薨,每见先辈谈公典型学问,如天上人,未尝不神驰梦想。昔东坡先生自谓不识范文正公为平生遗恨,其意盖可想见。是复孺托契古人,足征微尚,岂仅词章云尔哉!"

第九章 概论四 明清

明词芜陋,清词则中兴时也。流派颇繁,疏论如左。

第一 明人词略

论词至明代,可谓中衰之期。探其根源,有数端焉。开国作家,沿伯生、仲举之旧,犹能不乖风雅。永乐以后,两宋诸名家词,皆不显于世,惟《花间》、《草堂》诸集,独盛一时。于是才士模情,辄寄言于闺闼;艺苑定论,亦揭橥于《香奁》。托体不尊,难言大雅。其蔽一也。明人科第,视若登瀛。其有怀抱冲和,率不入乡党之月旦,声律之学,大率扣槃。迨夫通籍以还,稍事研讨,而艺非素习,等诸面墙。花鸟托其精神,赠答不出台阁。庚寅揽揆,或献以谀词;俳优登场,亦宠以华藻。连章累篇,不外酬应。其蔽二也。又自中叶,王、李之学盛行,坛坫自高,不可一世。微吾、长夜、于鳞既跋扈于先,才胜、相如、伯玉复簸扬于后,品题所及,渊滕随之。瘦闻下士,狂易成风。守升庵《词品》一编,读弇州《卮言》半册,未悉正变,动肆訑谟。学寿陵邯郸之步,拾温、韦牙后之慧。"衣香百合"(用修〔如梦令〕),止崇祚之馀音;"落英千片"(弇州〔玉蝴蝶〕),亦《草堂》之坠响。句撦字捃,神明不属,其弊三也。况南词歌讴,遍于海内。《白苎》新奏,盛推昆山;宁庵吴骰,蚤传白下。一时才士,竟尚侧艳。美谈极于利禄,雅情拟诸桑濮。以优孟缠达之言,作乐府风雅之什。小虫机杼,义仍只工回文;细雨窗纱,圆海惟长绮语。好行小慧,无当雅言,其蔽四也。作者既雅郑不分,读者亦泾渭莫辨。正声既绝,繁响遂多。删汰之责,是在后贤。爰自青田、青邱而下,及于卧子,略为论次之。

(1) **刘基** 字伯温,青田人。元进士。洪武初,官至御史中丞。论佐命功,封诚意伯。为胡惟庸毒死。正德中追谥文成。有《覆瓿集》、《犁眉公集》。

千秋岁

淡烟平楚,又送王孙去。花有泪,莺无语。芭蕉心一寸,杨柳丝千缕。今夜雨,定应化作相思树。　　忆昔欢游处,触目成前古。口良会,知何许?百杯桑落酒,三叠阳关句。情未与,月明潮上迷津渚。

公诗为开国第一,词则与季迪并称。其佳处虽不逮宋人,固足为朱明冠冕也。小令颇有思致,如〔临江仙〕、〔小重山〕、〔少年游〕诸作,清逸可诵,惟气骨稍薄耳。盖明初诸家,尚不失正宗,所可议者,气度之间,终不如两宋。降至升庵辈,句琢字炼,枝枝叶叶为之,益难语于大雅。自马浩澜、施阆仙辈,淫词秽语,无足置喙,词至于此,风雅扫地矣。迨季世陈卧子出,能以秾丽之笔,传凄婉之神,始可当一代高手。此明词大略也。公词于长调不擅胜场。小令如〔谒金门〕云:"风袅袅,吹绿一庭春草。"〔转应曲〕云:"秋雨秋雨,窗外白杨自语。"〔青门引〕云:"相怜自有明月,照人肺腑清如水。"〔渔家傲〕云:"乱鸦啼破楼头鼓。"〔踏莎行〕云："愁如溪水暂时平,雨声一夜依然满。"〔渡江云〕云："定巢新燕子,睡起雕梁,对立整乌衣。"此皆清俊绝伦者也。公在元时,有和王文明诗云："夜凉月白西湖水,坐看三台上将星。"好事者遂傅会之,谓公望西湖云气,语坐客云："后十年有帝者起,吾当辅之。"此妄也。当公羁管绍兴时,感愤至欲自杀,藉门人密里沙抱持,得不死。明祖既定婺州,犹佐石抹宜孙相守,是岂预计身为佐命者耶?其题《太公钓渭图》云："偶应飞熊兆,尊为帝者师。"则公自道也。世多以前知目公,至凡纬谶堪舆,动多妄托,岂其然乎?

(2) **高启** 字季迪,长洲人。隐吴淞江之青邱,自号青邱子。洪武初,召修《元史》,授编修,擢户部侍郎。坐魏观苏州府上梁文罪腰斩。有《扣舷词》一卷。

沁园春 雁

木落时来,花发时归,年又一年。记南楼望信,夕阳帘外,西窗惊梦,夜雨灯前。写月书斜,战霜阵整,横破潇湘万里天。风吹断,见两三低去,似落筝弦。　　相呼共宿寒烟,想只在芦花浅水边。恨呜呜戍角,忽催飞起,悠悠渔火,长照愁眠。陇塞间关,江湖冷落,莫恋遗粮犹在田。须高举,教弋人空慕,云海茫然。

青邱乐府,大致以疏旷见长,〔行香子〕《赋芙蓉》,亦一时传诵者也。世传青邱贾祸,因《题宫女图》,其诗云:"女奴扶醉踏苍苔,明月西园侍宴回。小犬隔花空吠影,夜深宫禁有谁来?"孝陵猜忌,容或有之。然集中又有《题画犬》诗云:"猧儿初长尾茸茸,行响金铃细草中。

莫向瑶阶吠人影,羊车半夜出深宫。"此则不类明初掖庭事。二诗或刺庚申君而作,好事者因之傅会也。总之明祖猜疑群下,恐有不臣之心,故于魏观罪且不赦,因波及青邱耳。假令观建府治,不在淮张故基,虽有谗者,亦未必入太祖之耳也。吾乡明初有"北郭十友"之名,今传者无一二矣。

(3) **杨基** 字孟载,嘉州人。大父仕江左,遂家吴中。洪武初,知荥阳县,历山西按察副使。有《眉庵集》,词附。

烛影摇红 帘

花影重重,乱纹匝地无人卷。有谁惆怅立黄昏,疏映宫妆浅。只有杨花得见,解匆匆寻芳觅便。多情长在,暮雨回廊,夜香庭院。　　曾记扬州,红楼十里东风软。腰肢半露玉娉婷,犹恨蓬山远。闲闷如今怎遣?看草色青青似剪。且教高揭,放数点残春,一双新燕。

孟载少时,曾见杨廉夫,命赋铁笛诗成。廉夫喜曰:"吾意诗境荒矣,今当让子一头地。"当时因有老杨、小杨之目。眉庵词更新俊可喜,尤宜于小令,如〔清平乐〕、〔浣溪纱〕诸调,更为擅场。盖眉庵聪慧,故出语便媚,其佳处并不摹临《花间》、《草堂》,与中叶后元美、升庵诸作,不可同日语矣。《静志居诗话》云:"孟载诗'芳草渐于歌馆密,落花偏向舞筵多','细柳已黄千万缕,小桃初白两三花','布谷雨晴宜种药,葡萄水暖欲生芹','雨颔风颏枝外蝶,柳遮花映树头莺','燕子绿芜三月雨,杏花春水一群鹅','江浦荷花双鹭雨,驿亭杨柳一蝉风'诸联,试填入〔浣溪纱〕,皆绝妙好词也。"洵然。

(4) **瞿佑** 字宗吉，钱塘人。洪武中，以荐历仁和、临安、宜阳训导，升周府长史。永乐间谪保安，洪熙元年放还。有《乐府遗音》五卷，《馀情词》一卷。

摸鱼子 苏堤春晓

望西湖柳烟花雾，楼台非远非近。苏堤十里笼春晓，山色空濛难认。风渐顺，忽听得鸣榔，惊起沙鸥阵。瑶阶露润。把绣幕微搴，纱窗半启，未审甚时分。　　凭阑处，水影初浮日晕。游船未许开尽。卖花声里香尘起，罗帐玉人犹困。君莫问，君不见繁华易觉光阴迅。先寻芳信，怕绿叶成阴，红英结子，留作异时恨。

宗吉风情丽逸，著《剪灯新话》及乐府歌词，多偎红倚翠之语，为时传诵。及谪戍保安，当兴安失守，边境萧条，永乐己亥，降佛曲于塞外，选子弟唱之。时值元宵，作〔望江南〕五首，词旨凄绝，闻者皆为泣下。又凌彦翀于宗吉为大父行，曾作梅词〔霜天晓角〕、柳词〔柳梢青〕各一百首，号"梅柳争春"。宗吉一日尽和之。彦翀大惊叹，呼为小友。宗吉以此知名。后彦翀自南荒归葬西湖，宗吉以诗送之云："一去西川隔夜台，忽看白璧瘗苍苔。酒朋诗友凋零尽，只有存斋冒雨来。"其敦友谊如此。词不多作，四声平仄，时有舛失，而琢语固精胜也。

(5) **王九思** 字敬夫，鄠县人。弘治丙辰进士，选庶吉士，授检讨，调吏部主事，升郎中。坐刘瑾党，降寿州同知，寻勒致仕。有《碧山乐府》。

蝶恋花　夏日

门外长槐窗外竹,槐竹阴森,绕屋重重绿。人在绿阴深处宿,午风枕簟凉如沐。　　树底辘轳声断续,短梦惊回,石鼎茶方熟。笑对碧山歌一曲,红尘不到人间屋。

敬夫与德涵,俱以词曲见长。德涵之《中山狼》,敬夫之《杜甫游春》皆盛年屏弃,无聊泄愤之作。而敬夫尤称能手,词则多酬应率意,集中寿词多至数十首,亦可知其颓唐不经意矣。此〔蝶恋花〕一首,虽随笔所之,而集中尚是上乘者。大抵康、王虽以词曲著名,实皆注意散套,故论曲家则不可不推上座,论词则曾未升堂也。世传敬夫将填词,以厚贽募国工,杜门学习琵琶、三弦,熟按诸曲,尽其技而后出之,故其词雄放奔肆,俨然有关、马之遗。余读其《游春记》及康德涵《中山狼》,嬉笑谑浪,力诋西涯,无怪为世人诟病也。德涵小令云:"真个是不精不细丑行藏,怪不得没头没脑受灾殃。从今后花底朝朝醉,人间事事忘。刚方,奚落了膺和滂。荒唐,周旋了籍与康。"颇有东篱遗响。词亦不称盛名云。

(6)杨慎　字用修,新都人。正德辛未赐进士第一,授翰林修撰。以议大礼泣谏,杖谪永昌。天启初,追谥文宪。有《升庵集》。

水调歌头　牡丹

春宵微雨后,香径牡丹时。雕阑十二,金刀谁剪两三枝?六曲翠屏深掩,一架银筝缓送,且醉碧霞卮。轻寒香雾重,酒晕上来迟。　　席上欢,天涯恨,雨中姿。向人欲诉飘泊,粉泪半低垂。九十春光堪惜,万种心情难写,彩笔寄相思。晓看红湿处,千里梦佳期。

用修所著书百馀种,号为"百洽金华"。胡应麟嫌其熟于稗史,不娴于正史,作《笔丛》以驳之。然杨所辑《百琲真珍》、《词林万选》,亦词家功臣也。所著《词品》,虽多偏驳,顾考核流别,研讨正变,确有为他家所不如者。在永昌日,曾红粉傅面,作双丫髻插花,令诸妓扶觞游行,了不愧怍。吴江沈自晋曾为谱《簪花髻》杂剧,词场艳称之。大抵用修文学,一依茶陵衣钵。自北地佹言复古,力排茶陵,用修乃沉酣六朝,览采晚唐,创为渊博靡丽之词。其意欲压倒李、何,为茶陵别张壁垒,其用力固至正也。惟措辞运典,时出轻心。援据博则乖误良多,摹仿惯则瑕疵互见。窜改古人,假托往籍,英雄欺人,亦时有之。要其钩索渊深,藻彩繁会,自足牢笼一世。即以词曲论之,如〔转应曲〕云:"花落花落,日暮长门寂寞。"又:"门掩门掩,数尽寒城漏点。"〔昭君怨〕云:"楼外东风到早,染得柳条黄了。低拂玉阑干,怯春寒。"皆不弱两宋人之作。他如《陶情乐府》,警句尤多。如:"费长房缩不尽相思地,女娲氏补不完离恨天。"又:"别泪铜壶共滴,愁肠兰焰同煎。"又:"和愁和闷,经岁经年。"又:"傲霜雪镜中紫髯,任光阴眼前赤电,仗平安头上青天。"诸语皆未经人道者。

(7)王世贞 字元美,太仓州人。嘉靖丁未进士,历官至刑部尚书。有《弇州四部稿》。

渔家傲

细雨轻烟装小暝,重衾不耐春寒横,裛尽博山孤篆影。闲自省,天涯有个人同病。 十二巫峰围昼永,黄莺可唤梨花醒。雨点芳波措不定。临晚镜,真珠簌簌胭脂冷。

《弇州四部稿》盛行海内,毁誉禽集,弹射四起,实则晚年亦自深悔也。世皆以王、李并称,然元美才气,十倍于鳞。惟病在爱博,笔削千兔,诗载两牛,自以为靡所不有,方成大家。究之千篇一律,安在其靡所不有也。《艺苑卮言》为弇州少作,其中论词诸篇,颇多可采。其自言云:"作《卮言》时,年未四十,与于鳞辈是古非今,此长彼短,未为定论。行世已久,不能复秘,惟有随事改正,勿误后人。"元美之虚心克己,不自掩护如此。又《自述诗》云:"野夫兴就不复删,大海回风吹紫澜。"言虽夸大,亦实语也。其词小令特工,如〔浣溪纱〕云:"权把来书钩午梦,起沾村酿泼春愁。"〔虞美人〕云:"鸭头虚染最长条,酝造离亭清泪几时消。"又:"珊瑚翠色新丰酒,解醉愁人否?"皆当行语。独世传《鸣凤记》,谱介溪相国、杨忠愍公事,则时有失律欠当处。或云为同时人假托者,要亦可信也。

(8)**张綖** 字世文,高邮人。正德癸酉举人,官武昌通判,迁知光州。有《南湖集》。

风流子

新阳上帘幕,东风转,又是一年华。正驼褐寒侵,燕钗春袅,句翻词客,簪斗官娃。堪娱处,林莺啼暖树,渚鸭睡晴沙。绣阁轻烟,剪灯时候,青旌残雪,卖酒人家。　　此时应重省,瑶台畔,曾遇翠盖香车。惆怅尘缘犹在,密约还赊。念鳞鸿不见,谁传芳信,潇湘人远,空采蘋花。无奈疏梅风景,碧草天涯。

世文学词曲于王西楼。西楼名磐,亦高邮人,为南湖外舅。今南湖《西楼乐府·弁言》所云"不肖甥张守中"者,即綖也。中论西楼家世甚详,不啻王博文之序《天籁集》也。南湖词所可见者,仅《词综》所录〔风流子〕、〔蝶恋花〕两首。《古今词话》亦盛推之,目为风流蕴藉,足以振起一时,亦非溢美。惟所著《诗馀图谱》一书,略有可议而已。《四库提要》云:"是编取宋人歌词,择声调合节者一百十首,汇而谱之。各图其平仄于前,而缀词于后,有当平当仄,可平可仄二例,而往往不据古词,意为填注。于古人故为拗句,以取抗坠之节者,多改谐诗句之律。又校雠不精,所谓黑围为仄,白围为平,半黑半白为平仄通者,亦多混淆,殊非善本。"此言确中张氏之弊,宜为万氏所讥也。

(9) 马洪　字浩澜,仁和人。有《花影集》三卷。

东风第一枝　梅花

　　饵玉餐香,梦云惜月,花中无此清莹。俨然姑射仙人,华珮明珰新整。五铢衣薄,应怯瑶台凄冷。自骖鸾来下人间,几度雪深烟暝。　孤绝处,江波流影。憔悴也,春风销粉。相思千种闲愁,声声翠禽啼醒。西湖东阁,休说当时风景。但留取一点芳心,他日调羹翠鼎。

《词品》云:"鹤窗善咏诗,尤工长短句,虽皓首韦布,而含吐珠玉,锦绣胸肠,居然若贵介王孙也。"词名《花影》,盖取月下灯前,无中生有之意。余案,明有二《花影集》,一为鹤窗,一为施子野也。鹤窗气度春容,不入小家态,子野则流于纤丽矣。鹤窗〔少年游〕云:"原来却在瑶阶下,独自踏花行。笑摘朱樱,微揎翠袖,枝上打流莺。"〔行香子〕云:"惜月前宵,病酒今朝。"〔满庭芳〕《落花》云:"谁道天机绣锦,都化作紫陌尘埃。"颇有隽永意味,非子野所及也。

(10) **陈子龙**　字卧子,青浦人。崇祯十年进士,官兵科给事中,进兵部侍郎。明亡,殉节,清谥忠裕。有《湘真阁词》。

蝶恋花

雨外黄昏花外晓,催得流年,有恨何时了?燕子乍来春又老,乱红相对愁眉扫。　　午梦阑珊归梦杳,醒后思量,踏遍闲庭草。几度东风人意恼,深深院落芳心小。

大樽文宗两汉,诗轶三唐,苍劲之色,与节义相符。乃《湘真》一集,风流婉丽,言内意外,已无遗议。柴虎臣所谓"华亭肠断,宋玉魂销,惟卧子有之。所微短者,长篇不足耳"。余尝谓明词,非用于酬应,即用于闺闼,其能上接风骚,得倚声之正则者,独有大樽而已。三百年中,词家不谓不多,若以沉郁顿挫四字绳之,殆无一人可满意者。盖制举盛而风雅衰,理学炽而词意熄,此中消息,可以参核焉。至卧子则屏绝浮华,具见根柢,较开国时伯温、季迪,别有沉着语,非用修、弇州所能到也。他作如〔山花子〕云:"杨柳凄迷晓雾中,杏花零落五更钟。寂寂景阳宫外月,照残红。　　蝶化彩衣金缕尽,虫衔画粉玉楼空。惟有无情双燕子,舞东风。"凄丽近南唐二主,词意亦哀以思矣。又〔江城子〕后半叠云:"楚宫吴苑草茸茸,恋芳丛,绕游蜂。料得来年相见画屏中。人自伤心花自笑,凭燕子,骂东风。"亦绵邈凄恻,不落凡响。先生于诗学至深,曾选明人诗,其自序略云:"一篇之收,互为讽咏;一韵之疑,互相推论。览其色矣,必准绳以观其体;符其格矣,必吟讽以求其音;协其调矣,必渊思以研其旨。"论诗能于色泽气韵中辨之,自是深得甘苦语,宜其词之渊懿大雅,为一代知音之殿也。丹徒陈亦峰云:"明末陈人中,能以浓艳之笔,传凄惋之神,在明代便算高手。然视国初诸老,已难同日而语,更何论唐宋哉!"寓贬于褒,持论未免过刻矣。

第二　清人词略

词至清代,可谓极盛之期,惟门户派别,颇有不同。二百八十年中,各遵所尚,虽各不相合,而各具异采也。其始沿明季馀习,以《花》、《草》为宗。继则竹垞独取南宋,而分虎、符曾佐之,风气为之一变。至樊榭而浙中诸子,咸称彬彬焉。皋文、朗甫,独工寄托,去取之间,号为严密,于是毗陵遂树帜骚坛矣。鹿潭雄才,得白石之清,而俯仰身世,动多感喟,庾信萧瑟,所作愈工,别裁伪体,不附风气,骎骎入两宋之室。幼霞之与小坡,南北不相谋也。而幼霞之严,小坡之精,各抒称心之言,咸负出尘之誉。风尘澒洞,家国飘摇,读其词者,即可知其身世焉。一代才彦,迥出朱明之上。追及季世,彊村、夔笙,并称瑜亮,而新亭故国之感,尤非烟柳斜阳所可比拟矣。(朱、况两家,以人皆生存,未便辑入云。)盖尝总而论之,清初辇毂诸公,尊前酒边,借长短句以吐其胸中之气,始而微有寄托,久则务为谐邕。而吴越操觚家,闻风竞起,选者作者,妍媸糅杂。渔洋数载广陵,实为此道总持。追纳兰容若才华门地,直欲牢笼一世,享年不永,同声悲惋。此一时也。竹垞以出类之才,平生宗尚,独在乐笑,《江湖载酒》,尽扫陈言。而一时裙屐,亦知趋武姜、张,叫嚣奔放之风,变而为敦厚温柔之致。

二李继轨,更畅宗风,又得太鸿羽翼,如万花谷中,杂以芳杜。扬州二马、太仓诸王,具臻妙品。而东坡词诗,稼轩词论,肮脏激扬之调,遂为世所诟病。此一时也。自樊榭之学盛行,一时作家,咸思拔帜于陈、朱之外,又遇大力者,负之以趋,窈曲幽深,词格又非昔比。武进张氏,别具论古之怀,大汰言情之作,词非寄托不入。皋文已揭橥于前,言非宛转不工,子远又联骖于后,而黄仲则、左仲甫、恽子居、张翰风辈,操翰铸辞,绝无饾饤之习。又有介存周子,接武毗陵,标赵宋为四家,合诸宗于一轨,其壮气毅力,有非同时哲匠可并者。此一时也。洪、杨之乱,民苦锋镝,《水云》一卷,颇多伤乱之语,以南宋之规模,写江东之兵革,平生自负,接步风骚,论其所造,直得石帚神理。复堂雅制,品骨高骞,窥其胸中,殆将独秀,而艺非专嗜,难并鹿潭。《箧中词》品题所及,亦具巨眼,开比兴之端,结浙中之局,礼义不愆,根柢具在。月坡、樵风,无所不贬,持较半塘,未云才弱,其精到之处,雅近玉田。而《苕雅》一卷,又有《狡童》、《离黍》之悲焉。此又一时也。至于论律诸家,亦以清代为胜。红友订词,实开橐钥。顺卿论韵,亦推输墨,而其所作,率皆颓唐,不称其才,岂知者未必工,工者未必尽知之欤?于是综核一代之言,复为论次之。

(1) **曹溶** 字洁躬,嘉兴人。崇祯十年进士,清官至户部侍郎。有《静惕堂集》,词附。

满江红　钱塘观潮

浪涌蓬莱,高飞撼宋家宫阙。谁荡激灵胥一怒,惹冠冲发。点点征帆都卸了,海门急鼓声初发。似万群风马骤银鞍,争超越。　江妃笑,堆成雪。鲛人舞,圆如月。正危楼湍转,晚来愁绝。城上吴山遮不住,乱涛穿到严滩歇。是英雄未死报仇心,秋时节。

先生为浙词之最先者,故竹垞最为心折。其言曰:"余壮日从先生南游岭表,西北至云中,酒阑灯灺,往往以小令慢词,更迭唱和。念倚声虽小道,当其为之,必崇尔雅,斥淫哇,极其能事,亦足宣昭六义,鼓吹元音。往者明三百禩,词学失传,先生搜辑遗传,余曾表而出之。数十年来,浙西填词者,家白石而户玉田,春容大雅,风气之变,实由于此。"观竹垞此言,亦犹惜抱之与海峰也。其词虽不尽工,然颇得空灵之趣。如题《静志居琴趣》后〔凤凰台上忆吹箫〕云:"无限柔肠,宛转秋雨,夜想朱唇。"又:"真真者番瘦也,酒醒后,新词只索休频。"雅有玉田遗意。

(2) 王士禛　字贻上,号阮亭,新城人。顺治十八年进士,官至刑部尚书。有《衍波词》。

浣溪纱　红桥

北郭清溪一带流,红桥风物眼中秋。绿杨城郭是扬州。
西望雷塘何处是?香魂零落使人愁。澹烟芳草旧迷楼。

渔洋小令,能以风韵胜,仍是做七绝惯技耳,然自是大雅,但少沉郁顿挫之致。昔人谓渔洋词为诗掩,非笃论也。词固以含蓄为主,惟能含蓄,而不能深厚,亦是无益。若谓北宋皆如是,为文过之地,正清初诸子之失,不独渔洋也。长调殊不见佳,《词综》所录,〔拜星月〕《踏青》一首,亦非《衍波集》中妙文。惟〔凤凰台上忆吹箫〕一首《和漱玉韵》者,可云集中之冠,因并录之:"镜影圆冰,钗痕却月,日光又上楼头。正罗帏梦觉,红褪缃钩。睡眼初瞤未起,梦里事寻忆难休。人不见,便须含泪,强对残秋。　　悠悠,断鸿南去,便潇湘千里,好为侬留。又斜阳声远,过尽西楼。颠倒相思难写,空望断南浦双眸。伤心处,青山红树,万点新愁。"思深意苦,几欲驾易安而上之。《衍波集》中,仅见此篇。

(3)曹贞吉　字升六,安邱人。顺治十七年举人,官礼部员外郎。有《珂雪词》二卷。

水龙吟　白莲

平湖烟水微茫,个人仿佛横塘住。碧云乍起,羽衣初试,靓妆楚楚。露下三更,月明千里,悄无寻处。想芦花蘋叶,空濛一色,迷玉井峰头路。　　莫是苧萝未嫁,曳明珰若耶归去。游仙梦杳,瑶天笙鹤,凌波微步。宿鹭飞来,依稀难认,风吹一缕。泛木兰舟小,轻绡掩映,问谁家女?

浙派词喜咏物,征故实,为后人操戈之地在此。升六固不居此例,然如《龙涎香》、《白莲》、《莼》、《蝉》等篇,嘉、道以后,词家率喜学步,而所作未必工也。余故谓律不可不细,咏物题可不作。至于借守律之严,恕临文之拙,吾不愿士夫效之。清初诸老,惟珂雪最为大雅,才力虽不逮朱、陈,而取径则正大也。其词大抵风华掩映,寄托遥深,古调之中,纬以新意,盖其天分于此事独近耳。至咏物诸作,为陈迦陵推挹者,吾甚无取也。

(4)吴绮　字薗次,江都人。由选贡生官湖州知府。有《艺香词》。

钗头凤　冬闺

灯花滴,炉香熄,屏风静掩遥山碧。箫难弄,衾长空,五更帘幕,月和霜重。冻,冻,冻。　　闲寻觅,无消息,泪痕冰惹红绵湿。愁难送,情还种,巫云昨夜,同骑双凤。梦,梦,梦。

小令学《花间》,长调学苏、辛,清初词家通例也。然能情语者,未必工壮语,菌次则两者皆工。故竹垞论其词,谓"选调寓声,各有旨趣,其和平雅丽处,绝似西麓",亦非溢美。余读其〔满江红〕《醉吟》,有"髀肉晚销燕市马,乡心秋冷扬州鹤。"又云:"海上文章苏玉局,人间游戏东方朔。"出语又近迦陵。盖菌次与迦陵为异姓昆季,是以词境有相同处。

(5) **顾贞观**　字华峰,号梁汾,无锡人。康熙五年举人,官国史院典籍。有《弹指词》。

双双燕　用史邦卿韵

单衣小立,正秋雨槐花,鬓丝吹冷。屏山几曲,犹忆画眉人并。残叶暗飘金井,问燕子归期未定。伤心社日辞巢,不是隔年双影。　　碧甃生怜苔润,伴欲折垂条,越加轻俊。为他萦系,絮语一帘烟暝。容易雕梁占稳,待二十四番风信。重来唤取疏狂,半刻玉肩偷凭。

梁汾词,以〔金缕曲〕二首《寄汉槎》为最著。词云:"季子平安否?

便归来,生平万事,那堪回首?行路悠悠谁慰藉?母老家贫子幼。记不起、从前杯酒。魑魅择人应见惯,料输他覆雨翻云手。冰与雪,周旋久。　　泪痕莫滴牛衣透。数天涯依然骨肉,几家能够?比似红颜多薄命,更不如今还有。只绝塞苦寒难受。廿载包胥承一诺,盼乌头马角终相救。置此札,君怀袖。"次章云:"我亦飘零久。十年来,深恩负尽,死生师友。宿昔齐名非忝窃,试看杜陵消瘦,曾不减夜郎僝僽。薄命长辞知己别,问人生到此凄凉否?千万恨,为兄剖。　　兄生辛未吾丁丑。共些时冰霜摧折,早衰蒲柳。词赋从今须少作,留取心魂相守。但愿得河清人寿。归日急翻行戍稿,把空名料理传身后。言不尽,观顿首。"二词纯以性情结撰而成,悲之深,慰之至,叮咛告语,无一字不从肺腑流出。此华峰之胜处也。惟不悟沉郁之致,终非上乘。

(6) **彭孙遹**　字骏孙,号羡门,海盐人。康熙十八年鸿博第一,历官至吏部侍郎。有《延露词》三卷。

绮罗香　春尽日有寄

翠远浮空,红残欲滴,帘掩青山无数。旧事难寻,春色半归尘土。扑蝶会如梦光阴,呀花笺相思图谱。怪东风不为吹愁,凝眸又见碧云暮。　　年来沦落已惯,任一身长是,飘零吴楚。珠泪缄题,恨字分明寄与。想南楼柳絮飞时,是玉人夜来凭处。应望断远水归帆,濛濛江上雨。

清初诸家,羡门较为深厚。严绳孙云:"羡门惊才绝艳,长调数十阕,固堪独步江左。至其小词,啼香怨粉,怯月凄花,不减南唐风格。"

此朋友标榜之语，原非定论。余谓羡门长调小令，咸有可观，惟不能沉着，故仍以聪明见长，盖力量未足，不得不以巧胜也。〔忆王孙〕《寒食》、〔苏幕遮〕《娄江寄家信》等篇，颇得北宋人遗韵。

（7）**陈维崧**　字其年，宜兴人。康熙十八年，举鸿博，授检讨。有《迦陵词》三十卷。

江南春　和倪云林韵

风光三月连樱笋，美人踟躇白日静。小楼空翠飐东风，不见其馀见衫影。无端料峭春闺冷，忽忆青骢别乡井。长将妾泪飐红巾，愿作征夫车畔尘。　　人归迟，春去急，雨丝满院流光湿。锦书远道嗟奚及，坐守吴山一春碧。何日功成还马邑，双倚琵琶花树立。夕阳飞絮化为萍，揽之不得徒营营。

清初词家，断以迦陵为巨擘。曹秋岳云：“其年与锡鬯，并负轶世才，同举博学鸿词，交又最深。其为词，亦工力悉敌，《乌帽》、《载酒》，一时未易轩轾也。”后人每好扬朱而抑陈，以为竹垞独得南宋真脉，盖亦偏激之论。世之所以抑陈者，不过诋其粗豪耳。而迦陵不独工于壮语也，〔丁香〕《竹菇》、〔齐天乐〕《辽后妆楼》、〔过秦楼〕《疏香阁》、〔愁春未醒〕《春晓》、〔月华清〕诸阕，婉丽娴雅，何亚竹垞乎？即以壮语论之，其气魄之壮，古今殆无敌手。〔满江红〕、〔金缕曲〕多至百馀首，自来词家有此雄伟否？虽其间不无粗率处，而波澜壮阔，气象万千，即苏、辛复生，犹将视为畏友也。短调〔点绛唇〕云："悲风吼，临洺驿口，黄叶中原走。"〔醉太平〕云："估船运租，江楼醉呼。西风流落丹徒，想刘家寄奴。"〔好事近〕云："别来世事一番新，只吾徒犹昨。话到英雄末路,忽凉风索索。"平叙中峰峦叠起,力量最雄,非馀子所能及也。长调〔满江红〕诸曲,纵笔所之,无不雄大。如"生子何须李亚子,少年当学王晸首。"(为陈九之字题扇)又"被酒我思张子布,临江不见甘兴霸。"《汴京怀古樊楼》一章下半云:"风月不须愁,变换江山,到处堪歌舞。恰西湖甲第又连天,申王府。"此类皆极苍凉,又极雄丽,而老辣处几驾稼轩而上之。其年真人杰哉!至如〔月华清〕后半云:"如今光景难寻,似晴丝偏脆,水烟终化。碧浪朱阑,愁杀隔江如画。将半帙南国香词,做一夕西窗闲话。吟写,被泪痕占满,银笺桃帕。"〔沁园春〕《题徐渭文钟山梅花图》后半云:"如今潮打孤城,只商女船头月自明。叹一夜啼乌,落花有恨。五陵石马,流水无声。寻去疑无,看来似梦。一幅生绡泪写成。携此卷,伴水天闲话,江海馀生。"情词兼胜,骨韵都高,几合苏、辛、周、姜为一手矣。

(8) **性德** 原名成德,字容若,满洲正白旗人。康熙十二年进士。有《饮水词》三卷。

一丛花　咏并蒂莲

阑珊玉珮罢霓裳,相对绾红妆。藕丝风送凌波去,又低头软语商量。一种情深,十分心苦,脉脉背斜阳。　色香空尽转生香,明月小银塘。桃根桃叶终相守,伴殷勤双宿鸳鸯。菰米漂残,沉云乍黑,同梦寄潇湘。

容若小令,凄惋不可卒读,顾梁汾、陈其年皆低首交称之。究其所诣,洵足追美南唐二主。清初小令之工,无有过于容若者矣。同时佟世南有《东白堂词》,较容若略逊,而意境之深厚,措词之显豁,亦可与容若相勒。然如〔临江仙〕《寒柳》、〔天仙子〕《渌水亭秋夜》、〔酒泉子〕《荼蘼谢后作》,非容若不能作也。又〔菩萨蛮〕云:"杨柳乍如丝,故园春尽时。"凄惋闲丽,较"驿桥春雨"更进一层。或谓容若是李煜转生,殆专论其词也。承平宿卫,又得通儒为师,搜辑旧籍,刊布艺林,其志尚自足千古,岂独琢词之工已哉?

(9) **朱彝尊** 字锡鬯,号竹垞,秀水人。康熙十八年,以布衣召试鸿博,授检讨。有《江湖载酒集》三卷,《静志居琴趣》一卷,《茶烟阁体物集》二卷,《蕃锦集》一卷。

解珮令　自题词集

十年磨剑,五陵结客,把平生涕泪都飘尽。老去填词,一半是空中传恨。几曾围燕钗蝉鬓。　　不师秦七,不师黄九,倚新声玉田差近。落拓江湖,且分付歌筵红粉。料封侯、白头无分。

竹垞诸作,《载酒集》洒落有致,《茶烟阁》组织甚工,《蕃锦集》运用成语,别具匠心,皆无甚大过人处。惟《静志居琴趣》一卷,尽扫陈言,独出机杼。艳词有此,不独晏、欧所不能,即李后主、牛松卿亦未易过之。生香真色,得未曾有。其前后次序,略可意会,不必穿凿求之也。余尝谓竹垞自比玉田,故词多浏亮,惟秦七与黄九,不可相提并论。秦之工处,北宋殆无与抗,非黄九所能望其肩背。竹垞不学秦,而学玉田,盖独标南宋之帜耳。然而竹垞词托体之不能高,即坐此病,知音者当以余言为然也。近人慑于陈、朱之名,以为国朝冠冕,不知陈、朱虽足弁冕一朝,究其所诣,尚未绝伦。有志于古者,当宜取法乎上也。

(10) **李良年** 字符曾，秀水人。康熙十八年举鸿博。有《秋锦山房词》二卷。

疏影　黄梅

岁阑记否？著浅檀官样，初染庭树。懒趁群芳，雪后春前，年年点缀寒圃。横斜月淡蜂黄影，长只傍短垣低护。倚茜裙欲撼苔枝，冻鸟一双飞去。　　依约荷圆磬小，剪来越镜里，先映眉妩。蓓蕾匀拈，细绞银丝，钗冷玉鱼偏处。还愁羯鼓催无力，沸蟹眼胆瓶新注。正暖香梦惹江南，忘了陇头人苦。

秋锦论词，必尽扫蹊径。尝谓南宋词人，梦窗之密，玉田之疏，必兼之乃工。斯言最确。然秋锦自作诸词，不能践此言也。梦窗固密，惟有灵气往来，玉田固疏，而其沉着处，虽白石亦且不及。浙词专学玉田之疏，于是打油腔格，摇笔即来。如"别有一般天气"、"禁得天涯羁旅"等语，一时词稿中，几几触目皆是。又好运用书卷。"秋锦催雪"之《红梅》用《比红儿诗》，必注明"罗虬"。〔解连环〕《送孙以恺使朝鲜》用《雌图别叙》，又须注明"孝经纬"。不知词之佳处，不必以书卷见长，搬运类书，最无益于词境也。符曾所作，纯疵互见。如〔好事近〕云："五十五船旧事，听白头人语。"〔高阳台〕云："一笛东风，斜阳淡压荒烟。"〔踏莎行〕云："游人休吊六朝春，百年中有伤心处。"胜国之感，妙于淡处描写，味隽意长，似非竹垞所能到者。

(11) **李符** 字分虎，一字耕客，嘉兴人。布衣。有《耒边词》二卷。

齐天乐　苕南道中

野塘水漫孤城路，晓来载诗移榄。柳悍汀荒，邱迟宅坏，急雨鸣蓑千点。绿芜如染，映翠藻参差，鹈鹕能占。沽酒何村？花明独树小桥店。　　昔游如昨日耳，记深深院宇，罗绮春艳。妆阁悬蛛，舞衫化蝶，满目繁华都减。湿云乍敛，露浮玉遥峰，相看无厌。渔唱沧浪，荻根灯又闪。

竹垞论分虎词云："分虎游屐所向，南朔万里，词帙繁富，殆善学北宋者。顷复示我近稿，益精研于南宋诸名家词，乃变而愈上矣。"斯言也，盖即为自己张旗鼓也。是时长调词学南宋者不多，分虎与竹垞同旨，宜其水乳交融矣。案南宋词，格律居音先，而〔齐天乐〕四处去上，分虎竟未遵守，是词律亦有舛误也。惟集中佳句颇多，赋物体亦有弦外意，较秋锦诚不愧弟兄耳。如〔河满子〕《经阮司马故宅》云："惨澹君王去国，风流司马无家。歌扇舞衣行乐地，只馀衰柳栖鸦。赢得名传乐部，春灯燕子桃花。"〔疏影〕《帆影》云："忽遮红日江楼暗，只认是凉云飞度。待翠蛾帘底凭看，已过几重烟浦。"〔钓船笛〕云："曾去钓江湖，腥浪黏天无际。浅岸平沙自好，算无如乡里。从今只住鸭儿边，远或泛苕水。三十六陂秋到，宿万荷花里。"此等随手挥洒，别具天然风骨。

(12) 厉鹗　字太鸿，钱塘人。康熙五十九年举人，乾隆元年荐举鸿博。有《樊榭山房词》二卷，续集二卷。

齐天乐　秋声馆赋秋声

簟凄灯暗眠还起，清商几处催发？碎竹虚廊，枯莲浅渚，不辨声来何叶。桐飙又接,尽吹入潘郎,一簪愁发。已是难听,中宵无用怨离别。　　阴虫还更切切,玉窗挑锦倦,惊响檐铁。漏断高城,钟疏野寺,遥送凉潮呜咽。微吟惭怯。讶篱豆花开,雨筛时节。独自开门,满庭都是月。

清朝词人,樊榭可谓超然独绝者矣。论者谓其沐浴白石、梅溪,洵是至言。大抵其年、锡鬯、太鸿三人,负其才力,皆欲于宋贤外别树一帜,而窈曲幽深,当以樊榭为最。学者循是以求深厚,则去姜、史不远矣。集中佳处,指不胜缕。如〔国香慢〕《素兰》云:"月中何限怨?念王孙草绿,孤负空香。冰丝初弄清夜,应诉悲凉。玉斫相思一点,算除是连理唐昌。闲阶澹成梦,白凤梳翎,写影云窗。"声调清越,是其本色,亦是其所长。又〔百字令〕云:"万籁生山,一星在水,鹤梦疑重续。挐音遥去,西岩渔父初宿。"无一字不清俊。下云:"林净藏烟,峰危限月,帆影摇空绿。随风飘荡,白云还卧深谷。"炼字炼句,归于纯雅,此境亦未易到。至于造句之工,亦雅近乐笑翁,世有陆辅之,定录入词眼也。如〔齐天乐〕云:"将花插帽,向第一峰头,倚空长啸。"〔高阳台〕云:"秘翠分峰,凝花出土。"〔忆旧游〕云:"溯溪流云去,树约风来,山剪秋眉。"又云:"又送萧萧响,尽平沙霜信,吹上僧衣。凭高一声弹指,天地入斜晖。"诸如此类,是樊榭独到处。

(13)**江炳炎**　字研南,钱塘人。有《琢春词》。江昱、江昉附。

垂杨　柳影

轻寒乍暖,算碧阴占地,昼闲庭院。欲折偏难,巧莺空送声千啭。休嫌云暗章台畔,怕纤雨楚腰吹断。正依稀低映江潭,共夕阳飘乱。　　辛苦长亭夜半,是摇漾瘦魂,兔华初满。误了闺人,也曾描出春前怨。还教学缀修蛾浅,但漠漠如烟一片。秋来待写疏痕,愁又远。

研南在清代不甚显,然学南宋处,颇有一二神解,与宾谷音趣相同。宾谷得南宋之意趣,研南得南宋之神理,若橙里则句琢字炼,归于纯雅,惟不能深厚,此三江词之工力,皆不能到沉郁地步也。清朝词家多犯此病,故骤览之,居然姜、史复生,深求之,皆姜、史之糟粕而已。

(14) 王策　字汉舒,太仓人。诸生。有《香雪词钞》二卷。_{时翔附。}

薄倖　_{秋槎题余《香雪词》,似有宋玉之疑,赋此奉答}

心花落艳,似寂寞枯禅退院。便吟出晓风残月,那是兰陵真面。只钧天一梦消魂,颜凭泪洗肠轮转。叹雨絮前缘,霜兰现业,负尽三生恩眷。　　却是诗因墨果,休猜做世间情态。况天荒地老,名闻影隔,东风不认楼中燕。秋坟露溅,倘知音怜我,客嘲肯制招魂换。装来玳瑁,留抵返生香片。

太仓诸王,皆工词翰,汉舒尤为杰出,惜其享年不永,未尽所长,其笔分固甚高也。作词贵在悲郁中见忠厚,若悲怨而激烈,则其人非穷则夭。汉舒〔念奴娇〕《秋思》一首,颇有衰飒气象。如:"浮生皆梦,可怜此梦偏恶。"又云:"看取西去斜阳,也如客意,不肯多耽搁。"皆悲惨语耳,卒至早夭。言为心声,便成词谶矣。汉舒外惟小山为佳。小山工为绮语,才不高而情胜,措语亦自婉雅,无绮罗恶态。如:"病容扶起淡黄时。"又云："燕子寻人巷口,斜阳记不真。"又云："一双红豆寄相思,远帆点点春江路。"又云："灯微屏背影,泪暗枕留痕。"皆情词凄惋,晏、欧之流亚也。

(15) **史承谦** 字位存,宜兴人。诸生。有《小眠斋词》四卷。

双双燕 <small>过红桥怀立甫</small>

春愁易满,记红到樱桃,乍逢欢侣。几番携手,醉里听残杜宇。曾向花源问渡,是水国风光多处。可应酒旆香留,不记江南春雨。　南浦,清阴如故,谁料得重来,暗添凄楚。月蓬烟棹,载了冷吟人去。可惜千条弱柳,更难系轻帆频住。如今绿遍桥头,尽作情丝恨缕。

清词中其年雄丽,竹垞清丽,樊榭幽丽,位存则雅丽,皆一代艳才,位存稍得其正而已。如："团扇先秋生薄怨,小池风不断。"神似温、韦语,然非心中真有怨情,亦不能如此沉挚。他词如〔采桑子〕云："泪滴寒花,渐渐逢人说鬓华。"〔满江红〕云："更不推辞花下酒,最难消受黄昏雨。"非天才学力兼到者不能。同时如朱云翔、吴苟叔、朱秋潭、汪对琴诸君,皆以词名东南,然概不如位存也。

(16) **任曾贻** 字淡存,荆溪人。诸生。有《矜秋阁词》一卷。

百字令 <small>立春前一日,寄怀储文滆津</small>

短篷听雨。共江千秋晚,几番潮汐。不道烟帆分别浦,一水迢迢长隔。贳酒当垆,敲诗午夜,弹指成今昔。双鱼何处?飘摇尺素难觅。　又是雪霁明窗,炉温小阁,残腊徐今夕。想到南枝初破蕊,一点新春消息。稳卧湖林,鬓丝无恙,肯便闲吟笔。甚时花底,玉尊同醉春碧。

储长源云:"淡存词删削靡曼,独存性灵,于宋人不沾沾袭其面貌,而能吸其神髓,一语之工,令人寻味无穷。"余按淡存与位存、遂佺(朱云翔,字遂佺,元和人。有《蝶梦词》),工力相等。《矜秋》一集,卓有声誉,而律以沉着两字,尚未能到,一览便知清人之词,然其用力亦勤矣。宜兴多彦,二史、储、任皆负清才,承红友之律,而能以妍丽语出之。至周介存,遂得独辟奥窍,自抒伟论,其于阳湖,洵可揖让坛坫,不得以附庸目之也。淡存他作如〔临江仙〕云:"砧声今夜月,灯影昔年情。"〔高阳台〕云:"何因得似红襟燕,认朱楼飞入伊家。"〔西子妆〕云:"相思一点落谁家?叹匆匆欲留难住。"皆佳。惟〔买陂塘〕云:"花开常怕春归早,那更几经烟雨。"〔祝英台〕云:"眼看红紫飘残,蔷薇开也,尚留得春光几许?"则摹仿稼轩,太觉形似矣。

(17) 过春山　字葆中,吴县人。诸生。有《湘云遗稿》二卷。

倦寻芳　过废园,见牡丹盛开,有感

絮迷蝶径,苔上莺帘,庭院愁满。寂寞春光,还到玉阑干畔。怨绿空馀清露泣,倦红欲倩东风浣。听枝头,有哀音凄楚,旧巢双燕。漫伫立,瑶台路杳,月珮云裳,已成消散。独客天涯,心共粉香零乱。且共花前今夕酒,洛阳春色匆匆换。待重来,只有断魂千片。

湘云笔意骚雅,为吾乡词家之秀,论其品格,雅近樊榭。吴竹屿称其词"如雪藕冰桃,沁人醉梦",此言是也。余谓湘云词,聪秀在骨,咀嚼无厌。其人独立不惧,当时坛坫,皆未尝附和,所谓不随风气者是也。吾乡词人至多,论不附声气,独行其是者,仅葆中一人而已。他如潘氏诸子,问梅七子,贵胄标榜,皆不如湘云矣。葆中词如〔明月生〕《南浦》云:"几点萍香鸥梦稳,柳棉吹尽春波冷。"又:"回首桃源仙路迥,一声欸乃川光暝。"〔瑞鹤仙〕云:"凄恻。西泠春晚,天竺云深,空怀孤洁。荷衣未茸,天涯愁倚岩石。念幽人去后,峰南峰北,多少啼猿唤客。暗伤心欲荐江蓠,夜凉露白。"皆不事雕琢,以气度胜者,是之谓大雅。

(18) **张惠言** 字皋文,武进人。有《茗柯词》。琦附。

木兰花慢 杨花

尽飘零尽了,谁人解当花看。正风避重帘,雨回深幕,云护轻幡。寻他一春伴侣,只断红相识夕阳间。未忍无声坠地,将低重又飞还。　　疏狂情性,算凄凉耐得到春阑。便月地和梅,花天伴雪,合称清寒。收将十分春恨,做一天愁影绕云山。看取青青池畔,泪痕点点凝斑。

皋文《词选》一编,扫靡曼之浮音,接风骚之真脉,直具冠古之识力者也。词亡于明,至清初诸老,具复古之才,惜未能穷究源流。乾、嘉以还,日就衰颓,皋文与翰风出,而溯源竟委,辨别真伪,于是常州词派成,与浙词分镳争先矣。皋文〔水调歌〕五章,既沉郁,又疏快,最是高境。论者辄以为疏于律度,洵然,然不得以此少之。如首章云:"难道春花开落,又是春风来去,便了却繁华。花外春来路,芳草不曾遮。"次章云:"招手海边鸥鸟,看我胸中云梦,蒂芥近如何?楚越等闲耳,肝胆有风波。"三章云:"珠帘卷春晓,蝴蝶忽飞来。游丝飞絮无绪,乱点碧云钗。肠断江南春思,黏着天涯残梦,剩有首重回。银蒜且深押,疏影任徘徊。"五章云:"晓来风,夜来雨,晚来烟。是他酿就春色,又断送流年。"热肠郁思,全自风骚中来,所以不可及也。《茗柯》存词,止四十六首,可谓简而又简。仁和谭仲修,拟为评注,而迄未能就,甚可惜也。弟琦,字翰风,与皋文同撰《宛邻词选》,虽町畦未尽,而奥窔始开。其所作诸词,亦深美闳约,振北宋名家之绪。如〔南浦〕云:"惊回残梦,又起来,清夜正三更。花影一枝枝瘦,明月满中庭。道是江南绮陌,却依然小阁倚银屏。怅海棠已老,心期难问,何处望高城? 忍记当时欢聚,到花时,长此托春醒。别恨而今谁诉?梁燕不曾醒。帘外依依香絮,算东风吹到几时停?向鸳衾无奈,啼鹃又作断肠声。"妍丽流转,雅近少游,宜其负盛名于江南也。其子仲远序《同声集》有云:"嘉庆以来名家,皆从此出。"信非虚语。周止斋益穷正变,潘四农又持异论,要之倚声之学,至二张而始尊,此可为定论耳。

(19) **周济** 字保绪,荆溪人。有《止庵词》。

渡江云　杨花

春风真解事,等闲吹遍,无数短长亭。一星星是恨,直送春归,替了落花声。凭阑极目,荡春波万种春情。应笑人、春粮几许,便要数征程。　　冥冥,车轮落日,散绮馀霞,渐都迷幻景。问收向红窗画笈,可算飘零?相逢只有浮萍好,奈蓬莱东指,弱水盈盈。休更惜,秋风吹老莼羹。

《茗柯词选》出，倚声之学日趋正鹄。张氏甥董晋卿，亦能踵美。止庵又切磋于晋卿，而持论益精。其言曰："慎重而后出之，驰骋而变化之，胸襟酝酿，乃有所寄。"又曰："词非寄托不入，专寄托不出。一物一事，引伸触类，意感偶生，假类必达，斯入矣。万感横集，五中无主，赤子随母，笑啼由人，缘剧悲喜，能出矣。"至其所撰《词辨》及《宋四家词筏》，推明张氏之旨而广大之，此道遂与于著作之林，与诗赋文笔，同其正变也。止庵自作诸词，亦有寄旨，惟能入而不能出耳。如〔夜飞鹊〕之《海棠》、〔金明池〕之《荷花》，虽各有寓意，而词涉隐晦，如索枯谜，亦是一蔽。余谓词本于诗，当知比兴固已。究之《尊前》、《花外》，岂无即景之篇？必欲深求，殆将穿凿。皋文与止庵，虽所造之诣不同，而大要在有寄托，尚蕴藉，然而不能无蔽。故二家之说，可信而不可泥也。

（20）**项鸿祚** 字莲生，钱塘人。有《忆云词》四卷。

兰陵王 春晚

晚阴薄，人在荼䕷院落。秋千罢，还倚琐窗，花雨和烟冷银索。近来情绪恶，遮莫，青春过却。单衣减，沉水自薰，酒病经年怯孤酌。　低低燕穿幕，任笺绿绡红，心事难托。柳丝系梦轻飘泊。叹衾凤羞展，镜鸾空掩，思量睡也怎睡着。恨依旧寂寞。　妆阁，闭鱼钥。怕唱到阳关，箫谱慵学。夜占蛛喜朝灵鹊。只目断千里，锦帆天角。玲珑帘月，照见我，又瘦削。

莲生词甲乙丙丁稿，意学梦窗，集中拟体至多，其才力固高人一等，持律亦细，惟其措辞终伤滑易。余始喜读之，与郭频伽等。继知频伽不可学，遂屏不复观，独爱《忆云》矣。又见同时词家推崇甚至，谭仲修云："有白石之幽涩，而去其俗；有玉田之秀折，而无其率；有梦窗之深细，而化其滞，殆欲前无古人。"黄韵甫曰："《忆云词》古艳哀怨，如不胜情，猿啼断肠，鹃泪成血，不知其所以然也。"初不知一入其彀，必至偎薄也。盖莲生天资聪俊，故出语能沁人心脾，且律度谐合，涩体诸词，一经炉锤，无不谐妥。于是论频伽则严，论忆云则宽，实则词律之细，固郭不如项，而词品之差，则相去无几也。（集中如〔河传〕云："梧桐叶儿风打窗。"〔南浦〕《咏柳》云："且去西泠桥畔等。"〔卜算子〕云："也似相思也似愁。"〔减兰〕云："只有垂杨，不放秋千影过墙。"〔百字令〕云："归期自问，也应芍药开矣。"诸如此类，皆徒作聪明语，与南北曲几不能辨。）其丁稿自序云："不为无益之事，何以遣有涯之生？"亦可哀其志矣。以成容若之贵，项莲生之富，而词皆悲艳哀怨，所谓伤心人别有怀抱也。

(21) 蒋春霖　字鹿潭，江阴人。有《水云楼词》二卷。

　　扬州慢　_{癸丑十一月二十七日，贼趋京口，报官军收扬州}

　　野幕巢乌，旗门噪鹊，谯楼吹断笳声。过沧桑一霎，又旧日芜城。怕双燕、归来恨晚，斜阳颓阁，不忍重登。但红桥风雨，梅花开落空营。　　劫灰到处，便遗民、见惯都惊。问障扇遮尘，围棋赌墅，可奈苍生。月黑流萤何处？西风黯、鬼火星星。更伤心南望，隔江无限峰青。

　　嘉庆以前，词家大抵为其年、竹垞所牢笼，皋文、保绪，标寄托为帜，不仅仅摹南宋之垒，隐隐与樊榭相敌。此清朝词派之大概也。至鹿潭而尽扫葛藤，不傍门户，独以风雅为宗，盖托体更较皋文、保绪高雅矣。词中有鹿潭，可谓止境。谭仲修虽尊庄中白，陈亦峰亦崇扬之，究其所诣，尚不足与鹿潭相抗也。词有律有文，律不细非词，文不工亦非词。有律有文矣，而不从沉郁顿挫上着力，或以一二聪明语见长，如《忆云词》类，尤非绝尘之技也。鹿潭律度之细，既无与伦，文笔之佳，更为出类，而又雍容大雅，无搔头弄姿之态。有清一代，以水云为冠，亦无愧色焉。复堂论水云曰："文字无大小，必有正变，必有家数。水云词固清商变徵之声，而流别甚正，家数颇大，与成容若、项莲生，二百年中，分鼎三足。咸丰兵事，天挺此才，为倚声家老杜。而晚唐两宋，一唱三叹之意，则已微矣。"（《箧中词》五）余谓复堂以鹿潭得流别之正，此言极是，惟以成、项二君并论，则鄙意殊不谓然。成、项皆以聪明胜人，乌能与水云比拟？且复堂既以杜老比水云，试问成、项可当青莲、东川欤？此盖偏宕之论也。鹿潭不专尚比兴，〔木兰花〕、〔台城路〕固全是赋体，即一二小词如〔浪淘沙〕、〔虞美人〕亦直言本事，绝不寄意帷闼，是真实力量，他人极力为之，不能工也。至全集警策处，则又指不胜偻。如〔木兰花慢〕云："云埋蒋山自碧，打空城、只有夜潮来。"又云："看莽莽南徐，苍苍北固。如此山川。钩连，更无铁锁，任排空、樯橹自回旋。寂寞鱼龙睡稳，伤心付与秋烟。"又〔甘州〕云："避地依然沧海，随梦逐潮还。一样貂裘冷，不似长安。"又云："引吴钩不语，酒罢玉犀寒。总休问、杜鹃桥上，有梅花、且向醉中看。南云暗，任征鸿去，莫倚阑干。"〔凄凉犯〕云："疏灯晕结，觉霜逼帘衣自裂。"〔唐多令〕云："哀角起重关，霜深楚塞寒。背西风归雁声酸。一片石头城上月，浑怕照旧江山。"皆精警雄秀，决非局促姜、张范围者，可能出此也。

（22）周之琦 字稚圭，祥符人。嘉庆十三年进士，官广西巡抚。有《金梁梦月词》。（应在鹿潭前）

三姝媚 　海淀集贤院

交枝红在眼。荡帘波香深,镜澜痕浅。费尽春工,占胜游、惟许等闲莺燕。步屧廊回,盈裙粉、蛛丝偷罥。小影玲珑,冷到梨云,便成秋苑。　　容易题襟吹散。又酒逐花迷,梦将天远。马系垂杨,但翠眉还识,旧时人面。暗数韶华,空笑我、樱桃三见。剩有盈盈蝴蝶,西窗弄晚。

梦月词浑融深厚,语语藏锋,北宋瓣香,于斯未坠(黄韵甫语)。余谓稚圭词,托体至高,诚有如韵甫之言者。近时论者与鹿潭并称,似尚非确当。鹿潭集中,无酬应之作,梦月则社课特多,即此而论,已不如水云矣。且悼亡诸作,专录一卷,虽元相才多,未免士衡辞费。至《心日斋十六家词选》,截断众流,金针暗度,纵不如皋文、保绪之高,要亦倚声家疏凿手也。

(23) **戈载**　字顺卿,吴县人。诸生,官国子监典簿。有《翠薇花馆词》三十九卷。

兰陵王 　和周清真韵

画桥直,明镜波纹绉碧。轻烟绕,歌榭舞楼,一派迷离黯春色。东风遍故国,吹老关津怨客。长堤畔千缕翠条,时见流莺度金尺。　　萍踪半陈迹。记侧帽题襟,香霭摇席。天涯今又逢寒食,叹携手人远,俊游难再。飞花飞絮散旧驿,送潮过江北。

悲恻,乱愁积。对孤馆残灯,无限凄寂。青门望断情何极?乍倚枕寻梦,怕闻邻笛。那堪窗外,更细雨,夜半滴。

清代词集之富，莫如迦陵，顺卿《翠薇词》，乃更过之，而泥沙不除，亦与迦陵相等。集中佳构，如〔山亭宴〕《秋晚游天平山》、〔霜叶飞〕《落叶》、〔垂杨〕《题吴伊人白门杨柳图》、〔春霁〕《柳影》、〔露华〕《苔痕》、〔南浦〕《春水》《秋水》二首、〔步月〕《春夜闲步》、〔惜红衣〕《皇甫墩观荷》、〔琐寒窗〕《秋晚》、〔秋宵吟〕《题筹石老人秋叶图》等作，精心结撰，文字音律，两臻绝顶，宜其独步江东，一时无与抗衡也。顺卿论词律极精，于旋宫八十四调之旨，研讨至深，故其自称，在能辨阴阳，能分宫调。又白石旁谱，当时词家，不甚明了，顺卿能一一按管，数百年聚讼纷如，望而却步者，一旦大畅其理，此诚绝顶聪明也。惟集中平庸芜浅诸作，触目皆是，读者亦以其守律之严，反恕其行文之劣，无怪为谢枚如所讥也。顺卿词开卷即有《龙涎香》、《白莲》、《莼蝉》等题，此当日学南宋者几成例作习气，愈觉可厌。且顺卿一贡士耳，太学典簿，未尝一履任也。而自十三卷后，交游渐广，攀援渐高，中丞、方伯、观察、太守、司马、明府历碌满纸，所作无非应酬，虚声愈大，心灵愈短，岂芝麓之于迦陵乎？抑何其不惮烦也？至为麟见亭河帅题《鸿雪因缘图》，前后合一百六十阕，多至四卷，观其自述，知配合雕镂，费尽苦心。然以《花间》、《兰畹》之手笔，加以引商刻羽之工夫，乃为钜公谱荣华之录，摹德政之碑也。言之不足，又长言之，若以为有厚幸焉。此真极词场之变矣。

(24) 庄棫　字中白，丹徒人。有《蒿庵词》。

高阳台　长乐渡

长乐溪边，秦淮水畔，莫愁艇子曾携。一曲西河，尊前往事依稀。浮萍绿涨前溪遍，问六朝遗迹都迷。映颓藜，白下城南，武定桥西。　　行人共说风光好,爱沙边鸥梦,雨后莺啼。投老方回,练裙十幅谁题? 相思子夜春还夏,到欢闻、先已凄凄。更休提,柳外斜阳,烟外长堤。

中白与谭复堂并称,其词穷极高妙,为道、咸间第一作手。平生论词宗旨,见于《复堂词序》。其言云:"夫义可相附,义即不深。喻可专指,喻即不广。托志房帷,眷怀身世,温、韦以下,有迹可寻。然而自宋及今,几九百载,少游、美成而外,合者鲜矣。又或用意太深,义为辞掩,虽多比兴之旨,未发缥缈之音。近世作者,竹垞撷其华,而未芟其芜。茗柯溯其源,而未竟其委。"又曰:"自古词章,皆关比兴。斯义不明,体制遂舛。狂呼叫嚣,以为慷慨。矫其弊者,流为平庸。风诗之义,亦云渺矣。"(《谭复堂词序》)先生此论,实具冠古之识,非大言欺人也。其词深得比兴之致。如〔蝶恋花〕四章,即所谓"托志房帷,眷怀身世"也。首章云:"城上斜阳依绿树。门外斑骓,过了偏相顾。玉勒珠鞭何处住? 回头不觉天将暮。""回头"七字,感慨无限。下云:"风里馀花都散去。不省分开,何日能重遇? 凝睇窥君君莫误,几多心事从君诉。"声情酸楚,却又哀而不伤。次章云:"百丈游丝牵别院。行到门前,忽见韦郎面。欲待回身钗乍颤,近前却喜无人见。"心事曲曲传出,钗颤身回,见得非常周折。下云:"握手匆匆难久恋。还怕人知,但弄团团扇。强得分开心暗战,归时莫把朱颜变。"韬光匿彩,忧谗畏讥,可为三叹。三章云:"绿树阴阴晴昼午,过了残春,红萼谁为主? 宛转花幡勤拥护,帘前错唤金鹦鹉。"词殊怨慕,所遇不合也。故下云:"回首行云迷洞户。不道今朝,还比前朝苦。"悲怨已极。结云:"百草千花羞看取,相思只有侬和汝。"怨慕之深,却又深信不疑,非深于风骚者,不能如此忠厚。四章云:"残梦初回新睡足。忽被东风,吹上横江曲。寄语归期休暗卜,归来梦亦难重续。"决然舍去,中有怨情。下云:"隐约遥峰窗外绿。不许临行,私语频相嘱。过眼芳华真太促,从今望断横波目。"天长地久之情,海枯石烂之恨,不难得其缠绵沉着,而难得温厚和平耳。故先生之词,确自皋文、保绪中出,而更发挥光大之也。

(25) **谭廷献** 字仲修,仁和人。有《复堂类稿》,词附。

金缕曲 唐栖月夜,怀劳平甫

木叶飞如雨。绕空舟,惟闻暗浪,悄无人语。篷背新霜侵衣袂,冷压釭花不吐。料此际微吟闭户。三径萧萧蓬蒿满,记往前裙屐欢谁补?春去也,惜迟暮。　　飘零我亦泥中絮。叹明明入怀月色,夜深还去。芳草变衰浮云改,况复美人黄土。算生作有情原误。莫倚平生丹青手,看寻常颜面皆行路。哀与乐,等闲度。

仲修词取径甚高,源委深达,窥其胸中眼中,非独不屑为陈、朱,抑且上溯唐五代,此浙词之变也。仲修之言曰:"南宋词敝,琐屑馂饤。朱、厉二家,学之者流为寒乞。枚庵高朗,频伽清疏,浙词为之一变。"余谓吴、郭二子,不足当此语,变浙词者,复堂也。其〔蝶恋花〕六章,美人香草,寓意甚远。余最爱"玉枕醒来追梦语,中门便是长亭路。"又:"惨绿衣裳年几许?争禁风日争禁雨。"又:"语在修眉成在目,无端红泪双双落。"又:"一握鬘云梳复裹,半庭残日忽忽过。"又:"连理枝头侬与汝,千花百草从渠许。"又:"遮断行人西去道,轻躯愿化车前草。"此等词直是温、韦,决非专学南宋者可拟,而又非迦陵、西堂辈轻率伎俩也。所录《箧中词》二集，搜罗富有，议论正大，其论浙词之病，尤为中肯。余故谓：变浙词者，复堂也。

(26)**王鹏运**　字幼遐，临桂人。有《半塘词稿》。

齐天乐　秋光

新霜一夜秋魂醒，凉痕沁人如醉。叶染新黄，林凋暗绿，野色犹堪描绘。危楼倦倚，对一抹斜阳，冷鸦翻背。桹触愁心，暮烟明灭断霞尾。　　遥山青到甚处？淡云低蘸影，都化秋水。蟹籪灯疏，雁汀月小，滴尽鲛人清泪。孤蘂绽蕊，算夜读秋窗，尚饶滋味。秋落江湖，曙光摇万苇。

幼遐早岁官中书，与上元端木埰、吴县许玉瑑、临桂况周颐，更叠唱和，有《薇省同声集》之刻。其时子畴、鹤巢，年齿已高，夔笙最年少。继而子畴、鹤巢，相继徂谢，幼遐又以直谏去官，客死吴下，独夔笙屑涕新亭，栖迟海澨，而身亦垂垂老矣。广西词境之高，实王、况二公之力也。《四印斋词刻》尚在京师，时仅有《东坡乐府》至戈顺卿《词林正韵》耳。其后日益增刊，遂成巨制。晚年又自订《半塘定稿》，体备众制，无一不工。近三十年中，南则小坡，北则幼遐，当时作者，未能或之先也。朱丈沨尹从半塘游，而专力梦窗，其所诣尤出夔笙之上。粤使归后，即息影吴门，尝与小坡往返酬和，极一时盍簪之乐。迨辛壬以后，身经丧乱，词不轻作。（朱丈尝谓"理屈词穷"。此虽戏言，亦寓感喟焉。）又值小坡作古，吟侣益稀，适夔笙寓沪，数过从谈艺，春江花月，间及倚声，无非汐社遗民之泪矣。因论幼遐，并及朱、况，藉见三十年来词学之消息焉。

(27) 郑文焯 字叔问,汉军。有《瘦碧》、《冷红》、《比竹馀音》、《苕雅》诸集,晚订《樵风乐府》。

寿楼春　秋感,次冯梦华同年韵

听吴讴消魂。正江城角冷,雨驿灯昏。记得残鹃啼遍,乱山红春。明镜老,如花人,寄故裙遥遥乌孙。念浊酒谁呼?零烟自语,愁满一筝尘。　沧波苑空林曛。渐题香秀笔,不点歌尊。最忆烟沉荒戍,月孤长门。砧杵急,悲从军,赋楚萍飘飘无根。怎说与黄华,西风泪痕吹满巾。

叔问于声律之学,研讨最深,所著《词源斠律》,取旧刻图表,一一厘正,又就八十四调住字,各注工尺,皆精审可从。至其所作词,炼字选声,处处稳洽,而语语缠绵宕动,清末论词笔之清,无逾叔问者矣。道、咸以来,六十年中,南国才人,雅词日出,审音订律,独有翠薇。而孙月坡掉鞅词坛,分题唱和,不欲为筝琶俗响。叔问以承平贵胄,接继其武,虎山、邓尉间,时见吟屐,较枚庵、频伽相去不可道里计也。先是,湘中王壬秋以文字雄一世,自负词笔不亚时彦,及见叔问作,遂敛手谢不及,始壹意于选诗。故湘社词人,如程子大、易实甫弟兄、陈伯弢辈,咸俯首请益。而叔问临文感发,不少假借,宦隐吴皋,声溢四宇,晚近词人之福,未有如叔问者也。小城茸宇,老鹤寄音,握手笑言,一如昨日,人琴俱杳,能无慨然!

吴梅先生学术年表*

1884 年(清光绪十年)

　　9 月 11 日(阴历七月二十二日),生于江苏苏州。

1895 年(光绪二十一年)

　　始习举子业。师潘霞客(字少霞),荥阳人。

1898 年(光绪二十四年)

　　初应童子试。《霜崖诗录》自是年始存稿。

1899 年(光绪二十五年)

　　再应童子试,提复被斥。此后致力于诗古文词。

　　感"戊戌六君子"之狱,草创《血花飞》传奇。

1901 年(光绪二十七年)

　　以第一名补长洲县学生员。

1902 年(光绪二十八年)

　　秋,初赴金陵应江南乡试,未终场。

1903 年(光绪二十九年)

　　再赴金陵应江南乡试,被绌。

　　改定《血花飞》传奇(又名《苌弘血》)。写定《风洞山》传奇初稿。

---

* 本年表由郭英德、王瑜瑜编订。

1904 年（光绪三十年）

修订《风洞山》传奇。作时事皮黄剧本《俄占奉天》上本《袁大化杀贼》，以"逋飞"之名发表于《中国白话报》第五期。

1905 年（光绪三十一年）

秋，至东吴大学堂任教习。

《风洞山》传奇定稿。

1906 年（光绪三十二年）

《风洞山》传奇由小说林社出版。

作《暖香楼》杂剧（又名《湘真阁》），次年刊于《小说林》第一期。

始作《奢摩他室曲话》。

1907 年（光绪三十三年）

作《轩亭秋》杂剧，《小说林》第六期刊出"楔子"。

《奢摩他室曲话》于《小说林》第二、三、四、六、八、九期连载。

1908 年（光绪三十四年）

冬，作《六也曲谱·序》。

1909 年（宣统元年）

8月，赴开封，入河道曹载安幕。缅想周宪王流风馀韵，益肆力于南北曲。

1910 年（宣统二年）

春，始任苏州存古学堂检察官。

校刻《奢摩他室曲丛》第一集。《霜崖词录》自是年始存稿。

1911 年（宣统三年）

秋，始作《双泪碑》杂剧。

1912 年

1、2月间，作《落茵记》杂剧，刊于次年《小说月报》第四卷第一号。

作《镜因记》传奇,刊于《民国新闻》7月25日至9月10日。作《奢摩他室曲旨》,刊于《民国新闻》7月26日至9月10日。

3月,正式加入南社。

春,任教南京第四师范。

1913年

赴上海民立中学任教。作《顾曲麈谈》。

秋,改孟称舜《娇红记》为《绿窗怨记》传奇。

12月,续成《双泪碑》杂剧。

1914年

作《瞿安笔记》,刊于《小说月报》第五卷第一、二、五号。

《顾曲麈谈》刊于《小说月报》第五卷第三至十二期。

改作《绿窗怨记》,刊于《游戏杂志》第十至十三期、十五至十八期,共十折。

作《香山老出放杨枝伎》、《陆务观寄怨钗凤辞》各一折。

1915年

续作《瞿安笔记》,刊于《小说月报》第六卷第六、七、八、十一号。

改王曦《东海记》为同名传奇十二出。

1916年

《东海记》刊于《春声》杂志第二、四集。

《双泪碑》刊于《小说月报》第七卷第四、五号。

《顾曲麈谈》单行本由上海商务印书馆出版。

1917年

1月,作《无价宝》杂剧,刊于《小说月报》第八卷第七号。

9月,应北京大学之聘,任古乐曲教授。

1918 年

任教北京大学,并兼任北京高等师范学校课程。指导梅兰芳、鲜灵芝演剧。

12月,校勘《词源》,由北京大学出版部出版。

1919 年

4月,收昆曲演员韩世昌为徒,亲授诸曲。

是年,删改《词馀讲义》(后更名《曲学通论》),由北京大学出版部出版。

1920 年

年末,始作《南北词简谱》。

1921 年

应邀参加苏州道和曲社。

1922 年

1月,参加北京高等师范师生组织的国文学会。

编成《古今名剧选》,由北京大学出版部出版。

秋后,应南京东南大学之聘,举家南归。

1923 年

任教东南大学。

《南北戏曲概言》刊于《国学丛刊》第一卷第三期。《词与曲的区别》刊于《国学研究会演讲录》第一集。

1924 年

2、3月间,与东南大学词学班诸同学成立潜社,习词。

5月,编定《曲选》(后改名《百嘉室曲选》),有"中央大学讲义"本。

8月,汇校《朝野新声太平乐府》,作《朝野新声太平乐府校勘记》,刊于《华国月刊》第二期第九、十、十二册及次年第三期第三册。

《无价玉》杂剧刊于《学衡》第三十二期。

1925 年

1、2 月间，作《读盛明杂剧诗》30 首。

是年，《中国戏曲概论》脱稿。

1926 年

《元剧略说》刊于《东南论衡》第一卷第十一至十三期。《说作曲子法》刊于《东南论衡》第一卷十六期。

《中国戏曲概论》由上海大东书局出版。

《词学通论》约作于是年。

1927 年

春，东南大学停办，返回苏州。校订《奢摩他室曲丛》152 种成。

9 月，赴广州中山大学任教。

12 月，因生活不适返回苏州。

是年，作《湘真阁歌谱》。

1928 年

春，始任教上海光华大学。与蒋香谷等于苏州结琴社。

夏，东南大学易名中央大学复课。

秋，兼南京、上海两校课。

《奢摩他室曲丛》初集、二集由商务印书馆出版。

《元剧研究 ABC》约作于是年。

1929 年

任教南京中央大学，兼上海光华大学课。

5 月，《词馀讲义》由北京大学再版。《元剧研究 ABC》上册由 ABC 丛书社出版。

由弟子卢前编成《霜崖曲录》，为此作《霜崖曲录序》。

1930 年

应上海商务印书馆《万有文库》之邀,撰《辽金元文学史》。

《百嘉室曲选》由上海商务印书馆出版。

1931 年

秋,辞上海光华大学聘,仍任教南京中央大学。

《南北词简谱》脱稿,有"东南大学讲义"本。作《元剧方言释略》。始作《瞿安日记》。

12月,《霜崖曲录》由上海商务印书馆出版。

1932 年

1月,"一·二八"事变,上海商务印书馆涵芬楼被日军炸毁,《奢摩他室曲丛》底本毁27种,三集、四集刻本被焚,遂不得印行。《辽金元文学史》亦毁于战火,上海商务印书馆请其重撰,遂约顾魏成代作。

11月,《霜崖三剧歌谱》木刻本行世(或为自刻本,刊行者不详)。

12月,《词学通论》由上海商务印书馆出版。

是年,作《霜崖读画录》。

《瞿安读曲记》先后刊行于《珊瑚》半月刊是年第一、三、五、七、十一期,1933年第十八、二十、二十二、二十四、二十五、三十四、三十五、三十六期,1934年第三十七至四十四期、第四十六至四十八期。

1933 年

任教南京中央大学。

2月,始兼金陵大学课。改旧词稿,以备付刻。

5月,《霜崖三剧》木刻本行世(或为自刻本,刊行者不详)。

8月,常芸庭编《霜崖曲选》,刊于《国风》半月刊第三卷第四期。

12月,校读《辽金元文学史》。

1934 年

1月,《辽金元文学史》由上海商务印书馆出版。

2月,《词学通论》列入《万有文库》出版。

5月,作《长生殿传奇斠律》,刊于中央大学《文艺丛刊》第一卷第二期。

1935 年

1月,《词之作法》刊于《出版周刊》一一二号。

2月,入苏州甲戌学会。

3月,应林铁尊之召参加如社。

6月,校刻《耒园集》,付上艺斋石印。

9月,校点《董西厢》。

《霜崖读画录》一卷刻入赵诒琛、王大隆辑《乙亥丛编》。

《词馀讲义》由上海商务印书馆再版,易名《曲学通论》。

1936 年

4月,誊写《霜崖曲录》续稿,付弟子卢前刊入《饮虹簃丛书》中。

收昆曲演员白云生为徒,亲授诸曲。参加如社、潜社等曲社活动。

1937 年

5月,《霜崖曲录》由弟子卢前之饮虹簃刻成。

7月,"卢沟桥事变"之后,辗转苏州、南京、武汉、湘潭等地。

1938 年

3月,手定《霜崖词录》成,次年刊于《制言》月刊第四十八至五十六期。

6月,至桂林,坚辞中央大学校长罗家伦电召。

10月,手定《霜崖诗录》成,次年由白沙吴先生遗书编印处刊行。

12月,应门生李一平之约,由桂林飞抵昆明。

1939 年

1月,由昆明至大姚县。病笃,作《遗嘱》,遗龙榆生、夏承焘、徐益藩、万云骏诸人书。

3月17日,下午3时病逝于大姚李旗屯,享年五十五岁。

(本年表主要依据王卫民《吴梅年谱》(修订稿),见王卫民:《吴梅评传》,河北教育出版社2002年版,第245—319页。)

吴梅词曲研究论著述评

郭英德、王瑜瑜

吴梅(1884—1939),字瞿安,一字灵䨲,晚号霜崖,江苏长洲(今苏州)人。出身官宦世家。自幼习举子业,光绪二十七年(1901)以第一名补长洲县学生员,后两应江南乡试不第。光绪末年,科举废除,吴梅遂绝意仕进,肆力于词曲创作及研究。

民国初年,吴梅因词曲创作及研究成绩斐然,先后受聘于北京大学、北京高等师范学校、东南大学、中山大学、光华大学、中央大学、金陵大学,执教杏坛,口传身授,培养了卢前(1905—1951)、唐圭璋(1901—1990)、任中敏(1897—1991)、赵万里(1905—1980)、王季思(1906—1996)、程千帆(1913—2000)、沈祖棻(1909—1977)等一批优秀的词曲研究大家,为20世纪中国古代曲学研究奠定了坚实基础。

1937年,"卢沟桥事变"爆发,日寇发动了全面侵华战争。为躲避日寇侵扰轰炸,吴梅携全家辗转于苏州、南京、武汉、湘潭、桂林、昆明等地。1939年3月17日下午3时,吴梅不幸病逝于云南省大姚县,享年五十五岁。

吴梅在戏曲研究、整理、创作、表演、收藏、传播等各领域,均取得令人瞩目的成就,当之无愧地成为20世纪曲学大师。吴梅的《顾曲麈谈》(1913)、《词馀讲义》(1919,后更名《曲学通论》)、《中国戏曲概论》(1925)、《词学通论》(1926)、《元剧研究ABC》(1928)、《南北词简谱》(1931)等，均成为词曲研究领域的经典之作。吴梅还先后编纂出版《曲海目疏证》(1914)、《奢摩他室曲丛》(1910、1927)、《百嘉室曲选》(1924)、《朝野新声太平乐府校勘记》(1924—1925)等，在戏曲文献整理方面卓有建树。在从事戏曲研究与整理的同时，吴梅也进行戏曲创作，先后创作传奇《血花飞》(1903)、《风洞山》(1905)、《镜因记》(1912)，杂剧《暖香楼》(1906)、《轩亭秋》(1907)、《落茵记》(1912)、《双泪碑》(1913)、《惆怅爨》(1914—1930)、《无价宝》(1917)、《义士记》(1933)，皮黄剧本《俄占奉天》上本《袁大化杀贼》(1904)等；改编孟称舜《娇红记》为《绿窗怨记》(1913)，王曦《东海记》为其同名剧作(1915)。吴梅精通音律，善于度曲唱曲，他不仅在大学讲堂的教学中亲自示范演唱，而且参加多家曲社活动，甚至亲自粉墨登场。由于吴梅曲学造诣深厚，当时著名的戏曲演员梅兰芳、韩世昌等人皆入其门下，研习昆曲演唱。

吴梅毕一生之力，精研词曲，著述颇丰。本书收录的《顾曲麈谈》、《曲学通论》、《中国戏曲概论》、《词学通论》，是吴梅在词曲研究方面最具代表性的四部著作，集中体现出作者鲜明的学术特点和高超的学术成就。

《顾曲麈谈》是吴梅的成名之作，最初连载于1914年《小说月报》第五卷第三至十二期，1916年由上海商务印书馆出版发行单行本。此前一年，王国维(1877—1927)的《宋元戏曲史》亦由上海商务印书馆出版。这两部学术著作在中国古代戏曲研究领域筚路蓝缕，开风气之先，均为20世纪中国古代戏曲研究的奠基之作。二者特色迥异，但各有千秋。王国维将西方现代学术理论与中国传统治学方法相结合，思辨清晰，考证精审，对中国古代戏曲的起源与形成、中国戏曲艺术特征与文学成就等戏曲研究中的重要问题进行了细致的考证和深入的研究,对建立中国古代戏曲史学科的贡献极为突出。而吴梅精于制曲、度曲、唱曲,因此在戏曲本体研究方面较之王国维多有超越,他的戏曲研究,尤以考辨宫调、曲牌、曲韵为中心的曲律论,以铺陈结构、摛文布采为主体的制曲论,以依腔订谱、按声习唱为要义的度曲论三者,最具代表性①。钱基博(1887—1957)评价道:"曲学之兴,国维治二三年,未若吴梅之劬以毕生;国维限于元曲,未若吴梅之集其大成;国维详其历史,未若吴梅之发其条例;国维赏其文学,未若吴梅之析其声律。而论曲学者,并世要推吴梅为大师云。"②

《顾曲麈谈》集中体现了吴梅戏曲研究的突出特点。此书分为《原曲》、《制曲》、《度曲》、《谈曲》四章,构成了完整的戏曲研究体系。《原曲》一章,从曲学、填词之难入手,先后对曲的两大基本要素——宫调、音韵——进行了正本清源的梳理,详列各宫调所包含之曲牌,并以王鵹《音韵辑要》为基础,编制音韵表,作为填曲之用,进而对诗韵、词韵、曲韵之差异进行了辨别。在此基础上,吴梅针对南北曲的不同特点,从词牌体式、曲音卑亢、板式使用、套数联法等四个方面,对南曲作法进行了详细论述;在《论北曲作法》一节中则着重强调了曲谱辨识和务头、套数使用的问题。《制曲》一章,专论作剧法及作清曲法,尤以前者为重。吴梅以明末清初戏曲家李渔《闲情偶寄》之"词曲部"为基础,融合个人见解,分别从"结构宜谨严"、"词采宜超妙"、"宾白宜优美"三个方面,条分缕析,详举曲例,说明戏曲作品的具体创作方法。《度曲》一章,专为昆曲演唱、制谱而设。吴梅从音韵学入

---

① 参见周维培:《新曲学的崛起和旧曲学的终结》,载《南京大学学报》1988年第4期。
② 钱基博:《现代中国文学史》,中国人民大学出版社2004年版,第282页。

手,详细说明与字之发声密切相关的五音、四呼、四声、出字、收声、归韵、曲情等问题,并且注意唱曲过程中曲情的重要性。度曲既艰,制谱尤难,吴梅结合其制曲实践,特别指出制谱过程中要注意区别正板、赠板,讲究字音阴阳与音律工尺的配合,并附录魏良辅《曲律》之说,以略示度曲门径。《谈曲》一章,吴梅自云:"取元明以来曲家遗事轶闻,汇而集之,以为词林之谈屑,而实亦吴骚之掌故也。"[1]此章虽无明确分节,但大略以元、明、清三代为序,搜罗故实,评价名家名作,可略呈三代戏曲发展之源流,粗具其后所撰《中国戏曲概论》的雏形。此章摭采谈屑掌故,不无琐碎之嫌,然颇益于知人论世;而且时抒己见,不乏精辟之论,所论尤重音律、文辞,同样体现了吴梅戏曲研究的鲜明特色。

《曲学通论》一书,原名《词馀讲义》,是吴梅在北京大学讲授词曲课程的讲义。1917年,吴梅应北京大学校长蔡元培之请,执教于北京大学,专授词曲。在教学实践的过程中,他"深惜元明时作者辈出,而明示条例,成一家之言,为学子导先路者,卒不多见";而清代咸丰、同治之后,"歌者不知律,文人不知音,作家不知谱,正始日远,牙旷难期"[2]。因此,他以王骥德《曲律》为依据,旁采周德清《中原音韵》、朱权《太和正音谱》、沈自晋《南词新谱》及陶宗仪、王世贞、臧懋循、李渔、焦循等著名词曲家的著述,在《顾曲麈谈》的基础上,重新发凡起例,编撰这部讲义。此书初名《词馀讲义》,1919年由北京大学出版部出版,1935年上海商务印书馆再版时,改名为《曲学通论》。此书内容虽与《顾曲麈谈》多有重合,但亦不乏超越之处,部分内容为《顾曲麈

---

[1] 吴梅:《顾曲麈谈》,本书第120页。
[2] 吴梅:《曲学通论·自叙》,本书第157页。

谈》所无,即使在二书重合之处,吴梅对所引曲例及部分论断亦有所调整,论述更为透彻。而且较之《顾曲麈谈》,此书更为简约明晰,适于为学子指示治曲门径。因此,二书各有所长,实可相辅相成,对照阅读。

《曲学通论》凡十二章。首章《曲原》,略呈曲体流变的轨迹。第二章《宫调》,着重梳理宫调的缘起、数量和风格。第三章《调名》,考察曲牌的名称来源及其流传、运用。第四章《平仄》、第五章《阴阳》、第八章《论韵》,是对《顾曲麈谈》中《论音韵》一节的补充和说明。第六章《作法上》与《顾曲麈谈》第二章第一节《论作剧法》,第七章《作法下》与《顾曲麈谈》第一章第三节《论南曲作法》,第十章《务头》与《顾曲麈谈》第一章第四节(二)"要明务头",内容多有重合,但此书所论更为简明扼要,细微之处间有更动,因此更为精彩。第九章《正讹》,为吴梅新增,专论戏曲版本流传过程中产生的讹误,体现出吴梅深厚的曲学积淀和文献功力。第十一章《十知》,系吴梅填词作曲经验之谈,摭采字义、章法、句法、引子、过曲、尾格、集曲、衬字、板眼、四十禁诸项,一一说明,详加例证,具有直接指导学子作曲的意义。与《顾曲麈谈》中《谈曲》一章着眼于作家作品的个体批评不同,此书第十二章《家数》,尤重从大处着眼,关注戏曲作家流派及创作风格的传承关系,以极其精炼的文字,勾勒出元、明、清三代戏曲创作的发展脉络,眼光颇为独到,概括极为精要。

《中国戏曲概论》是吴梅中国古代戏曲史研究的集大成之作,作于1925年吴梅任教东南大学期间,1926年由上海大东书局出版。此书面世时,王国维的《宋元戏曲史》已出版十馀年,在学界产生了极大的影响。《宋元戏曲史》呈现了中国戏曲自上古起源,历经五代、宋、金发展,直至元代成熟的历史过程,是中国古代戏曲史的奠基之作,受到当时学者和后代学人的一致推重。但此书以宋元时期的院本、杂剧、南戏为论述重点,尤以元杂剧为详,而明清之后的戏曲作品则被视为没有生气的"死文学",未曾涉及。就中国戏曲发展史的事实而言,在明清两代,杂剧创作持续不断,传奇这一新兴的戏曲体裁蓬勃发展,佳作层出不穷,开创了继元代之后又一个戏曲的黄金时代。因此,《宋元戏曲史》显然遗留了中国古代戏曲史有待增补的重要空间。而吴梅的《中国戏曲概论》一书,不仅涵盖了金、元、明、清四代七百馀年的戏曲发展历史,而且将散曲、院本、诸宫调、杂剧、传奇诸体裁囊括其中,形成了较为完整的中国戏曲史框架。此书凡上、中、下三卷,分为金元、明、清三期,各期又细分为总论及诸体裁分论,结构颇为严密。与王国维《宋元戏曲史》重考证、重理论不同,吴梅《中国戏曲概论》尤重历史线索的梳理和历史事实的列举,针对金元、明、清各时期的戏曲,"溯流派,明正变,指瑕瑜,辨盛衰,举平日目所浏览,心所独得者,原原本本,倾筐倒箧而出之"[①]。此书在戏曲文献运用、剧目统计、作品风格概括、思想内容批评、戏曲流派特征与发展脉络把握等方面均有鲜明特色,精辟之论,在在皆是。《中国戏曲概论》建构的相对完整的中国古代戏曲史框架及其写作方式,对后代戏曲通史的编撰产生了深远影响。

《词学通论》的编撰时间,约在1926年吴梅任教东南大学期间,最初以油印本流传,1932年由上海商务印书馆出版发行。在中国古代文学发展史上,诗、词、曲三者尽管文体不同,但其间承袭、渗透的关系却客观存在,因此中国古人每每勾勒诗而词、词而曲的文体嬗变过程,将词称为"诗馀",将曲则称为"词馀"。在三种文体中,词体与

---

① 王文濡:《中国戏曲概论序》,本书第231页。

曲体的亲缘关系更是显而易见，因此人们常常将词曲并称，而曲学研究与词学研究之间千丝万缕的联系自然也无法割断。被时人称为"曲学祭酒"的吴梅之所以能够在曲学方面造诣精深，与他所受的传统文学教育和深厚的诗词功力有着密不可分的关联。唯有贯通诗词之学，才能更准确地把握诗、词、曲三种文体的不同特性，进而在词曲创作实践和研究中获得真知灼见，吴梅如此，王国维亦是如此（王国维不仅有戏曲研究专著《宋元戏曲史》，而且有影响极大的词学论著《人间词话》）。

《词学通论》和《曲学通论》一样，为指示门径之作，采取了"先论后史"的写作顺序。全书凡九章，前五章总论词的创作方法，后四章概论自唐至清各代词的发展历程。首章《绪论》，对诗、词、曲三体区别与词体长短划分进行了简略辨析，针对词创作中择题、守律、寄托等问题发表了见解。第二章《论平仄四声》、第三章《论韵》、第四章《论音律》，与《曲学通论》之《平仄》、《阴阳》、《论韵》、《宫调》诸章内容颇为相似，是对词、曲基本构成要素的梳理和说明，有利于初学者循序渐进。第五章《作法》，吴梅结合自身创作体会，专门摘出结构、字义、句法、结声字、杂述诸项，一一举例加以说明，具有较强的针对性。这五章构成《词学通论》的总论部分，与《曲学通论》相比较，尽管涵盖内容与前者相近，但详尽程度远不及前者，仅略具提纲挈领之意。而在后四章的历史梳理部分，《词学通论》则显然比《曲学通论》论述更为详明，其篇幅与《中国戏曲概论》基本相同，依次评述唐五代、两宋、金元、明清四个时期的词作家和词作品。在具体论述中，吴梅往往能够明确把握词的历史分期及各期的特征和定位。例如，他认为："大抵初唐诸作，不过破五七言诗为之，盛唐以后，词式始定，殆温庭筠出，而体格大备。"对于词发展史上特定风气形成的原因，吴梅也做了初步探讨,如指出明代为词之"中衰之期",而其根源则在于"四蔽"。在详论诸代词史时,吴梅不仅简要勾勒历史发展的轨迹,同时还注重作家的个体批评,而且这种批评并非泛泛而谈,而是通过选取作家代表作品、引用评论资料、分析对比研究等多种方法加以呈现,所论大多深中肯綮。此书在词史分期、写作体例、论述观点等方面,在同时期的词史著作中独树一帜,对后代词史的编撰颇有启发意义。

  同清末民初的一些著名学者一样,吴梅身上也兼具过渡性的时代特征。他既是旧词学、旧曲学的终结者,又是新词学、新曲学的开启者。他的词曲研究,既显示了浓厚的传统文人趣味,又散发出清新的现代学术气息。尤其是在清末曲学渐趋式微的情势下,与王国维志在"由考证以明戏曲源流"的学术路向不同,吴梅从"由藏弄以存戏曲旧目"、"由唱演以续戏曲薪传"、"由订谱以树戏曲格律"诸方面,筚路蓝缕,振衰起微,构建起较为完整的曲学体系,沾溉后人,影响深远①。作为卓越的现代词曲研究者,吴梅在国难频仍、资料贫乏、经费短缺等各种困境中,取得如此辉煌的学术成就,足以令后人追慕和感佩。当然,这并不意味着吴梅的词曲研究完美无瑕。江巨荣在《〈顾曲麈谈〉〈中国戏曲概论〉导读》一文中即指出:吴梅"重字格、句式、声韵格律,轻内容的表达和创新……重度曲、制曲的实践功能,却极少涉及舞台表演和舞台艺术等更重大的问题……南曲研究中,他以昆曲为中心,以昆曲为标准,而对民间戏曲乃至京剧都不屑一顾,表现了戏剧观念浓厚的保守性和崇雅拒俗的文人趣味……"②尽管如此,

---

  ① 蔡孟珍:《近代曲学二家研究》,台湾学生书局1992年版,第48—68页。
  ② 江巨荣:《〈顾曲麈谈〉〈中国戏曲概论〉导读》,吴梅:《顾曲麈谈 中国戏曲概论》,上海古籍出版社2000年版,第14页。

在音律之学"渐成绝学"的今天,在众多古典戏曲研究者无奈地转向单纯的戏曲文本解读、戏曲文学研究的今天,我们格外需要像吴梅这样不仅爱曲、知曲而且能够度曲、制曲的大师。吴梅在中国古代词曲研究领域的学术贡献无疑是不朽的。

  最后需要附带说明的是,本次校点所选四种吴梅词曲论著的底本,均刊行于民国时期,作者当时所引词曲专集或相关论著,字句与今通行本略有出入。由于当时所引文献的版本与出版时校订所用参考文献的版本均不详,为保存著作原貌,本次校点除更正某些明显的排印错误之外,对各底本征引文献的文字大都不作更动,一仍其旧。读者如加转引,敬请甄别。

2010 年 11 月 12 日